参議院による
多元的民意の反映
政治改革の補正と阻害

高宮秀典──［著］

東京大学出版会

Pluralistic Representation under Japan's Bicameral System
Implications for Political Reform
Shusuke TAKAMIYA
University of Tokyo Press, 2025
ISBN978-4-13-036294-8

目　次

第1章　いま参議院を考えることの意味 ───────── 1

第1節　問題意識と概要　1

第2節　研究状況と本書の位置付け　3

第1項　分析視角（3）／第2項　参議院の独自性（6）

第3節　本書の構成　9

第2章　理　論 ─────────────────── 11

第1節　合理的選択新制度論　11

第2節　政策選好の規定要因　12

第1項　選挙区の広さ（13）／第2項　選挙区定数と投票方式（14）／第3項　一票の較差と選挙区民の不均質性（16）／第4項　二次的選挙と逆連動効果（17）

第3節　政党の規律と一体性　18

第3章　自民党における両院国会議員の政策距離 ────── 20

第1節　参議院選挙区　20

第1項　単独擁立時の選挙過程（20）／第2項　経歴ごとの選挙過程（24）／第3項　同士討ちがある場合（27）／第4項　仮　説（29）

第2節　参議院比例区　33

第1項　議員属性の五類型（33）／第2項　地域代表の得票構造（34）／第3項　鞍替え型（36）／第4項　鞍替え型以外（40）／第5項　職能代表（43）／第6項　仮　説（44）

第3節　データと分析方法　45

第1項　政策選好のデータ（45）／第2項　中心仮説（46）／第3項　補助仮説（47）

第4節　分析結果　49

第1項　中心仮説（49）／第2項　補助仮説 1-1・2（54）／第3項　補助仮説 1-2・1-3（55）

第5節　小　括　57

第4章　参議院自民党による郵政民営化の抑止 ——————— 59

第1節　先行研究　59

第1項　大量造反の要因（59）／第2項　造反行動の規定要因（60）

第2節　意思決定の外的要因　61

第1項　法案賛成の説得者（63）／第2項　法案反対の説得者（67）

第3節　仮　説　72

第4節　データと分析方法　75

第5節　分析結果　77

第1項　回帰分析の結果（77）／第2項　シミュレーション（79）

第6節　事例研究 1——県議団が擁立した県議出身議員の造反　81

第1項　過疎地重視の価値観（81）／第2項　地方議員や特定郵便局長会との繋がり（84）

第7節　事例研究 2——県議団以外が擁立した県議出身議員の造反　88

第1項　同県の有力衆院議員が擁立（88）／第2項　中央の竹下派幹部が擁立（89）

第8節　事例研究 3——造反しなかった県議出身議員の特徴　90

第1項　地方議員時代の選挙区特性（91）／第2項　農林族——農協改革とのバーター（91）

第9節　事例研究 4——参議院比例区の地域代表の造反　95

第10節　参院議員特有の造反理由　96

第1項　昇進・再選欲求の弱さ（97）／第2項　参議院議員としての矜持（98）

第11節　小　括　100

第5章　公共事業の獲得における参院議員独自の貢献 ——————— 102

第1節　インセンティブ　102

第1項　広域性による有効性低下（103）／第2項　需要不足（104）／第3項

依怙贔屓への批判（107）

第2節　権力資源　109

第1項　自力でのパイプ構築（109）／第2項　他の有力なアクターの支援
（112）／第3項　固定任期の有効活用（116）

第3節　仮　説　118

第4節　分析方法とデータ　120

第1項　自然実験アプローチ（120）／第2項　分析モデルとデータ（122）

第5節　分析結果　124

第1項　基本モデル（124）／第2項　経歴ごとの効果（127）／第3項　投資主
体ごとの効果（127）

第6節　相反する先行研究との関係　132

第1項　定性分析の再検討（133）／第2項　定量分析の再検討（134）

第7節　小　括　136

補　遺　データの詳細　138

（1）従属変数（138）／（2）独立変数（138）／（3）統制変数（139）

補論1　事例研究1——インセンティブ　140

ケース1：衆院選挙区に自民党議員が存在しない場合（140）／ケース2：衆院
選挙区の自民党議員を頼りづらい場合（141）／ケース3：複数の衆院選挙区に
跨がる事業（143）

補論2　事例研究2——権力資源　145

ケース1：元幹部官僚の権力資源（145）／ケース2：県内衆院議員の支援
（148）／ケース3：派閥の支援（150）／ケース4：党執行部の支援（152）

第6章　「県議枠」成立前の候補者選定過程 ————————156

第1節　本章と次章のポイント　156

第1項　時期区分と候補者選定主体（156）／第2項　各時期区分のポイント
（158）

第2節　県議を擁立するインセンティブ　159

第1項　県議団が候補者に求める条件（159）／第2項　選挙の弱さ（160）／第
3項　選挙の弱さの実例（163）

iv　　　　　　　　　　　　目　次

第3節　県連内での権力関係　　167

　第1項　同士討ちの有無と候補者選定（167）／第2項　農協の壁（169）

第4節　党中央との権力関係　　173

　第1項　党中央の権力資源（173）／第2項　党執行部の壁（175）／第3項　派閥の壁（177）

第5節　第1期に国政進出できた県議の特徴　　178

　第1項　農協幹部・大実業家の県議（179）／第2項　知事と蜜月関係にある県議（180）／第3項　超有力県議の後ろ盾がある県議（184）／第4項　政争の「調整弁」（185）

第6節　小　括　　188

補論1　その他の候補者選定主体　　188

　引退する参院議員・異なる改選期の参院議員（189）／市町村長・政令指定都市の市議団（190）／商工会・経済界（191）／参議院自民党幹部（192）

補論2　候補者選定過程の事例：第1期　　193

　ケース1：友好派閥の衆議院議員の壁（193）／ケース2：敵対派閥の衆議院議員の壁（195）／ケース3：農協の壁（197）／ケース4：党執行部の壁（201）／ケース5：派閥の壁（203）

第7章　「県議枠」の誕生 ———————————————— 205

第1節　県議を擁立するインセンティブ　　205

　第1項　選挙の弱さの改善（205）／第2項　官庁への影響力の需要減（208）

第2節　県連内での権力関係　　209

　第1項　農協の壁の克服（209）／第2項　衆議院議員への対抗（211）／第3項　有力衆院議員による抑圧（213）／第4項　衆議院議員による県議擁立（216）

第3節　党中央との権力関係　　219

　第1項　基本データ（219）／第2項　田中派・竹下派の関与方法（221）／第3項　強さの制度的要因（224）／第4項　強さの戦術的要因（225）／第5項　県議の国政進出への影響（227）／第6項　地方政界でのネットワーク（230）

第4節　第3期の候補者選定過程　　234

　第1項　権力関係（234）／第2項　インセンティブ（236）

第5節　候補者選定過程の分析結果が持つ含意　　237

　第1項　含意①国政レベルの政党組織論（238）／第2項　含意②地方レベルの

政党組織論（240）／第3項　含意③日本型多元主義論（241）／第4項　含意④
参議院の「シニア」論（244）

第6節　小　括　255

補　論　候補者選定過程の事例：第2期　257

ケース1：農協の壁の克服／田中派の地方政治家による県議擁立（257）／ケース2：衆議院議員の壁の克服（260）／ケース3：田中派・竹下派の壁（263）／ケース4：田中派と関係の深い県議の出馬／田中派衆院議員による県議擁立（268）

第8章　民主党における両院国会議員の政策距離 ———————— 273

第1節　参議院選挙区　274

第1項　単独擁立時の選挙過程（274）／第2項　同士討ちがある場合（278）／第3項　衆議院議員の選挙過程（280）／第4項　群馬県での両院比較（281）／第5項　全国レベルでの属性比較（287）／第6項　仮　説（292）

第2節　参議院比例区　294

第1項　議員属性の六類型（295）／第2項　地方票依存議員の五類型（296）／第3項　仮　説（299）

第3節　データと分析方法　301

第4節　分析結果　302

第1項　中心仮説（302）／第2項　補助仮説（308）

第5節　小　括　313

補　論　なぜ政界再編期に自民党は参議院議員の離党者を抑えられたのか　314

第9章　下野後民主党の左傾化と野党の分裂 ——————————321

第1節　海江田万里代表期　322

第1項　党内政局（322）／第2項　政策と野党間関係（327）

第2節　岡田克也代表期　329

第1項　党内政局（329）／第2項　政策と野党間関係（330）

第3節　蓮舫代表期　332

第 4 節　前原誠司代表期　333

第 1 項　希望の党騒動（333）／第 2 項　郵政国会期の自民党との比較（339）／

第 3 項　政権期の民主党との比較（341）

第 5 節　小　括　344

第 10 章　日本社会における参議院の意義 ———————— 347

第 1 節　知見のまとめ　347

第 1 項　要　約（347）／第 2 項　規範的考察（349）

第 2 節　含　意　352

第 1 項　合区問題（352）／第 2 項　ポピュリズムへの防波堤（357）

参考文献　363

インタビューリスト　388

あとがき　391

人名索引　399

事項索引　404

第 1 章　いま参議院を考えることの意味

第 1 節　問題意識と概要

　冷戦終結とともに日本は政治改革の時代に入った。リクルート事件に端を発する「政治とカネ」のスキャンダルを契機として，1990 年代には衆議院の選挙制度改革や政治資金制度改革，内閣機能の強化や地方分権といった一連の統治機構改革が実行される。その後の展開を見ると，懸案であった首相の権限強化や二大政党間での政権交代など期待通りの成果も現れた一方，2012 年以降は野党の分裂状態が続き，2023 年末には自民党派閥の裏金事件が生じるなど，平成の政治改革から約 30 年が経過し，その評価は毀誉褒貶相半ばする。

　ところで上述の統治機構改革は，日本の議院内閣制を，明治以来 1 つの模範とされてきた「英国型」（ウェストミンスター・モデル）に近づける試みであると理解できる（山口 2007；川人 2015；髙安 2018）。ここで，その理念に対し明らかに異質な存在が，英国にはない公選の「強い上院」，参議院である[1]。本書では，平成期に大規模な改革の対象とならなかった参議院が，政治改革のもたらす日本政治の構造変化をいかに「補正」ないし「阻害」したのかを明らかにする。具体的には，参議院議員が，政治改革後の衆議院で反映されづらくなった民意——地方政界・業界団体・労働組合など「55 年体制的なるもの」の利益——を掬い取ることで，改革のもたらす構造変化（新自由主義への傾倒）を緩和した側面と，あまりに多元的な利益を野党陣営に流入させた結果，改革の理念である「二大政党が争う政権交代可能な政治」を毀損した側面があることを指摘する。参議院の「強さ」は，ねじれ国会を通じて広く認知されているが，本書が示すのは従来知られてこなかった参院独自の「民意反映機能」である。

---

　1)　但し，近年の英国貴族院は政府与党から法案修正を多く引き出すなど，政治過程での影響力を強めているという報告もある（Russell 2013；田中 2015）。

以下では，政党ごとに概略を示す。まず自由民主党に関しては，首相の構造改革（郵政民営化・農協改革など）を参院議員が抑止することや，選挙制度改革で新たに生じた陳情処理・公共事業獲得の需要に参院議員が応えていることを明らかにする。参議院自民党の党内権力に関しては既に一定の研究蓄積があるが（cf. 竹中治堅 2010），本書はその権力行使が参議院に期待された機能（多元的民意の反映など）を果たした結果であること（少なくともその要素を持つこと）を論証する。なお，参議院にこのような独自性をもたらす要因として特に注目するのが，選挙区の「県議枠」（県議会議員が優先的に出馬できる仕組み）である。しばしば参議院改革案として，「都道府県代表」や「地方代表」的性格を持たせるべきとの提言が出されるが[2]，本書は参議院が既にその性格を持ち合わせていることを示す。この知見は，参議院の「合区」を引き出した 2012 年 10 月 17 日の最高裁判所大法廷判決との関係においても重要な含意を持つ。

　一方，もう 1 つの主要政党である民主党（民進党）に関しては，参議院民主党議員が 1 つの政党では統合しきれないほどの多元的利益を野党に流入させた結果，2012 年以降の分裂状態（民主党と日本維新の会の対立，2017 年以降は民進党が解体）が引き起こされたことを立証する。具体的には，官公労系が主流を占める参議院民主党が党内で影響力を拡大し，民主党が，公務員制度改革を掲げる日本維新の会と協調できなくなったことを指摘する（合流後に結党された民進党にも維新の大阪系は参加せず）。また，参議院民主党の圧力で民主党全体が過度に左傾化した結果，保守系議員が離党して小池百合子都知事と希望の党を結党し，民進党との合流時には左派を「排除」したことを明らかにする（立憲民主党と国民民主党の分裂状態へ）。自民党・公明党が過半数を割り込んだ 2024 年衆院選後を含め，2012 年以降に自公が政権を維持できている背景には，野党の分裂という要因が深く関わっている。本書では，政治改革が目指した「二大政党が争う政権交代可能な政治」が実現されない原因を新たな角度から究明

2）　例えば，参議院改革協議会（世耕弘成座長）の 2022 年報告書（pp. 94-95）が挙げられる。https://www.sangiin.go.jp/japanese/kon_kokkaijyoho/sankaikyou/r3/pdf/r4kyougikai_houkokus.pdf（最終アクセス 2024 年 1 月 13 日）。他にも，新しい日本をつくる国民会議（21 世紀臨調）がこの方向性での改革案を提示している（佐々木・21 世紀臨調編 2013: 310-311）。また，全国知事会など地方六団体は，参議院の合区解消を訴える際に「都道府県代表」としての役割の明確化を主張している。

する。

　以上は政治改革後の議論であるが，本書は先行研究（福元 2007: 第 2 章）の見解とは異なり，それ以前にも参議院に人材的な独自性（各分野の専門家や功労者が多いこと）が存在していたことを明らかにする。参議院は異なる特性を持つ多様な選挙制度（小選挙区制・中選挙区制・非拘束名簿式比例代表制）から構成され，「趣旨不明確の第二院」（待鳥 2008）と呼ばれることがある（現在では選挙区の合区と比例区への特定枠導入で複雑性が一層増大）。また社会的には，衆院選落選者の「失業対策の府」や，衆院鞍替えのための「足掛かりの府」，あるいは，参院特有の人材が存在するとしても「タレント議員」ばかり，という印象が持たれているように思われる。それに対して本書は，「表出利益」（1990 年代以降）あるいは「シニア」性（90 年代以前）において，戦後一貫して「参院議員独自の性格」と呼びうるものが存在していたことを明らかにする。参議院は 1947 年の創設以来，大規模な改革を免れてきた稀有な統治機構だが，将来改革対象となったときに利用可能な知見の提供を試みたい。

第 2 節　研究状況と本書の位置付け

第 1 項　分析視角

(1) 参議院の影響力の大小

　参議院研究の中核的なテーマは長らくその影響力の大小であり（参議院は強いか弱いか），過去には参議院が政治過程で影響力を持たないという「カーボンコピー」論が優勢であった。それに対して，「ねじれ国会」が頻発するようになると（1989・1998・2007・2010 年参院選後），徐々に「強い参議院」論が支持を集めるようになる。実証研究では，参議院で過半数を失った場合に立法活動（関連法案を通じて予算・条約にも影響）が大きく停滞することが指摘されており（Thies and Yanai 2014; 松浦 2017; 川人 2008; 竹中治堅 2010, 2012, 2023），他にも国会同意人事（日本銀行総裁など）の拒否権や問責決議による大臣交代など，その影響力は多岐にわたることが知られている。

　一方，同時期には，参議院の強さを否定する研究も登場した。戦後日本の法

案審議過程全体を分析した福元（2007: 第2章）は，参議院が影響力を発揮した個別の事例に光を当てる研究を「木を見て森を見ない議論」と批判し，全体的傾向としては，両院で審議活動が一致していることを量的に示した。深刻なねじれ国会が現出する2007年参院選後が分析対象に含まれていない点に留意が必要だが，この研究に対しては，とりわけ分析アプローチに批判が集まった。例えば竹中治堅（2010）は，法案審議の前段階（自民党政務調査会での事前審査など）も対象に含めた場合に，参議院議員が首相の政策遂行に影響を及ぼしたり（主に参議院自民党の首相に対する抑止力），参議院で多数派を確保するべく連立政権が生じたりするため（成田2001; 高見2008: 第5章），参議院は強い影響力を政治過程で行使していると論じた。さらに松浦（2017）も，情報公開請求で入手した官庁の未公開資料等を基に，ねじれ国会期には法案提出自体が抑制されることを実証し，表面的な法案審議過程に着目するアプローチを批判した。観察しやすい参議院の影響力に注目する姿勢を増山（2004）は「観察主義」と呼ぶが，政治過程全体を視野に入れた場合には，やはり参議院の強さは否定し難いものであるように思われる[3]。

(2) 参議院の影響力の意味

　一方，参議院の存在意義や価値を評価するためには，単なる影響力の大小ではなく，その権力が本来第二院に期待される役割（多元的民意の反映など）を果たした結果であるか，すなわち影響力の意味を検証する必要がある。もし参議院議員の権力行使が人間関係の好悪だけから行われていたとしたら，仮に「強い参議院」であったとしても，その権力は肯定し難いだろう。参議院に期待される役割としては，①「長期的・総合的な視点に立つこと」②「衆議院のみでは十分に代表されない国民各層の利益や意見を代表し，反映すること」③「議員各自の意見をできる限り尊重し，反映すること」の3つが主に挙げられる[4]。以下ではこの三基準に照らして，上記の参議院の影響力がどのように評価でき

---

3) 他にも，国政調査（木下2015）や決算審査（真渕2016）で参議院が一定の役割を果たしているという報告はあるが，これらの研究では同時に不十分さも指摘されている。

4) この3つは，参議院制度研究会（藤田正明・土屋義彦両参議院議長の諮問研究会）の「参議院のあり方及び改革に関する意見」（1988年）で提示されたものである。

るかを考察する。

　まず「ねじれ国会」に関しては，全体として否定的な意見が多い[5]。「衆議院第一主義」を旨とする憲法が想定しないほど立法活動が停滞する点が問題視されているが（高見 2008: 124; 只野 2013: 73; 大山 2011: 186-188; 待鳥 2008），他にも，野党が参院選の勝利を以って世論からの支持（「直近の民意」）を盾に与党と対峙することは，半数改選や解散のない長い任期が「民意への接近競争」を緩和する狙いがある以上，参議院の理念（①「長期的・総合的視点」②「多元的民意の反映」）とは相容れないとされる（只野 2013; 高見 2012: 59, 69; 大山 2011: 187; 待鳥 2008）。さらに，国会がねじれないよう連立政権が形成されることに関しては，高見（2008: 第5章）が，衆議院を基盤とする「議院内閣制」ではなく，参議院も含めた「国会内閣制」として運用されており，本来参議院にそぐわない③「政党政治」や「多数派支配」の論理に染まっていると批判する。「ねじれ国会」に関しても，政党間での激しい党派対立が生じている点で，同様の視点（③）から問題視されるだろう。

　では，竹中治堅（2010）が着目した「与党内における参議院議員の影響力」はどのように評価できるだろうか。まず，大山（2011: 167-170）は，党内での「裏取引」が参議院の国会審議を空洞化させていると論じており，参議院議員が党議拘束で縛られているという③からの批判と言える。しかし，日本のような議院内閣制国（特に日本の志向する「英国型」）では，法案に参議院与党の意向が予め反映されることは避けがたく（増山 2004），本書としては，この批判を以って参議院与党の影響力が全面的に否定されることはないと考える[6]。では，①長期的・総合的な視点や②多元的民意の反映の観点からは，参議院与党の党内権力をどのように評価できるだろうか。

　ここで問題になるのは，竹中治堅（2010）の主な研究目的が「強い参議院」

---

5)　今井（2018）は，「二次的選挙」の参院選で，一部有権者が与党を牽制するために野党へ投票している実態を明らかにした。この研究は，参院選で与党が苦戦しやすいことを党派的側面における②多元的民意の反映と捉え，肯定的に評価しているが，論理的には「ねじれ国会」を許容する見方につながるため，参議院評価論としては若干の危うさが残る。また，参議院には本来，③党派的対立がそぐわないと考えられてきた点に留意が必要である。

6)　国際的な比較議会研究の文脈でも，観察しづらい「党内における上院議員の影響力」がテーマとしての重要性を高めている（Heller 2007）。

論を立証することにあり，参院の権力が本来期待される役割（①②など）を果たした結果であるか（「影響力の意味」）は十分に検討されていないことである。同書による参議院議員の分析は，「強さ」と相性の良い政局や人間関係に焦点が当てられているが（質的分析が主軸），もし参議院の権力が②多元的に民意を反映した結果であるかを検証するならば，選挙制度や政策選好など，制度論的なアプローチが有効だと考えられる（こちらは量的分析と相性が良い）。本書は基本的にこの制度論的アプローチ（合理的選択新制度論）を採用し，竹中治堅（2010）が実態を示した参議院自民党の権力の背景に，選挙制度に裏付けられた②参院独自の民意反映機能が関わっていることを明らかにする。また，与党を主な分析対象とする竹中（2010）に対して，本書は参議院野党（参議院民主党）の党内権力にも注目する。

　ここで，合理的選択新制度論を含む合理的選択論一般の方法論的な弱点として挙げられるのが，理論が支持されるように，事例の選択や資料・データの解釈，検証分野の限定が行われやすいことである（グリーン・シャピロ 1996; Green and Shapiro 1994）。特に参議院は，衆議院と比較して，選挙過程や議員特性に未解明な部分が多いため，理論的考察が現実政治や歴史的事実から乖離しやすいと考えられる[7]。本書はこのような方法論上の弱点を克服するため，多数の国会議員経験者等に対するインタビュー調査（対象者は約 40 名，表 4-1・8-1 と巻末の対象者リストを参照）や，回顧録・伝記・地方紙・業界紙など資料の渉猟による質的考察を徹底し，より現実に即した「合理性」の精緻化を試みる（合理性概念については第 2 章第 1 節を参照）。

第 2 項　参議院の独自性

　本書が明らかにする参議院の独自性は，以下の 5 点に集約される。厳密な区分は困難だが，1 〜 3 点目は②「多元的民意の反映」と関わる要素であり，5

---

7)　参議院議員の研究で最も体系的な分析を行ったのが東大法・第 5 期蒲島郁夫ゼミ編（2004, 2005）である。しかし，この 2 冊は「議員の特性を衆議院と比較した上で，これがどの『理想の状態』に近いのか遠いのかといった形式の議論はせず，二院制をめぐる議論に対してはあくまで情報ソースとしての立場をとって」（東大法・第 5 期蒲島郁夫ゼミ編 2004: 25）おり，衆議院との比較の視点が弱い。参議院の特質を析出するには，衆院との比較が不可欠だと考えている。

第 2 節　研究状況と本書の位置付け　　7

点目は①「長期的・総合的な視点」と関係する（4 点目は①②双方と関わる）。

　1 点目は，参議院が地方政治家，特に県議会議員（以下では「県議」と呼ぶ）の利益を強く表出していることである[8]。参議院の民意反映機能の独自性としては，利益団体の代表者（Köllner 2002）や女性議員の多さ（三浦 2016；濱本 2022：第 1 章；辻 2023），中小政党（建林 2017：第 1 章）や野党（今井 2018）の議席率の高さなどが既に知られているが，参議院選挙区における「県議枠」の存在など，「地方の府」[9]としての側面はこれまで注目されてこなかった[10]。参議院選挙区の候補者選定過程は，衆議院（政治改革で派閥・後援会から党執行部・県連へ）と対照的に，その歴史的変遷が十分に解明されておらず[11]，本書でその実態（県議枠の成立過程）を解明する。また，一見地方利益と無縁に見える参議院比例区についても，「カーボンコピー」化の一因とされる「ご当地候補」（主に衆院選落選後に鞍替えをした議員）[12]が，衆院議員時代以上に県議の利益を表出するようになることを指摘する。地方政治研究は近年発展が著しいが，これまでほとんど繋がりがなかった参議院研究との架橋を試みる[13]。

　2 つ目は，参議院比例区だけでなく，参議院選挙区でも業界利益が強く表出

---

8)　近時の二元代表制の議論では首長と地方議員の選好の違いが強調されるが（e.g. 曽我・待鳥 2007；砂原 2011），中央から利益を引き出すという点では共通しているため，本書では参議院が利益を表出しやすい政治アクターとして，両者を同列に並べることが多い。

9)　県議ではなく知事の多さに注目した研究としては石間・建林（2020）があり，参議院選挙区で 55 年体制期に「都道府県」の利益が強く表出されていたことを指摘している。本書の参議院観との異同は第 7 章第 5 節第 3 項を参照。

10)　参議院における地方議員出身者の多さについては，辻中ほか（2013）と濱本（2022：第 1 章）に言及がある。また，馬渡（2010: 198-200）は，同じ県議出身議員でも，参議院選挙区では衆院よりベテラン県議が出馬しやすいことを示しており，本書が提示する参議院選挙区のイメージと整合的である。但し，馬渡（2010）の主眼は，両党ともに県議出身議員の役割が大きいことの証明にあり，参議院の独自性に対する関心は弱い。

11)　2010 年代以降については，参院選の候補者選定過程の事例研究が一定数存在するが（白鳥編 2011, 2016；鶴谷 2012b；堤 2012；金 2014），それ以前の時期を扱った研究は希少である。数少ない例外として笹部（2017）があるが，参議院が主題ではなく，参院選の記述は多くない。

12)　メディアによる「ご当地候補」の位置付けについては，『朝日新聞』2007 年 5 月 14 日（全国版）や『毎日新聞』2007 年 7 月 13 日（全国版）を参照。

13)　両者の架橋を試みた数少ない先行研究として，建林（2017）が挙げられる。この研究では，55 年体制期において，参議院複数人区での選出議員は，同じ中選挙区の衆院議員・県議と利益が近似するため，相互に協力しやすくなるという仮説を提示している。

されていることである。55年体制期に業界の代弁者として注目された「族議員」は主に衆議院議員と参議院比例区議員が想定されていたが（佐藤・松崎1986；猪口・岩井1987），本書は参議院選挙区議員にも同様の性格が見られることを指摘する。特に注目するのが，1970年代に自民党の県連組織（職域支部）が整備され，全国で一律に業界利益を吸い上げるようになった変化である。この時期の県連機能の変容は近年研究が進展しているが（中北2014；笹部2017；建林編2013），衆院選（中選挙区制）における県連の役割が小さいこともあり，国政への影響が過小評価されてきた。伊藤（1998）は1994年の団体調査を通じて，「大企業労使連合」に対峙する「地方政府・政策受益団体連合」の台頭を示したが，本書は参議院選挙区でその利益が表出されていることを立証する。

　3つ目は，業界団体と同様に労働組合（特に官公労）についても，参議院比例区だけでなく，参議院選挙区で利益が表出されやすいことである。その利益表出を行うアクターとして本書が注目するのが，参議院民主党である。民主党研究はこの十数年で大きく進展したが，参議院民主党や（参院民主が存在感を強める）下野後の民主党を対象とした実証研究は数が少なく[14]，その重要性が参議院自民党と比べて低く見積もられてきた。本書は参議院民主党という補助線を通じて，2012年衆院選以降における野党の分裂状況の実態解明を試みる（野党分裂の要因に関する先行研究は第9章冒頭を参照）。

　4つ目は，参議院選挙区の自民党議員が，陳情処理や公共事業の獲得の際に，衆院議員の弱点を補う形で独自の役割を果たしていることである。具体的には衆議院議員が存在しない地域での陳情処理や，長い任期を生かして長期的視点から地域振興に取り組んでいることを指摘する。これまで参議院の独自性としては法案審議や政権構成への影響力が注目されてきたが，新たに利益誘導面での役割に着目する。参議院選挙区議員の利益誘導に関しては，（間接的な検証ではあるものの）参議院選挙区の「一票の較差」が交付金配分に影響を与えているとは言えないことを示唆する結果が提示されている[15]（齋藤・田中2023）。そ

---

14)　先駆的業績としては，2009年時点における参議院民主党の政党規律を分析した建林（2017：第5章）や，下野後の民主党衆院議員が左傾化した理由を考察した谷口（2020：第10章）があるが，下野後の民主党における参院議員の権力に注目した研究は存在しない。

15)　小林（2012）は逆に影響を与えることを示したが，齋藤・田中（2023）はパネルデータ分析を使用した結果であり，手法的にはより厳密である。

れに対して本書は，先行研究がほとんど存在しない参議院選挙区議員の利益誘導に関し質的考察[16]を徹底した上で，より現実に即した分析モデルを設定し，参院議員個人が利益誘導を行っている論拠を提示する。

最後に，5つ目の独自性が，参議院議員に期待されている「シニア」性（知識や経験に富むこと）に関して，少なくとも55年体制期には，参議院が衆議院を上回っていたことである。福元（2007: 第2章）は，衆参両院議員の前職（大卒者や医師／大学教授／法曹の割合）や国会議員在職年数，年齢を比較して（1947〜1990年），参議院議員は「シニア」と言い切れないと結論づけたが，本書は，少なくとも同時期に，各分野・各業界の専門家・功労者という意味で「シニア」な人材が参議院により多かったことを明らかにする。

第3節　本書の構成

本書は，理論パート（第2章），自民党パート（第3〜7章），民主党パート（第8・9章）の三部構成である（各章の位置付けは図1-1を参照）。

最初に第2章で分析に使用する理論を概説した後，第3章〜第7章で自民党の分析を行う。まず第3章では，参議院自民党が地方政治家や業界団体の利益を強く表出し，同党衆院議員よりも，自民党長期政権を支えた経済政策（公共事業・国内産業保護・郵政事業保護など）を支持していることを明らかにする。次に第4章では，その政治的帰結として，参議院自民党から郵政民営化法案に大量の造反者が生じたことや，参議院自民党の農林族議員が小泉純一郎首相から農協改革の方針撤回を引き出したことを指摘する。さらに第5章では，参議院選挙区議員が，衆院選挙制度改革後に新たに生じた陳情処理・公共事業獲得の需要に応え，活発に地元貢献をしている実態を示す。

参議院自民党にこのような政策選好・議員行動の独自性をもたらしているのは，主に参議院選挙区の約半数を占める県議出身議員である。そこで第6・7章では，候補者選定で県議団が独占的な影響力（「県議枠」）を獲得するまでの

16）　国会議員による利益誘導の質的考察は，対象が衆議院議員と参議院比例区議員に集中している（e.g 猪口・岩井 1987; 広瀬 1993; 日本経済新聞政治部 1994; 東京新聞取材班 2002）。

図 1-1　各章の位置付け

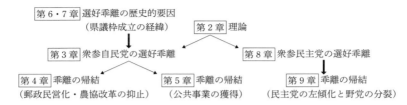

歴史的経緯を考察する（1970年代が転機でありその前後で章を分ける）。また第7章では，参議院議員が衆議院議員よりも「シニア」である実態を示す。

次に第8・9章では，自民党パートの議論を民主党（民進党）に拡張する。まず第8章では，参議院民主党の政策選好を分析し，労組（特に官公労）の利益を強く表出することで，同党衆院議員よりも，労働政策や左右イデオロギー争点で左派的になることを明らかにする。次に第9章では，その帰結として，下野後の民主党が左傾化し，日本維新の会と連携しづらくなったり（最終的に大阪系は合流せず），左傾化に反発した保守派が希望の党を結党し，民進党との合流時に左派を「排除」したりしたこと（立憲民主党と国民民主党の分裂状態へ）を指摘する。最後に，第10章で全体の要約と含意を記す。

本書では議論の本筋を追いやすいよう，考察の基となった事例は各章の補論にまとめた（第5〜8章）。また第6・7章では，補論にも収録できなかった事例を注で概略した。通読時にはこれらを読み飛ばしていただいて差し支えない。

第2章 理　論

　本章ではまず，本書全体が依拠する合理的選択新制度論について概説した後，分析時に使用する各種理論を紹介する。

第1節　合理的選択新制度論

　本書の実証分析は合理的選択新制度論というアプローチに立脚する。この分析枠組みは，各政治アクターが一定の制度的条件の下で，「目標」に対し「合理的」に行動すること（期待効用の最大化）を想定したアプローチである（建林ほか 2008: 第2章）。ここでいう「合理性」とは「最も選好順位が高いものを選ぶ」という意味であり，目標そのものの合理性は仮定しない（境家 2014: 144-147）。経済学では利潤最大化がしばしば目標に設定されることもあり，本アプローチには「人間は合理的（＝利己的[1]）ではない」という批判がよく向けられるが，実際には利他性や公共精神に基づく一見非合理的な（ウェーバーが「価値合理的」と呼ぶような[2]）目標を仮定してもよい。また，「合理性」については，「限定合理性」（Simon 1957）に代表される緩い仮定を採用し（期待効用の計算間違いもあるなど），数学的な基礎付けも行わない。

　そして，本書では多くの先行研究と同様に，政治家の目標として「再選」

---

[1]　確かに，他のアプローチと比べると，利己的な政治家像や人間像に傾きやすいが，政治学の古典（ホッブズ，マキャヴェリ，シュミットなど）もある種の「性悪説」を採用することが少なくなく（cf. 丸山［1948］2006），政治現象の真相究明にはむしろ資する部分が大きいと考える。

[2]　Weber (1922=1972: 第2節) は，社会的行為を，目的合理的行為・価値合理的行為・感情的行為・伝統的行為に分類したが，本書はこの価値合理的行為も「合理性」に含める。その定義は「或る行動の独自の絶対的価値——倫理的，美的，宗教的，その他の——そのものへの，結果を度外視した，意識的な信仰による行為」である（Weber 1922=1972: 39）。本書の事例分析では，随所で「結果度外視」の価値合理的行為が確認できる（郵政国会での後藤博子の造反，希望の党による民進党左派の「排除」など）。

「昇進」「政策実現」の３つを設定し，考察を進める（先述の「利他性」の要素はしばしば「政策実現」に吸収される）。この三目標は，米国連邦議会議員を対象にフィールドワークを行った Fenno（1973）の考察から導出されたものであり，日本でも同様に当てはまると考えられる。また，「再選」が実現されなければ「昇進」「政策実現」も叶わないことから（特に自民党のような年功序列の慣行下では当選回数が重要な意味を持つ），再選目標を軸とした分析を行う。「猿は木から落ちても猿だが，代議士が落ちたらただの人」（大野伴睦）と言われる通り，この想定は妥当なものだろう。なお，衆参で各目標の優先度が多少異なる可能性があるため（参議院議員の方が昇進欲求が弱いなど），その点に注意を払う[3]。

　この三目標に基づく考察が軸となるが，質的分析では，仁義や師弟愛など，その他の人間臭い（ある意味で最も「政治的な」）目標についても考慮し叙述する。また，「目標設定」や，意思決定時の「期待効用計算」の際に，嫉妬・怨恨などの「感情」や慣習などの「伝統」——Weber（1922=1972: 第２章）が「非合理的」と呼ぶもの——が介入する様子も描出する。

　また，合理的選択新制度論と矛盾するわけではないが，本書は「歴史」の視点も重視し，「県議枠」の成立過程を扱う第６・７章では，いわゆる「歴史的新制度論」の枠組みを援用する。詳細は第７章の第６節で述べる。

第２節　政策選好の規定要因

　本書では，国会議員の政策選好の規定要因として，集票基盤と候補者選定過

---

3)　第４章（後藤博子の造反事例）でも論じるが，筆者が実施した参院議員へのインタビューで，「昇進」を衆院議員と同等，あるいはそれ以上に重視していると答える人物はいなかった（政策実現の優先度が高い）。昇進目標の位置付けが衆院議員よりも低い理由としては，首相や派閥幹部，重量級の大臣ポストに就きづらいこと（大臣には複数回就くことも難しい）に加え，県議や地元衆院議員，業界団体から「担がれ」たり，公職引退の花道や候補者調整で参院に「回され」たりして（第６章第５節第４項を参照），受動的に出馬するケースが多いことが関係していると考えられる。また，参議院議員には既に職業的な成功を収めている人物が多く（第７章第５節第４項を参照），議員として昇進することへの欲求がそこまで強くない可能性もある。本書は，参議院議員の行動を「昇進」（第８章補論で取り上げる待鳥 2002）や「権力闘争」（第４章で触れる Fujimura 2007）の動機で説明する先行研究と異なる見解を示す箇所があるが，こうした目標の優先度の違いが影響した面はあるだろう。

程に注目する。候補者が「再選」を目指す以上，集票基盤（支持団体や政党ラベルなど）に政策選好が接近するのは当然だが，選挙に余裕がある場合，候補者は本来の政策的価値観（「政策実現」目標）を表出しやすくなる。この候補者の政策的価値観を左右するのが後者の候補者選定主体であり，当選確率が十分に高ければ，選定主体は選好の近い人物を擁立しやすくなる[4]（Hazan and Rahat 2010）。この選定主体は多くの場合，集票基盤と重なるが，この集票基盤を規定するのが選挙制度である。本節では主に選挙制度に関する理論を紹介する。

第1項　選挙区の広さ

　両院の選挙過程に相違を生む要因として本書が特に注目するのが「選挙区の広さ」である。この「広さ」には有権者数や人口，面積など様々な要素が含まれるが，本書では多くの先行研究と同じく，「有権者数」を念頭に置いて議論を進める。選挙区の広さに関しては，民主主義のモデルとされる古代ギリシアの直接民主制が共同体の小ささに支えられていたこともあり，多くの哲学者・政治理論家が論考を残してきた（Dahl and Tufte 1973; Dahl 1998: chap. 8, 9）。実証研究でも，政治参加（Weldon 2006; Denters et al. 2014; McDonnell 2020; Horiuchi 2005）や政治競争（Gerring et al. 2015），応答性やアカウンタビリティー（Ryšavý and Bernard 2013），政党システムや内閣の持続性（Sikk and Taagepera 2014）など，様々な変数との関連性が指摘されている。本書がとりわけ注目するのは，選挙区の広さが選挙運動形態に与える影響であり，以下で詳述する。

　まず有権者規模が大きいと，政治家は地縁関係や利益供与[5]によって有権者と個人的な繋がりを保つことが難しくなる（Oliver 2000; Oliver et al. 2012; Cox 1987）。日本の文脈に当てはめると，参議院選挙区では，衆議院選挙区で利用される個人後援会を全域で整備することが困難になる。では，代わりに何が有

---

4)　候補者選定過程の政治的帰結を整理した Hazan and Rahat（2010）は，①候補者資格　②選定者　③候補者決定の分権性　④候補者決定方式の四要素が，政治参加・代表・競争性・応答性に与える影響を理論的に考察した。本書は仮説導出にあたって，各要素（①～④）の細かい考察は行わないが，彼らの整理を念頭に置いて議論を組み立てた。

5)　本書は，参議院選挙区議員が衆議院議員よりも公共事業をより強く支持し（第3章），実際に活発な利益誘導を行っていること（第5章）を示しており，その理論的な整合性が問題となる。この点については第5章第1節第1項で詳述する。

効性を高めるだろうか。自治体規模と選挙運動形態の関係を考察した Oliver et al.（2012: chap. 1）は，自治体規模が大きくなるにつれて，有権者との個人的繋がり→団体の支援→大衆への宣伝[6]の順に有効性が高まると論じた。本書との関係で特に重要なのは 2 つ目の団体支援（「大規模な組織票」）であり，後援会による集票に限界がある参議院選挙区では，政党組織（自民党県連，とりわけ県議団の支援）と利益団体（業界団体や労働組合）が大きな役割を果たす[7]。

　また，Oliver et al.（2012）が挙げた「大衆への宣伝」と部分的に重なるものの，本書が広域な選挙区で有効な集票源として注目するのが，いわゆる「ヒューリスティック」（難解な意思決定をサポートする「手がかり情報」）である[8]。その典型が無党派層受けする「知名度」であり（タレント議員や知事出身者の多さと関係），他にも「有能さを示す経歴・肩書き」（第 7 章第 5 節第 4 項で詳述）や「女性」であることも参議院選挙区ではより効果的だと考えられる（「政党ラベル」の有効性は次項で定量的に検討する）。

第 2 項　選挙区定数と投票方式

　参議院選挙区の特徴として広域性と共に注目するのが，都市部に存在する中選挙区，すなわち単記非移譲式投票制度（single non-transferable vote, SNTV）である。参議院で組織票への依存度が高まる要因としては，比例区の投票方式（非拘束名簿式比例代表制）も挙げられるため，併せて論じる。

6）　実際にテレビなどのメディア出演（Fenno 1982）や，インターネット利用（Hanssen 2008; Saglie and Vabo 2009）の有効性が高まることが実証的に指摘されている。

7）　参議院選挙区で自民党県連や業界団体・労働組合への依存度が高まるのは単に有権者数の影響だけではない。有権者数だけでいえば，島根や鳥取の参議院選挙区と都市部の衆院小選挙区は大差ないが，県連・業界団体・労働組合の役割は参院選の方がはるかに大きい。有権者数以外の要因については，第 3・8 章で詳しく論じる。

8）　選挙区範囲が広くなると，「大規模な組織票」と「ヒューリスティック」が有効になることは，日本の地方政治を対象とした研究からも示唆が得られる。市町村合併前後で同地域の無所属候補率を比較した Matsubayashi et al.（2015）は，人口が増えると候補者が政党の支援（政党ラベルや組織的・財政的支援）を必要とし，政党加入者が増加することを実証した。また松林・上田（2012）と松林（2021: 第 8 章）は，同じデザインで，人口が増えると候補者は集票で政党を頼るため，「資源」が少ない女性でも立候補しやすくなることを指摘した。これらの研究では触れられていないが，有権者が多い選挙区ほど女性というヒューリスティックが有効に働いた面もあるだろう。

第 2 節　政策選好の規定要因　　　　　15

　有権者の投票基準には大別して「政党」と「候補者個人」の 2 つがある。
Carey and Shugart（1995）は，選挙制度の 3 つの要素（候補者選定過程・得票移譲
の有無・何に投票するか）によって，「政党投票」と「個人投票」のどちらが優
越するかが決まり，さらに選挙区定数が大きくなるにつれて，その傾向が強ま
るとした。この理論を衆参の 4 つの選挙制度（参議院比例区の特定枠は除く）に
当てはめると，まず政党投票が最も起こりやすいのが，政党のみに投票できる
拘束名簿式の衆議院比例区である。候補者選定に党執行部が強く関与すること
によってもその傾向は強まる（候補者の多さもこの傾向を強める）。一方，最も個
人投票が強くなるのが，多くの候補者から投票先を選ぶ非拘束名簿式の参議院
比例区であり（得票移譲もない）[9]，選挙区の広さ（面積および当選に必要な得票数）
も相まって，組織票や知名度が有効である（但し，政党名でも投票できる）。

　一方，衆議院選挙区と参議院選挙区のどちらがより個人投票の度合いが強い
かは微妙である。参議院選挙区には同士討ちが行われる中選挙区部分が存在す
るのでその分個人投票が強まるが，選挙区範囲が広いため，候補者が有権者と
個人的関係を築きづらくなり，個人投票が弱まる。この点については，明るい
選挙推進協会が「投票時に政党と候補者個人のどちらを重くみて投票したか」
を質問した調査結果が参考になる。図 2-1 が示す通り，現在では両院の選挙
区で政党重視・候補者重視の度合いに明確な違いがあるとは言えない。

　いずれにしても，参議院選挙区の中でも同士討ちがある部分では，衆議院選
挙区よりも個人投票の度合いが強まると考えられる。ここで注目すべき要素が，
個人投票が強まると重要性を増す「組織票」の中身である。中選挙区制期の衆
議院では，候補者が特定の地域・業界の組織票と結びつきを強めて互いに差別
化したが（建林 2004；猪口・岩井 1987），参議院選挙区の場合には必ずしも組織
票への依存度が強まるとは限らない。せいぜい 2 人の同士討ちであるため，中
選挙区制期とは異なる差別化戦略，例えば無党派層狙いと組織丸抱えの組み合
わせや，男女の候補者を立てる「性別割り」が有効である（第 3・8 章で詳述）。

　一方，参議院選挙区の中選挙区部分のうち，同士討ちのない箇所では，参議
院の 1 人区と個人投票の度合いは同程度でも，組織票への依存度が高まる可能

───────────
9）　個人投票の性格が非常に強い選挙制度として広く認知されている（Ames 1995；Hug and
　　Martin 2012；Nemoto and Shugart 2013；André and Depauw 2014）。

図 2-1 投票時における政党重視・候補者重視の割合（両院の選挙区選挙）

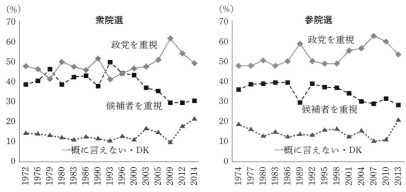

［出典］堤（2017: 242）。情報源は明るい選挙推進協会調査。

性が高い。そのメカニズムは 2 つある。第一に，同士討ちのない中選挙区部分は多くが無風区のため（特に自民党），候補者選定を行う県連や利益団体（農業協同組合や連合など）は選好の近い忠実な「代理人」を擁立し，自前の組織票だけで当選させることが可能である。海外では，選挙に強い候補者ほど極端な政策主張を掲げやすくなるという分析結果が報告されているが（Albouy 2011; Burden 2004; Powell 1982; Achen 1978; Fenno 1978）[10]，無風区で擁立された候補者は選挙の不安がないため，選挙区民（中位投票者）から乖離した政策主張を掲げやすくなる。第二に，選挙区定数が大きくなると，当選に必要な得票率が下がるため，同じ接戦度でも組織票の重要性が高まる（Myerson 1993）[11]。

第 3 項　一票の較差と選挙区民の不均質性

両院に政策選好や議員行動の違いを生む参議院選挙区の特徴としては，一票の較差（格差）が衆議院よりも大きく，農村部の議席が多いことも挙げられる。上院における農村部の過剰代表は OECD 諸国で共通して見られる傾向であり

---

10) 一方，選挙に強い候補者はその優位性（valence）だけで当選できるので，政策位置で相手と差がつかないよう，位置を中道に寄せるという理論もある（Ansolabehere et al. 2001; Stone and Simas 2010; Moon 2004）。
11) 日本を対象とした実証研究でも，衆院選（谷口 2004: 第 6 章）と県議選（吐合 2018）でこの理論を支持する分析結果が報告されている。

（Vatter 2005），日本でも 2000 年代以降，衆議院は最大較差が 2 前後で推移しているのに対し，参議院は 5 前後である（2016 年の合区後は 3 前後）。実際に自民党[12]と民主党で選挙区の人口集中地区人口比の平均値を両院比較したところ（詳細は第 3 章・注 5 と第 8 章・注 42 を参照），参議院の方が選挙区の農村度は高かった。諸外国では一票の較差が大きくなると，補助金配分[13]や所得税率（Ardanaz and Scartascini 2013）に歪みが生じることが報告されているが，本書でも参議院自民党に農村部の議員が多いことが政策に及ぼす影響を考察する。

　ここで，参議院選挙区議員の政策選好や議員行動を，選挙区の都市度と関連付けて考察する際に留意すべき点が，参議院は選挙区内に都市部と農村部の両方を必ず含むため（「選挙区民の不均質性」），選挙区都市度の「平均値」の説明力（予測力）が低下することである。例えば，平均値だと農村部と判定される県でも，県庁所在地で集中的に得票する都会的な候補が現れうるし，逆に平均的に都市部の県でも，中選挙区制の特性を活かして農村部の組織票を固め当選する候補者が生じうる。米国を対象とした実証分析でも，こうした「選挙区民の不均質性」によって，議員の政策選好と選挙区特性の相関が弱まることが指摘されている（Kalt and Zupan 1990; Goff and Grier 1993; Bailey and Bracy 1998; Gerber and Lewis 2004）。同様の現象が日本でも見られるならば，参議院における農村部の過剰代表は，衆院との政策距離を生み出しづらくなるだろう。

第 4 項　二次的選挙と逆連動効果

　参院選で組織票への依存度が高まるその他の要因としては，「二次的選挙」（second-order election）として投票率が低く，組織票の重みが増すことも挙げられる。「二次的選挙」とは，政権選択の役割を持つ議院内閣制の下院選挙や大統領制での大統領選挙を「一次的選挙」としたときに，政権選択選挙ではない上院選挙・地方選挙・欧州議会選挙・補欠選挙などを指す概念である。Reif

---

12)　中選挙区部分が都市部にあるため，農村型政党の自民党は都市部の議席を確保しやすくなるはずだが（砂原 2015: 72-74），それでも参議院の方が平均的に農村度は高い。

13)　一票の較差が大きい米国上院を中心に，実証研究が数多く存在する（Lee 1998, 2000; Lee and Oppenheimer 1999）。また，米国（Ansolabehere and Snyder 2008; Ansolabehere et al. 2002）・南米（Gibson et al. 2004）・日本（Horiuchi and Saito 2003; 堀内・斉藤 2003）を対象に，一票の較差の是正が補助金配分の歪みを正すことが確認されている。

and Schmitt（1980）が第1回欧州議会選挙の調査結果を基に提示した概念だが，その後続調査も含め，欧州議会選挙の投票率は，その他の二次的選挙と同様に，一次的選挙よりも低いことが知られている（Van der Eijk and Franklin 1996; Norris and Reif 1997: 119）。日本の参院選もこの二次的選挙に該当し（今井 2018; 今井・日野 2012），投票率は基本的に衆院選よりも低い。投票率が低下すると利益団体の影響力が増大することが確認されており（Anzia 2011），日本でもこのメカニズムによって参院選では組織票の重要性が高まると予想される。

　また，非拘束名簿式の参議院比例区では，拘束名簿式の衆議院比例区以上に利益団体が活発に運動するため（組織内候補の当選が目的），その波及効果で参議院選挙区での組織票動員が促進される面もある。衆議院と参議院は共に，異なる原理を持つ2つの選挙制度（選挙区・比例区）から構成され（混合制），選挙区で候補者を擁立するとその政党の比例票が伸びること（「連動効果」）が両院で確認されている（水崎・森 1998; Herron and Nishikawa 2001; リード 2003; 西川 2003）。一方，比例区での戦略が選挙区票に及ぼす逆向きの効果（「逆連動効果」）に注目したのが Krauss et al.（2012）であり，彼らは日本で小選挙区候補が比例名簿に記載されていなかったり，復活当選が不可能な順位だったりすると，有権者がその人物を選挙区で当選させようとし，選挙区票が伸びることを実証した。本書も参議院比例区での戦略が選挙区票に及ぼす影響に注目する。

第3節　政党の規律と一体性

　前節では，政治家の政策選好を考察する際に用いる理論を紹介したが，議員行動を分析する際には，政策選好の他にも，政党の「規律」（discipline）に注目する必要がある。本書における「規律」の定義は，濱本（2018: 52）と同じく「リーダーが反抗的な成員に命令を受け入れさせ，行動させるために利用可能な手段や方法」とする（「リーダー」は党首・党幹事長・派閥領袖・参院執行部など）。一般に，党内で政策選好の一致度（「凝集性」）が低下すると，議場で造反が生じるなど，党の「一体性」（unity）が損なわれる（Bowler et al. 1999; Krehbiel 1993; Kam 2009: chap. 4）。しかし，国会議員は所属政党と政策選好の乖離があっても直ちに造反や離党を行うわけではない。党執行部は「規律」を強化することで，

第 3 節　政党の規律と一体性　　　　19

造反予備軍を従わせることができる（Hazan 2006: 1）。実際に，拘束名簿式比例
代表制など政党規律が強まる環境下では，議員が造反・離党しにくくなること
が多国間の分析で実証されている（Hix 2004; Carey 2007; Depauw and Martin 2009;
O'brien and Shomer 2013）。

　党幹部が規律を強化するために利用可能な手段は，選挙過程と立法過程の 2
つに大別できる（Bowler et al. 1999: 5-11）。前者の選挙過程に関しては，公認権
（Hazan and Rahat 2010; O'brien and Shomer 2013; Sieberer 2006; Hix 2004）・選挙資金
（Jenkins and Monroe 2012）・利益誘導の便宜（Carroll and Kim 2010; Cann and Sidman
2011）・解散権（関連して任期の長さ）が挙げられる。後者の立法過程では，閣
僚などの人事権（Kam et al. 2010; Benedetto and Hix 2007; Eggers and Spirling 2016; Pek-
kanen et al. 2006）の効力が立証されている。

　但し，規律の強化が常に政党の一体性向上に資するわけではなく，その政党
が議員の目標や野心を満たさない場合には，むしろ造反・離党を促すこともあ
る（Heller and Mershon 2005, 2008）。例えば，所属政党の政策に反対する議員が
多い（凝集性が低い）状況下で，強引に党議拘束（規律）を押し付けると，大量
の離党者が生じる恐れがある。このように「規律」は，一体性確保の手段とし
ては取扱注意であり，その他の「手段」と併用することが好ましい。そのよう
な手段としては，自民党政務調査会・総務会における事前審査（造反予備軍へ
の政策的譲歩）などの「調整」（coordination）や，一体性を重視する組織文化の
形成などが挙げられる（濱本 2018: 第 2 章）。

　本書は，郵政民営化法案に対する参議院自民党の造反（第 4 章）や，1971 年
参院議長選挙における参議院三木派の造反（第 6 章第 3 節第 2 項），政界再編期
における参議院自民党の安定性（第 8 章補論）や，希望の党の「非除」による
民進党の分裂（第 9 章）など，党の一体性が失われる局面に注目するため，こ
のような「規律」の態様に注意を払う。自民党は第 7 章第 5 節第 1 項で，民
主党は第 9 章第 4 節第 2・3 項で総括的な考察を行う。

第3章　自民党における両院国会議員の政策距離

　本章では，政治改革後における，両院の自民党国会議員の政策選好を比較する。第1節では参議院選挙区，第2節では参議院比例区の選挙過程を考察し，各議員と衆議院議員の政策距離に関する仮説を設定する。そして，第3節で分析方法を説明し，第4節で両院国会議員の政策選好を定量的に比較する。

第1節　参議院選挙区

第1項　単独擁立時の選挙過程

　参議院選挙区は都市部が中選挙区制だが，1998年参院選で多数の「共倒れ」を経験して以降，自民党は中選挙区で候補者を1人だけに絞り，公明党との連立で議席をカバーする戦略を採用している。図3-1は，①1人区 ②同士討ちのない中選挙区 ③同士討ちのある中選挙区の推移を示したものだが（③は保守系無所属との対決を含まず），③は長期的に減少傾向にあり，2000年代以降は，①②の単独擁立が基本戦略となっている（特に①は定数是正で増加傾向）。以下では参院選の基本形である単独擁立時の選挙過程について説明する。

　まず広域な参議院選挙区では，第2章第2節第1項で述べた通り，候補者が有権者を個人的な結びつきで繋ぎ止めることが難しい。衆院選で有効性を維持している個人後援会（大嶽編 1997；朴 2000；谷口 2004：第5章；Krauss and Pekkanen 2011: chap. 3；中北 2017：251-262；濱本 2022：第2章）を県全域で整備することは困難であり，また衆院議員のように街頭演説や冠婚葬祭で選挙区民と日常的に接触すること（いわゆる「ドブ板」）も全県的に行うことは難しい。なお，参院議員が後援会を整備しづらい要因としては，県内の衆院議員や県議が自らの勢力圏の侵食を警戒するという事情も挙げられる[1]。参議院選挙区に世襲議

---

1)　『読売新聞』2007年1月31日（全国版）。

第 1 節　参議院選挙区　　　　　　　　　　　　　　　　　　　21

図 3-1　参議院選挙区の競争状況の推移（自民党）

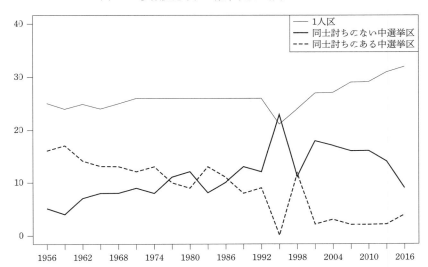

［注］(1) 情報源は 2001 年までが東大法・第 5 期蒲島郁夫ゼミ編 (2004, 2005) の「参議院の研究　1947-2002」データである。それ以降は『政官要覧』と『朝日新聞』を使用した。(2) 図 3-3・3-4 も情報源は同様である。

員が少ないのは，以上で述べた後援会選挙の限界が背景にある[2]。

　このように広い選挙区で有効性を発揮するのが，第 2 章で説明した「大規模な組織票」であり，自民党の場合には，県全域に広がる地方政党組織，いわゆる「党県連」（都道府県支部連合会）が威力を発揮する。その動員対象は，地域支部の党員や職域支部の業界団体，党所属の国会議員や地方議員，保守系の首長などである（cf. 白鳥編 2011, 2016；濱本 2018：第 5 章；堤 2017）。県連の陳情処理システムの恩恵にあずかる様々なアクターを動員できる[3]。

　参議院選挙区で県連動員が有効な理由としては，広域性に加えて，県連や業界団体が選挙区範囲と同じ県単位で組織され，動員時の指揮命令系統が機能しやすいことも挙げられる[4]。また，第 2 章で述べたように，支持基盤が強固な

---

2)　数少ない例外事例としては山本一太や世耕弘成が挙げられる。山本の個人後援会の組織構造や，選挙区の広さゆえの苦労は，枝野ほか (2002) に詳しい。
3)　三浦一水元参議院議員によると，中立的であることが多い首長を参議院選で県議団（県連）が動員できるのは，県連の陳情処理システムのおかげだという（本人へのインタビュー）。

農村部の議席が多いこと[5](一票の較差)や,「二次的選挙」として低投票率であること(組織票の重要性)も関係している。業界動員に関しては,非拘束名簿式だと比例票のために業界団体が活発に動くため[6],衆院選や2001年以前の参院選以上に選挙区候補に業界票が入りやすい面もある(第2節も参照)[7]。

そして,この県連動員を主導する主なアクターが県議団である。衆院選挙制度改革や地方分権改革により,県議は地元衆院議員からの自立性を高め,県連内での地位が向上した(変化の詳細は第7章第4節第1項を参照)。県議は県連の日常的な運営者として,陳情処理などで培った業界団体・保守系首長・市町村議とのパイプを選挙で活用できる。民主党が台頭した1990年代以降も,国政と対照的に,地方選挙は激烈な与野党対立には晒されず(砂原2017),県議数は安定している(曽我・待鳥2007: 第2章)。また数だけでなく,当選回数の多いベテラン県議が多数在籍し,世襲率の高さも特徴である。

以上の結果,参院選の候補者選定では自民党県連,特に県議団が大きな発言力を持つ。その帰結として,参議院選挙区の公認候補には県議出身者が多くなり,自民党県議団からは「県議枠」[8]「功労ポスト」[9]「上がりポスト」[10]と呼ばれている。図3-2に示した通り,当選者に占める県議の割合は衆院選挙区よりもはるかに高く[11],1998年には約6割を占めるまでに至った。選挙区範囲が衆院よりも広い参院は一見,代表する民意が地域住民から乖離しやすいよう

---

4) 元農協系県議の三浦一水元参院議員にインタビューしたところ,農協を始めとする業界団体は県単位で組織されているため,選挙区が県内で分裂している衆院選よりも,全県区の参院選の方が指揮系統が機能しやすいという。党県連の動員も同様だと考えられる。

5) 本章の分析期間である2001〜2017年の選挙区当選者(自民党)を対象に,両院で選挙区都市度(人口集中地区人口比)の平均値を比較すると,衆議院が約61.2%,参議院が約54.6%であった。

6) 非拘束名簿式では自治体ごとに組織内候補の得票数が出るため,各地域の業界団体は動員の「勤務評定」を上位組織から受けることになる。この点も,非拘束名簿式の方が,選挙区で業界動員が促進される理由である(第8章で扱う民主党の労組動員も同様)。

7) 県連会長や県連事務局長の選挙後の実感として,『毎日新聞』2001年7月31日(群馬版・長野版)を参照。2001年の制度変更後に,変化を実感したとの報告が相次ぐ。

8) 『朝日新聞』2006年5月17日(埼玉版)・『毎日新聞』2004年6月25日(愛媛版)。

9) 『読売新聞』2002年4月3日(新潟版)。

10) 『朝日新聞』1997年12月7日(北海道版)。

11) この傾向は,戦後期の県議経験に限定されない県議出身者の割合を両院比較した馬渡(2010: 第5章)の図5-2・5-4からも確認できる。

図 3-2 衆参両院の選挙区当選者に占める県議・官僚出身者の割合（自民党）

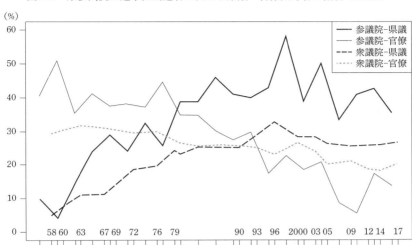

［注］（1）参議院の情報源：東大法・第5期蒲島郁夫ゼミ編（2004, 2005）の「参議院の研究 1947-2002」データ，『朝日新聞』，『政官要覧』，『全国都道府県議会（議員）名鑑』，『歴代国会議員名鑑』編集委員会編（1995）。衆議院の情報源：Reed and Smith（2016）（一部修正），衆議院・参議院編（1990a），『政官要覧』。（2）県議出身者は戦後の都道府県議会議員経験者のみである。（3）1996年以降の衆議院議員は比例復活当選者も含む。

に思われるが，実際には，（県連を介するので間接的ではあるものの）よりローカルな声が届きやすい構造がある。

しかし，2000年代に入ると，公共事業や補助金の削減，規制緩和や公営事業の民営化によって支持団体が自民党から離反し，市町村合併による市町村議の減少も相まって，伝統的基盤に支えられた県議出身候補を県連が擁立しづらくなる（図 3-2 でも減少傾向が確認できる）。そして県連は県議に代わり，無党派層から支持を得られる候補，具体的には，タレント候補や自民党の旧来イメージとは異なる若年・女性の候補を，公募を活用しつつ擁立するようになる[12]。

但し，県議出身候補の割合は自民党当選者（2001〜2016年）の約40％を占めており底堅い。この時期に県議の出馬を支えていた要因が，中選挙区の存在である。図 3-3 に示した通り，①小選挙区 ②同士討ちのない中選挙区 ③同士

---

12) 2019・2022年参院選は「野党多弱」で選挙環境が改善され，再び県議出身者の割合が増加傾向にある（詳細は第7章第4節第2項を参照）。

図 3-3　参議院選挙区の競争状況ごとの当選率（自民党）

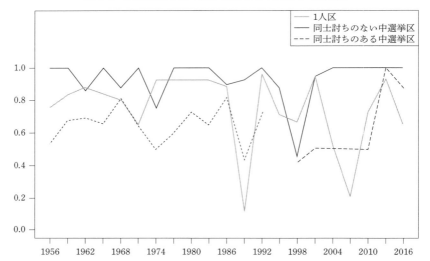

討ちのある中選挙区の三類型で当選率を比較すると，同士討ちがない中選挙区部分は，自民党が不利な都市部が多いにもかかわらず，候補者の当選率が極めて高い。このような選挙区の「無風区」性や，中選挙区で組織票の重要性が高まることによって（第2章第2節第2項を参照），②で県議を擁立しやすくなる。当選者に占める県議出身者の割合は，図3-4に示した通り，2001〜2016年の間は②で特に高い。

第2項　経歴ごとの選挙過程

　以上が単独擁立時における選挙過程の基本形であるが，候補者の経歴によって集票基盤や候補者選定主体には一定のばらつきが生じる。本項では，どのような属性の候補が，特に地方政治家・業界団体の支援（県連の動員）を受けやすいかを考察する（本章では後ほど議員の経歴と政策位置の関係を分析する）。

　まず，地方政治家を基盤とする経歴の筆頭が県議出身者である。また，県議は県連の運営者として，職域支部の業界団体と密接な関わりを持つことが多く，選挙時には家業などで関係の深い業界から強い支援を受けられる（農業系が多

図 3-4　参議院選挙区の競争状況ごとの県議出身者割合（自民党当選者）

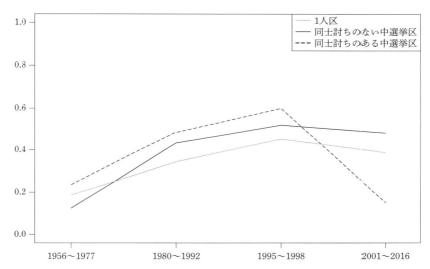

い)。また，政令指定都市を持つ道府県の県連では，当該自治体の市議会議員（以下では「市議」と呼ぶ）の地位が高く，その市議が出馬して，同市の市議・衆院議員の支援を受け当選することがある（第6章補論1を参照）。

　また同じ地方政治家でも，県内の市町村長から強い支援を受けられるのが，市長・町長の経歴を持つ議員である（詳細は第6章補論1を参照）[13]。但し，県議を差し置いてこれらの首長が擁立されることは少なく，市長が擁立される場合にはほとんどが元県議で，擁立主体も県議団であることが一般的である。一方，町長が擁立されるケースでは町村会が候補者選定に深く関与する様子が確認できるが[14]，町長の出馬自体は極めて稀である。なお，元知事の候補は地方政治家全般から支援を得られるが，知名度を集票源にできるので，県議などから一定程度独立して意思決定ができると考えられる。

---

[13] 市長出身の井原巧（『毎日新聞』2013年6月4日，愛媛版）や，町長出身の高橋克法（『朝日新聞』2013年6月26日，栃木版）の選挙過程の例を参照。

[14] 岸宏一（『朝日新聞』1998年6月13日，山形版）や，高橋克法（『朝日新聞』2013年1月23日，栃木版）の例を参照。

図 3-5　参議院選挙区における官僚出身議員の出身官庁の推移（自民党当選者）

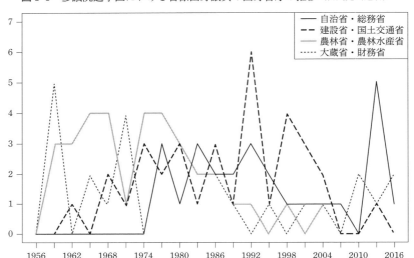

［注］情報源：東大法・第 5 期蒲島郁夫ゼミ編（2004, 2005）の「参議院の研究　1947-2002」データ、『朝日新聞』、『政官要覧』。

　また、選挙運動で県議団や市町村長[15]などの地方政治家全般から強い支援を得られるのが、地方自治の専門家である自治省・総務省の出身者である。参院選の官僚出身候補は県内の有力衆院議員が擁立することが多いが、自治官僚は、知事選（片岡 1994）と同様に、県庁への出向時などに関係を持った県議がしばしば擁立主体となる。図 3-5 に示す通り、官僚出身者の中でも自治省・総務省出身者の割合は 2000 年代以降最も高く、参議院の独自性と言える。また、同じく県議団が擁立主体となりやすい経歴が、県庁に採用された地方公務員の幹部（副知事など）であり、選挙でも強い支援を受けられる。

　一方、業界団体が基盤となる経歴としては、まず建設業者から支援を得られる建設官僚[16]と建設業従事者（主にゼネコン経営者[17]）が挙げられる（建設官僚

---

15) 県議団に加えて、市町村長からも強い支援を受けられることについては、自治省出身で参議院選挙区議員経験者である木村仁氏からご教示いただいた。首長としては、特別交付税の獲得や地方債の起債で便宜を期待できる。

16) 真島一男の選挙運動形態の例を参照（『朝日新聞』2001 年 6 月 25 日、新潟版）。

は公共事業を求める地方政治家の支援も得られやすい[18]）。前者の建設官僚は，図3-5 で示した通り，1990 年代の出身官庁では最多であり（第 7 章で詳述する通り田中派・竹下派が候補者選定で影響力を持ったことが一因），2000 年代以降でも自治官僚に次いで人数が多い。次に，農協から強い支援を受けられる経歴が，農協専従職員と農水官僚[19]である。農協専従職員は 55 年体制期（特に前期）の参議院選挙区を特徴づける属性だが（第 6 章を参照），近年はほとんど見られない[20]。最後に，医療系団体から強力な支援を受けられる経歴が厚労官僚[21]と医師であり，特に医師は県医師会[22]が擁立を主導することが多い。都市部では，農協が弱く，商工会も弱体化しているが，医療系団体は社会の高齢化と共に近年影響力を伸ばしつつある[23]（比例区の組織内議員数も増加傾向）。

第 3 項　同士討ちがある場合

次に，中選挙区部分で同士討ちがある場合の選挙過程について考察する（対象時期は衆議院の選挙制度改革後）。対立構図は以下の①～⑥に大別できる（図3-6 も参照）。まず，県連が選挙運動を指揮する場合（①②③）と指揮しない（できない）場合（④⑤⑥）に分けられる。前者の県連が指揮をとるケースでは，2人の候補者で地域（歴史的・文化的な地域性に基づき分割[24]）や業界（農業県で農

---

17)　かつては熊谷太三郎・佐田一郎・村上春蔵・藤田正明・有田一壽・寺下岩蔵のように県を代表するゼネコン経営者が頻繁に国政進出していた。

18)　この点は，元建設省河川局長である陣内孝雄元参院議員からご教示いただいた。

19)　一例として，山田修路は，日本政府による環太平洋パートナーシップ協定（TPP）への交渉参加表明の直後でも，ほとんどの県農協組織から単独推薦を得られた。『朝日新聞』2013 年 7 月 1 日（石川版）や岡田（2016）を参照。

20)　2000 年代以降は野村哲郎・国井正幸の例があるが，どちらも例外的な状況で擁立されている。野村は同年の知事選で自民党が保守分裂を起こしたため，県議団が農協に選挙運動を委託した。国井は初当選が自民党ではなく，民主改革連合である（農協と連合が支援）。

21)　阿部正俊の選挙運動形態の例を参照（『朝日新聞』1995 年 7 月 14 日，全国版）。

22)　古川俊治の擁立過程の例を参照（『朝日新聞』2006 年 5 月 17 日，埼玉版）。

23)　特に関東圏で医師・歯科医師出身候補が目立つ。2001 年から 2016 年までの間に，武見敬三・島村大・白須賀貴樹・古川俊治・関口昌一が当選している。

24)　例えば，1998 年参院選では，愛知県で尾張（大木浩）と三河（浦野烋興），静岡県で中部（木宮和彦）と西部（山下善彦）の地域割りがされている。『朝日新聞』1998 年 6 月 24 日（愛知版）・7 月 13 日（静岡版）を参照。

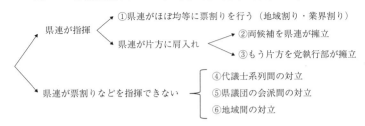

業とそれ以外に分割する形が一般的[25]）をほぼ均等に票割りするケース（①）と，県連が片方の候補に肩入れし，もう一方は主に無党派層受けを狙う戦略（知名度や無党派層受けする属性など）のケース（②③）の2つに区分できる。そして，片方が無党派戦略で戦うケースは，その候補の擁立主体が県連であるか[26]（②），あるいは党執行部であるか[27]（③）で分けられる[28]。参議院の中選挙区部分は比較的都市部に多いため，無党派戦略（②③）の有効性が高まる。

次に後者の県連が指揮しない場合は，県内における3つの「亀裂」に応じて，各勢力が自発的に支援する。この3つの亀裂とは，中選挙区制期から存続している④代議士系列間の亀裂[29]（時間の経過とともに減少），代議士系列に代わる形

---

25) 例えば，1998年熊本県選挙区では，浦田勝に農業・軍恩が，木村仁に商業・福祉・自治体が割り振られた（『朝日新聞』1998年5月23日，熊本版）。
26) 例えば，第4節第3項で紹介する2016年北海道選挙区（柿木克弘道議と長谷川岳が出馬）で，無党派戦略をとる長谷川は道連（道議でなく国会議員団）が立てた（浅野2011）。
27) 知名度で集票する例としては，2007年東京都選挙区の丸川珠代（『朝日新聞』2007年7月5日，全国版）や2010年の東海由紀子（『朝日新聞』2010年7月1日，東京版），無党派層受けする属性で集票する例としては，2007年千葉県選挙区の白須賀貴樹（『朝日新聞』2007年7月21日・8月11日，いずれも全国版）や2019年広島県選挙区の河井案里（中国新聞「決別 金権政治」取材班2024: 第1・15章）の選挙過程を参照。
28) 1990年代以降は派閥が弱体化しているが，一部では派閥が候補者選定を主導するケースも確認できる。2016年神奈川県選挙区では，自民党推薦の無所属候補（当選後に追加公認）として元みんなの党の中西健治が出馬したが，自民党の推薦獲得や選挙支援を主に行ったのは麻生派であった（『朝日新聞』2016年5月17日，全国版）。
29) 例えば，群馬の福田系と中曽根系（1998・2001・2004年），宮城の三塚系と愛知系（01年），広島の宏池会系と亀井系（1998・2001年），栃木の旧渡辺系・船田系（いずれも旧自由党系）と森山系（旧民主党系）（1998年），新潟の田中系と反田中系（1998・2004年）の対立が挙げられる。

で顕在化してきた⑤県議団の会派間の亀裂[30]，そして歴史的・文化的な地域性に基づく⑥地域間の亀裂[31]である。①〜⑥は明確な区別が困難な場合も多い。

　最後に指摘したいのが，第2章第2節第2項でも述べた通り，参議院選挙区での同士討ちが，中選挙区制期の衆議院で見られたようなサービス合戦につながるとは限らないことである。参院選はせいぜい2人の同士討ちであり，地域割り・政策割り以外の差別化戦略が可能である。典型が②③の類型で挙げた県連型候補と無党派型候補の組み合わせだが（他には「性別割り」など），②③以外の類型でも，各勢力が差別化のために無党派層に支持される属性の候補者を擁立することは多々ある。また，2000年代は同士討ちがあるとしても，片方の候補者は新人であることが多く（恒常的な2議席の独占は困難），利益誘導の実績をアピールできないために無党派戦略を取らざるを得ないという面もあるだろう。

第4項　仮　説

　以上の考察を基に，参議院選挙区議員と衆議院議員の政策距離に関する仮説を設定する。表3-1は衆院選挙制度改革後における，参議院選挙区・参議院比例区・衆議院選挙区・衆議院比例区の選挙過程（候補者選定主体と集票基盤）のポイントをまとめたものである。結論としては，衆議院議員（特に比例区議員）が党執行部寄りの政策選好（構造改革志向）を持つ一方で，参議院選挙区議員は県議団や業界団体寄り（反改革志向）になると予想される。

　まず衆議院選挙区議員の候補者選定主体から見ると，選挙制度改革によって，引退者（個人後援会）・派閥から党執行部に権限が移行しており（浅野2006；谷口2004：第5章；中北2017）[32]，政策選好は党執行部に接近すると考えられる。ま

---

30)　例えば，2013年千葉県では各会派（千葉政経懇話会・県盛会）が，石井準一県議と，系列の県議出身市長・豊田俊郎を擁立した（『朝日新聞』2013年3月31日，千葉版）。2016年も各会派がそれぞれ候補者を立てた（『朝日新聞』2016年5月22日，千葉版）。

31)　例えば，①の例で挙げた静岡県も，2001年と2004年は西部（竹山裕）と中部（鈴木正孝），西部（山下善彦）と東部（坂本由紀子）が自発的に争っている（『朝日新聞』2001年7月1日，全国版・2004年6月8日，静岡版）。また，福島県では1998年参院選で，中通りが地盤の佐藤静雄と，浜通りが地盤の岩城光英が出馬したが，候補者個人や派閥（宏池会・清和会）が選挙運動を主導した（『朝日新聞』1998年4月16日，福島版）。

第3章　自民党における両院国会議員の政策距離

表 3-1　衆参両院の選挙過程のポイント（自民党）

	参議院			衆議院	
	選挙区	比例区		選挙区	比例区
		議員属性	基盤		
候補者選定主体	県連 （特に県議団）	職能代表 業界団体以外の組織内議員 地域代表・タレント議員・その他	業界団体 業界団体以外の利益団体 党執行部	党執行部 県連（特に地域支部の地方議員） 引退者・後援会	党執行部
集票基盤 （集票源）	政党ラベル 県議団・首長・各種業界団体	職能代表 業界団体以外の組織内議員 地域代表 タレント議員 その他	業界団体 業界団体以外の利益団体 後援会・県議団・首長・一部業界団体 知名度 最上位の名簿順位など	政党ラベル 後援会	政党ラベル

［注］下線部分は「システム維持」志向に働く要素である。

た参議院選挙区との相違点としては，農村部を中心に，依然として引退者・後援会の影響力が残存しており（世襲議員の多さとも関係[33]），県議や業界団体からの自立性が高まる点も重要である[34]。1 人区になったことで，党県連が選挙運動・候補者選定への関与を深めた面もあるが（丹羽 1997; 濱本 2013; 砂原 2017: 第 3 章; 中北 2017: 第 6 章），相対的には参議院の方が県連の関与は強い[35]。

　また，このような衆議院選挙区議員の政策選好は集票基盤によっても強化される。まず選挙区の狭さを背景に，個人後援会の有効性が依然として高く，県議団や業界団体から自立性を確保しやすい。後援会主体の選挙形態が続いている要因としては，既に後援会組織が整備された状況下だと，選挙制度が変更さ

---

32)　参議院と比較して党執行部の関与が強まる要因としては，首相に解散権があることも挙げられる。首相は内閣支持率の高い時期に解散でき，また自分に有利な争点設定も可能なため，各選挙区に息のかかった候補を押し付けやすい。また，急な解散の場合には候補者を用意できない地域もあり，党執行部が独自候補を立てやすくなる。

33)　選挙制度改革後に，衆院議員全体で見ると世襲議員は減少したが（Smith 2018），自民党の衆院議員単体で見ると，ほとんど割合は低下していない（中北 2017: 175）。

34)　衆議院議員の個人後援会も地方政治家・業界団体が重要な構成員であるが，中核を占めるのは，親戚や同窓生，職場・地域活動における知人・友人など，地縁・血縁に基づく個人的な人間関係であるとされている（大嶽 1997; 山田 1997; 中北 2017: 253）。

35)　同じ「県連の関与」といっても，範囲の狭い衆院選では，県連の地域支部が候補者選定に影響力を持ち，地元の市区町村議団が県議以上に存在感を見せるという違いがある。

れても，その「初期投資」を生かした方が効率的であるという「経路依存性」も挙げられる（Krauss and Pekkanen 2011: chap. 3）。また選挙区の狭さにより，街頭演説や冠婚葬祭での挨拶回り，選挙カーでの名前連呼，活動報告書のポスティングといった有権者への直接アピールの有効性も維持されている。一方，衆議院比例区議員は，集票基盤が政党ラベルのみであり，候補者選定でも選挙区議員以上に党執行部の意向が強く働くため，政策選好は党執行部に接近するだろう。但し，比例区議員は選挙区との重複立候補者が多いため，比例区候補としての性格を色濃く強く持つ議員はそこまで多くない。

　では，衆議院議員が接近しやすい党執行部と，参議院選挙区議員が接近しやすい地方政治家（特に県議）・業界団体の間には，具体的にどのような政策選好の相違が見られるだろうか。まず前者の党執行部は，地域的な利害や一部業界の利益ではなく，国全体の損得を相対的に重視すると予想される。本章の分析期間である 2000 年代以降であれば，「失われた 10 年（20 年）」を脱するための経済成長や財政赤字の軽減を目指し，規制緩和や公営事業の民営化，貿易自由化や公共事業の削減等を志向すると予想される（財政規律は首相ごとに立場の開きがやや大きい）。これらの政策は自民党長期政権を支えた経済システム（「55年体制型経済システム」[36]と呼ぶ）を変革するものであり，小泉構造改革期を典型に，1990・2000 年代の主要な政策対立軸とされてきた（境家 2023; 大井 2021）。2010 年代以降は左右イデオロギー対立の復活により改革争点は後景に退くが[37]，安倍政権の TPP 交渉参加表明や農協改革，日本維新の会や希望の党の主張にはその志向性が看取できる。

　それに対して，後者の地方政治家や業界団体は，明確に 55 年体制型経済システムの維持を志向すると予想される。地方政治家は地域の代表として，中央から公共事業や補助金を獲得する役回りが期待されており，財政難でも公共事

---

36)　本書では「資源を都市から農村，高生産性部門から低生産性部門へと配分し，社会的・経済的な平等を実現しようとする経済システム」と定義する。上ノ原ほか（2007）を参考にした。「土建国家レジーム」（カーティス・石川 1983; 井手編 2011）や「自民党システム」（蒲島 2004）とほぼ同義である。

37)　有権者調査の分析ではあるものの（項目反応理論を利用した因子分析），谷口（2020: 第5 章）は，改革をめぐる対立軸が 2000 年代までは析出できる一方，遅くとも 2012 年以降には時事問題の陰に隠れ，主要な対立軸を構成しているとは言えないことを示している。

業の削減には反対すると考えられる。さらに，農協・土建業者・特定郵便局長会などの業界団体も，恩恵を受けてきた従来型システムの維持を強く求めるだろう。また，地方議員は中（大）選挙区制で選ばれることで，都市部でも業界団体との関係が深まりやすい（県議については吐合 2018 を参照）[38]。特に県議は県連の運営者として職域支部を介し業界と密接な関係を築ける。以上より，衆議院議員（特に比例区議員）は 55 年体制型経済システムの改革を志向するのに対して，参議院選挙区議員はその維持を支持すると予想される[39]。

　これらの考察を基に，参議院選挙区議員と衆議院議員の政策距離に関する中心仮説，および政策距離が生じるメカニズムに関する補助仮説を 3 つ設定する。1 つ目の補助仮説では，参院選で地方政治家・業界団体への依存度が高くなることの影響を検証するため，特に依存度が高い経歴の議員ほどシステム維持志向になるかを分析する。2 つ目では，両院ともに農村部の議員ほどシステム維持を志向しやすいかを分析し（参院は選挙区定数を統制），参議院における農村部の過剰代表が政策距離を拡大させるかを検証する。3 つ目では選挙区定数の影響を分析するが，同士討ちがある場合に無党派戦略をとる議員も存在するため，中選挙区選出の議員ほどシステム維持志向になるか（都市度は統制）に加え，同士討ちの有無で効果が異なるかも検証する。

仮説 1　　参議院選挙区の自民党議員は，同党の衆議院議員よりも，55 年体制型経済システムの維持を志向しやすい。

補助仮説 1-1　　参議院選挙区の自民党議員の中でも，特に，県議・市議・市長・町長・自治官僚・県庁職員・建設官僚・建設業従事者・農水官僚・農協幹部・厚労官僚・医師の経歴を持つ議員は，同党の衆議院議員よりも，55 年体制型経済システムの維持を志向しやすい。

---

38)　県議には 1 人区で選ばれる議員も少なくないが，政令指定都市以外だと，農村部選出者が多いため，業界団体や農村を保護する経済政策を支持しやすくなると考えられる。

39)　他にも，参議院議員は首相による解散権の統制が効かなかったり，ポスト配分に参院執行部が強い影響力を持ったりすることで（竹中治堅 2010: 319; 斎藤 2004），政策選好が一層首相から乖離しやすくなる。このメカニズムは第 8 章で扱う参議院民主党にも当てはまる。

補助仮説 1-2　衆議院と参議院の双方で，自民党の選挙区議員は，選挙区の農村度が高いほど，55 年体制型経済システムの維持を志向する。

補助仮説 1-3　参議院選挙区の自民党議員は，中選挙区部分で選ばれることで，同党の衆議院議員よりも，55 年体制型経済システムの維持を志向しやすくなる。

第 2 節　参議院比例区

第 1 項　議員属性の五類型

　非拘束名簿式が導入された 2001 年参院選以降における比例区議員の属性は，①職能代表 ②業界団体以外の組織内議員 ③地域代表 ④タレント議員 ⑤その他に大別できる。非拘束名簿式では個人票への依存度が高くなるが（第 2 章第 2 節第 2 項を参照），当選に必要な票数は全国規模の選挙で膨大なため，「大規模な組織票」と「知名度」による集票が有効となる。前者の組織票としては，まず全国組織を持つ利益団体が挙げられ，農業・建設・郵便・医療・福祉業界の組織内議員（①）[40]と，神道政治連盟・浄土宗・日本遺族会・軍恩連盟・自衛隊といった業界団体以外の組織内議員（②）に区分できる。また組織票で当選する議員としては，代議士時代の個人後援会の動員と党県連の支援で集票する「ご当地候補」も存在する（③地域代表）。他には，組織票ではなく知名度で集票する④タレント議員が挙げられる[41]。このいずれにも該当しない議員を⑤その他として扱う[42]。

　図 3-7 は各類型の当選者数（本章で行う計量分析時の操作化方法に従う）を示し

40）　日本経済団体連合会や商工会議所から支援を受ける経済界の代表者は，業界団体に対する政策的保護の縮小を求めることから，②業界団体以外の組織内議員に含めた。

41）　メディア露出が多く，その知名度が集票源となった竹中平蔵・片山さつき・佐藤ゆかりもタレント議員として扱った。タレント議員に関しては伏見（2004）が参考になる。

42）　名前が「あ」から始まることで比例名簿の最上位に掲載された議員や，国会議員・知事時代に得た知名度で当選した議員，全国の首長からの支援で当選した自治官僚出身者などが含まれる。

図 3-7 参議院比例区における議員属性ごとの当選者数の推移（自民党）

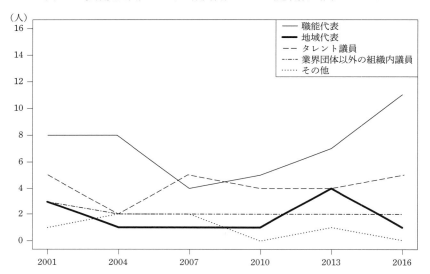

たものである。①職能代表，④タレント議員の順に数が多く，③地域代表と②業界団体以外の組織内議員がほぼ同数となっている。以下では，この五類型の内，55年体制型経済システムを強く志向すると予想される③地域代表と①職能代表について，集票基盤と候補者選定主体の詳細を説明する。

第 2 項 地域代表の得票構造

　本章では特定の都道府県で集中的に得票する議員を「地方票依存議員」と呼ぶ。地方票依存議員には，定量分析で③地域代表と操作化する議員だけでなく，地方票に依存する一部の①職能代表や④タレント議員も含まれる。地域票依存議員に関しては，経歴や得票分布について一定の研究蓄積があるが（丹羽 2016；堤 2018；Nemoto and Shugart 2013），集票基盤の質的な特性は十分に解明されていない。

　まずは得票分布から地方票依存議員を特定する作業を行う。特定に使用する「得票の地域的な偏在性」の指標は，①最も票を得た県での得票が候補者の全得票に占める割合（図3-8の横軸），②その割合をその県の有権者が全有権者に

第2節　参議院比例区　　　　　　　　　　　　　35

図 3-8　参議院比例区における得票の地域的な偏在度（自民党）

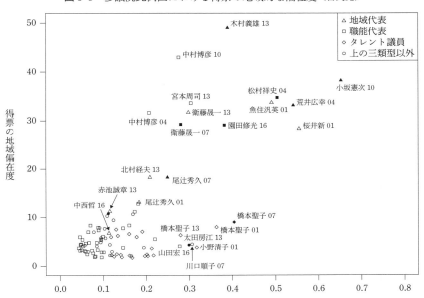

［注］(1) 黒く塗られた印は，その人物が，最も票を得た都道府県での得票がなければ，落選していることを意味している。(2) 記号で示したカテゴリーは分析時の変数の割り当てである。(3) 氏名の横に記された2桁の数字は，当選した年（西暦）の下2桁を示している。(4) 繰り上げ当選者は図に掲載していない。(5) 得票データは総務省ホームページからダウンロードした。

占める割合で割った値（図3-8の縦軸），③最も票を得た県での得票がなければ落選しているか（図3-8の黒く塗られた記号），の3つである。①は0.2以上，②は10以上を地方票依存と判定する際の目安とする。図3-8は，この指標に基づき，各議員の位置と属性をプロットしたものである（2001～2016年，当選者）。

図3-8は右上に行くほど特定の都道府県での集票に依存していることを意味している。図が示す通り，中央から右上にかけて③地域代表，左下に①職能代表や④タレント議員が多く分布しているが，図の右上や中央下に位置する地方票依存議員の中にも，①職能代表や④タレント議員など，地域代表以外の属性の議員が一定数存在することが分かる。

本書では選挙過程の質的考察を基に，地方票依存議員の類型を5つ設定した。

具体的には，(a) 鞍替え型 (b) 職能代表型 (c) 業界団体以外の組織内議員型 (d) 知名度型 (e) 名簿最上位型である。本章後半の定量分析では，(b)を①職能代表，(d)を④タレント議員と扱い，それ以外を③地域代表として操作化する（例外は次項以降で説明）43)。

　以下では，(a) 鞍替え型とそれ以外の(b)〜(e)とで項を分けて個別に選挙過程の要点を説明する。ポイントはいずれの類型も県連の強い支援を受ける点で参議院選挙区議員と類似性が高いことである（③の 10 人中 7 人が県議出身者であることも偶然ではない）。党県連との繋がりの深さから参議院選挙区に転出するケースも少なくない（松村祥史・尾辻秀久・太田房江・北村経夫・園田修光など）。但し，職能代表との業界票の競合や，選挙協力を結ぶ公明党への配慮，党執行部の公認権の強さなど，相違点も多くある。

第 3 項　鞍替え型

　(a) 鞍替え型の地方票依存議員は，桜井新・魚住汎英・荒井広幸・衛藤晟一（2007 年を除く）・小坂憲次・木村義雄の 6 人である。彼らは衆院議員時代の後援会や関係団体・系列地方政治家を選挙で動員するが，新たに県連からの支援も得ている。以下では，次章との兼ね合いから，郵政国会時に現役参議院議員であった桜井新・魚住汎英・荒井広幸について詳述する（いずれも造反）。図 3-9 はそれぞれの得票の地域偏在度を示したものであり（各県の数値は「全得票に占める各県での得票割合／全国に占めるその県の有権者割合」），最も得票が集中している都道府県の値（参院選年の右に記載）は図 3-8 の縦軸の値である。

(1) 桜井新（2001 年当選）

　桜井は 2000 年衆院選で落選するまで代議士を 6 期務め（新潟旧 3 区），強力な後援会を築いていた。そして衆院選落選後の参院選では，この後援会を大々的に活用した44)。また，衆院議員時代に農林族として関係を深めた県内農協

---

43)　(c)を②業界団体以外の組織内議員と扱うことも可能だが，②はシステム維持に反対するわけではないので，無党派層が集票源の④タレント議員と比べれば，政策選好が③地域代表に接近しやすくなると予想され，③として扱った。

44)　『朝日新聞』2001 年 6 月 25 日（新潟版）。

第2節　参議院比例区

図3-9　桜井新・魚住汎英・荒井広幸の得票の地域偏在度

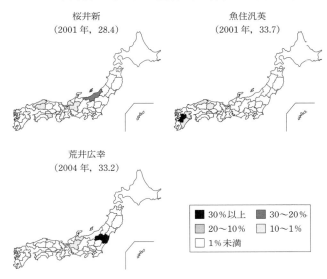

からも支援を受けており，JA新潟中央会会長は比例区の組織内候補ではなく桜井の支援を行うほどであった（北陸地方の他県にも支援する農協が現れた）[45]。また県内の集票基盤としては，自民党県連からも支援を受けており，県連の最重点候補[46]として県議団に支えられながら（桜井は元県議），選挙区候補の真島一男と二人三脚で県内を回った[47]。一方，全国組織としては，全国内水面漁業協同組合連合会（桜井が会長）の支援[48]や，全国小売酒販政治連盟の推薦[49]を受けている。また，所属派閥の領袖である亀井静香政調会長から比例区出馬を要請された経緯もあり[50]，亀井や同派所属の国会議員の応援を受けた[51]。

---

45)　『朝日新聞』2001年7月5日（全国版）。
46)　『毎日新聞』2001年1月16日（新潟版）。
47)　『読売新聞』2001年7月4日（新潟版）。
48)　『朝日新聞』2001年1月12日（新潟版）。
49)　『朝日新聞』2001年7月10日（兵庫版）。
50)　『毎日新聞』2001年1月13日（新潟版）。
51)　『朝日新聞』2001年7月20日（新潟版）。

(2) 魚住汎英 (2001 年当選)

熊本県内の集票基盤としては，衆院議員時代（旧 1 区，当選 2 回）に培った個人後援会が挙げられるが，桜井と比較すると当選回数が少ないこともあり，後援会の重要性を指摘する記事は少ない[52]。桜井と比較したときに顕著なのは，地元県議団から極めて強い支援を受けたことである（魚住も元県議）。まず熊本県連は，県議を中心に「魚住再選委員会」を旗揚げし，支援体制を整えた[53]。再選委の県議たちは県農業者政治連盟や建設業協会など，比例区で他の自民党候補を推す団体に魚住支援を求めている。また，全国商工会連合会顧問（前副会長）として，県内（県商工会連合会長）だけでなく，県外からも商工団体のサポートを受けたが，その際も若手の熊本県議が中心となって，他県の商工団体や自民党組織を駆け回り支持を求めている[54]。図 3-9 を見ると，九州の周辺県で得票しているが，このような県議の応援が部分的に寄与したと考えられる。なお，魚住本人にインタビューしたところ，県連から支援を受ける地域代表に県議出身者が多いのは偶然ではないという。魚住の元県議という経歴が，県連から支援を得る際に有利に働いたと推測される（魚住は父も県連会長を務めた有力県議である）。

なお，魚住は郵政民営化法案に反対票を投じたことで，再選を目指した 2007 年参院選では，党の公認を得られなかった（第 4 章で詳述）。地域代表は集票基盤が参議院選挙区議員と似通っているが，公認権が党執行部に握られているという重大な差異が存在する（参議院選挙区議員は県連が強い公認権限を持つ）。

(3) 荒井広幸 (2004 年当選)

福島県内の集票基盤としては，衆院議員時代（3 区，当選 3 回）の後援会や系列の県議・首長の支援が第一に挙げられると本人は説明する（筆者によるインタビュー）。他には，郵政民営化反対派の急先鋒として，特定郵便局長会の支援を受けた[55]。さらに，県内での集票を側面から支えたのが所属派閥の領袖・

---

52) 桜井との相違としては，派閥の支援が弱かったことも挙げられる。魚住が比例区に転出したのは，選挙区調整（選挙区定数が 2 → 1）の結果であり（『朝日新聞』2000 年 10 月 28 日，熊本版），桜井や荒井広幸のように，亀井静香が比例区に押し上げたわけではない。

53) 『読売新聞』2001 年 6 月 23 日（西部版）。

54) 『読売新聞』2001 年 7 月 31 日（熊本版）。

亀井静香であり，亀井は公示後に 4 回も県内入りして応援演説や企業回りを精力的にこなしたという。これ以外に荒井の重要な集票源となったのが，県連による県議の動員である。当初県連は荒井の代議士時代の地盤である衆院 3 区選出の県議 6 人を荒井につけただけで全県的な応援態勢はとらなかったが[56]，公示が近づくと党全体が結束し始め，最終的には衆院 3 区外でも県議が動いて全県的に得票できた[57]。

　また荒井の公認過程は，魚住と同様に，地域代表の擁立主体に関して示唆を与えるものである。荒井に比例区出馬を促したのは亀井だが（大下 2016: 194-195），2004 年参院選時点では亀井の影響力は弱まっており，本来であれば小泉と郵政問題で敵対していた荒井は比例名簿掲載が叶わなかったはずである。ここで鍵となったのは荒井の盟友・安倍晋三幹事長の働きであり，荒井は党の方針に従うこと（郵政民営化への賛成）を誓約した上で，安倍が小泉を説得し公認を獲得したのだった[58]。このように地域代表は公認時に首相の意向が強く働くため，政策選好が首相に接近しやすくなる。しかし，選挙が終わると首相が候補者を拘束しきれないことは，その後の荒井の行動が示す通りである。

(4) 小坂憲次（2010 年当選）・木村義雄（13 年当選）・衛藤晟一（13 年のみ）

　小坂憲次と木村義雄の選挙運動形態もこれまで説明してきた 3 人とほぼ同様である。どちらも世襲議員として強力な後援会を選挙で動員でき，また双方とも県連から強い支援を受けられた[59]。さらに木村は厚労族として，県歯科医師連盟など県の医療業界からも応援を得ている[60]。

---

55) 『毎日新聞』2004 年 7 月 14 日（福島版）。

56) 桜井や魚住と比べて，県議が当初荒井に協力的でなかった理由は 2 つある。1 つ目は，荒井が衆院選で争った玄葉光一郎の義父が佐藤栄佐久知事であったことである（県議は知事に忖度する）。2 つ目は，福島県の地域的な分裂性である（浜通り・中通り・会津）。

57) 『毎日新聞』2004 年 7 月 13・14 日（福島版）。なお，全国的な支援団体としては私立幼稚園経営者協会が挙げられるが，本団体は尾身朝子にも推薦を出している（『読売新聞』2004 年 6 月 12 日，全国版）。

58) 経緯は大下（2016: 194-202）に詳しい。ライフヒストリーの基本的な事実関係は本書を参照するようにと，荒井氏ご本人からご恵贈いただいた。記して感謝申し上げます。

59) 小坂と木村に対する県連の支援については，それぞれ『信濃毎日新聞』2010 年 7 月 5 日と『毎日新聞』2010 年 3 月 5 日（香川版）を参照。

60) 『毎日新聞』2010 年 3 月 5 日（香川版）。

一方，衛藤晟一は 2013 年参院選時（大分県連会長として県連が全面的に支援[61]）には一般的な地域代表の集票構造であったものの，2007 年参院選時には公明党への配慮から県連の十分な支援を得られなかった。衛藤は郵政国会で反対票を投じ，2005 年衆院選で民主党候補（吉良州司）に敗北した後（復活当選も叶わず），参議院比例区での出馬を目指して復党申請を行う。しかし，2005 年衆院選の無所属当選者と異なり，落選した造反議員の復党は，参議院比例区の自民票を狙う公明党が強く抵抗した。衛藤は安倍晋三首相と関係が近いこともあり，復党と比例区出馬が実現するが，公明党への配慮から，大分県内での選挙活動は禁止された[62]。本書が着目した地域代表の特徴は，党県連の組織票動員を受けることなので，2007 年の衛藤は地域代表ではなく，医療・福祉業界の代表として扱う。衛藤は厚労族として全国精神障害者家族会連合会などの福祉団体から支援を受けていた[63]。

衛藤の事例に見られる「公明党問題」は，党県連の支援を受ける地方票依存議員の全類型（(a)～(e)）で生じており，2010 年参院選の小坂憲次のように公明党が参議院選挙区で自主投票を表明するまで対立が深まることもある[64]。県連が地域代表を擁立するにあたっては，公明党票なしでも参議院選挙区での勝利が確約された状態であることが求められる。

第 4 項　鞍替え型以外

本項では (a) 鞍替え型以外の地方票依存議員について議論する。まず (b) 職能代表型から説明すると，該当者は福祉業界の中村博彦（2004・2010 年）・園田修光（2016 年）・衛藤晟一（2007 年のみ），商工系・中小企業系の松村祥史（2004 年）・宮本周司（2013 年），歯科医師系の山田宏（2016 年）である。

まず，中村・園田は全国老人福祉施設協議会に加えて，県内の業界団体（中村は社会福祉法人健祥会[65]，園田は医療法人徳洲会[66]）から支援を得ている。松

---

61)　『朝日新聞』2013 年 3 月 31 日（大分版）。図 3-8 が示す通り，大分票への依存度は 2007 年時よりも高まっている。公明党とは，自民党県連関係者と関わりの深い県外の票を振り分けることで調整を行った（『朝日新聞』2013 年 7 月 2 日，大分版）。

62)　『朝日新聞』2007 年 7 月 16 日（全国版）。

63)　『読売新聞』2007 年 3 月 13 日（全国版）。

64)　『毎日新聞』2010 年 6 月 22 日（長野版）。

村・宮本も全国商工会連合会に加えて，地元県の商工会連合会[67]から応援を受けている。一方で山田は，日本歯科医師会が不祥事で組織内候補を出せないために代理支援を得た例外的事例であり，地方票への依存度の高さは杉並区長など都内でのキャリアによる（衛藤は前掲）。また，党県連からの支援は得られる場合（園田[68]・松村[69]・宮本[70]）と十分に得られない場合（中村[71]・衛藤・山田）がある。

　次に，(c) 業界団体以外の組織内議員型の該当者は，尾辻秀久〔2001・2007年，日本遺族会や福祉関係団体）と北村経夫（2013年，統一教会など宗教団体[72]）である。全国組織と同時に，地元県連（鹿児島県連[73]と山口県連）からも強い支援を受けている。また，北村は県連以外にも，祖母・北村サヨが教祖である天照皇大神宮教（本部：山口県熊毛郡田布施町）から地元で支援を受けている[74]。尾辻と異なり県議出身ではない北村（元産経新聞執行役員・編集長・政治部長）が党県連の協力を得られた背景には，北村家と安倍家が代々深い縁で結ばれていたこ

---

65) 『朝日新聞』2004年7月4日・2013年10月14日（いずれも全国版）。

66) 2013年参院選では徳洲会の支援を受けて比例区に出馬し，善戦するも落選した。徳洲会は2013年参院選直後に，過去の選挙違反容疑で逮捕者を出し，2016年参院選では表立って園田を支援できなかったが，2013年参院選時の動員は人々の中に「遺産」（記憶）として残るため，2016年参院選でも徳洲会票が支えとなったと見て差し支えないだろう。

67) 松村は『読売新聞』2004年7月13日（熊本版）を，宮本は『北國新聞』2013年5月19日を参照。

68) 2013年は『読売新聞』2013年8月4日（鹿児島版）を，2016年は『南日本新聞』2016年7月6日を参照。

69) 『読売新聞』2004年7月14日（熊本版）。

70) 『読売新聞』2013年7月18日（石川版）。

71) 『徳島新聞』2004年7月9日や『朝日新聞』2010年7月1日（徳島版）を参照。当時，自民党県連会長を務めた北岡秀二元参院議員にインタビューしたところ，一連の「素行」（「四国のムネオ」とも呼ばれる）によって，党関係者から忌避されていたという。

72) 『週刊朝日』2014年4月11日・12月5日。

73) 2001年は県連の重点候補に指定されたとはいえ（『南日本新聞』2001年7月17日），公明党への配慮から県連は大々的に支援できなかったが（『読売新聞』2001年6月29日，全国版），尾辻は日本遺族会などの全国組織だけでは当選が難しいと見て，鹿児島票を重視している（『南日本新聞』2001年7月30日）。一方，2007年参院選では県連の重点候補として全面的支援を受けており（『朝日新聞』2007年7月13日，鹿児島版），鹿児島票がなければ落選していたほどである。純然たる遺族会代表の水落敏栄とは性格が異なる。

74) 『読売新聞』2013年7月22日（山口版）。

とが関係していると見られる（岸信介と佐藤栄作は田布施町が出生地）[75]。

（d）知名度型の該当者は，橋本聖子（2001・2007・2013 年）・堀内恒夫（2010年）[76]・小野清子（2001 年）[77]・太田房江（2013 年）・川口順子（2007 年）の 5 人である。図 3-8 の中央下には，人口の多い都道府県で集中的に得票している議員が見られるが，元スポーツ選手（橋本・堀内・小野）や元参議院選挙区議員（小野・川口），元知事（太田）が知名度を活用して特定地域で集票している。加えて，どの候補も地元の党県連から支援を受けている[78]。分析時には，元スポーツ選手の 3 人を④タレント議員として扱い，それ以外を⑤その他として操作化した。

最後に（e）名簿最上位型の該当者は，赤池誠章（2013 年）と中西哲（2016年）である。比例名簿の記載順が最上位で名前が目立つ位置にあり，全国で満遍なく得票できた[79]。最上位に置かれた理由は，赤池は名前が「あ」で始まるからであり，中西は合区の補償である。この 2 人は程度の差こそあれ党県連の支援を受けており（山梨県連[80]と高知県連[81]），分析時には③地域代表として扱った。

75）『朝日新聞』2013 年 5 月 16 日（全国版）。

76）補欠選挙で当選したので図 3-8 には掲載されていないが，①得票の地域偏在度と②最も票を得た都道府県での得票が全得票に占める割合は，2010 年（繰り上げ当選）が①約 0.17 と②約 24，2016 年（落選）が①約 0.23 と②約 15 である。

77）軍恩連盟の組織内候補だが，得票分布をみると，参議院議員を務めていた東京都での得票が主な集票源となっている。そもそも参議院選挙区で当選できたのは元オリンピアンとしての知名度ゆえであり，本章では小野をタレント議員として扱った。

78）橋本聖子の例として，2001 年は『朝日新聞』2001 年 7 月 23 日（北海道版），2007 年は『毎日新聞』2007 年 6 月 10 日（北海道版），2013 年は『毎日新聞』2013 年 7 月 22 日（北海道版）を参照。

79）秋元司や赤石清美も，名前が「あ」から始まることで比例名簿の最上位に置かれたため，集票基盤が脆弱でも当選できた。名簿の順番が得票に及ぼす影響については，多くの実証研究が肯定的な結果を示している（e.g. Ho and Imai 2008）。

80）赤池は元県議ではなく，またその経歴も自民党にとってアウトサイダーであり，県連からは十分に支援を受けられていない。しかし，2007 年の衛藤晟一のように県連が支援してはならないという決まりはなく，「非協力的」の範疇であったため，地域代表として扱う。

81）県議の中西哲（元県連幹事長，当選 4 回）の選挙運動は，堤（2018）が示す通り，県連に依存したもので，まさに地域代表の典型的スタイルであった。

第 2 節　参議院比例区　　　　　　　　　　　43

図 3-10　参議院比例区における各業界代表の当選者数の推移（自民党）

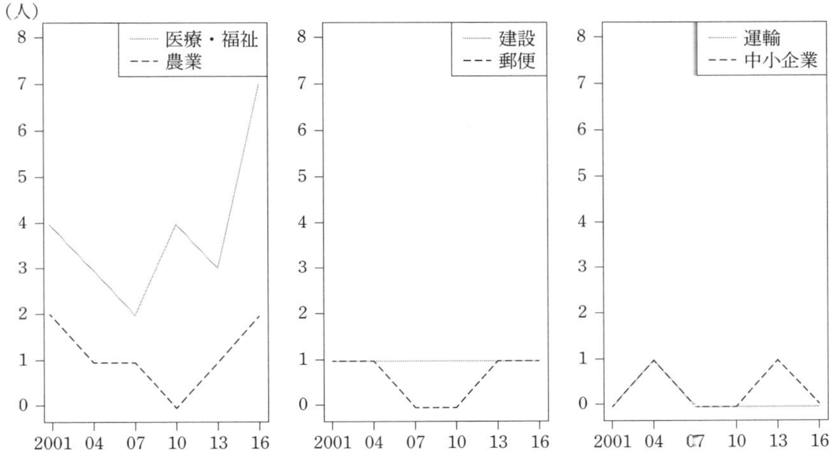

第 5 項　職能代表

　図 3-7 に示した通り，2000 年代以降の参議院比例区議員で最も数が多いのが①職能代表である。2001 〜 2016 年の比例区当選者（自民党，繰り上げ当選を含まない）の約 44% を占める（情報源は『政官要覧』）。建設・運輸・農業・医療福祉・中小企業・郵便の各業界の組織内議員を①職能代表として扱った。

　図 3-10 は 2001 年以降における各業界代表の当選者数の推移を示したものである。左が人数の多い医療・福祉と農業，中央が数は少ないながらも安定的に代表者を送り出している建設と郵便，右が現在ほとんど代表者を送り出せていない運輸と中小企業（商工）である。まず，医療・福祉は少子高齢化の進展で増加傾向にあり，介護保険制度の開始後には介護業界代表（中村博彦・園田修光）が加わった。次に，農業代表は長期的に減少傾向であるものの，現在でも農協と土地改良事業団体が組織内候補を当選させており，第二の勢力である。また，建設・郵便は毎年 1 人ずつ安定的に組織内候補を当選させていたが，郵便代表は郵政国会後に一時自民党から離れた（2013 年に復帰後は党内一位当選）。運輸と中小企業は，それぞれ国鉄民営化と大規模小売店舗法改正・廃止の煽りを受け，人数が減っている。

どの業界も選挙運動は全国組織が丸抱えするが，本書の主題との関連で興味深いのは，自民党県連が業界団体の動員をサポートする点である。県連は業界ごとに担当県議（各県議の得意分野による）を割り振り，サポート体制を組む[82]。実際の選挙運動では参議院選挙区候補と「ペア集会」を行い，選挙区候補にも業界票が入りやすくなる（「逆連動効果」）。但し，藤井基之元参院議員（薬剤師業界代表）の秘書を務めた坂本広明（その後民主党議員の秘書となり両党の比例区選挙の実情に精通）に選挙運動の実情を聞くと，比例区候補が多い自民党では組織内候補同士が順位争いで不仲のため（民主党の比例区労組代表は人数が少なく，かつ連合という傘の下で比較的仲が良いという），民主党よりも選挙区候補と連携をしづらいという（選挙区候補は一部業界の依怙贔屓をしないよう気を遣う）。

なお，職能代表の候補者選定では，党執行部に対して業界団体側が強い交渉力を持つ（55年体制期ほどではないが族議員も一定の影響力を持つ）。業界票が唯一の集票源であるし，各種選挙で団体支援を受けるため，党としてもその意向を尊重せざるを得ない。この点は地域代表やタレント候補との違いである。

第6項　仮　説

以上の考察を基に，参議院比例区議員の政策選好に関して仮説を設定する。まず，職能代表は業界団体が候補者選定を主導し，選挙運動でも業界票（部分的には，業界動員を支援する県議団）が重要な役割を占めるため，業界に長年恩恵をもたらしてきた55年体制型経済システムの維持を強く志向すると予想される。次に，地域代表は党執行部が候補者選定権を持つものの，選挙運動では県連による県議など地方政治家（時に業界団体）の動員や，候補者と関係の深い業界の支援に依存するため，公共事業を中心に，55年体制を支えた経済政策を支持しやすくなると予想される。参議院比例区議員は大人数での同士討ちにより，衆議院議員が頼りにする政党ラベルでのアピールが不可能なため，職能代表と地域代表はこれらの組織票への依存度が極めて高くなる。

---

82)　『毎日新聞』2001年8月2日（山口版）や『朝日新聞』2013年6月28日（香川版）を参照。業界団体以外の組織内候補も同様の選挙体制を組む。一方で，これらの担当県議がどれだけ集票の助けになるかは業界や県ごとに様々であると坂本広明氏は語る。藤井に関しては，製薬業界に通じた県議が少なかったので，あまり助けにならなかったと振り返る。

そして，職能代表と地域代表の合計人数は，業界団体・地方政治家からの支援に依存しないその他の比例区議員よりも多いため（図3-7），参議院比例区の自民党議員全体の政策選好は，平均的に衆議院自民党の選好から乖離すると予想される。以上の考察を基に，参議院比例区議員全体と衆院議員の政策距離，および乖離が生じるメカニズムについて仮説を設定すると以下のようになる。

仮説2　参議院比例区の自民党議員は，同党の衆議院議員よりも，55年体制型経済システムの維持を志向しやすい。

補助仮説2　参議院比例区の自民党議員の中でも，特に，職能代表と地域代表は，同党の衆議院議員よりも，55年体制型経済システムの維持を志向しやすい。

これまで論じてきた通り，参議院選挙区（仮説1）と参議院比例区（仮説2）の自民党議員はいずれも同党衆院議員より，55年体制型経済システムの維持を志向しやすいと予想されるため，参議院自民党全体で見たときにも，衆議院自民党との間に，システム改革をめぐって政策選好の乖離が生じると予測される。

仮説3　参議院自民党は衆議院自民党よりも55年体制型経済システムの維持を志向する。

第3節　データと分析方法

第1項　政策選好のデータ

国会議員の政策選好は，国政選挙時に実施した「東京大学谷口研究室・朝日新聞社共同調査」[83]の政治家調査（2003～2017年[84]）と，2001年参院選時に東京大学蒲島郁夫研究室が朝日新聞社と共同で実施した政治家調査[85]（郵政民営化への賛否のみ）への回答を用いて推定する。

分析に使用する質問項目は，「雇用確保のための公共事業」（2003～2017

年)[86]・「貿易・投資の自由化よりも国内産業保護の優先」(2009 〜 2014 年)・「郵政民営化」(2001 〜 2004 年)への賛否である。質問文は，それぞれ「公共事業による雇用確保は必要だ」(2003・04 年は「公共事業による地方の雇用確保は必要だ」)・「A：国内産業を保護すべきだ　B：貿易や投資の自由化を進めるべきだ」(A と B のどちらに近いか)・「郵政 3 事業は民営化すべきだ」(2003 年)である (2001・2004 年における「郵政民営化」の質問文は公開されていない)。

　回答形式は，「公共事業」と「国内産業保護」が 5 点尺度 (5 件法) である。「郵政民営化」に関する個々の議員の回答は，2001 年 (選挙区・比例区の候補者) と 2004 年 (選挙区当選者) の調査結果が，それぞれ週刊誌と新聞紙面[87]に 3 件法で掲載されているため，2003 年調査の 5 段階の回答を 3 段階 (賛成寄り・中立・反対寄り) に加工した上で，両院の議員の回答を比較する。

　東大朝日調査への回答を利用した因子分析・主成分分析では「55 年体制型経済システム」に関する政策対立軸が抽出されるが (谷口 2006；上ノ原ほか 2007；境家 2012；蒲島・竹中 2012：第 5 章；谷口 2020)，上の三争点はいずれもこの軸を構成する主要項目である。第 4・5 章で行う郵政民営化・農協改革・公共事業獲得の分析と政策分野が一致するように選択した。

第 2 項　中心仮説

　仮説 1 (参議院選挙区議員)・仮説 2 (参議院比例区議員)・仮説 3 (参議院議員全体) の検証は，隣接する選挙年同士 (当選者と現職議員) で政策位置を比較する

---

83)　2005 年調査までは，東京大学蒲島郁夫研究室と共同で実施された。データは，本調査のウェブサイト (http://www.masaki.j.u-tokyo.ac.jp/utas/utasp.html, 最終アクセス 2018 年 3 月 5 日) から入手できる。なお，2017 年総選挙のデータは，ウェブサイトに公開する前の最終データを使用した (中身は公開データと同じ)。

84)　2019 年参院選から比例区に特定枠が設置されたのでこの分析期間とした。なお，参議院選挙区議員には 2016 年に合区部分で当選した議員が含まれるが，全員が 2010 年に当選した現職議員のため，議員特性は従来通りである。

85)　『週刊朝日』(2001 年 7 月 20 日) に，個々の候補者の回答が掲載されている。

86)　類似争点に「景気回復のための財政出動」があるが，分析結果がほぼ同一のため割愛。

87)　『朝日新聞』2004 年 7 月 12 日 (全国版) を参照。その後，山本耕資氏から元データの提供を受け，筆者がデータクリーニングを行った上で，2022 年 4 月に研究室ホームページに公開した (正確な質問文は特定できず)。本書の分析結果はそのデータを使用したものではなく，更新版データでの分析は今後の課題としたい。

方法と，全データをプールし全期間を通じて見たときに有意な差があるかを回帰分析で判定する方法の2通りで行う。

　まず前者の方法では，選挙年ごとに，自民党の現職議員と当選者の政策選好の平均値を作図し（郵政民営化の分析では法案採決時の構成となるように当選者の賛否のヒストグラムを作図)[88]，両院の政策位置を比較する。仮説3の検証では，隣接する選挙年の当選者（前の年）と現職議員（後の年）に対して，平均値の差の検定（t検定，5%有意水準）を行う。参院議員の観察数が少ない年が一部に含まれるため，観察数の影響を受けない効果量[89]も確認する。なお，両院の政策選好は異時点間の比較になるため，両調査間で政策位置に影響を及ぼす外的ショックが生じた場合には，単純比較をしてはならない点に留意する。

　次に，後者の回帰分析を用いる方法としては，作図時に使用した全ての選挙年の議員をプールし，従属変数に質問への回答，独立変数に参議院ダミー・参議院選挙区ダミー・参議院比例区ダミーを投入した順序プロビット分析（同一議員を単位とするクラスター頑健標準誤差を使用）を行う。また，外的ショックの影響をコントロールするために，その影響を受ける期間であることを示すダミー変数を投入する。公共事業の分析では，2009年以降ダミー（リーマンショック・東日本大震災への対応で賛成しやすくなる），国内産業保護の分析では，2013年以降ダミー（TPP交渉参加表明で自由貿易寄りになる）を使用する。

第3項　補助仮説

　補助仮説の検証でも，中心仮説の分析時と同様に，作図に使用した全自民党議員をプールして，質問への回答を従属変数とした順序プロビット分析（クラスター頑健標準誤差）を行う。仮説ごとの分析対象は，補助仮説1-1（参議院選挙区議員の経歴）と補助仮説2（参議院比例区議員の属性）が全議員（同じモデルで分析），補助仮説1-2（農村部の過剰代表）と補助仮説1-3（中選挙区部分の効果）が

---

88)　公共事業と国内産業保護の分析では，2004・07・10年について，参議院の現職議員・当選者の中に非改選議員が含まれる。また公共事業の分析のみ，参議院の現職議員の中に引退者が含まれる（2004・07年）。回帰分析の分析対象における両者の割合は，公共事業で非改選議員が約15%，引退者が約1%，国内産業保護で非改選議員が約8%である。

89)　標準化平均値差（Hedgesのg）にバイアス補正を施した母集団の効果量の不偏推定量を使用する。

各院の選挙区議員（別々に分析）である。非改選議員・引退者を分析する際には，最後に出馬した選挙時の値を変数として使用した。

独立変数は，補助仮説 1-1 では，各経歴の参議院選挙区議員であることを示すダミー変数を投入する[90]。個々の参議院選挙区議員は単一の経歴属性を持つものとし，市長・町長・県議・市議・自治（総務）官僚・県庁職員・建設（国土交通）官僚・建設業従事者・農水官僚・農協幹部・厚労官僚・医師・その他の順に，最初に該当する経歴の属性を割り当てる[91]。該当者の人数が少ない経歴に関しては，支持基盤が類似している他の経歴ダミーと統合した（e.g. 市長・町長ダミー）。また，補助仮説 1-2 では選挙区の人口集中地区人口比[92]，補助仮説 1-3 では参議院中選挙区ダミー（同士討ちの有無の効果も調べる）[93]，補助仮説 2 では各属性（職能代表・地域代表・タレント議員・その他）の参議院比例区議員であることを示すダミー変数（各議員はいずれか 1 つに該当）を投入する。

統制変数は，全ての仮説検証において，外的要因の影響を受ける特定の時期のデータであることを示すダミー変数を投入する。また，補助仮説 1-2 では参議院中選挙区ダミー（参議院議員の分析のみ），補助仮説 1-3 では選挙区の人口集中地区人口比も加える。

---

90) 参議院議員の経歴と属性に関する情報を収集する際には，『政官要覧』を使用した。また，適宜，議員のホームページなどのインターネット上の情報で補完した。

91) 県庁職員は中央省庁からの出向者を除いた。また，これらの経歴のいずれかに該当していても，知名度で集票できる知事経験者は「その他」の経歴として扱った。

92) 衆院選については，2005 年の国勢調査を基に算出したデータを川人貞史先生にご提供いただいた（2003 〜 2012 年の分析で使用）。2014 年と 2017 年については，前田耕先生のホームページで公開されているデータを使用した。本データは以下のホームページから取得できる。http://politicalscience.unt.edu/~maeda/（最終アクセス 2019 年 3 月 21 日）。両先生にはデータの提供につきまして心より感謝申し上げます。また参院選については，選挙に最も近い年の国勢調査データを使用した。

93) 2007 年から 2016 年までは，投票日直後の『朝日新聞』記事（当選者一覧）から情報を取得した。2004 年の情報は，『政官要覧』（平成 17 年夏）から収集した。1998 年と 2001 年は，東大法・第 5 期蒲島郁夫ゼミ（2004, 2005）の「参議院の研究 1947-2002」データを使用した。

第4節　分析結果

第1項　中心仮説

(1) 選挙年ごとの比較

　まず図3-11で，公共事業に対する両院国会議員の争点態度を比較する。リーマンショック前後の2007年と2009年では，2009年の衆議院議員の方が，公共事業により強く賛成しているものの，それ以外の隣接する組み合わせでは，基本的に参議院議員の方が有意に賛成度が高いことが分かる。2005年と2007年の差異は，首相の交代の影響（改革志向の弱まり）も関係していると推測されるが，それ以外の隣接する組み合わせでは，特異な政策選好を持つ首相（総裁）の就任・退任が大きく影響する箇所はないと考えられる。リーマンショック直後の2009年よりも2010年で，あるいは東日本大震災・アベノミクス「第二の矢」発表直後の2012年よりも2013年で公共事業がより強く支持されていることは，衆参自民党の政策選好の乖離が確かなものであることを裏付けている。

　次に図3-12で国内産業保護の分析結果をみると，2012年・2013年以外の隣接する組み合わせで，いずれも有意な差異が確認できる。2012年と2013年の間に有意差が見られないのは，選挙間で安倍晋三首相がTPP交渉参加を表明したことが影響していると推測される。

　最後に図3-13で，郵政民営化への賛否を各選挙の当選者（郵政国会時の現職議員を構成）で比較する。2003年衆院選当選者は賛成派が最も多いのに対して，参議院では中立から反対派の議員が多いことが分かる。2001年当選の参議院選挙区議員は，2004年と比較して「中立」の回答が多いが，自由記述欄をみると，郵政公社がまだ発足していないことや小泉内閣成立直後で議論が深まっていないことを中立理由に挙げる人物が多く，もし調査時期が遅ければ，2004年と同水準まで反対度が強まった可能性が高い。なお，図の一番右に2003年衆院選時における有権者の分布を示したが（東大・朝日共同世論調査への回答を衆院選当選者と同様に3段階に変換），参議院議員は有権者と比較しても反

図 3-11 公共事業に対する両院の自民党議員の争点態度

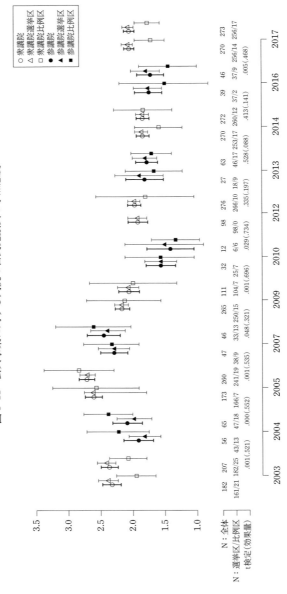

[注] (1) 各選挙年について、左側に現職、右側に当選者の政策位置をプロットした。(2) 値が小さいほど、その争点に賛成寄りである。(3) 点の上下に伸びるバーは、95%のブートストラップ信頼区間(反復回数は10000回)である。(4) 以上の(1)〜(3)は図3-12も同様である。

第4節　分析結果

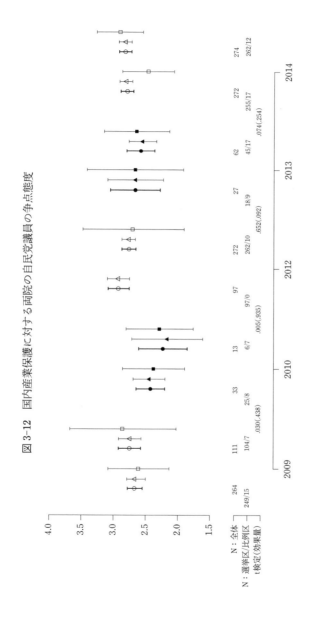

図 3-12　国内産業保護に対する両院の自民党議員の争点態度

図 3-13　郵政民営化に対する両院の自民党議員（当選者）の賛否

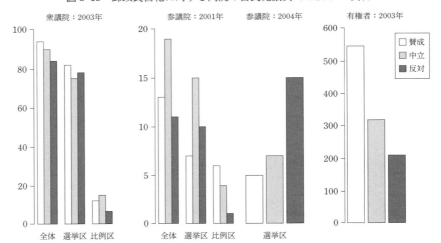

対方向に大きく乖離している。次章で郵政国会の事例分析を行うが，以上は郵政民営化法案に対する参議院自民党の大量造反を示唆する結果と言える。

　また，表 3-2 で示した回帰分析（モデル 1 ～ 3）でも，全争点で参議院ダミーの有意な効果が確認でき，全期間を通じて両院に選好乖離が存在すると判定された[94]。以上より仮説 3 は支持され，55 年体制を支えた経済政策に関して，両院の自民党議員に政策選好の相違が存在することが実証された[95]。

(2) 回帰分析による両院比較

　次に，参議院選挙区議員（仮説 1）と参議院比例区議員（仮説 2）の政策位置を個別に確認する。まず参議院選挙区議員から見ると，表 3-2 のモデル 4 ～ 6 では，参議院選挙区ダミーの効果が全争点で明確に有意であり（係数は負のときにシステム維持を志向することを意味する），仮説 1 は支持された（衆議院議員と

---

[94]　郵政民営化の分析結果に関しては，2004 年のデータに，参議院比例区議員が含まれていないため，差異が検出されやすい点に留意が必要である。

[95]　なお，もう 1 つの主要な政策対立軸である左右イデオロギーを構成する争点（安保・外交政策や憲法改正など）に関しては，両院で有意な差異は検出されなかった。

表 3-2　衆参自民党の政策選好の乖離とそのメカニズム

	公共事業 (1)	国内産業保護 (2)	郵政民営化 (3)	全議員 公共事業 (4)	全議員 国内産業保護 (5)	全議員 郵政民営化 (6)	公共事業 (7)	国内産業保護 (8)	郵政民営化 (9)
参議院	-0.401*** (0.081)	-0.240* (0.098)	-0.283* (0.153)						
参議院選挙区				-0.442*** (0.092)	-0.274** (0.101)	-0.432** (0.163)			
県議							-0.724*** (0.142)	-0.512** (0.169)	-0.524* (0.244)
市議							0.183 (0.275)	-0.270 (0.328)	-0.487 (0.623)
市長・町長							-0.338+ (0.179)	-0.519* (0.203)	-0.127 (1.085)
自治官僚・県庁職員							-0.440* (0.196)	-0.235 (0.255)	0.306 (0.403)
建設官僚・建設業従事者							-1.160** (0.406)	0.290 (0.866)	-0.127 (0.082)
農水官僚・農協幹部							-0.794 (0.545)	-0.919*** (0.066)	-0.127 (0.082)
厚労官僚・医師							0.431 (0.521)	1.030*** (0.307)	-0.127 (0.082)
その他の参議院選挙区議員							-0.254+ (0.142)	-0.126 (0.151)	-0.477+ (0.262)
参議院比例区				-0.278+ (0.144)	-0.142 (0.225)	0.523 (0.332)			
職能代表							-0.578* (0.236)	-0.959*** (0.289)	-0.127 (0.663)
地域代表							-0.700* (0.337)	0.308 (0.252)	0.567 (0.612)
タレント議員							0.129 (0.203)	0.432 (0.393)	0.890 (0.610)
その他の参議院比例区議員							0.104 (0.266)	0.250 (0.561)	0.890 (0.610)
2009年以降	-0.636*** (0.054)			-0.635*** (0.054)			-0.647*** (0.053)		
2013年以降		0.110+ (0.059)			0.109+ (0.059)			0.101+ (0.059)	
N	1933	951	268	1933	951	268	1933	951	267
擬似決定係数	0.033	0.003	0.006	0.034	0.003	0.017	0.039	0.011	0.022
対数尤度	-2342.555	-1217.249	-292.5	-2341.899	-1217.07	-289.266	-2328.771	-1207.319	-286.648

[注]　(1) $+p<0.1$; $*p<0.05$; $**p<0.01$; $***p<0.001$　(2) 括弧内は議員単位でクラスター処理を施した頑健標準誤差である。(3) 係数は負のときにシステム維持志向であることを意味している。

の選好乖離は図 3-11 ～ 3-13 からも読み取れる）。但し，図 3-11 が示す通り，公共事業に関しては時期ごとに衆院議員との政策距離が大きく変化しており，2010 年代以降はそれ以前よりも衆院議員との差が小さくなっている。その要因としては，元建設官僚の参院議員（1980 年代～ 92 年に田中派・竹下派が積極擁立）が減少したことが関係している可能性がある。

　次に，参議院比例区議員の政策位置を確認する。まず表 3-2 で回帰分析の結果を見ると，公共事業でのみ効果が有意（傾向）であった（図 3-11 を確認すると時期が下るほど賛成度が強まる）。次に国内産業保護に関しては，表 3-2 の回帰分析で有意な効果は確認されなかったものの，図 3-12 を見ると，2010 年の参議院比例区議員は，隣接する 2009 年・2012 年の衆議院議員よりも賛成度が強く（2009 年との差は有意でないが 2012 年との差は t 検定の p 値が 0.068，効果量が0.545），一部の組み合わせでは衆院議員との間に政策選好の差異が存在することが分かる。一方，郵政民営化については，衆議院自民党との政策選好の違いは確認できなかった。以上より，仮説 2 は条件付き（一部争点・一部時期）で支持された。一般的に，参議院選挙区よりも参議院比例区の方が，職能代表のイメージからシステム維持志向に振れやすいという印象が持たれているように思われるが，実際にはその逆である。参議院選挙区議員の特異な政策選好がどのように形成されるかを次項で確認したい。

第 2 項　補助仮説 1-1・2

　表 3-2 のモデル 7 ～ 9 は，参議院自民党議員の経歴・属性と政策選好の関係を分析したものである[96]。まず，参議院選挙区議員の分析結果を見ると，公共事業では，県議，市長・町長，自治官僚・県庁職員，建設官僚・建設業従事者について有意な効果が確認できる。次に国内産業保護では県議，市長・町長，農水官僚・農協幹部の経歴の効果が，郵政民営化では県議の経歴の効果が有意であると分かる（後に郵政民営化法案に賛成する清和会の県議出身参院議員もアンケートでは反対と回答）。比較対象である「その他の参議院選挙区議員」は，国内産業保護の分析で効果が有意ではなく，公共事業と郵政民営化でも有意性

---

96)　郵政民営化の分析では，経歴カテゴリーの該当者が 1 人だけであった「市議」の二之湯智を分析対象から取り除いた。

は 10% に留まる。以上より，仮説で予測した全ての経歴の効果が確認された
わけではないが，補助仮説 1-1 は概ね支持された。特に，人数が多い県議出
身者のダミー変数が強力な効果を持つことは重要な結果である。なお，無党派
層受けする特性を持つ「その他」の属性の議員も衆院議員との差異が有意傾向
であり，一般の参院議員も県連の影響下にあることが一因だと予想される。

　次に，参議院比例区議員の分析結果をみると，公共事業では職能代表と地域
代表の効果が，国内産業保護では職能代表の効果が有意である一方，郵政民営
化では職能代表と地域代表の効果がどちらも有意ではなかった。また，職能代
表と地域代表以外の属性については，どの争点でも有意な効果が確認されなか
った。以上より，参議院比例区議員と衆議院議員の間に選好乖離が確認された
争点（公共事業と国内産業保護）については，職能代表と地域代表（公共事業のみ）
の効果だけが有意であり，補助仮説 2 を裏付ける結果が得られた。なお，無党
派層の支持を受けるタレント議員については，衆議院自民党との間に政策選好
の有意差は確認されなかった。

第 3 項　補助仮説 1-2・1-3

　表 3-3 のモデル 1 〜 6 は，選挙区の都市度と自民党議員の政策選好の関係
を両院で別々に分析したものである。まず，衆議院ではどの争点でも人口集中
地区人口比の効果が 0.1% 水準で有意であった。一方，参議院では有意性が相
対的に落ちるが，国内産業保護以外で有意な効果が確認できる。郵政民営化は
10% 水準だが，観察数が少ないことを考慮すると効果は決して小さくない。以
上より，補助仮説 1-2 は公共事業と郵政民営化について支持された。参議院
選挙区で衆議院よりも都市度の効果が弱くなる理由としては，前章で挙げた
「選挙区民の不均質性」（選挙区内に都市部と農村部の双方を必ず含むこと）の他に，
多重共線性の影響（中選挙区ダミーは都市度と高い相関を持つ）も考えられる。

　次に，表 3-3 のモデル 4 〜 6 で参議院中選挙区ダミーの効果を見ると（補助
仮説 1-3），中選挙区部分であることの有意な効果は確認できない。モデル 7 〜
9 が示す通り，同士討ちの有無に関わらず，有意ではなかった。同士討ちダミ
ーに有意な効果が見られない理由は，多重共線性[97]に加えて，参議院選挙区
ではサービス合戦になるとは限らないこと（無党派戦略の有効性）が一因だと推

表 3-3　選挙区の都市度・定数と自民党国会議員の政策選好の関係

| | 衆議院選挙区議員 | | | 参議院選挙区議員 | | | | | |
	公共事業 (1)	国内産業保護 (2)	郵政民営化 (3)	公共事業 (4)	国内産業保護 (5)	郵政民営化 (6)	公共事業 (7)	国内産業保護 (8)	郵政民営化 (9)
人口集中地区人口比	0.008***	0.007***	0.012***	0.011*	0.009	0.017[+]	0.011*	0.008	0.017[+]
	(0.001)	(0.002)	(0.003)	(0.005)	(0.008)	(0.010)	(0.005)	(0.007)	(0.010)
参議院中選挙区				−0.248	−0.230	−0.167			
				(0.208)	(0.300)	(0.349)			
同士討ちのある 参議院中選挙区							−0.178	−0.085	−0.080
							(0.302)	(0.496)	(0.376)
同士討ちのない 参議院中選挙区							−0.258	−0.237	−0.190
							(0.214)	(0.304)	(0.382)
2009 年以降	−0.670***			−0.592***			−0.593***		
	(0.066)			(0.142)			(0.141)		
2013 年以降		0.129[+]			0.097			0.095	
		(0.066)			(0.236)			(0.236)	
N	1509	784	176	236	90	59	236	90	59
擬似決定係数	0.047	0.015	0.039	0.036	0.006	0.031	0.036	0.007	0.031
対数尤度	−1813.704	−995.389	−184.353	−253.497	−96.016	−60.369	−253.453	−95.971	−60.353

[注] (1) [+]$p<0.1$; *$p<0.05$; **$p<0.01$; ***$p<0.001$　(2) 括弧内は議員単位でクラスター処理を施した頑健標準誤差である。(3) 係数は負のときにシステム維持志向であることを意味している。

測される。同士討ちのない中選挙区ダミーに有意な効果が見られない理由も，多重共線性が影響した可能性があり，影響力の有無に関しては確定的な結論を下すことができない。本書の立場としては，当該選挙区が無風区を生むことで県議の国政進出を促し，両院の政策距離に与えた影響は無視できないと考えている。

最後に，本項で触れた「選挙区民の不均質性」と「同士討ち時の無党派戦略」の影響を理解するのに有用なケースを紹介する。定数3の2016年北海道選挙区（cf. 浅野 2011）では，札幌市を地盤とする現職の長谷川岳（札幌市 YOSA-KOI ソーラン祭り創始者）と，農村部を基盤とする県議出身の柿木克弘（新人）が出馬した。結果は長谷川の単独当選であったが（柿木は次点），柿木と長谷川のアンケート結果を比較すると（値が小さい方がシステム維持志向），「公共事業」「経済競争力向上より社会的格差是正」[98]「経済的規制緩和よりも既存産業保護」[99]の各争点に関して，1・2・3と2・4・4であった（5点尺度）。本ケースからは，農村的とされる都道府県でも都市部の無党派層をターゲットとする改革志向の強い候補者が登場し得ること，そして同士討ちがあってもサービス合戦になるとは限らないことが読み取れる。

第5節　小　括

本章では，参議院自民党が，選挙制度改革後に衆議院議員との結びつきが弱まった地方政治家（特に県議）および業界団体の利益を強く表出し，同党衆院議員よりも，自民党長期政権を支えた経済政策（公共事業・国内産業保護・郵政事業保護）を支持していることを明らかにした。参議院選挙区は有権者規模の多さや都道府県単位の選挙区画によって，自民党県連（主に県議団）が選挙過

---

97)　都市度に影響されずに選挙区定数の純粋な効果を推定する方法としては，回帰不連続デザインが考えられるが，2000年代以降の参議院選挙区は，定数が人口で自動的に決まるわけではないため（一票の較差是正のための定数変更），何らかの政治的意図が混入している懸念があり，この手法の適用は妥当ではない。

98)　文言は「A：社会的格差が多少あっても，いまは経済競争力の向上を優先すべきだ　B：経済競争力を多少犠牲にしても，いまは社会的格差の是正を優先すべきだ」。

99)　文言は「A：民間による技術・経営革新を促すため，経済的規制の緩和を徹底すべきだ　B：既存産業や消費者保護のため，経済的規制の緩和には慎重であるべきだ」。

程で中心的な役割を果たしており，その結果，衆議院議員との間に政策選好の乖離が生じる。とりわけ参議院選挙区議員の約4割を占める県議出身者が乖離の主因であった。さらに，このような党県連の影響力は，農村部の過剰代表や，無風区を生む中選挙区部分の働きによって増幅されることも判明した。また，非拘束名簿式の参議院比例区も，職能代表と（党県連の代弁者としての性格を持つ）地域代表が参議院選挙区議員と同様の利益（業界団体や地方政界）を代弁し，同党衆院議員との政策距離を拡大させていることが分かった。

　では，本章で示した両院の政策選好の乖離は，現実政治にどのような影響を及ぼすだろうか。統計的に「有意」であった政策選好の差異は，実社会においても意味のある差異と言えるだろうか。続く第4章と第5章では，郵政民営化・農協改革・公共事業の各政策分野について，参議院自民党が実際の政治過程においても大きな役割を果たしていることを論証する。

第4章　参議院自民党による郵政民営化の抑止

　本章では，前章で示した衆参自民党の選好乖離の帰結として，郵政民営化法案に対し参議院自民党から大量の造反者が生じたことを指摘する。さらに，郵政政局の中で，参議院自民党の農林族議員が農協改革の方針撤回を小泉首相から引き出していたことも明らかにする。

　以下，第1節で先行研究を紹介し，第2節で各議員の意思決定に影響を与えた外的要因について確認する。そして第3節で造反しやすい議員の特性に関する仮説を提示し，第4節で分析方法を説明した後，第5節で定量的に仮説を検証する。次に章の後半（第6～10節）では，造反行動の意思決定メカニズムを中心に，質的な考察を行う。まず第6・7節では，参議院選挙区の県議・市議出身者の造反メカニズムについて検討する。次に第8節では県議出身者の中でも造反しにくい議員の特性を考察するが，本節では参議院の農林族議員が農協改革を抑止したことを明らかにする。続く第9節では参議院比例区の地域代表の造反事例を分析する。最後に第10節で「参院議員らしい理由」で造反したケースを紹介する。

第1節　先行研究

第1項　大量造反の要因

　本章のパズルは，どうして郵政民営化法案に参議院自民党から大量の造反者が生じたのかである。両院の造反者数を確認すると，法案に対する反対者・棄権者の割合は，自民党の衆院議員が20.4%（250人中51人），同党参院議員が約26.3%（114人中30人）と参院の方が多く（17票差という大差での法案否決，衆議院の解散へ[1]，政界やメディアでは想定以上の数字と受け止められた[2]）。参議院での採決については，法案の参議院送付後に反対派に譲歩した附帯決議が採

択されたこと[3]，そして衆議院よりも地方・郵便局に配慮した国会答弁が小泉首相・竹中平蔵大臣から引き出されたことなど[4]，法案に賛成しやすくなる要素もあった。それでも大量の造反者が参議院自民党から生じた理由として最も言及されるのは，首相の解散権を通じた脅しが効かなかったことである（竹中治堅 2010: 245; 浅野 2006: 188; 清水 2018: 214）。また，次期参院選で非公認の制裁を与えるとしても，改選時期が最短で2年先と遠いため（非改選者は5年先），脅しが効きづらかったという指摘もある（浅野 2006: 188）。本書もこれらが最も重要な要因であるという立場は変わらない。

これら以外には，参議院選挙区が衆議院と違って必ず過疎地を含むことが大量造反の要因として挙げられているが（浅野 2006: 190），同時に必ず都市部（県庁所在地など）も含んでいるため，なぜ過疎地だけを尊重したのかという疑問が生じる。また，「再考の府」としてのプライドを持つことも大量造反の理由として挙げられているが（竹中治堅 2010: 247），かつての緑風会ならまだしも，2000年代の参議院議員が党議拘束に反してまで信念を貫くだけの矜持をどこまで強く持ち合わせているかについては別途検証が必要だろう（この論点については第10節で再検討する）。

第2項　造反行動の規定要因

次に，どのような属性の参議院議員が造反しやすいかを分析した研究群について検討する[5]。まず浅野（2006: 191-192）は，派閥ごとの造反者数を示し，参議院亀井派から多くの造反者が出たことや，衆議院側で最も多くの造反者が

---

1) 但し，参議院の方が自民党の議席が少ないため，参議院自民党からの造反者が衆議院自民党と同程度の割合だとしても，法案は否決されていた。

2) 賛成の説得をした参院執行部の反応は，『朝日新聞』2005年8月8日（全国版）・『毎日新聞』2005年8月8日（全国版）を参照。大差での否決を受け，片山虎之助参院幹事長は苦笑いをした。造反者側からも，参院採決後の反対派の会合で「思ったより反対が多かったなあ」という声が出ている（『朝日新聞』2005年8月9日，全国版）。

3) 賛成票を投じた理由に附帯決議の存在を挙げた参議院自民党議員も複数確認できる。太田豊秋（『日本農業新聞』2005年8月9日）や小斉平敏文（『宮崎日日新聞』2005年8月6日）の例を参照。また後述する通り，附帯決議が参院で採択されたのは，陣内孝雄が郵政民営化特別委員会委員長を打診された際に，就任の交換条件として呑ませたからであり（本人へのインタビュー），陣内の賛成理由も附帯決議の存在と見做せる。

4) 『朝日新聞』2005年7月14・28日（全国版）。

出た旧橋本派から（同派の青木幹雄参院議員会長の説得が奏功し）僅かしか造反者が生じなかったことを指摘している。

　また馬渡（2010: 279-280）は，自民党国会議員（比例区議員も含む）における県議・官僚出身者の造反率を衆参で比較し，衆院では官僚出身者の造反率が高かったのに対し，参院では県議出身者の方がはるかに造反しやすいことを指摘した。さらにその理由として，解散の脅しが効かない参院では，多くの県議出身者が地元利益を優先したことを挙げる。参院の県議出身者の造反率に注目した視点は本書と共通しているが，本書は解散の危機がない状況でも，両院の県議出身議員には恒常的に表出利益や政策選好の相違が存在し，それが投票行動の違いに表れたと見ている（衆院の県議出身議員は県議の代理人とは言えない）。

　次に Fujimura（2007）は，自民党衆院議員の造反行動では，「選挙」に関わる変数（選挙区の人口当たり郵便局数・人口密度）と「権力闘争」に関わる変数（所属派閥）が共に有意な効果を持つ一方，解散の恐れがない同党参院議員では，選挙関連変数が有意でないこと（権力闘争関連変数のみが有意であること）を回帰分析で示した。そして，参議院自民党の造反は，選挙都合というより，権力闘争の目的で行われた側面が強いと結論づける。しかし，参議院選挙区で選挙関連変数が有意でなかったのは，第2章で説明した「選挙区民の不均質性」が影響した可能性があるし，郵便局数と人口密度は，選挙（「再選」）だけでなく「政策実現」の動機（過疎地出身者は反対しやすくなる）とも関わることから，より直接的な変数として，得票率や改選時期を利用することが好ましかったと考えられる（本章ではこれらの変数の有意な効果を報告する）。また，本章後半の事例研究では，「権力闘争」の動機が働きやすい亀井派参院議員の中にも，「再選」（や「政策実現」）が造反理由として先行するケースが数多く存在することを明らかにする（倉田寛之・中川義雄・後藤博子・魚住汎英・荒井広幸など）。

第2節　意思決定の外的要因

　個々の参院議員の投票行動を分析する前に，彼らの意思決定に影響を及ぼす

---

5)　郵政民営化法案に対する自民党衆院議員の投票行動を分析した研究としては，Nemoto et al.（2008），Imai（2009），Fujimura（2007）が挙げられる。

表 4-1　インタビューの対象者（自民党）

採決時の肩書き	派閥	名前	インタビューの日付	投票行動
衆議院議員	旧橋本派	綿貫民輔	2018.10.17	反対
	亀井派	亀井静香	2018.10.16	反対
参議院議員	旧橋本派	吉村剛太郎	2018.12.5	反対
		岩永浩美	2018.12.4	反対
		北岡秀二	2018.11.20	棄権
		田村公平	2018.11.18	反対
		陣内孝雄	2018.11.16	反対
		木村仁	2018.8.1	賛成
	亀井派	中川義雄	2019.5.23	反対
		狩野安	2019.5.8・2021.10.5	反対
		柏村武昭	2019.5.13	反対
		後藤博子	2018.12.6	反対
		魚住汎英	2018.12.12	反対
		荒井広幸	2018.9.5・2018.9.28	反対
		三浦一水	2018.8.4	賛成
	堀内派	田浦直	2018.7.31	反対
		真鍋賢二	2018.11.21	反対
	山崎派	山内俊夫	2018.11.12	棄権
		関谷勝嗣	2018.11.22	賛成
	河野グループ	浅野勝人	2018.11.6	棄権
元参議院議員		村上正邦	2019.1.24	
秘書・側近		高橋志郎（亀井静香秘書）	2018.10.25	
		田澤千春（岩永浩美秘書）	2018.12.4	
		田中詔子（陣内孝雄秘書）	2018.11.16	
		後藤克幸（後藤博子秘書）	2018.12.6	
		南丘喜八郎（『月刊日本』主幹，村上正邦側近）	2019.1.24	
		坂本広明（藤井基之秘書）	2023.5.25	

［注］（1）実施方法は中川義雄氏と 2 回目の狩野安氏のみ電話で行い，それ以外は対面で実施。（2）本書全体の聞き取り対象者のリストは巻末を参照。

「外的要因」について整理する。事例の経緯は竹中治堅（2010: 第 5 章）や黒澤（2022）に詳しいが，本節では参議院議員を説得したアクターに焦点を絞って，より厚い記述を行う。表 4-1 は，本章のために行ったインタビュー調査の対象者を示したリストである[6]。

　以下では，法案の賛成・反対の双方の説得を行ったアクターごとに説明を行

---

6)　綿貫民輔氏と亀井静香氏は朝日新聞社の池田伸壹記者にご紹介いただいた。また取材許可は下りなかったものの，同社の鶴岡正寛記者には青木幹雄元参院議員への打診をご仲介いただいた。記して感謝申し上げます。

う。賛成側の説得者は（1）参院執行部（2）党執行部（参院側を除く）（3）主流派閥幹部（参院旧橋本派を含む）であり[7]，反対側の説得者は（1）亀井派幹部（2）堀内派幹部（3）郵政族（4）郵便業界関係者（郵政族議員・特定郵便局長会）（5）地方議員である。

第1項　法案賛成の説得者

（1）参院執行部

　参議院議員は，衆議院議員のように首相が議会解散と非公認の脅しで統制できないため，首相は参院執行部を説得役として頼りにした。終盤になると小泉首相や武部勤幹事長なども関わるようになるが（後述），中盤までは青木幹雄参院議員会長や片山虎之助参院幹事長（cf. 片山 2010）が中心的役割を担う。特に青木は「ドン」として参院議員のポスト配分に大きな権限を有しており，強い影響力を行使できた[8]。説得の実働部隊は，参院国対委員長[9]も含めた参院自民執行部に加えて，副幹事長[10]や副国対委員長[11]など，執行部を支える参院幹部も動員された[12]。各幹部の説得対象は様々だが，基本的には同派の議員が主な対象となったようである。

　但し，参院執行部による締め付けは，参院議員へのインタビューや新聞記事等[13]で調べる限り，衆院議員に対する党執行部・派閥幹部の説得（脅し）ほどは苛烈でなかった。背景には，青木（直近の総裁選では郵政民営化阻止を条件に参院平成研を小泉支持でまとめた）も片山（郵政公社成立に尽力した当の総務大臣）も，

---

7) これ以外には，公明党幹部が自民党参院議員の説得に動いていたことが報告されている（『朝日新聞』2005 年 8 月 3 日，全国版）。

8) 例えば，造反するか最後まで悩んだという関谷勝嗣元参院議員（元郵政大臣で郵政族，元衆院議員）に賛成理由を聞くと，主な理由は，今後参院議員として昇進するために，青木参院議員会長の意向に合わせることが得策だと考えたからだと語る。

9) 『読売新聞』2005 年 7 月 29 日（全国版）。

10) 景山俊太郎（『読売新聞』2005 年 7 月 27 日，全国版）・吉田博美（『信濃毎日新聞』2005 年 8 月 4 日）・国井正幸（『下野新聞』2005 年 8 月 9 日）・阿部正俊（『山形新聞』2005 年 7 月 26 日）の例を参照。

11) 鈴木政二の例を参照（『朝日新聞』2005 年 8 月 8 日，名古屋版）。

12) 政策審議会系の幹部議員（沓掛哲男・林芳正など）が積極的に説得活動を行っている様子は少なくとも新聞紙面上では確認できない。

13) 『毎日新聞』2005 年 8 月 9 日（鹿児島版）。

元々郵政民営化を支持しておらず，造反者を敵視しづらいこと（説得の言葉に重みが生まれないこと）が一因として挙げられる[14]。反対票を投じた鴻池祥肇がブログ[15]に記すところでは，片山の説得は「自分も民営化には反対であるが，否決すると小泉が何をしでかすかわからないから，ここは大人になって賛成しよう」という軟弱なものであり，説得力がないと批判している。なお，参議院自民党は政界再編期も含め，分裂を起こさない一枚岩の体制によって発言力を確保してきた歴史があり（第8章補論も参照），亀裂を生む脅しが説得方法として馴染まない組織文化があったことも背景にあるだろう[16]。

(2) 党執行部（参院側を除く）

個々の参議院議員への説得は主に参院執行部が担ったが，終盤は党執行部（首相や党幹事長など）も関与した[17]。参院議員への政府ポスト配分については参院執行部だけでなく，党執行部も影響力を持つため，それらを交渉材料にできる。現役で政府入りしている場合には当然造反しにくくなるし[18]，実際に具体的なポストを提示していたかは別にしても，論功行賞を期待することで説得に応じやすくなる面はあっただろう[19]。

また，党執行部の脅しとしては，参議院で法案が否決された場合に衆議院を解散するという脅迫も挙げられる[20]。但し，参議院での法案否決後に衆議院

---

14) 郵政選挙後には青木ら参院執行部が，安倍首相や中川秀直幹事長に造反議員の復党を強く迫っている。『朝日新聞』2006年10月25日・11月28日（いずれも全国版）を参照。

15) 2005年7月15日の記事。ブログは鴻池の死後に閉鎖された。

16) 参院執行部の説得のレトリックを確認すると，例えば，片山虎之助参院幹事長は同派参院議員を説得する際に，「参院自民党は結束していこう。結束は力だ」と語りかけている（『朝日新聞』2005年7月27日，全国版）。

17) 例えば，5日には後藤博子（『朝日新聞』2005年8月8日，西部版），6日には真鍋賢二（『朝日新聞』2005年8月8日，全国版），採決前日の7日夜には荒井正吾に首相官邸や武部幹事長等から連絡が入っている（『朝日新聞』2005年8月9日，奈良版）。

18) 離島が多い沖縄県選出の西銘順志郎は最終的に賛成したが，「離島への影響を懸念するが，政府の一員として賛成する」と説明している（『朝日新聞』2005年7月13日，西部版）。西銘に関しては，小泉を支える森派所属であることの影響も大きいと考えられる。

19) 衆参の双方で造反者が続出した岐阜県の松田岩夫参院議員は，県連と対立しながらも法案に賛成したが，郵政選挙後に大臣に就任しており，論功行賞と言われている。

20) 法案に賛成した参院議員の中には，関係の近い衆院議員を落としてはいけないことを理由の1つに挙げる椎名一保の例がある（『毎日新聞』2005年8月9日，千葉版）。

を解散することは筋が通らないとの批判もあり（cf. 高見 2008: 第8章），脅しの有効性は十分なものではなかった[21]。反小泉運動のその他の中核メンバーも，参院で否決されれば衆院を解散しづらいという見方から，衆院でなく参院で決着をつけることが好ましいと考えていた節がある[22]。また，大差での否決で衆院での解散を抑止できるとの認識が参院議員内で共有されていたことから，衆院解散の脅しがむしろ参院議員の造反を促した面さえある[23]。

次に問題となるのが，参院議員に対して次期参院選での非公認を脅しの材料として使えたかどうかである。まず，参議院選挙区議員について検討すると，新聞記事やインタビューでは，そのような脅しが大々的に行われた様子を確認できない。但し，脅しには言葉を伴わない無言の圧力もあるため，実際に制裁が行われたかを確認することが必要である。調べてみると，2007年参院選では小泉による候補者選定の県連任せが報じられており[24]，個々の「引退者」についても明確な報復の痕跡を確認できない[25]。党執行部が非公認の脅しをしづらかった理由としては，2007年改選者でも選挙時期が2年後と遠いことに加え，参議院選挙区では候補者決定で県連の発言力が大きいこと，そして候補者選定に党執行部が介入することを参院執行部が好まなかったこと（抑止力を発揮した）[26]が挙げられる。

一方で参議院比例区議員に関しては，党執行部による制裁が確認できる。2007年改選者で法案に反対票を投じたのは桜井新と魚住汎英であり，前者の

---

21) 例えば，亀井静香は，参院での否決を受けて衆院を解散することは困難であるとの見方を繰り返していた。但し，亀井の筆頭秘書・高橋志郎にインタビューを行ったところ，実際には，衆議院解散を亀井は想定していたという。亀井にとって本当に想定外だったのは，公認されなかった造反議員が国民新党から出馬してくれなかったことだと語る。

22) 郵政事業懇話会会長の綿貫民輔は，衆議院での採決直後，衆院郵政民営化特別委員長を務めた二階俊博に対し，「お互いに，まあよかったな。なかなかの手綱さばきだった」とねぎらい，「今回は負けたっていい。次がある。いま解散したら自民党は終わりだ」と漏らしている。『朝日新聞』2005年7月18日（全国版）を参照。

23) 『朝日新聞』2005年8月6日（全国版）。

24) 『朝日新聞』2006年3月20日（全国版）。

25) まず，狩野安（『朝日新聞』2006年11月14日，茨城版）と田浦直（『朝日新聞』2006年11月18日，長崎版）は元から引退を決めていたとされる。次に，大野つや子（『朝日新聞』2007年2月10日，全国版）と後藤博子（本人へのインタビューに基づく，第10節の事例研究も参照）は県連内の内輪揉めで，引退や非公認に追い込まれている。

桜井は 2007 年での引退を当初より決めていたとされる一方[27]，魚住は再選を
目指していた。魚住本人に話を聞いたところ，新聞等でまだ明かされていない
事実として，中川秀直幹事長から造反したので今回は公認できないと告げられ
たという。前章で論じた通り，参議院比例区では党執行部に強い公認権があり，
制裁が可能だったのだと考えられる（参院執行部も守りきれなかった）。

(3) 主流派閥（参院旧橋本派を含む）

　小泉内閣を支える主流派閥（森派・山崎派・河野グループ・小里派・二階グルー
プ）の幹部による説得は大きな効果を持ったと考えられる。また説得以前に，
主流派に属しているだけで実益が大きく，造反しにくくなると予想される。特
に小泉を輩出した森派はポスト面で明らかに優遇されており（濱本 2018: 第 9
章），派閥均衡人事を崩した小泉体制から得られる利得は大きかった。

　また，敵対派閥である旧橋本派も，参院側は小泉と協力関係にある青木幹雄
の影響力が強く，賛成しやすくなると考えられる。同派の衆院議員はポスト面
で干されていたが（濱本 2018: 第 9 章），参院側は青木の存在で大臣ポストを確
保でき（伊藤 2006），小泉体制下では不利益を被っていない。但し，青木は
2003 年の総裁選で小泉の郵政民営化を阻止すると約束し，参院橋本派を小泉
支持でまとめた経緯があるため，派閥メンバーからはその変節に戸惑いの声が
上がったのも事実である[28]。また，説得役として骨を折った同派の片山虎之
助参院幹事長は郵政公社化を進めた当の総務大臣であり，鴻池のブログ記事で
紹介した通り（但し鴻池は無派閥），説得の効き目は弱まっていたと考えられる。

---

26)　小泉政権末期の 2006 年 4 月時点で武部幹事長は造反組の公認に消極的であったのに対
して，参院執行部は公認を支持する構えを見せた。実際に青木は，反対票を投じた田村公
平を推薦するよう高知県連に依頼している（『読売新聞』2006 年 4 月 28 日，全国版）。ま
た，安倍政権下で行われた 2007 年 1 月 17 日の全国幹事長会議でも，青木は「郵政と処
分の問題は昨年で終わりにしなきゃいけない」と党執行部を牽制した（『読売新聞』2006
年 3 月 22 日，全国版）。

27)　『朝日新聞』2007 年 1 月 19 日（新潟版）。

28)　『読売新聞』2005 年 7 月 29 日（全国版）。北岡秀二氏からも同様の指摘があった。

第2節　意思決定の外的要因

第2項　法案反対の説得者

(1) 亀井派

小泉と敵対した自民党内の派閥としては亀井派が筆頭に挙げられる。亀井派は，三塚派から独立した「旧亀井派」と，渡辺派（旧中曽根派）の後継である「村上派」から成り，①亀井系 ②村上系 ③中曽根系の三勢力がそれぞれ系列の参院議員に造反の圧力をかけていた。以下では，①②③の順に詳細を説明していく。

まず1つ目が①亀井系である。元々亀井は三塚派所属だが，跡目争いで森喜朗・小泉純一郎らに敗北して派閥を脱していた。2001年総裁選では小泉を支援するため候補の座を降りたが，その際に小泉と結んだ政策協定や人事[29]での約束を反故にされ，（元々郵政族ではなかったが）郵政民営化への反対姿勢を鮮明にする。亀井と共に三塚派を離脱した議員など，亀井と近しい関係にある議員は亀井に投票行動を合わせやすくなると予想される[30]。なお，同派参院議員の説得に動いたのは，亀井静香本人ではなく，参院内の側近議員であり，広島県選出の亀井郁夫（静香の兄）と柏村武昭が中心的な役割を担っていた[31]。

2つ目が②村上系である。村上正邦は郵政国会時には既に引退しているものの，中曽根弘文に対して直接説得を行ったことが報じられている[32]。村上は郵政民営化に反対であることを表明していたが（村上ほか 2007: 第3章），倉田寛之のように村上系と呼ばれる参議院議員が一部に存在しており，影響を受けた可能性がある（倉田の事例は後述）。

3つ目に挙げられるのが③中曽根系である。小泉は中曽根康弘に引退を迫っ

---

29)　亀井本人に聞き取りをしても，具体的なポスト名は明かされなかったが（荒井広幸など側近も詳細を知らない），政策協定違反以上に重要な意味を持っていたようである。

30)　亀井本人や高橋秘書，造反した亀井派参院議員に聞いても，亀井は参院の派閥メンバーに造反を強要するような態度ではなかったという。また亀井本人の説明では，過去の派閥間抗争で一般的だった金銭の提供も，少なくとも参院議員の説得時にはしなかったと振り返る。

31)　柏村武昭氏へのインタビューに基づく。また，亀井の代理人として派内で動いていた人物としては，亀井派・小林興起の元秘書・秋元司参院議員が挙げられる。亀井に奉仕する「スパイ」として働いていたと亀井の高橋秘書は筆者に語る。

32)　『毎日新聞』2005年8月6日（全国版）。

た張本人であり，郵政国会時も対立関係は続いていたため（中曽根は地元の「福中対立」で清和会と折り合いが悪い），中曽根に恩を感じる勢力は反小泉に流れやすかったと考えられる。とりわけ参院採決との関連で重要なのは，参院亀井派会長の中曽根弘文（康弘の息子）が造反を表明したことの影響である。本人が反対を明言したことで，同派参院議員数名が「同調」を表明した[33]。例えば，狩野安は当時，「中曽根弘文・元文相が反対を表明した勇気に誘われた」と発言している[34]。さらに既に造反を表明していた議員も中曽根への同調の意を示し[35]，各紙でセンセーショナルに報道された。終盤における中曽根の反対表明は，法案成立を目指す側にとって「ゲームセット」[36]を意味しており，否決の公算が一気に高まった（「中曽根解散」という単語も生まれている[37]）。

　では，中曽根弘文の反対表明によって，多くの同調者が派内で生じ，法案の帰趨が決定的になったという，マスメディアや研究者（竹中治堅 2010: 248）の間で共有されている説明は事実として正しいのだろうか。この点について，造反組の荒井広幸氏，そして中曽根に「同調」したとされる狩野安氏本人に確認を取ったところ，従来の見方とは異なる回答が得られた。結論から言うと，中曽根を近い将来参議院議長に担ぎ上げるために，中曽根のリーダーシップを演出したのだという。以下で詳細を説明する。

　狩野によると，中曽根康弘の世話になった「子分たち」（狩野からみて「派閥の先輩」たち）から，康弘が元気なうちに弘文を参議院議長にさせるため，郵政政局で「男を上げさせたい」という意見が多く出た。これは参院亀井派議員としても，中曽根を議長に送り込むことで，自らの発言力増大につながるため好ましい話であった。しかし，肝心の中曽根弘文は，親しい狩野安に対しても[38]，なかなか郵政法案への投票意思を明かさず，採決直前・8月3日の亀井派による意思確認の時点でも中曽根は「まだ決めていない」と口にしていた[39]。一方，狩野は早い段階で郵政民営化法案に反対票を投じることを決意しており[40]，それを知った康弘の「子分たち」は，狩野に弘文を「男にして

---

33) 『朝日新聞』2005年8月5日（全国版）。
34) 『読売新聞』2005年8月9日（茨城版）。
35) 『毎日新聞』2005年8月6日（全国版）。
36) 『朝日新聞』2005年8月6日（全国版）。
37) 『読売新聞』2005年8月7日（全国版）。

第 2 節　意思決定の外的要因　　　69

くれ」と懇願する。具体的には，5 日の派閥会合で中曽根から反対の意思表示
を引き出し，すかさず狩野が「同調」を表明して，他の人も中曽根に続き，メ
ディアの注目が集まるというのが彼らのシナリオであった。亀井派には態度を
表明していない議員が多かったが，賛成派から説得を受けないために黙ってい
た反対派が多いことを狩野らは熟知していたので，中曽根のリーダーシップに
より派閥が法案反対でまとまったように見えるという算段である。

　そして 8 月 5 日，参議院亀井派の会合が開かれた。狩野の話では，この場
で中曽根は一応反対を表明こそしたものの，その語勢は弱く，反対派にとって
満足のいくものではなかった。そこで狩野は大声を張り上げ，自分は中曽根に
従う，他の人も続いてほしいと演説をし，所期の筋書きを完遂したのである
（このときの狩野の行動は新聞でも報じられている[41]）。会議後には，狩野の盟友で
あった大野つや子参院議員[42]も「同調」を表明（演技）し，こうして新聞記事
や研究書が言うところの「中曽根の乱」が演出されたのである[43]。さらに狩
野は，この行動には中曽根を「棄権」ではなく，「反対」に確実に向かわせる
駄目押しの狙い（と実際の効果）があったと話す。なお，中曽根と同日に柏村
武昭も反対を表明したことから，新聞記事[44]や研究書（竹中治堅 2010: 248）で
は，中曽根の影響で造反した人物として名前が上がるが，柏村本人に聞くと，

---

38)　同派の後藤博子と秘書の後藤克幸によると，狩野安・大野つや子・中曽根弘文は「仲
　　良しグループ」を形成していたという。狩野本人に聞くと，中曽根は男性議員の子分を持
　　っておらず，狩野が何でも話せる存在として最も近かった。なお，中曽根への同調を大声
　　で訴える役に大野ではなく狩野が選ばれたのは，共学の新制中学出身の狩野と違って，女
　　学校出身の大野は控えめな性格であり，そのような役回りに向いていないからだという。
39)　『朝日新聞』2005 年 8 月 4 日（全国版）・『読売新聞』2005 年 8 月 4 日（全国版）。
40)　狩野安は夫の明男から議席を継いだが，明男は衆院議員時代から特定郵便局長会の支
　　援を受けており，安自身も郵便局と関わりが深かったと筆者に語る。狩野が三塚派から離
　　脱したのも，郵政民営化を主張する小泉を総裁選候補に推すことに反対したからだという。
41)　『毎日新聞』2005 年 8 月 6 日（全国版）。
42)　狩野と同じく当初から法案には反対しており，狩野とは最後まで行動を共にした（狩
　　野へのインタビュー）。採決直前まで一緒にホテル生活をして，メディアから逃げていた
　　という。なお狩野によると，大野が中曽根に同調する発言をしたのは，狩野の依頼ではな
　　く，狩野に演技を打診した「派閥の先輩」が大野にも水面下で働きかけたからだという。
43)　中曽根が同派参院議員の集団的な造反を主導したわけではないという観測は，法案へ
　　の支持取り付けに奔走した片山虎之助参院幹事長も口にしている（片山 2010: 225）。
44)　『毎日新聞』2005 年 8 月 6 日（全国版）。

狩野の画策を知らない状態でただ同日に意見表明しただけに過ぎず（説得されるのが面倒なので隠していたという），元々反対派であったという[45]。狩野らの策略は見事に成功したと言える（但し中曽根はまだ参議院議長に就任していない）。

　以上の通り，参院亀井派内では，派閥の系譜に基づいて主に3つのラインで造反圧力が働いた。ポイントは，どのラインも個々の参院議員の意思決定を決定付けるような強い締め付けを確認できないことである。派閥による団体行動よりも先に個々人の意思が存在しており，それらに注目する必要がある。

(2) 堀内派

　堀内派は宏池会の中でも「加藤の乱」で加藤紘一に同調しなかった勢力である。大臣ポストは派閥規模と比して冷遇され（濱本2018：第9章），派閥幹部の古賀誠も小泉と道路公団民営化で対立した。派閥会長の堀内光雄は総務会長を2004年まで3年半務め小泉体制を支えたが，小泉を支持した2003年総裁選後の内閣改造で非主流派の扱いを受け（総務会長を外される），対立色を強めた[46]。主な派閥幹部3人（堀内光雄・丹羽雄哉・古賀誠）の投票行動が分かれたこともあり（反対・賛成・棄権），派として統一的な圧力がかかりにくい状況ではあったが，参院議員の側近がいた古賀誠は一定の影響を行使できたと推察される[47]。古賀が幹事長の時に地元福岡で擁立した松山政司と，古賀が会長を務めた日本遺族会の事務局長・水落敏栄は棄権したが，古賀に行動を合わせた面はあるだろう[48]。水落は造反理由として「古賀誠元幹事長は賛成しろとも反対しろとも言わないが，やはり一緒に勉強してきた結果だ」と述べている[49]。

---

45)　そもそも柏村が造反を最初に表明したのは5日午前で会合前であり，中曽根の反対表明に先行していた。『朝日新聞』・『読売新聞』2005年8月5日（全国版）を参照。

46)　『朝日新聞』2004年10月6日（全国版）。

47)　古賀は終盤まで法案成否のキャスティングボートを握り，派閥浮上の鍵にしようとしたが，参院で大差の否決となる見込みが明らかとなると，派として一致した対応をとらず，個々人に任せる方針にしたとされる。『読売新聞』2005年8月10日（全国版）や『朝日新聞』2005年8月15日（全国版）を参照。

48)　荒井正吾は古賀が運輸省からリクルートしたが（『朝日新聞』2001年7月6日，奈良版）造反理由として堅牢な政策論を述べており（『朝日新聞』2005年8月9日・10月25日，いずれも奈良版），政策的反発から造反した可能性が高い。荒井と親しかった真鍋賢二も筆者に同様の見解を示した（一方で松山と水落は古賀の影響だという）。

49)　『朝日新聞』2005年8月9日（全国版）。

(3) 郵政族議員・特定郵便局長会

　まず郵政族の参院議員であるが，選挙区定数の小さい参議院選挙区（郵政族が生まれづらい）と対照的に，比例区では郵便業界代表の長谷川憲正[50]や，衆院議員時代に郵政族であった荒井広幸が当選していた。特に荒井は派閥（荒井は亀井派）の枠に収まらない説得活動を行い，造反可能性がある議員を一人一人回って「血判状」[51]を取ったり，造反者数の見込みを綿貫民輔郵政事業懇話会長に伝えたりしていた（盟友の安倍晋三幹事長とも情勢を伝え合っていた）。

　次に郵政族の衆院議員としては，彼らが幹部を務める郵政事業懇話会の働きかけが挙げられる。造反の意志を持つ参院議員は執行部による説得を回避するために投票意向を表明しない場合が多く，懇話会の会合への出席率は高くなかったが，懇話会は地方議員を介して圧力をかけることができた（次に詳述）。また，特定郵便局長会も単独では影響力に限りがあるが（山内俊夫元参院議員は「参議院選挙区選挙の帰趨を変える力はない」と筆者に語る），同様に地方議員を介して，影響力にレバレッジを効かせることができた。

(4) 地方議員

　参議院選挙区議員に強い影響力を行使できたと考えられるのが，主な集票基盤である地方議員（特に県議団）からの圧力である。地方議員は地域に密着しているため郵便局を求める地域住民の声を拾いやすく（選挙区定数が大きく特定地域の代表としての性格が一層強くなる）[52]，また選挙を通じて特定郵便局長会と深い関係を持ち（選挙区定数が大きく組織票の重要性が高い），その説得を受けや

50）　長谷川が郵政政局の中で個々の議員を説得しようと活発に動いている様子は確認できない。亀井静香氏と高橋秘書も長谷川が十分な働きをしなかったことを筆者に強調する。

51）　詳細は，大下（2016: 12-37）や『朝日新聞』2005 年 7 月 22 日（全国版）を参照。最終的な造反者と「ほぼ」一致していると荒井は語る（裏切り者も存在）。本人から現物を見せてもらったが，荒井と署名者との約束で具体的な人名までは見ていない。

52）　例えば，千葉県の地方議会で郵政民営化反対の意見書が採択された背景には，地域の高齢者団体（君津市議会・袖ケ浦市議会）や子供会（鴨川市議会）などからの請願が関係している（『朝日新聞』2004 年 10 月 13 日，千葉版）。また，自民党名古屋市議団は郵政民営化反対を決議し，県選出の同党参院議員に決議書を渡して法案反対を要求したが，市議団は反対理由として，「市内で敬老パスの交付を受けている人の約 9 割が郵便局ネットワークを使用している」ことを挙げる（『朝日新聞』2005 年 7 月 21 日，名古屋版）。

すい[53]。そして彼らは地方議会での意見書採択を通じて，参議院選挙区議員にプレッシャーをかけた。ほとんど全ての地方議会で，郵政民営化に反対あるいは慎重審議を求める意見書が採択されている[54]。郵政選挙では造反者側に与した自民党県連が多かったが（浅野 2006: 第 5 章；砂原 2017: 第 3 章），背景にはこのような地方議員の選好がある。

　そして，郵政事業懇話会や特定郵便局長会も，地方議員を介して参院議員に圧力をかけた[55]。懇話会は全国の都道府県議会議長に対して「貴議会の意向を尊重し，国会の議決に反映するよう努力してまいりますので，さらなるご支援を」という会長名の文書を送付している（2005 年 7 月 15 日付）。また，7 月 21 日には，意見書が採択された全国の市町村議会の議長に対しても同様の文書を送っている。懇話会関係者によると，「さらなるご支援」とは，地元の参院議員に引き続き働きかけてほしいという意味だという。

第 3 節　仮　説

　以上の考察を基に，前章で注目した参院独自の民意反映機能が参議院自民党の大量造反の一因であるかを検証する。まず表 4-2 で参議院自民党の造反者の属性を見ると，造反者 30 人の内，選挙区議員は 23 人と 4 分の 3 以上を占める。比例区議員の造反率は 20% であるのに対し，選挙区議員の造反率は約 29.1% であった（自民党の衆議院議員は全体として 20.4%）。本書は，参議院選挙区でここまで多くの造反者が生じた理由として，地方議員（特に県議）や特定郵便局長会の利益を衆院以上に表出しやすいことが背景にあると予想する。

---

53)　例えば，自民党名古屋市議団が郵政民営化反対の決議をした背景には，郵政関係者の働きかけがあった。あるベテラン市議は「決議をしたおかげで，友好的な関係を残せた。我々の選挙にはお力添えをいただけるだろう」と述べており，郵便局からの支援獲得が念頭にあったことが窺える（『朝日新聞』2005 年 9 月 3 日，名古屋版）。

54)　2005 年 7 月 26 日時点で，「反対」あるいは「慎重審議の要求」を決議した地方議会は，全都道府県議会と 98％の市町村議会に及ぶ（第 162 回国会，参議院，郵政民営化に関する特別委員会，第 9 号，2005 年 7 月 26 日，又市征治社会民主党議員が示した数字）。小泉のお膝元・神奈川県のベテラン県議も「小泉さんは，地元とのつながりがないから，あんな強硬な法案が出せるんだ」と憤る（『読売新聞』2005 年 8 月 13 日，神奈川版）。

55)　『読売新聞』2005 年 7 月 22 日（全国版）。

第3節　仮　説

表 4-2　参議院自民党の造反者の一覧（郵政民営化法案に対する投票）

派閥	投票行動	名前	選挙区（定数）	経歴	当選回数	改選
旧橋本派	反対	吉村剛太郎	福岡（2）	県議	3	2010
		岩永浩美	佐賀（1）	県議	3	2010
		河合常則	富山（1）	県議	1	2010
		田村公平	高知（1）	代議士秘書	2	2007
		長谷川憲正	比例区	職能代表	1	2010
	棄権	北岡秀二	徳島（1）	県議	2	2007
		野村哲郎	鹿児島（1）	農協幹部	1	2010
亀井派	反対	倉田寛之	千葉（2）	県議	4	2007
		中川義雄	北海道（2）	県議	2	2010
		亀井郁夫	広島（2）	県議	2	2010
		中曽根弘文	群馬（2）	代議士秘書	4	2010
		狩野安	茨城（2）	前参院議員の妻	3	2007
		大野つや子	岐阜（2）	前参院議員の妻	2	2007
		柏村武昭	広島（2）	アナウンサー	1	2007
		後藤博子	大分（1）	会社役員	1	2007
		桜井新	比例区	地域代表	1	2007
		魚住汎英	比例区	地域代表	1	2007
		荒井広幸	比例区	地域代表	1	2010
		秋元司	比例区	代議士秘書	1	2010
堀内派	反対	田浦直	長崎（1）	県議	2	2007
		真鍋賢二	香川（1）	代議士秘書	4	2007
		田中直紀	新潟（1）	衆議院議員	2	2010
	棄権	荒井正吾	奈良（1）	運輸官僚	1	2007
		松山政司	福岡（1）	会社役員	1	2007
		大仁田厚	比例区	プロレスラー	1	2007
		水落敏栄	比例区	日本遺族会幹部	1	2010
山崎派	棄権	山内俊夫	香川（1）	県議	2	2010
河野グループ	棄権	浅野勝人	愛知（3）	衆議院議員	1	2010
無派閥	反対	二之湯智	京都（2）	市議	1	2010
		鴻池祥肇	兵庫（2）	衆議院議員	2	2007

　この仮説を検証するために，本章では前章とほぼ同一の枠組みで分析を行う。
まず参議院選挙区議員の中でも，地方議員や特定郵便局長会の利益を特に表出
しやすい経歴の議員ほど造反しやすいかを検証する。本章で特に着目するのは，
県議・市議出身者であり，地方議員の利益を代弁しやすく，また地方議員時代
から特定郵便局長と近い関係にあることで法案に反対しやすくなると予想さ
れる。郵政民営化法案への投票時に参議院選挙区議員の半数近く（79人中36
人）が県議・市議出身者なので，この属性の議員ほど造反しやすいことを示せ
れば，参議院選挙区で地方議員や特定郵便局長会の利益が表出されやすいこと
が，大量造反の一因であると結論づけられる。

仮説 1　参議院選挙区の県議・市議出身の自民党議員は，それ以外の経歴の参議院選挙区議員よりも，郵政民営化法案に反対しやすくなる。

次に，参議院選挙区における農村部の過剰代表（郵政国会時も選挙区都市度の平均値は衆議院の方が高い[56]）と中選挙区部分の影響について分析する。後者に関して，前章の回帰分析では両院に政策距離をもたらすことを裏付ける結果は得られなかったが，党の「規律」に着目すると（第2章第3節），同士討ちにより個人投票が強まる（政党規律が弱まる）環境下では，政局など非政策的な要因によっても造反しやすくなる可能性がある。

仮説 2　選挙区に出馬した衆参両院の自民党議員は，農村部の議員ほど，郵政民営化法案に反対しやすくなる。

仮説 3　参議院選挙区の中選挙区部分で選ばれる自民党議員は，小選挙区部分で選ばれる参議院議員よりも，郵政民営化法案に反対しやすくなる。

次に参議院比例区議員の造反行動について仮説を設定する。参議院自民党の造反者は選挙区に多いとはいえ，参議院比例区議員の造反率も衆議院とほぼ同程度（約20%）である。無党派層に支えられるタレント議員や郵便業界以外の組織内議員[57]は造反しにくいことが予想される中で，衆議院と同程度の造反者が生じたのはなぜだろうか。本書は，地方議員の利益を表出しやすい地域代表の存在がその一因であると推測する。

仮説 4　参議院比例区における地域代表の自民党議員は，その他の属性の参議院比例区議員よりも，郵政民営化法案に反対しやすくなる。

---

56)　郵政法案採決時の自民党議員に関して，選挙区の人口集中地区人口比の平均値は，衆議院議員が約 56.30% で，参議院議員が約 52.47% であった。

57)　薬剤師業界代表である藤井基之の元秘書・坂本広明氏に話を聞くと，職能代表同士は比例区で熾烈な順位争いをするので非常に不仲だという。郵政業界以外の職能代表が，郵便業界を庇う形で郵政民営化反対の姿勢を打ち出すことは，この点からも考えづらい。

最後に，県連が候補者選定を行う参議院選挙区議員に党執行部が非公認の脅しをかけづらいことが，造反者の多さの一因であるかを検証する。もし小泉政権あるいはその後続政権が制裁を実行可能だとすれば，改選が近くて制裁を受けやすい 2007 年改選者の方が 2010 年改選者よりも造反しにくくなるはずである。本章では，党執行部が強い公認権限を持つ参議院比例区でのみ，このような改選時期による造反率の違いが見られると予想する。

仮説 5　参議院比例区の自民党議員は 2007 年改選者が 2010 年改選者よりも造反しにくくなる一方，参議院選挙区ではそのような違いが見られない。

第 4 節　データと分析方法

本節では，計量分析で使用するデータと分析方法について説明する。まず分析モデルは，従属変数を議場での投票行動（反対：2，棄権：1，賛成：0）とする順序プロビット分析（頑健標準誤差）である。分析対象は，郵政民営化法案の採決時の国会議員であり[58]，参議院選挙区議員（仮説 1・2・3・5）・参議院比例区議員（仮説 4・5）・衆議院選挙区議員（仮説 2）をそれぞれ別々に分析する。

独立変数は，仮説 1 では県議・市議出身者であることを示すダミー変数[59]，仮説 2 では選挙区の人口集中地区人口比[60]，仮説 3 では参議院選挙区の中選挙区部分で選出されたことを示すダミー変数（同士討ちの有無で分割した変数も用意[61]），仮説 4 では地域代表であることを示すダミー変数，仮説 5 では改選時期が 2010 年であることを示すダミー変数を投入する。

次に統制変数について仮説ごとに説明する。まず仮説 1（県議・市議出身者の

---

58)　各院における法案支持派のトップ，小泉純一郎・青木幹雄は分析対象から外す。

59)　県議出身者の中でも，市長経験がある人物（2 人）は，県議団の代理人としての性格が弱いことから，県議・市議出身者として操作化しない。

60)　衆議院は，2010 年国勢調査を基に川人貞史先生が作成したデータを使用した。川人先生には貴重なデータをご提供いただいたことを心より感謝申し上げます。参議院は，2005 年国勢調査に基づくデータを総務省ホームページから取得し，使用した。

効果）では，所属派閥を示すダミー変数を投入する。参議院自民党に森派の造反者はいないことから，最尤法推定時のセパレーション（分離）の問題に対処するために森派ダミーは投入せず，（小泉の敵対派閥である）亀井派・堀内派・旧橋本派ダミーを入れる。また，役職を配分されると造反しにくくなると予想されるため，政府[62]あるいは党[63]の役職者であることを示すダミー変数を投入する。さらに，一部の参議院選挙区議員は，県内の関係が深い有力衆院議員から影響を受けると予想されるため，その衆院議員を「県内における同派閥の最も当選回数が多い衆院議員」[64]で操作化し（無派閥も1つの派閥として扱う），その有力衆院議員が反対・棄権した場合と賛成した場合とで，それぞれダミー変数を作成する（基底カテゴリーは同じ派閥の衆院議員が存在しない場合で13人）。他には，当選回数（二乗項も投入[65]）・（最後に出馬した選挙での）得票マージン[66]・2010年改選ダミー・中選挙区ダミー・人口集中地区人口比・山間部の多い都道府県ダミー[67]・有人島数（1を加えて対数変換）[68]も投入する[69]。

次に，仮説2（農村部の過剰代表の影響）と仮説3（中選挙区部分の影響）は，仮説1と同じ統制変数を用いて分析する。仮説2では衆院議員を対象とした分

---

61) 中選挙区部分において，無所属で自民党候補と戦い，当選後に自民党入りした議員は同士討ちを行った議員として扱う（該当者は愛知治郎と柏村武昭）。一方，彼らと戦った自民党候補は政党ラベルを独占でき，独自の集票基盤を構築する必要性が低下するため，同士討ちを行った議員としては操作化しない。

62) 首相・大臣・副大臣・大臣政務官・内閣官房長官・内閣官房副長官・首相補佐官。

63) 総裁・幹事長・総務会長・政調会長・国会対策委員長（衆参）・参議院議員会長・参議院幹事長・参議院国対委員長・参議院政策審議会長・副幹事長（衆参）・国会対策副委員長（衆参）・政務調査副会長・政策審議副会長。

64) 衆議院比例区で復活した議員も含む。衆議院比例区に単独立候補した議員は県内に地盤がないことから基本的に含めないが，コスタリカ方式などで比例区に一時的に移動している場合もあるため，過去に県内で当選経験がある衆院議員は含める。さらに，無所属の衆院議員も，県内の参院議員と夫婦関係にあり影響力が予想される田中眞紀子は含めた。

65) Nemoto et al.（2008）は，自民党の衆院議員を対象とした分析で，当選回数が多い議員と少ない議員は，中堅議員よりも造反しやすいことを示している。

66) 定数Mに対する絶対当選ラインを$q=1/(M+1)$として，相対得票率をvとしたときの$(v-q)/q$を「得票マージン」とする。

67) 2007年3月31日時点で森林率が全国トップ8（高知・岐阜・長野・島根・山梨・奈良・和歌山・岩手）の県を対象とする。この順位までは年による変動がほとんど見られない。

68) 郵便局の必要性は，山間部などの過疎地に加えて，離島においても顕著である。衆院議員の分析でも，都道府県ごとの有人島数を投入した。

析も行うが，その際には派閥ダミー（亀井派・堀内派・旧橋本派）・政府や党の役職者ダミー・当選回数（二乗項も投入）・得票マージン・県の有人島数を統制変数として投入する。仮説 4（地域代表の効果）では参議院比例区議員のみが分析対象であり，観察数が少ないことから，統制変数を絞る。亀井派ダミー・堀内派ダミー・得票マージン（選挙区定数は当選者数）・2010 年改選ダミーを用意する[70]。最後に仮説 5（改選時期の影響）は，仮説 1・4 を分析する際に統制変数として投入した改選時期ダミーの効果を選挙区・比例区で比較し検証する。

第 5 節　分析結果

第 1 項　回帰分析の結果

　表 4-3 は，仮説 1 から仮説 5 までの検証結果を示したものである。まずモデル 1 で，参議院選挙区における県議・市議出身者ダミーの効果を確認すると，その他の経歴の選挙区議員よりも 5% 水準で有意に造反しやすいことが分かる[71]。したがって，仮説 1 は支持された。

　次に，参議院選挙区における農村部の過剰代表の効果を確認する。モデル 1・4 を見ると，両院の選挙区議員のいずれも，人口集中地区人口比が 10% 水準で有意である（モデル 1 に関して都市度と相関度の高い「山間部の多い都道府県」ダミーを外しても 10% 水準で有意）。以上より，有意性はやや低いものの，仮説 2 は支持された。一方，中選挙区部分の効果（仮説 3）はモデル 1 を見る限り有意ではなく，モデル 2 で同士討ちの有無によって変数を分割しても，同様に効

---

69)　年齢や性別などのデモグラフィック変数を投入しなかったのは，それも含めた経歴・属性の効果に関心があるからである。例えば，参議院選挙区の県議・市議出身者には高齢男性が多いが，本書が関心のある県議・市議出身者ダミーの効果は，（郵政民営化反対に働く可能性がある）高齢・男性という属性も含めた効果である。

70)　政府あるいは党の役職に就いている参議院比例区議員には造反者が存在しなかったため，「分離」の問題を回避するべく，役職ダミーは投入していない。また，当選回数も推定が安定しなかったため，加えていない。

71)　回帰分析の分析対象に関して，造反率を集計レベルで比較すると，県議・市議出身者と判定された議員の造反の度合い（造反行動の 3 段階の値の平均値）は約 0.55，それ以外の議員は約 0.49 であり，県議・市議出身者の方がやや高い。

表 4-3　郵政民営化法案に対する自民党議員の造反行動の規定要因

	参議院選挙区議員		参議院 比例区議員	衆議院 選挙区議員
	(1)	(2)	(3)	(4)
県議・市議出身者	1.029*	0.997*		
	(0.441)	(0.446)		
地域代表			2.491**	
			(0.790)	
人口集中地区人口比	−0.028⁺	−0.029⁺		−0.008⁺
	(0.014)	(0.015)		(0.005)
参議院中選挙区	0.645			
	(0.526)			
同士討ちのある参議院中選挙区		0.520		
		(0.723)		
同士討ちのない参議院中選挙区		0.701		
		(0.602)		
2010 年改選	0.625	0.621	1.819*	
	(0.519)	(0.523)	(0.688)	
亀井派	3.664***	3.702***	2.547**	1.527***
	(0.876)	(0.930)	(0.822)	(0.342)
堀内派	1.785*	1.786*	1.806⁺	0.777**
	(0.699)	(0.696)	(0.897)	(0.291)
旧橋本派	0.216	0.210		1.110***
	(0.785)	(0.787)		(0.271)
政府や党の役職	−1.692**	−1.680**		−0.520*
	(0.514)	(0.511)		(0.259)
当選回数（二乗項）	0.013	0.013		0.0004
	(0.025)	(0.026)		(0.009)
当選回数	−0.117	−0.124		−0.012
	(0.365)	(0.370)		(0.118)
得票マージン	−2.802*	−2.971⁺	−0.437⁺	0.238
	(1.220)	(1.546)	(0.215)	(0.522)
県内で同派の有力衆院議員が造反	−1.283⁺	−1.281⁺		
	(0.704)	(0.695)		
県内で同派の有力衆院議員が賛成	−2.723***	−2.743***		
	(0.649)	(0.669)		
山間部の多い都道府県	0.413	0.373		
	(0.634)	(0.650)		
有人島数（対数変換）	0.499*	0.499*		−0.010
	(0.188)	(0.189)		(0.081)
N	78	78	35	217
擬似決定係数	0.406	0.407	0.488	0.181
対数尤度	−35.918	−35.896	−11.12	−107.064

［注］ (1) ⁺$p<0.1$; *$p<0.05$; **$p<0.01$; ***$p<0.001$　(2) 括弧内は頑健標準誤差である。

果は確認できなかった（第3章の分析と同じ結果である）[72]。

　次に，参議院比例区における地域代表ダミーの効果を確認する。表4-3のモデル3が示す通り，観察数が少ない中でも有意な効果が確認でき，仮説4は支持された。地域代表は4人中3人が造反しているが，造反者全員が亀井派であるため，どちらの効果がよりクリティカルかを識別する必要があったが，地域代表ダミーは確かに有意であった。第9節では，派閥の影響ではなく「地域代表」性から造反した亀井派議員の事例を紹介する。

　最後に改選時期の効果をモデル1とモデル3で比較すると，モデル3の参議院比例区議員の分析でのみ有意な効果が確認できる。集計レベルで比較すると，反対が2，棄権が1，賛成が0としたときの平均値は，参議院選挙区の2010年改選者が約0.58，2007年改選者が約0.47とそこまで大きな違いが見られないのに対して，参議院比例区は2010年改選者が約0.47，2007年改選者が約0.25と明瞭な差異が確認できる。以上より仮説5は支持された。

第2項　シミュレーション

　順序プロビット分析は，独立変数の効果の大きさを係数から直感的に把握することが難しいため，シミュレーション結果を図示して確認する。参議院選挙区での県議・市議出身者の効果（派閥ごと）と，参議院比例区での地域代表の効果（亀井派）を図示する。いずれも各属性の議員が賛成・棄権・反対の各カテゴリーを選択する予測確率を示した。予測値の不確実性を評価する際には，多変量正規分布の近似を利用したモンテカルロ・シミュレーション（King et al. 2000）を用いる。

　図4-1は参議院選挙区における県議・市議出身者ダミーの効果を派閥ごとに示したものである（経歴・派閥以外の変数は平均値や中央値に固定[73]）。図を見

72）　但し，同士討ち選挙で選出された造反議員を見ると，清和会（小泉の出身派閥）の福田系と争う中曽根弘文，田中眞紀子（非自民）から選挙支援を受け県連主流派と対立してきた田中直紀，亀井静香からサポートされながら宏池会候補と戦った柏村武昭など，同士討ちにより造反しやすくなったと推測される事例が複数見つかる。

73）　人口集中地区人口比は平均値，選挙区定数は1人区，改選時期は2007年，政府や党の役職には就いていない，当選回数は中央値，得票マージンは平均値，同じ派閥の有力衆院議員は賛成，山間部の多い都道府県ではない，有人島の数は中央値。

図 4-1　参議院選挙区の県議・市議出身議員の造反確率（自民党）

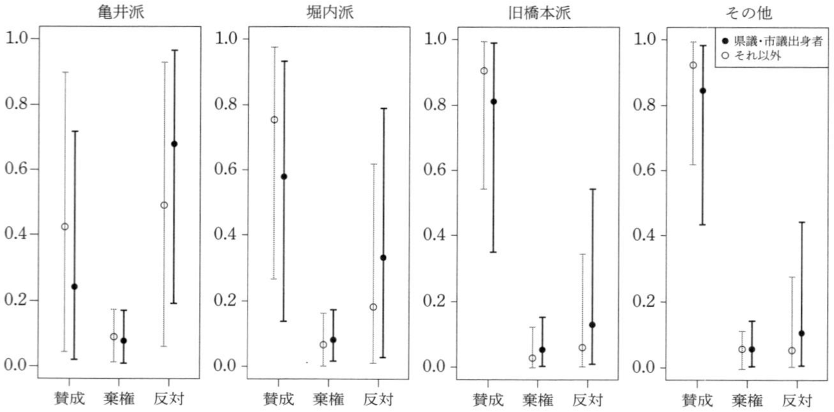

図 4-2　参議院比例区の地域代表の造反確率（亀井派）

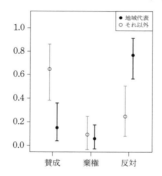

ると，県議・市議出身という経歴が反対率に与える効果は，亀井派・堀内派・旧橋本派・その他の順に強いことが分かる。派閥間抗争で多くの造反者が出たとされる亀井派で最も強く経歴の効果が表れたことは興味深い。また，図 4-2 は参議院比例区の亀井派議員における地域代表ダミーの効果を示したものだが[74]，同様に亀井派内で地域代表ダミーの効果が明瞭に表れている。

---

74)　改選時期は 2007 年（地域代表 4 人の内 3 人が 2007 年改選），得票マージンは平均値。

第6節　事例研究1——県議団が擁立した県議出身議員の造反

　本章前半の定量分析では，参議院選挙区の県議・市議出身者，比例区の地域代表が造反しやすいことを明らかにした。これらの属性の造反者が仮に全員，郵政民営化法案に賛成していれば，本法案は可決されている（108対125から121対114へ）。本節以降では，定量分析で確認された属性効果の「因果メカニズム」の特定を主目的として事例研究を行う。参議院でどのように地方政界・特定郵便局長会の利益が表出され，造反行動につながったのかを質的に解明できれば，参議院の民意反映機能をより多角的に理解できる。また，考察の際には，統制変数として投入した各変数（所属派閥や県内衆院議員の状況など）の影響力も確認する。なお，本章では全造反事例の主な造反理由に言及しており，メカニズムの解釈に「選択バイアス」は生じない。

　まず，本節（第6節）と次節（第7節）では，県議・市議出身者の造反事例を分析する。同じ経歴でも，県議団（市議団）に擁立されるか（第6節），それ以外に擁立されるか（第7節）によって造反理由が異なることを示す。次に第8節では，造反しなかった県議・市議出身者の特性を考察する（農協改革の阻止は本節で扱う）。続く第9節では，参議院比例区の地域代表の造反事例を扱う。最後に第10節では，回帰分析で投入した変数で説明しきれない「参院議員特有の理由」から造反したケースを紹介する。

　まず本節では，県議団（市議団）が擁立した県議（市議）出身者が，地方議員らしい理由から造反した事例を扱う。造反理由は，①過疎地重視の価値観 ②地方議員や特定郵便局長会との繋がり，の2つに大別される。

第1項　過疎地重視の価値観

(1) 中川義雄

　中川は道議時代の選挙区が十勝地域の過疎地であり，その時代に形成された価値観を，「道議枠」（浅野2011: 127-128）[75]で当選後（1998年初当選）も保持し続け，法案に反対した[76]。新聞記者による採決直後のインタビューによると，郵政法案への反対理由について「過疎地の郵便局がなくなる不安が解消できな

い」と述べているが[77]，筆者によるインタビューでも，この点が第一の理由だと話す（第二の理由は郵政民営化を求めるアメリカの言いなりになることへの反発心だという）[78]。そして，中川がこのような価値観を持つに至ったのは，十勝の広尾町という過疎地で育ち，さらに同地域で長年道議を務め，過疎地の実情に精通しているからだと話す。中川によると，数年の道議経験ではなく，道議会議長を務めるほど長年道議を続けてきたことで，過疎地の実態認識はより深まったという。参議院選挙区は衆議院よりもベテランの県議が出馬する傾向があるので（馬渡 2010: 198-200），参議院の方がより地方の実状に精通した人物が擁立される可能性が高くなる。

(2) 岩永浩美

　新聞記事によると，岩永は「郵便局は地域社会のインフラ」[79]であるとして地域社会への配慮から反対したと記されているが，本人へのインタビューでも過疎地の実情を把握していることが主な理由だという[80]。このような認識がどのように形成されたかを尋ねると，県議時代の選挙区（佐賀県有田町）は陶磁器産業を通じて商業・金融業が発達しているため郵便局が不可欠な過疎地で

75)　元道議の現職・高木正明を推す佐藤孝行と，中川を推す町村信孝・中川昭一が対立しているが，道議経験者から選ぶというコンセンサス内での争いである。『朝日新聞』1997年9月23日，1997年10月22・23日，1998年4月9日（いずれも北海道版）を参照。

76)　類似のケースとしては，反対票を投じた河合常則が挙げられる。河合は過疎地（富山県東礪波郡）で長年の県議経験（元県議会議長，当選8回）があり，本人も「田舎に優しい政治」がライフワークだとして法案内容に反対している（『読売新聞』2005年8月4日，全国版）。中川との相違点としては，河合が地元代議士（師匠と仰ぐ綿貫民輔）の造反行動から強い影響を受けていることが挙げられる（『週刊朝日』2005年7月22日）。

77)　『読売新聞』2005年8月7日（北海道版）。

78)　亀井派内では，中川一郎の元秘書・平沼赳夫と親しかったが（清和会から亀井派に移動したのも平沼の影響だという），平沼（反対票）から影響は特に受けていないと話す（この点については一定の影響はあっただろう）。また，同派で甥の中川昭一（北海道11区）は賛成票を投じたが，義雄は昭一の指導役であり，影響は受けないという。

79)　『朝日新聞』2005年7月13日（西部版）。

80)　県内では同派の保利耕輔・今村雅弘も反対したが，その影響を本人は否定する。選挙運動は県連主体で行われるため，衆院議員の支援は不可欠ではないからだと筆者に説明する。なお，岩永は元々山下徳夫（三木派）の系列県議であり，陣内と公認を争った際には保利と対立するなど，県内同派議員との関係は蜜月ではない（旧橋本派に加入したのも同派参院議員の大塚清次郎の後継だからだという）。

第 6 節 事例研究 1 ——県議団が擁立した県議出身議員の造反　　　　83

はないものの，県連会長[81]や県議会議長など県議として昇進を重ね，県全域を統括する役職を経験した結果，県内全域の実態を把握するに至り，郵便局が不可欠な過疎地の実状を認識したという（佐賀県は 2005 年時点の人口集中地区人口比が 47 都道府県中 46 位）。参議院はベテランの県議が擁立されることが多いが（岩永は 1975 年に県議選初当選，95 年参院補選で国政進出），このように全体的・総合的な視野を備えた県議でなければ，県議団あるいは都道府県の代表として担がれることはないと岩永は説明する（本人の強い意志で出馬する衆議院の県議出身議員とは「質」が異なるという）[82]。

　興味深い対照的事例として，岩永と同県・同派でありながら，法案に賛成した陣内孝雄（元建設省河川局長）の意思決定プロセスを紹介する。時代ごとに変わる候補者選定主体の違い（それに付随した経歴の違い）が投票行動の相違をもたらしたと解釈できる（県議と対置される官僚出身者の思考様式が観察できる）[83]。陣内は元々郵政民営化に反対であったが[84]，後に附帯決議に書かれた内容（過疎地へのサービス維持の明記等）を法案に盛り込むことを条件に，参院執行部から打診された「郵政民営化関連法案を審議する特別委員会」への委員長就任を承諾したと筆者に話す。このポストは当初，青木幹雄の側近・田村公平に打診されたが，田村は法案に反対だったため辞退した（『朝日新聞』2005 年 7 月 31日，高知版，田村本人にも確認済み）。このように法案に反対であれば，打診時に

81）　県議が県連会長を務めることは全国的にも珍しいが，佐賀県の場合，県議会議長を小原嘉登次が 26 年（1963 〜 1989 年）も独占していたため（第 6 章第 5 節第 3 項を参照），議長職の代わりに県連会長ポストが県議に回されていたと岩永は話す。したがって本ケースは，ベテラン県議が参議院選挙区で国政進出を果たしたという「典型事例」であり，岩永の造反理由は，他の県議出身参院議員にも当てはまる部分があると考えられる。

82）　岩永の擁立過程は，『朝日新聞』1995 年 10 月 17・25 日（西部版）を参照。

83）　但し，「差異法」（あるいは most similar systems design）とまでは言えない。両者に投票行動の違いを生む要素は他に 3 つ挙げられる。まず，当選回数が多くかつ建設省出身の陣内の方が，参院執行部の青木（建設族）と関係が近い。次に，得票率の高い陣内の方が郵政票を必要としていない。最後に，改選時期が早い陣内の方が，報復の危険もあるため賛成しやすい。但し 2 人に直接聞くと，この三要素はいずれも投票行動を左右するほど重要ではないという（経歴の違いが重要だと話す）。

84）　2001 年 12 月 6 日に「国民のための郵政公社を推進する参院議員の会」（発足時の会員数 146 人）が発足した際，陣内は会長に就任した（『朝日新聞』2001 年 12 月 7 日，全国版）。郵政民営化に反対していたのは，建設省時代から国土の均衡ある発展を目指していたからだという。

断ることもでき，陣内によれば，委員長職を受諾した時点で，採決時の賛否に関しては腹をくくっていたという。陣内は，郵便局も現状の事業体では長期的な存続が難しいと民営化に一定の理解を示しており，ただ反対を貫くのではなく，実際の法案内容に影響を及ぼすという現実路線をとったと語る。このような合理主義・現実主義は官僚経験を通じて身に付いたものだという[85]。

　陣内が初当選した 1988 年補選の候補者選定過程を見ると[86]，県議団に担がれた岩永浩美（三木派の山下徳夫の系列県議）に対して，陣内は県内国会議員（7人中 6 人が陣内支持）と中央の竹下派幹部がバックアップをした。陣内の話では金丸信らが県内国会議員に強い働きかけをしてくれたとのことであり，当時の新聞記事を見ても，岩永は「中央の派閥力学」で負けたと振り返っている。1980 年代は衆院選挙制度改革後と比べて県議団が候補者選定に十分な発言力を持っておらず，県内の有力衆院議員や中央の田中派・竹下派（影響下にある建設省幹部の公認を支援）が県議の国政進出の障壁となった（第 7 章を参照）。

第 2 項　地方議員や特定郵便局長会との繋がり

　次に扱うのは地方議員や特定郵便局長会との強い結びつきを理由に造反する事例である。倉田寛之（千葉県）・山内俊夫（香川県）・二之湯智（京都府）の 3人であり，いずれも都市度が比較的高い府県の議員で，かつ地方議員時代の選挙区が都市部であり（それぞれ松戸市・丸亀市・京都市），前項のように過疎地重視の価値観から造反することはなかったと推測される（県議時代の都市度の影響は次節で定量的に検証する）。以下では個別に造反理由を説明する。

(1) 倉田寛之

　千葉県選出の倉田寛之参院議員は，法案への反対理由について，全国紙や『千葉日報』などの地方紙にはっきりと語っていない[87]。しかし，倉田の政治

---

85)　比例区の郵便業界代表・長谷川憲正を除くと，参議院自民党の官僚出身者で造反したのは 1 人だけ（荒井正吾）であったが，背景にはこのような官僚特有の思考法（しかも参議院には高位の役職経験者が多い）があったと考えられる。

86)　『佐賀新聞』1988 年 3 月 5・6 日。

87)　『朝日新聞』2005 年 8 月 9 日（千葉版）によれば，「二院制下の参院議員として，そして政治家としての結論。これ以上の理由はない」とお茶を濁している。

第6節 事例研究1——県議団が擁立した県議出身議員の造反 85

的後見人[88]である村上正邦元参院議員会長に話を聞くと，倉田は投票前に決断内容を村上に報告しに行っており，「選挙区の地方議員や特定郵便局長会との関係から賛成はできない」と述べたという（村上の説得以前に反対の意を伝えたと筆者に語る）。村上は倉田にとって最も関係の深い「上司」であり，また県議時代の選挙区（松戸市）および参院議員当選後の選挙区（千葉県）の都市度を考慮しても，過疎地重視の価値観（前項）ではなく[89]，選挙での繋がりが造反理由であるという村上の証言には信憑性があるように思われる（メディアで公言しづらい理由でもあり，その点でも整合的）。当時千葉県議会では郵政民営化について拙速な議論をしないよう求める意見書が採択され，市町村議会も郵政民営化の基本方針が閣議決定された約1ヶ月後の時点で，県内79市町村の内，41議会で民営化反対や慎重な対応を求める意見書が採択されていた（特定郵便局長やOBらが陳情・請願などを通じて議会への働きかけを強めていた）[90]。

倉田は元々県議団を基盤として出馬した経緯があるので（元県議会議長であり県議の代表者としての性格を持つ），地方議員，特に擁立主体である県議団の意向は重大な意味を持ったと考えられる。倉田が最初に参院選に挑戦したのは1980年であり，県議団を基盤に出馬を目指すも，菅野儀作ら国会議員団の支持を得られず，井上裕前衆院議員が公認された[91]。次に倉田が参院選に挑戦したのが1983年であり，現職は1981年に菅野の弔い選挙で当選した臼井荘一であった。臼井は早々に県議団から降ろされ，自民党公認候補を田中派と福田派から1人ずつ擁立する運びとなったが，派閥領袖の福田赳夫や福田派（旧菅野系）の県内国会議員が推す川村皓章（元総理府総務副長官，沖縄開発事務次官）

---

88) 倉田が村上直系であることは，『読売新聞』2005年8月7日（全国版）を参照。政治遍歴を記すと，まず初当選後に倉田は支援を受けた清和会に加入するが，加藤六月に従って清和会を離れ，政眞会（加藤グループ）に入る。しかし，政界再編期に離党した加藤には同調せず，無派閥となっていた。この時期に倉田を拾い上げたのが村上正邦である。村上が参院幹事長など要職に就くと，倉田も村上に引き上げられ，参院議院運営委員会委員長や自治大臣に就任する。そして1998年12月には，村上が幹部を務めていた旧渡辺派に加入した（『朝日新聞』1998年12月3日，全国版）。

89) 採決の直前期に，法案の問題点として民業圧迫であることを挙げており（『千葉日報』2005年8月1日），過疎地のためにならないという理由付けではない。

90) 『朝日新聞』2004年10月13日（千葉版）。

91) 『千葉日報』1980年4月4日や菅野儀作先生遺徳顕彰会編（1983: 116-120）を参照。

を県議団は退け，最終的に福田派から倉田が公認された[92]。このような経緯もあり，倉田は県議団の代理人としての性格が強く，衆院4区や知事への鞍替え説について問われた際も「[昭和] 58年の参院初挑戦のとき，参議院議員として国政と県政の調整役になろうと心に決めた。その意思に寸分の揺るぎもない」と答えている（倉田 1989: 91）。なお，千葉県内の衆院議員には，入院中のため欠席した中村正三郎を除き棄権・反対者がおらず，衆参で表出利益の性格が異なることが窺える。

(2) 山内俊夫

山内本人に造反（棄権[93]）した理由を質問すると，最大の理由は，総務大臣政務官時代に特定郵便局長会と交わした「約束」だと話す。山内は郵政担当の政務官として郵政公社化に携わったが，当時，郵政族の野中広務らと特定郵便局長会の会合に参加し，民営化ではなく公社化で当分は進めていくと約束した。また，県議時代から一貫して熱心に応援してくれる郵便局との「お付き合い」[94]や，郵政の専門家として純粋に政策面で郵政民営化に反対していたこと（既存の郵便局を活かすアイデアを多く持っていた[95]）も挙げられるという。

このように郵政族としてのキャリアを歩んだ背景には，県議という経歴が大いに関わっていると本人は語る。山内は1998年の初当選直後に，党執行部から希望する部会・委員会を聴取された際，第一志望として郵政を挙げ，その後も着実に活動実績を積み重ね，念願の総務大臣政務官に就任した。郵政分野に関心を持った理由を聞くと，県議時代に全業界の中で特に郵便局と密接な関係を構築していたからだという。山内は県連青年部の業界窓口を務めたが，当時，

---

92) 1983年の擁立過程については，『千葉日報』1982年9月28日や『朝日新聞』1983年5月19日（全国版），毎日新聞千葉支局編（1988: 172）を参照。

93) 山内が反対ではなく棄権をした理由は，派閥会長である山崎拓（賛成するよう山内を説得）の顔を立てるためだと筆者に説明する。山崎による説得や，特定郵便局長会との約束の詳細については，『参風』174号（2021年）のインタビュー記事も参照。

94) 郵便局票自体は当選に不可欠ではないが，郵便業界を裏切ると，他の業界から（次は自分の業界が裏切られるのではと）警戒されることも造反の一因だと筆者に語る。

95) 山内が当時の構想として挙げたのは，国民IDを導入し，役所で配る証明書などの配布を郵便局で行うというものであった。インタビューはコロナ禍前であったが，マイナンバーの利活用が課題となっている現在から見ると，先見の明があったと言える。

特定郵便局長会に各種選挙で「大変お世話」になり，親密な関係を築いた（出馬が決まったときも最初に応援を表明したのが特定郵便局長会だという）。出馬前に郵便業界と密接な関係を構築できるのは地方議員ならではと言えるだろう。そして，山内の参院選擁立を主導したのが県議団だったからこそ（県連会長職を途中で投げ出した県内国会議員への憤りから県議を擁立）[96]，このように業界を重視する「県議らしい県議」が担がれたと解釈できる。なお，県内の衆院議員には造反者がおらず（同じ山崎派の木村義雄と大野功統は賛成），倉田の事例と同様に，衆参で表出利益に違いがあることが示唆される。

（3）二之湯智

　二之湯智は県議ではなく，市議出身者（京都市）だが，政令指定都市の市議は県連内で地位が高く（二之湯は県連幹事長を辞して出馬），参議院選挙区で「地方議員代表」として擁立されることがある。二之湯は反対票を投じた後に，党紀委員会への弁明書（二之湯個人の「機関紙」で公開[97]）で，反対理由を3つ挙げている。1つ目は前尾繁三郎の秘書や野中広務の後援会連合会事務局長，そして京都市議時代に培った特定郵便局長との人間関係である。特に野中は郵政事業懇話会会長を務めた郵政族のドンであり，二之湯も郵便局との関わりは一段と深まりやすかったと推測される。そして，このように密接な関係があるからこそ，2点目（民営化すると業務が一層忙しくなる懸念）や3点目（公社化後に職員の対応は既に改善）で言及されている通り，郵便局業務の現場を熟知していたのだと思われる。山内のケースと同様に，国会議員就任以前に特定郵便局長会と深い関係を構築できる経歴は限られるので，これらの造反理由は地方議員出身者ならではと言えるだろう。二之湯の造反は，引退直後の野中（民営化反対）

96）　山内の擁立過程を記す。1995年参院選時に平井卓志県連会長（参院議員）は候補者調整中にもかかわらず突然会長職を投げ出し，新進党に移籍した（詳細は第8章補論を参照）。この反党的行為（平井は自民党を除名）を受け，県議団は国会議員に不信感を抱き，1998年参院選で平井に当てる候補を県議から出すことを決定する（『朝日新聞』1997年6月14日，香川版）。しかし，当選5回の平井に新人が勝つのは困難だったため，本来候補者となるべきベテラン県議が出馬を渋り（また様々なしがらみから互いに足を引っ張り合い），若手の山内が「捨て身」の候補として選ばれた山内は筆者に語る。結局，新進党・自由党は急速に勢いを失い，平井は出馬を見送った。

97）　http://ninoyusatoshi.com/ethos/docs/Ethos174.pdf （最終アクセス2019年9月7日）

の影響があることは疑いようがないが，長年の市議活動に裏付けられた個人としての判断の重要性が完全に棄却されることはないと考えられる。

第7節　事例研究2——県議団以外が擁立した県議出身議員の造反

本節では，県議団以外によって擁立された県議出身議員の造反行動を分析する。中選挙区制期には候補者選定で県議団以外の発言力も強く（第6・7章で詳述），2005年時点でこのような県議出身議員が一定数存在した（長期的には減少傾向）。県議団以外に担がれるのは，相対的に県議らしくない県議であり，造反理由も前節とは異なるものとなる[98]。本節では，県内の有力衆院議員（1995年）と，中央の竹下派幹部（1992年）が擁立した県議出身者の造反事例を紹介する。どちらも政治信条の保守性（但しニュアンスは異なる）から反対した。

第1項　同県の有力衆院議員が擁立

徳島県選出の北岡秀二は，美馬郡美馬町（現美馬市）を中心とする選挙区で，1987年から県議（後藤田系，建設業）を2期務めた後，1995年参院選に出馬した。北岡によると，当時県内で絶大な権力を握っていた後藤田正晴衆院議員から声がかかり，出馬を要請されたという（当選後は同じ小渕派へ）。このような出馬の経緯（県議団以外が擁立主体）もあり，北岡の造反（棄権[99]）理由は一般的な県議出身議員と異なるものとなった。北岡は文教族（3年連続で文教委員会

---

98)　県議団以外が擁立主体の県議出身議員が，みな「県議らしくない理由」から造反するわけではない。1995年に新進党公認で初当選した田浦直の反対理由は，離島への配慮であり，県議らしい理由であった。本人に聞くと，県議時代（離島の多い長崎市選挙区）に離島を回り，その実態を把握したことが投票時の意思決定に影響した面があるという。田浦（2010: 94-95）や『読売新聞』2005年8月7日（全国版），『朝日新聞』2006年11月18日（長崎版）も参照。なお，長崎県の離島への配慮を造反理由とする議員としては，長崎市出身の大仁田厚も挙げられる（大仁田2008: 146）。

99)　反対票でないのは，同派の青木参院議員会長への恩義ゆえと筆者に話す。北岡は2002年9月から県連会長として地元対応（現職知事の汚職辞任による2度の知事選・吉野川可動堰住民投票での敗北・建設撤回を表明した小池正勝徳島市長の参院選「追い出し」と徳島市長選）で忙殺されていたため，党中央や国会での仕事を青木に免除してもらった。但し，当初青木からは法案を潰すと聞かされていただけに（総裁選で参院平成研を小泉支持でまとめる際の口説き文句），その変節には戸惑いもあったという。

の筆頭理事を務めた）として文化・伝統を重んじる保守思想を強く持っており，郵便貯金や簡易保険を狙うアメリカ（経済界など）への警戒心から造反したと筆者に語る（古くから日本がアメリカの属国的地位であることに不満感を持っていたという）。さらに，規制緩和やグローバルスタンダードを是とする新自由主義的価値観に反発したことも一因だと話す（以上は衆議院では平沼赳夫や城内実と近い）。郵政国会期には，青木幹雄の依頼で郵政民営化法案を取り扱う総務部会の専任部会長（2004 年 10 月 5 日〜）を務めたが[100]，この時期に新たに郵政の勉強を重ね，反対の気持ちが一層強まったという。

　但し，造反という意思決定に対して，県議という経歴が無関係なわけではない。北岡によると，郵便局が既存の銀行のように仕事を始めたら，現行の地方銀行と競争になり，地方が混乱に陥るという秩序破壊への懸念も造反理由だという（先述の保守思想とも関連）。そして，このような視点は，まさに県議の経験（北岡の選挙区は過疎地の美馬町）を通じて地方における郵便局の役割を熟知しているからこそ生まれたものだと話す[101]。次項で扱う吉村と比べて県議という経歴が影響した面があり，中間的な事例と言えるだろう。擁立された 1995 年が衆院選挙制度改革の過渡期であったことも背景にあると考えられる。

第 2 項　中央の竹下派幹部が擁立

　福岡県選出の吉村剛太郎は 1975 年に福岡市中央区で県議に当選し，3 期務めた後，1986・1990 年総選挙に挑戦し落選した。この浪人時代に，県議時代には関わりのなかった田中派・竹下派から支援を受け，竹下登や橋本龍太郎と個人的な関係を築いた。そして 1992 年参院選（福岡県選挙区）で，小沢一郎系の重富吉之助（元総務庁審議官）が現職として出馬したため（金丸信も支援），いわゆる「一龍戦争」の文脈で，竹下・橋本が吉村を担いだ。吉村は，宏池会（太田誠一）・渡辺派（山崎拓）からも支援を受けるため無派閥を押し通したが，「一龍」の代理戦争であることは地元政界・メディアの共通認識であり[102]，

---

100)　専任部会長に櫻田義孝衆院議員と共に選ばれたが（自由民主党編 2006: 2452），北岡はそれまで郵政分野に関わっておらず，青木の指名に驚いたという。元々法案には反対であったが，青木から「法案は潰す」と聞いており，就任を承諾した。

101)　県内では郵政族の山口俊一衆院議員が反対したが，影響は受けていないという。山口は後藤田と議席を争った元中曽根派であり（投票時は無派閥），北岡とは距離がある。

吉村本人へのインタビューでも確認できた（実際に 1998 年に竹下派へ加入）。

このような出馬の経緯（派閥幹部が擁立）もあり，吉村の造反理由は県議らしい理由ではない。本人は，法案に反対した第一の理由を，新自由主義的改革や格差を容認する思想に嫌悪感を覚えたからだと筆者に説明する。吉村は高校（修猷館）の先輩でもある中野正剛（父親が中野の門下生）や広田弘毅の思想に強く共鳴する保守派（玄洋社記念館の館長も務めた）であり（cf. 吉村 2008），玄洋社的な任侠精神・義侠心は郵政民営化に通底する弱肉強食思想と相反するものであった。吉村が県議になった動機は「教育破壊の元凶」と考える福岡県教職員組合を壊滅させることであり，県議時代・参院議員当選後も一貫して文教族であったと筆者に語る。また，政治信条を大切にするタイプであったことから，権力志向の強い同派の青木幹雄のことを敬遠しており，影響を受けることはないという（県内には同派の有力衆院議員がいないため地元代議士の影響も特になかったと話す）。なお，吉村は郵政政務次官を務めるなど郵政政策の専門知識が豊かであり，単なる保守イデオロギーだけから決断したわけではない点に留意が必要である[103]。

第 8 節　事例研究 3——造反しなかった県議出身議員の特徴

本節では，県議・市議出身者の中でも造反しなかった議員に着目し，その特性を考察する。結論としては，①県議・市議時代の選挙区が過疎地ではない議員と②農業分野に専門性を置く議員が造反しにくくなることが判明した。②に関しては，農林族の参議院選挙区議員が法案賛成と引き換えに，農協改革の方針撤回を小泉首相から引き出したことを指摘する。

---

102)　『朝日新聞』1992 年 2 月 17 日（西部版）。

103)　元郵政政務次官として特定郵便局長会と密接な繋がりはあったというが，吉村の側から郵便局により強く危機感を持つよう警告するほどであり，特定郵便局長会からの影響はないという。当時の新聞でも，本人は郵政族と呼ばれることに「心外」と語っている（『朝日新聞』2005 年 8 月 8 日，西部版）。郵政政務次官についても，郵政省と農林水産省の政務次官職を提示され，郵政の方が経世会としての強みを選挙で得られるから選んだに過ぎないと話す。

第1項　地方議員時代の選挙区特性

　造反しにくい県議・市議出身者として第一に挙げられるのが，地方議員時代の選挙区が過疎地ではない議員である。第6節で論じた通り，中川義雄は過疎地での道議経験の中で形成された価値観や実態認識に基づいて造反したが，逆に県議時代の選挙区が都市部である場合には，都会的な価値観や過疎地の現状認識不足により造反しにくくなると予想される。また，県議時代の選挙区は参院選でも地盤となるため，都市住民の意見を踏まえ造反しにくくなるだろう。

　まずは計量分析によって，以上の予測が正しいかを検証する。地方議員時代の選挙区の都市度を，過疎地・中間的な地域・都市部の3つにカテゴライズして分析する。過疎地であるかは，過疎地域自立促進特別措置法で定められた過疎市町村であるか（投票時点）を基準とした。また，都市部であるかは，県内における機能・役割も考慮して，選挙区が県庁所在地・政令指定都市・東京23区であるかを基準とした。以上のいずれにも該当しない場合は中間カテゴリーとなる。

　表4-4のモデル2で地方議員時代の選挙区都市度の効果を示したが，過疎地の県議・市議出身者は造反しやすい一方，それ以外の県議・市議出身者は有意な効果が見られない。以上より，地方議員時代の選挙区都市度が造反率に影響を及ぼすことが判明した[104]。

第2項　農林族――農協改革とのバーター

(1) 投票行動の定量分析

　もう1つの造反しにくくなる特性が，農業分野に専門性を持つことである（理由は後述）。典型は元農協系県議の議員だが，岩永浩美（元商工業系県議）のように県議時代の専門性は農業以外でも，参院選で農協から支援を受けたことで当選後に農政に関与するケースもあり，そのようなソフトな農林族も含める。

---

104)　各カテゴリーの人数を確認すると，県議時代の選挙区が過疎地の議員はそこまで多くない。県議出身者に占める各カテゴリーの人数は（回帰分析に含めなかった青木幹雄も含める，市長経験者は含めない），過疎地・中間・都市部の順に7・13・12人であった。県議時代の選挙区が都市的な人物が多い理由は，人口が多い県議時代の選挙区（を含む自治体）で得票が見込めるからだと考えられる。

表 4-4　参議院選挙区における各属性の県議・市議出身議員の造反傾向（自民党）

	参議院選挙区議員		
	(1)	(2)	(3)
県議・市議出身者	1.029*		
	(0.441)		
過疎地の県議・市議出身者		3.460**	
		(1.030)	
都市部の県議・市議出身者		0.950	
		(0.615)	
過疎地や都市部以外の県議・市議出身者		0.554	
		(0.615)	
農業系の県議・市議出身者			−0.704
			(0.733)
医療系の県議・市議出身者			1.886*
			(0.735)
農業系や医療系以外の県議・市議出身者			1.634**
			(0.549)
人口集中地区人口比	−0.028+	−0.023	−0.045*
	(0.014)	(0.016)	(0.018)
参議院中選挙区	0.645	0.367	0.746
	(0.526)	(0.625)	(0.575)
2010 年改選	0.625	1.089*	0.484
	(0.519)	(0.529)	(0.502)
亀井派	3.664***	4.649***	4.778***
	(0.876)	(1.110)	(0.939)
堀内派	1.785*	1.745*	2.271**
	(0.699)	(0.749)	(0.810)
旧橋本派	0.216	−0.869	0.163
	(0.785)	(0.947)	(0.827)
政府や党の役職	−1.692**	−2.078**	−2.242***
	(0.514)	(0.622)	(0.550)
当選回数（二乗項）	0.013	0.010	0.005
	(0.025)	(0.026)	(0.028)
当選回数	−0.117	0.053	−0.010
	(0.365)	(0.383)	(0.394)
得票マージン	−2.802*	−4.519**	−4.574***
	(1.220)	(1.331)	(1.263)
県内で同派の有力衆院議員が造反	−1.283+	−1.145	−1.509+
	(0.704)	(0.768)	(0.782)
県内で同派の有力衆院議員が賛成	−2.723***	−3.364***	−3.479***
	(0.649)	(0.755)	(0.724)
山間部の多い都道府県	0.413	0.785	−0.051
	(0.634)	(0.693)	(0.664)
有人島数（対数変換）	0.499*	0.704**	0.555**
	(0.188)	(0.243)	(0.190)
N	78	78	78
擬似決定係数	0.406	0.457	0.455
対数尤度	−35.918	−32.84	−32.96

［注］（1）+$p<0.1$; *$p<0.05$; **$p<0.01$; ***$p<0.001$　（2）括弧内は頑健標準誤差である。

第 8 節　事例研究 3 ── 造反しなかった県議出身議員の特徴　　　93

　まず，県議・市議出身者の中でも，業界との関係の強さによって造反率が変わるかを回帰分析で確認する。2000 年代の参議院選挙区では，農村部における農林族の県議出身議員に加えて，都市部における医療系県議出身の議員（主に医師・薬剤師）が目立つので，この二属性の効果を分析する。操作化方法は，県議時代の専門性（県農協幹部か，医師・薬剤師免許を持つか）と参院選当選後の政策活動（参議院委員会や政府ポストの就任状況）から総合的に判断した[105]。

　表 4-4 のモデル 3 で，農業系・医療系・それ以外の県議・市議出身者ダミーの効果を示した。まず，農業系の県議・市議出身者は予想通り効果が有意でない。また医療系は，農業系・医療系以外の県議・市議出身者と比較すると有意性は低いものの，依然効果は有意である。以上より，農業分野に専門性があると，県議・市議出身者でも造反しにくくなることが確認された。

(2) 農協改革の抑止

　農業系の県議・市議出身者が造反しにくかった背景には，参議院での採決直前に，参議院選挙区の農業系議員が小泉と面会し，農協改革の方針撤回と郵政法案賛成の「バーター」（交換取引）を行ったことが関係していると見られる。当時，小泉内閣は，河野一郎農相の挫折から約 50 年ぶりに同様の農協改革を検討していた。参議院での法案採決直前，首相の諮問機関である規制改革・民間開放推進会議（議長：宮内義彦オリックス会長）は，農協事業の分離・分割（金融，保険，販売・購入）など，農協改革が盛り込まれた中間報告案を提出した。この動きに対して党内の農林族や全国農業協同組合中央会（全中）が猛反発したが，報告書が参議院での法案採決直前に提出されたこともあり，参議院の農林族議員が抵抗運動の前面に立った。参議院選挙区の農業系議員 5 人（国井正幸・野村哲郎・三浦一水・太田豊秋・小斉平敏文）[106]は 2005 年 8 月 3 日に小泉首相のもとを訪れ，80 人の参院議員の連名で農協改革の撤回を求めている。国井らは郵政民営化法案と関連させて，「我々は法案に賛成の立場だが，農協を

---

105)　農業系の県議出身者は，中川義雄・三浦一水・太田豊秋・岩永浩美・小斉平敏文・加治屋義人の 6 人，医療系の県議出身者は佐藤泰三・関口昌一・常田享詳・田浦直・伊達忠一の 5 人である。政策活動の情報は主に自由民主党編（2006）から収集した。

106)　『日本農業新聞』2005 年 8 月 4 日。

郵政と一緒にしたら，青票を入れざるを得ない」と迫った。それに対して，小泉は「郵政と農協とは別だ。都市には都市，地方には地方の農業がある。農協の問題は党内でよく議論してほしい」と国井らの主張に理解を示し，その上で「郵政をよろしく頼む」と法案成立への協力を要請している[107]。

　結果的に，請願の発起人6人（上の5人と元金山町長・県農業会議会長の岸宏一参院議員）の内[108]，野村（棄権[109]）以外の5人が賛成票を投じた（農業系の県議出身者である三浦・太田・小斉平はみな賛成）。特に筋金入りの農林族であった三浦一水（家業が農家，父親は熊本県果実連創始者で県選出参院議員）にインタビューを行ったところ，農協改革であれば離党してでも抵抗するつもりだが，郵政民営化は農業と関わりが薄いので強くは反抗しないと語る[110]（棄権した野村を「戦略ミス」だと批判する）。

　そして9月にまとめられた報告では，「農協改革」が削除されたことに加え，「中間報告」が「提言」に格下げされた[111]。さらに，年末に提出された最終報告書でも，農協改革に踏み込むことが断念された。宮内議長は委員会後の記者会見で，農協改革が「各分野の中で最も意見の隔たりが大きい」と吐露している。政府の改革断念にどこまで農林族の参院議員が寄与したかは効果測定が難しいが，8月時点で小泉の口から「郵政と農協とは別だ」という言質を引き出したことの意義は大きいと考えられる。55年体制期と比較すると，参議院

---

107)　抵抗運動に関する記述は，『読売新聞』2005年8月4日（全国版）や『日本経済新聞』2005年8月4日（全国版）を参照。

108)　『日本農業新聞』2005年8月3日。

109)　野村の造反理由は，農協と郵便局が三事業一体という点で同じ仕組みであり，現行の体制でないと成り立たないとよく理解していること（『毎日新聞』2005年8月9日，鹿児島版），そして鹿児島県に離島や過疎地が多いことである（『読売新聞』2005年8月1日，西部版）。なお，反対ではなく棄権した理由は，上の『毎日新聞』記事によると，参院執行部への配慮や，衆院解散の防止の他，将来予想される農協改革時に郵政民営化賛成派・反対派の農業関係議員から幅広く支援を得るためだという。

110)　三浦本人は小泉との直接的な「取引」の存在を否定するが，上述した農協改革の懸念がある中で郵政民営化に協力しやすかった面は否定できないだろう。なお，造反者が多い亀井派であるにもかかわらず法案に賛成した理由としては，農林族としての特質に加え，党本部の副幹事長（参院副幹事長も兼任）を務めていたことも挙げられる（本人へのインタビュー）。『熊本日日新聞』2005年8月5日も参照。

111)　『日本経済新聞』2005年9月24日・11月29日（いずれも全国版）。

選挙区では農協職員出身者が大幅に減ったが（農業系県議として扱った6人の選挙区では過去に農協専従職員が数多く当選），1990年代以降も県議出身議員を通じて農協の利益は伏在的に表出されている。

なお，東大朝日調査（概要は第3章第3節第1項を参照）では，2022年参院選と2024年衆院選の候補者に農協改革への賛否を尋ねた（質問文は「全農の株式会社化や信用事業の分離など，農協の組織改革をさらに進めるべきだ」，選択肢は5件法）。自民党の2022年参院選当選者（改選者）と2024年衆院選現職の平均値を比較すると，それぞれ約3.6と約3.3であり，その差は統計学的にも有意であった（10%有意水準）。また，2022年参院選当選者の中でも，地方議員や農協の代理人としての性格が強い経歴の議員（前者は県議・政令指定都市市議・自治官僚，後者は農協職員）ほど反対姿勢が強かった（約3.8）。最後の聖域とも呼ばれる農協だが，これらの分析結果は，第2次安倍政権下での農協改革や将来的に実施されうる大改革を考察する際にも一定の示唆があるだろう[112]。

第9節　事例研究4——参議院比例区の地域代表の造反

郵政法案採決時に地域代表と判定された議員は，魚住汎英・桜井新・荒井広幸・尾辻秀久の4人であり，この内，魚住・桜井・荒井の3人が造反した[113]。この3人は全員が亀井派所属であり，地域代表性がどこまで造反理由として重要かが問題となる。以下では，確実に地域代表性から造反したと見做せる魚住の事例を紹介し，派閥特性だけでは説明できないことを示す（彼の集票基盤・候補者選定過程は第3章第2節第3項を参照）[114]。

魚住本人に話を聞くと，法案への反対理由は主に2つあるという。1つ目は，熊本県菊池市での市議，および同地区で県議を務めた長年の地方議員経験の中で，過疎地に配慮する価値観が身についたことである[115]。2つ目が集票基盤

---

112)　第2次安倍政権の農協改革の過程を見ても，参議院自民党（特に農業・農協研究会，座長は2005年にも請願発起人を務めた岸宏一）は抵抗勢力として一定の存在感を見せている（野村哲郎も農林系議員の幹事会の一員）。内田（2015, 2018）や『毎日新聞』2014年6月19日（全国版），『日本経済新聞』2015年1月16日を参照。

113)　尾辻は現職の厚労副大臣であることや，日本遺族会の組織内議員としての性格が強いことから，法案に賛成しやすかったのだと考えられる。

の意向であり，主な支持基盤である県議団[116]と市町村議，そして商工会のいずれも郵政民営化に反対だったことである。なお，参議院比例区の地域代表は首相が強い公認権を持つため，2007年改選の魚住は非公認を警戒して造反しにくくなるはずだが，本人によると支持者との関係を最優先して反対したという。第3章で既述の通り，魚住はこの造反が原因で2007年参院選時に党本部から非公認を告げられたが，制裁の恐怖があったとしても政党ラベルに頼ることができない地域代表は集票基盤の意向を優先しやすいのだと考えられる。

　なお，意思決定に対する派閥の影響であるが，魚住が亀井派に加入したのは2001年と遅く（新生党に参加するまでは竹下派→羽田派），派閥入りの経緯をよく覚えていないと筆者に語るように，亀井静香個人との結びつきは弱い（参議院選挙区の亀井派議員と組んで選挙を戦ったことが一因だと推測）。魚住によると，亀井と師弟関係があるわけではなく，本人も投票行動への影響を否定する。

第10節　参院議員特有の造反理由

　最後に本節では，回帰モデルに投入した変数では説明できない造反事例のうち，参院議員特有の理由から造反した事例を紹介する[117]。このようなある種

---

114)　桜井と荒井も，魚住と同様に地域代表性から造反した面はある。まず桜井は，亀井の側近としてその影響を受けたが（『読売新聞』2005年8月7日，全国版），南魚沼での県議経験に基づき地方重視の価値観から政策内容にも反対していた（同派の柏村武昭は桜井が政策論として反対していたと筆者に語る）。また，荒井は代議士時代から生粋の郵政族であることが造反理由だが，このような地方重視の姿勢だからこそ，地域代表として当選しやすかった面がある（生粋の構造改革派では地方政治家・郵便局から支援を得づらい）。

115)　採決直後のメディア取材に対して魚住は，「地方の都道府県議会，市町村議会，地域の商工会などもすべて反対している。立場の弱い地域を直接見ている人はみな反対している。東京都議会でさえ反対だ。［法案を支持する人に］地方の生活者の視線に対する意識が少しもなかったのが反対の最大の理由」と答えている。https://news.livedoor.com/article/detail/1328859/（最終アクセス2021年6月11日）

116)　2004年10月の時点で，既に熊本県議会は郵政民営化に反対の意見書を提出している（『朝日新聞』2004年10月10日，全国版）。

117)　本節では大きく扱わないが，愛知県選出の浅野勝人が造反したのは，候補者選定時に予備選が行われ，（広域な選挙区で頼りになる）「大樹」（特定郵便局長会のOB組織）の支援で当選できたからである（『朝日新聞』2005年8月8日，名古屋版）。本人にこの点が造反理由かを確認したところ，あまり認めたがらない様子であった。

の「逸脱事例」(Gerring 2007: chap. 5) に着目することで，他の一部参院議員にも当てはまる新たな造反促進要因が見つかる可能性がある。1つ目の事例は，無党派受けする候補として県連が担いだ後藤博子が，「アウトサイダー」としての出自から議員の地位に執着がなく，非公認や落選を警戒せずに造反できた事例である。2つ目の事例は，参議院議員としての矜持を強く持つ真鍋賢二が，総務会を強引に突破した小泉への反発心から造反した事例である。

第1項　昇進・再選欲求の弱さ

　大分県では政界再編期に自民党国会議員の離党者（畑英次郎・岩屋毅・釘宮磐）が多かったため，2001年参院選時の大分県連では県議の地位が高かったが[118]（1990年代から県連会長を県議の堤隆一・首藤健次が務める），野党が強い地域性（野党候補は当選3回の社民党現職・梶原敬義，民主党と選挙協力）および森内閣の支持率低下により，県議を擁立できる状況ではなかった（直前の1998年参院選では仲道俊哉県議が当選）[119]。そこで党県連は，2000年衆院選で敗北した1区（大分市）の無党派層を取り込める人物，具体的には自民党色が薄く，かつ女性の候補者を探し求め，後藤博子（大分市の電気工場会社専務）の擁立にこぎつける。後藤は夫（後に議員秘書）と共にブラジルに工業移住をした経歴を持ち，自民党にとっては「アウトサイダー」であった（父が元大分市議だが，その繋がりは後藤の選挙に大きな影響を及ぼしていない）。その後，首相が小泉に代わると内閣支持率が急上昇し，後藤は梶原に勝利する。

　後藤に郵政民営化法案に反対した理由を尋ねると，離島や過疎地に不利益を与える法案内容への反発心からだという。その背景には，ブラジルのアマゾナス州マナウスに工業移住をした経験があり，日系ブラジル人に日本語教育を行うなど苦労を経験して，慈愛の心が染み付いたと話す。さらに当選後は官僚にバカにされたことから徹底した現場主義を心掛けるようになり，法案への賛否を決める際には離島や農村部を回って実態を自ら調べたという。

---

118)　『朝日新聞』1997年3月8日（大分版）。

119)　直後（2001年3月）に県連会長に就任する県議の首藤健次常任顧問は「自民党の逆風は強く，県議を中心に候補者を模索したが，バッチをつけている人は出しにくい」と話し，最終的には県議擁立を諦めた（『毎日新聞』2001年2月24日，大分版）。

そして，意思決定に大きな影響を与えた要素として本人が挙げるのが，出馬の経緯もあり，議員の地位にそこまで執着心がなかったことである。後藤は自民党に頼み込まれて出馬したに過ぎず，信念を曲げてまで議員を続けるつもりはなかったと筆者に語る。当選直後に県議から次回は公認しないと告げられ，青木幹雄参院議員会長からは法案賛成と引き換えに公認取り付けを約束すると説得されたが，それでもなびかなかったという。参議院には後藤のように「担がれた」人物が多く，また衆院議員よりも要職に就きづらいこともあって，全体的に昇進（あるいは再選）欲求が弱いと予想される（第2章第1節も参照）。この特性は参議院自民党から多くの造反者が出た一因である可能性がある[120]。

第2項　参議院議員としての矜持

香川県選出の真鍋賢二は，参議院議員としての矜持から，小泉の強引な「手続き」に抗議し，反対票を投じた[121]。同様の理由で造反した人物には鴻池祥肇もおり[122]，県議・市議出身者以外には，政策内容よりも手続き面への反発から造反した議員が複数確認できる。このような「プライド」の作用は，他の参院議員の造反事例でも多かれ少なかれ関係していると推測される。

真鍋が激昂した手続き面での「瑕疵」は，造反者を公認せず刺客を送るという脅しと，総務会の強行突破の2つである[123]。前者は，1980年ハプニング

120）　亀井派に加入したのは，選挙で亀井から多額の資金援助があったことを同県の仲道俊哉参院議員（亀井派）に知らされたからである（本人へのインタビュー）。亀井との間に特別な結びつきがあるわけではなく，派閥の影響で反対したのではないと話す。また，県内では同派の衛藤晟一が造反したが，深い関係ではないので影響は受けなかったという。

121）　民営化の方向性自体に賛成していたことは，当時の新聞記事からも確認できる（『朝日新聞』2005年10月14日，香川版）。

122）　鴻池は郵政国会を振り返り，「参院は政府の強引なやり方にストップをかける『再考の府』だ。参院をなめるな，と思った」と述懐する（『朝日新聞』2007年1月23日，全国版）。鴻池は他にも参議院の決算機能強化で功績を残した（西川2005）。

123）　宏池会で最も近かった堀内光雄（総務会での付き合いが長い）の影響について本人は否定する。郵政国会時の現役総務は真鍋であり，総務会で何が起きていたかを随時堀内に報告していたことから，むしろ真鍋の方が情報源として影響を与える側と言えるかもしれないと話す。次に古賀誠の影響については，真鍋の方が初当選したのが早く，しかも古賀が当選するまで同じ遺族会員として面倒を見ていたので影響を受けることはないという。また青木幹雄も真鍋の後輩なので影響は受けないと話す。

解散時における大平正芳（真鍋は長年筆頭秘書を務めた）の対応と正反対であり，強い反発心を抱いたと筆者に語る。真鍋は当時大平に，清和会の造反者を非公認にすべきだと進言したが，大平は大局を考えたときに非公認は良くないと答え，造反者を公認した（真鍋はこの姿勢に深い感銘を受けたという）。以下では，真鍋の意思決定にとってより重要な後者の総務会問題について詳述する。

真鍋は 1977 年に香川県選挙区で初当選し，当時の参議院議員では最も古株であったが，他の重要ポスト（決算委員長等）を固辞してでも，党の最高意思決定機関たる総務会での筆頭副会長職（参院側の代表）の地位に拘っていた。衆院側の誤りを正すという参議院の役割に強い矜持があったというが，それだけに，郵政法案をめぐる総務会での意思決定手続きは許容できないものであった。但し，真鍋が指摘する総務会における手続き上の「瑕疵」は，単に全会一致の慣例を破って賛成多数で決議を行ったという巷間の理解と異なる。真鍋が総務会の状況を随時報告していたという同派の堀内光雄は，非公開の総務会議事録を持ち出して，多数決が行われたことだけでなく，その内容も全総務 31人（自由民主党編 2006: 2442-2443）のうち賛成は 7 人程度と，多くの総務が手続きに納得せず「棄権」したことを告発した（堀内 2006: 113）。一方，堀内の告発や，総務会の実情を記した片山虎之助参院幹事長のオーラルヒストリー（片山 2010: 223）でも説明されていないのが，そもそも現地にいなかった「欠席者」の存在であり，真鍋はその 1 人として真相を教えてくれた。

総務会は午後 5 時 44 分から休憩に入ったが（堀内 2006: 106），真鍋はこの休憩が長時間に及ぶと聞いており，再開され次第，追って連絡すると伝えられていた。真鍋は全会一致が原則であるから，仮に採決を行う場合であっても全総務が揃うのを待つものと考え，予定されていた新橋での会合のため党本部を離れた。すると，当初の想定よりも早い時間に再開されることになり，真鍋にも連絡が入ったが，挨拶の最中ですぐには向かうことができない。そして会合を切り上げ急遽会議に駆けつけたが，時すでに遅く，採決は終わっていた。このように賛成者の少なさは，総務が採決に臨んで抗議の棄権をしただけでなく，久間章生総務会長が総務全員が集まるのを待たずして採決した不意打ちにも求められる（但し正確な「欠席者」の人数は不明）。このように筆頭副会長までも「欠席裁判」にした手続き上の瑕疵が，真鍋の造反の主因となった。

第 11 節　小　括

　本章では，第 3 章で示した衆参自民党の選好乖離の帰結として，郵政民営化法案に参議院自民党から大量の造反者が生じ，法案否決に至ったことを明らかにした。また農協改革に対しても，参議院自民党の農林族が抑止力を発揮したことを指摘した[124]。他にも，関係者への聞き取りを通じて，ジャーナリスティックな発見がいくつかあった（「中曽根の乱」や総務会「欠席者」の実相など）。

　小泉政権の政策志向は一般に「新自由主義」と呼ばれるものである。中選挙区制期に業界団体・農村部を手厚く保護していた自民党政権は，衆議院の選挙制度改革により，大企業・都市部を重視する新自由主義的政策を採用しやすくなった（Rosenbluth and Thies 2010）。小選挙区制にその「精神」が流れ込んでいることは導入過程からも読み取ることができ，例えば財界は，企業の国際競争力を削ぐ自民党の業界・農村保護を批判し，政治改革を要求した（渡辺 2007）。また学界では，佐々木毅民間政治臨調主査が，日本の市場改革を求める米国の要求——「横からの入力」（佐々木 1987）——を肯定的に捉えた上で，その役割を担う「改革政党」の創出を提言した。このような日本政治の構造転換を最も特徴付ける事例が小泉首相の郵政民営化であり，本章は，参議院自民党が，「市場」から取り残された地域住民・業界団体の声を掬い上げ，社会構造の急変を緩和する機能を持つことを論証した。郵政国会は他にも，田中派・竹下派から清和会優位の体制への移行を決定付ける転換点として重要だが，本事例はまさに「事件の政治学」[125]（飯尾 1993: 序章）として，日本政治のサブスタンス（実体）を理解するのに役立つ。

---

124)　小泉政権期に参議院自民党が興味深い動きをしたその他の事例が，三位一体改革への対応である。建設族の衆院議員は利益誘導に支障が生じるため反対したが，参議院自民党は（地方の負担が最小限になることを要求しながらも）分権改革に賛意を示している。県議出身の参院議員は当選後の抱負で「地方分権改革への熱意」を述べることが多いが（新聞のインタビュー記事），このような志向性が無抵抗の背景にあると推測される。

125)　飯尾は，学問的ではない政治の議論では，解決すべき問題をめぐる「事件」が分析対象となっており，静態的な現象を扱うことが多い政治学とは乖離があると指摘する。そして政治学の側も，「政治らしい政治」が観察できる動態的な「事件」を対象に据えるべきだと論じる。「事件の政治学」については第 9 章の第 5 節でも再論する。

第 11 節 小 括

　ここで留意したいのは，新自由主義的な政策一般が害悪なわけではなく，個別の政策内容を吟味する必要性である。郵政民営化法案は参議院で一度否決されたが，直後の解散総選挙で自公が大勝すると（衆議院での再議法に必要な 3 分の 2 以上の議席を獲得），法案は議会に再提出され，衆参両院の本会議で可決された（造反した参議院自民党議員のほとんどが賛成票を投じた）。そして，2007 年 10 月に郵政民営化が実施されたが（民主党政権下での法改正で貯金・保険のユニバーサル・サービスが拡張された点に注意），その評価に関しては，慢性的な業績不振を背景に，郵便事業のサービス低下（土曜・翌日の配達中止や 24 時間営業窓口の廃止など）や不祥事（かんぽ生命の不正契約問題など）が相次いでおり，他の民営化事例（JR・NTT など）と比較しても，それを「成功」と見る論者は少ない（但し，民営化の不徹底が原因との向きもある）。いずれにしても，郵政民営化は手続き的に強引な面があり，かつ小泉首相に反平成研という政局的動機が強かったこと（中北 2017: 275-276）を勘案すると，参院による法案否決は，政治に「思慮」を求めた点で一定の評価ができる。2000 年代以降の参議院は「政局の府」と呼ばれることもあるが（cf. 竹中治堅 2010: 6），本法案の否決は「政局」以上に「政策選好」に動機付けられたものであり，第二院に求められる「多元的民意の反映」や「長期的・総合的視点」を果たした結果であると捉えられる。

　なお，郵政国会のように参議院自民党が首相の構造改革を強く牽制した事例は他に確認できない。しかし，それは参議院が抑止力を発揮しなかったことを意味するわけではない。むしろ政府が改革に着手しないよう黙示的な影響力——いわゆる「非決定権力」（Bachrach and Baratz 1962）——を行使した結果である可能性がある（少なくとも小泉政権ほど改革志向が強い政権は他にない）。ある面では，対立が表面化しない方が完成された権力行使とも見ることができ，抵抗事例の不在は必ずしも影響力の不在を意味しないのである。

　次章では，公共事業の分野においても，参議院議員が独自の役割を果たしていることを指摘する。

第5章　公共事業の獲得における参院議員独自の貢献

　本章では，自民党の参議院選挙区議員が，衆院選挙制度改革後に新たに生じた陳情処理・公共事業獲得の需要を満たす形で独自の役割を果たしていることを明らかにする。選挙制度改革により衆議院議員の利益誘導に対する意欲は低下したと考えられるが（cf. Catalinac 2016），本章は同時期に参議院議員が活発な地元貢献を行っていることを明らかにする[1]。質的分析では参院議員経験者に聞き取り調査を実施し（表 4-1 に記載した選挙区議員全員に質問），量的分析では欠落変数バイアスに対処するために「自然実験」を用いて厳密な因果推論を行う。また，米国上院議員の利益誘導研究を参照し，国際比較の視点も取り入れる。

　本章の構成は以下の通りである。まず，第 1 節で参議院選挙区議員が利益誘導を行うインセンティブ，第 2 節で利益誘導を行うための権力資源について質的に考察する。次に，これらの知見を基に第 3 節で定量分析の仮説を設定し，第 4 節で分析方法を説明した後，第 5 節で分析結果を示す。そして第 6 節では，本章の参院議員観と相反する先行研究（斉藤 2010）の妥当性を検討する。また補論で，第 1・2 節の質的考察の基となった事例を紹介する。

第 1 節　インセンティブ

　第 3 章では，アンケート調査の分析を通じて，自民党の参議院選挙区議員が同党の衆院議員以上に公共事業を支持していることを指摘したが，実際に彼らが利益誘導に勤しんでいるとは限らない。あくまで国全体の政策として支持し

---

1)　本章は，両院国会議員の利益誘導効果の大小を以って，参議院の独自性を主張するものではない。選挙制度改革後に衆院議員の利益誘導に対する意欲が低下しても，有力衆院議員は依然として「地元貢献」を行っていると予想される（cf. 名取 2002；小林 2008：第 9 章）。本章はむしろ陳情処理や獲得事業の特質から，参議院議員の独自性を析出する。

たに過ぎず，地元貢献は同県衆院議員に「ただ乗り」するという構えもあり得る。また，アンケートへの回答は支持基盤に対する選挙時のリップサービスであった可能性も否定できない。そこで本節では，参議院選挙区議員の利益誘導を行うインセンティブについて質的に考察する。利益誘導の意欲を削ぐ「インセンティブの壁」（①広域性による有効性低下 ②需要不足 ③依怙贔屓への批判）について個別に検討し，参議院選挙区議員にも自ら利益誘導を行うインセンティブが確かに存在することを論証する。

第1項　広域性による有効性低下

　1つ目の「インセンティブの壁」が，選挙区の有権者規模が大きいため，利益誘導の有効性が低下することである。まず広域の選挙区では，当選に必要な量の利益供与を独力で行うことが難しい。インタビューを行った木村仁元参院議員（熊本県選出）によると，公共事業というのは地域性が強いので，広範な参議院選挙区でいくつか事業を提供したところで全体の票は伸びないという認識を持っていたという。また，参議院は有権者との距離が遠いため，実績を支持者に直接アピールしづらいという問題もある（利益誘導はメディアを使ったアピールも難しい）。狩野安元参院議員（茨城県選出）に話を聞くと，衆議院議員ならば個々の支持者との会合が多く存在するが，全県区の参議院選挙区議員は実績をアピールできる交流の場が少なく，「地元のお世話」を行う際のネックになるという。さらに，衆院議員は参院議員が参加していない会合で，その手柄を奪い，虚偽の業績誇示をする懸念があると筆者に語る。加えて首長も参院議員と関係が薄いせいで，参院議員の実績を有権者に伝えてくれないという。

　このような広域性由来の「壁」があるのは事実だが，木村仁元参院議員は，（先の問題について触れた後に）再選活動で重要なのは，県議や衆院議員などから構成される「チーム」の中で自分にしかできない役割――本人が実績として挙げたのは「出身官庁の局長を紹介すること」（木村は元消防庁長官で自治省出身）――を果たすことだと説明する（参院議員が単独で利益誘導に取り組むことはあまりないという）。個人後援会が脆弱な参議院選挙区議員は，選挙運動の際に「チーム」に依存する度合いが高く，活動実績（存在意義）を認めてもらうことが，再選（あるいは公認獲得）に必要不可欠である（「全体の票」も伸びる）。また，

狩野が挙げた論点に関しても，利益誘導活動における個人の実績は有権者に直接伝えづらくとも，「チーム」には自ずから伝わる。先述の狩野安元参院議員（元環境政務次官）も，「お世話になっている」という土浦市長の陳情に応えて，茨城県霞ヶ浦環境科学センター[2]が土浦市に設置されるよう「骨を折った」と話しており，利益供与先として意識しているのは首長であった。利益誘導の実績が有権者に直接認知されていなくても，中間的なアクター（衆院議員や首長）に認知されていれば，選挙の時に支援を受けられる。

　なお，参議院選挙区議員は，衆議院議員と対照的に，「チーム」からの支持を得られなくなると容易に候補者差し替えが起こりうるため，地元貢献のプレッシャーは大きい。実際に，県議団が台頭してきた1980年代には，「チーム」から支持を得られなかったことに起因する候補者差し替えが頻発した（詳細は第7章第2節第2項を参照）。例えば，環境保護・軍縮活動に実績のある大石武一元環境庁長官[3]や，沖縄・軍縮問題に取り組んできた植木光教元沖縄開発庁長官[4]は，地元の「面倒見」が悪いことを理由に，県（府）議団から降ろされている（後任には新人県議・府議が擁立された）。衆議院議員は地元奉仕が不十分でも，個人後援会が強固であれば公認・再選が可能だが，参議院選挙区議員は常に支持基盤への「説明責任」に追われている。

第2項　需要不足

　2つ目の「インセンティブの壁」は，同県選出の有力衆院議員が同じ公共事業の獲得に取り組む場合，権力資源で劣る参院議員がわざわざ同活動に関与する意味を感じづらいことである（「需要不足」の壁）。結論から記すと，前項でも触れた通り，参院議員には陳情処理や公共事業獲得で独自の強みを発揮できる領域があるため，この点についても決定的な問題とはならない。特に，衆院選挙制度改革後は，参議院選挙区議員が強みを発揮できる局面が増加しているというのが本書の見立てである。以下では，参議院選挙区議員が強みを発揮でき

---

2)　狩野が環境政務次官として出席した1995年第6回世界湖沼会議（つくば市・土浦市）で設置が提唱された。土浦市は夫・狩野明男元参院議員の出身地と近く，地盤である。

3)　『朝日新聞』1983年2月19日（全国版）。

4)　『京都新聞』1989年1月7日。

第1節　インセンティブ　　105

るシチュエーションを「地元衆院議員の状況」と「公共事業の性格」の2つに分け，それぞれ3つずつ具体的内容を示す。

(1) 地元衆院議員の状況

　地元衆院議員の状況として1点目に挙げられるのが，衆院選挙区に自民党の衆院議員が存在しない状況である（事例は補論1ケース1を参照）。中選挙区制期には，各衆院選挙区に自民党代議士が少なくとも1人は存在していたと考えられるが，小選挙区制期になると自民党衆院議員が存在しない地域が必然的に出てくる。その場合に，団体は陳情提出先として，選挙区外の衆院議員ではなく，同県の参議院選挙区議員を頼るという選択肢があり，実際にそのような選択をした団体の実例が報告されている[5]。非自民候補が勝利できる衆院選挙区は都市度の高い県に多いが，同県は参議院選挙区が中選挙区である可能性が高く，自民党の参議院議員が1人は存在していることが多い（2000年代以降は共倒れが起こる複数擁立を避け，参院議員一人を確実に取りにいく戦略が一般的）。

　2つ目の状況が，地元に自民党衆院議員が存在していても，次回落選する可能性が高く，その自民党議員を頼りづらい場合である。有力な野党候補が将来の衆院選で議席を奪取する見込みが高いと，陳情提出者が現職自民党衆院議員と関係を深めた場合に，将来，野党議員から報復される懸念があるため頼るのを躊躇する，という報告がある[6]。そのような状況下では，敢えて両候補から距離を取り，参議院選挙区議員を頼ることが懸命な選択肢だという。中選挙区制期には複数の自民党（保守系）候補の間でバランスを取りながら当選者に接近するという構えで臨めたが，小選挙区制下で与野党が全面対立する構図では両方に良い顔をすることができないため，最初から両者と距離をとることが得策とされている。宮城県内のある町長は以上の理由から，「[陳情は]県全体を代表する参院議員に頼めばいい。『地元の代議士』にはこだわらない」と話す。

　3つ目が，地元に自民党衆院議員が存在し，かつ今後も当選し続ける見込み

---

5)　福井県では1996年総選挙で自民党が1区と3区で敗れた。これらの地域の自治体や経済団体幹部の話では，陳情を提出するにしても，選挙区外の衆院議員（2区の牧野隆守）は「どこまで真面目にやってくれるか疑問」であり，「全県一区の参議院議員に頼らざるを得なくなった」という（『読売新聞』2000年5月24日，福井版）。

6)　本段落で紹介した例は，『読売新聞』2000年6月22日（宮城版）を参照。

が高くても，様々な事情によって頼りづらい場合である（補論1ケース2を参照）。そのような議員属性の例としては，官庁とのパイプが細い若手議員，陳情内容が得意分野ではない議員，派閥関係から疎遠な議員，衆院選挙区内の別の自治体に地盤がある議員などが挙げられる。これも衆議院が小選挙区制となり，陳情提出先が1つに限定された結果，新たに生じやすくなった問題である。

(2) 公共事業の性格

次に，参議院選挙区議員が強みを発揮できる「公共事業の性格」を3点挙げる。1つ目が，複数の衆院選挙区に跨がる事業である（補論1ケース3を参照）。衆議院議員だけで事業の獲得を目指した場合，異なる地域の衆院議員間で協力する際に調整コストがかかるし，選挙区間で利害対立が存在する場合，協働が困難である。仮に利害対立が深刻でないとしても，選挙区ごとに利益の大きさが異なると，全衆院議員から同様のコミットメントを引き出すことは難しい（「ただ乗り」の問題）。一方，参議院選挙区議員に陳情すれば，衆院議員間の調整をスキップできる可能性があるし，衆院議員間の調整が必要な場合でも，参議院選挙区議員は各衆院議員と選挙を通じて関わりが深いため（参院議員は派閥色が薄い），調整役として適任である[7]。

2つ目が，1点目と部分的に被るものの，全県的な大規模事業である。中選挙区制期には，全県区を筆頭に衆議院の選挙区が広く，衆議院議員は「県代表」として大規模事業に強い発言力を行使できたが，小選挙区制下で選挙区が細分化されると，影響力が低下したという報告がある（樺島 2001: 30; 真渕 2012: 367）。こうした衆院議員の発言力低下は知事の権力増大をもたらしたとされているが，同じ全県区の参院議員の発言力増大にもつながったと推測される。実際に，選挙制度改革後には衆院選挙区が細切れになったため，県全体に関わる事業は参議院選挙区議員に働きかける首長が増加したことが報告されている[8]。背景には，前段落で指摘した要素に加え，この「県代表」としての地

---

7) 衆院議員同士の対立が激しかった中選挙区制期から，参議院選挙区議員にはこの役割が期待されていた。例えば，竹内黎一と田沢吉郎の政争が展開された青森県で，1986 年参院選に擁立された脇川利勝（竹内系県議）は，田沢系県議からも支援を受けることもあり，両派をつなぐことが自身に期待される役割だと強く意識していたという（『東奥日報』1986 年 1 月 23 日）。脇川の擁立過程の詳細は第 7 章第 2 節第 4 項を参照。

位も関係しているだろう。埼玉県の商工業界県組織幹部も「小選挙区で代議士は小粒になった。一年生代議士も多く，参院議員の方が頼みやすいこともある」と話しており[9]，衆院議員の「小粒化」の弊害を参院議員がカバーしている面がある。

　実際に本章で扱う事例は県が求める（県に大きな利益がもたらされる）公共事業が多い。前出の霞ヶ浦環境科学センターも県立施設であったし，本章の第2節第3項で扱う「中国横断自動車道姫路鳥取線」も鳥取県が国に要望する最優先事項であった。補論で扱う事例も，北陸新幹線（補論2ケース3）や，関西国際空港・関西文化学術研究都市・紀淡連絡道路（補論2ケース4）など，県待望の大規模事業が多い。なお米国でも，上院議員は下院議員と比較して，州単位の大規模事業に取り組みやすいことが指摘されている（Lee 2004）。

　そして3つ目は，選挙に追われることなく，長期的に取り組む必要のある事業である。具体的には，時間のかかる難事業や，長期的ビジョンに基づく複合的事業が挙げられる。佐賀県選出の陣内孝雄元参院議員にインタビューしたところ，衆院議員は「地元から追われていて」「忙しい」のに対して，任期が長く解散もない参院議員はプロジェクトの実現に「じっくり」取り組めることが強みだという。実際に陣内は，吉野ヶ里遺跡・佐賀藩・有田焼など歴史をテコにした地域振興策のビジョン（「歴史回廊」）の下，吉野ヶ里遺跡の国営公園指定や，史跡をつなぐ国道整備に功績を残した（陣内1995）。また，元建設技監の沓掛哲男は，地元・石川が三大都市圏に追いつけるよう，高速道路を整備して（関西だけでなく）中京・関東経済圏と連結させることを目指したが，参院選初出馬時の公約で掲げ実現した公共事業の内，半分は他県での事業であるなど，長期的視野に基づく高い戦略性・専門性が見て取れる（補論2ケース1）。

第3項　依怙贔屓への批判

　そして3つ目の「インセンティブの壁」が，県内の一部地域にだけ利益誘導を行うと，それ以外の地域の衆院議員から依怙贔屓との苦情が来るため，迂闊に活動をできないことである。中選挙区制期の衆院選では，同じ理由から参議

---

8)　『読売新聞』2007年2月6日（全国版）。
9)　『朝日新聞』1998年6月13日（埼玉版）。

院選挙区議員が特定候補の応援をしづらかったが（斎藤 2004: 36; 山本 1974: 173），利益誘導でも同様の「配慮」が要求される。この問題は衆議院が同士討ちのない小選挙区制に移行したことで一定程度改善されたと考えられるが，1998 年初当選の木村仁元参院議員に聞くと，依然として障害になるという。

この「壁」に関しても，以下 3 つの回避方法がある。1 つ目は，県肝入りの事業獲得に取り組むことである。先述の木村仁氏によると，その時期に県が総力をあげて獲得に取り組んでいる公共事業ならば，特定地域だけを利する内容であっても，衆院議員から苦情が入りにくいという。バックに知事や県議団の後ろ盾，あるいは県民の期待があれば，衆院議員も反発しづらい。2 つ目は，複数選挙区を利する大規模事業である。この場合，多くの衆院議員に多かれ少なかれ利益がもたらされるため批判が起きにくくなる。この 2 つは，参議院議員が強みを発揮できる公共事業の特質として前項で挙げたものと重なる。

そして 3 つ目が，「個所付け」による具体的な利益配分を伴わない抽象的あるいは長期的な利益の供与である。参院選の年に参院議員に配分される公共事業・利益の特質に関して，建設・運輸大臣，政調会長等を務めた亀井静香元衆院議員に質問したところ，衆院は特定の橋のような「かちっとしたもの」が多いのに対して，参院は「ふわっとしたもの」が多いとの回答を得た。「ふわっとした」事業であれば，各地域の利益が曖昧であるため苦情が入りにくくなる。例えば，補論 2 ケース 4（1998 年大阪府選挙区）では，改選を迎える参院議員（国土政務次官）が第 5 次全国総合開発計画（五全総）への紀淡連絡道路の盛り込みを行ったが，「構想を進める」という表現の通り，具体的な事業計画には至っておらず，抽象的あるいは長期的な利益と言える。

なお，このような依怙贔屓の問題は，農村部だと県内に衆院選挙区が少ないため問題化しづらい。第 2 節第 3 項で，坂野重信参院議員と石破茂衆院議員が利益誘導のために連携した事例を紹介するが，人口の少ない鳥取県（衆院選挙区は 2 つ）だからこそ協力しやすかった面はあるだろう。利益誘導の需要は農村県の方が大きいこともあり，一層依怙贔屓の問題は生じにくくなる。なお米国でも，両院の連邦議会議員の選挙区が重なるほど（人口の少ない州ほど），上院議員が下院議員から上述の依怙贔屓批判を受けづらくなり，協調して利益誘導に取り組むこと（全体的な利益供与額が増大すること）が指摘されている

（Chen 2010）。

以上の通り，参議院選挙区議員が利益誘導を行う際の3つの「インセンティブの壁」については，いずれも決定的な障壁にはならないと考えられる。

第2節　権力資源

たとえ参議院選挙区議員に自ら利益誘導を行うインセンティブが存在するとしても，官庁に働きかける権力資源が足りない場合には利益誘導を行うことは難しい。そして参議院選挙区議員は，一般的に，衆議院議員よりも権力資源が不足している点が問題となる。まず党内で三役や派閥領袖といった高位のポジションに就けることは稀であるし，政務調査会でも部会長になれるのは大部分が衆議院議員である。また政府ポストには大臣の「参議院枠」があるが，配分されるのはいわゆる「軽量級」がほとんどで，国土交通省・農林水産省・財務省といった公共事業と関わる人気官庁の大臣には就任しづらい（また大臣職に複数回就けることも珍しい）。

それでも，以下で説明する様々な方策によって，参議院選挙区議員は権力資源の不足を補完できると考えられる。以下では，①自力でのパイプ構築 ②他の有力なアクターの支援 ③固定任期の有効活用，の3つについて個別に論じる。

第1項　自力でのパイプ構築

自力で官庁とパイプを構築する方法には，（1）元からパイプを持つ官僚出身者の出馬（2）着実に昇進を重ねていく正攻法，の2つがある。

（1）元からパイプを持つ官僚出身者の出馬

1つ目が，既に官庁との太いパイプを持つ官僚出身者が出馬することである（補論2ケース1を参照）。参議院選挙区の官僚出身議員は，第3章で示した通り（図3-5），1990年代以降，建設省・自治省・大蔵省・農水省といった，公共事業・補助金獲得に有利な省庁の出身者が多い[10]。また，第7章第5節第4項でも詳述する通り，55年体制期における参議院選挙区の官僚出身者は，基本

的に事務次官などの最高幹部が擁立されており[11]（2000年代以降は若手官僚が増加），若手・中堅官僚が出馬することの多い衆院よりも官庁と太いパイプを有している[12]。さらに高位の役職経験者の場合，出身官庁だけでなく，関係省庁にも幅広い人脈がある。元自治官僚（消防庁長官）の木村仁元参院議員に話を聞くと，少なくとも自治省・総務省は地方行政を預かっている関係で他省庁と幅広い関わりがあり，高位の役職経験者は「地元のお世話」をする際，他省庁にも「顔が利く」という。これは自治省・総務省だけでなく，財務省など他の一部省庁にも当てはまるだろう。

　また，官僚としてのキャリアが長いと，制度・政策の知識や役所を動かす勘所を押さえているため，公共事業や補助金の獲得の際にそれらを活用することができる。前出の木村仁氏によると，どの官庁でも政策形成のプロセスは似通っているので，官僚出身の参院議員はその勘所を押さえており，大きな強みになっているという（特に自治省・総務省はどの政策分野にも関わるので幅広い見識が身につくとのことである）。例としては，補論2ケース1で扱う能越自動車道（沓掛哲男の貢献）の他に，既に紹介した陣内孝雄参院議員（元建設省河川局長）による吉野ヶ里遺跡の国営公園指定への取組みが挙げられる。当時2000万人に1つと言われていた国営公園に本遺跡を追加することは，近隣の福岡市に「海の中道海浜公園」があり難しかったが，建設官僚時代から長年公園事業に携わってきた経験を活かし，「歴史公園」というフレーミングを思いついて，国営公園化に成功した（本人へのインタビューに基づく。陣内1995：第2章も参照）。なお，陣内氏によると，参議院に高位の官僚出身者が多いのは，参院議員が衆院議員と比べて党内での出世が遅いため，当選後に族議員として成長することが難しく，「即戦力」となるような人材が好まれるからだという。

10）　特に多いのが自治省出身者だが，自治省出身の知事や自治官僚の地方出向者は，特別交付税の配分に影響力を持つことが実証されている（鷲見2000；湯之上2005）。

11）　補論2ケース1の注65でも述べる通り，1990年代・2000年代に，その大部分は「国土型」（真渕2004）である。彼らの「熱意」も利益誘導の実績に影響するだろう。

12）　現役官僚だけでなく，官庁OBとのパイプも活用できる。典型が同党国会議員のOB同士の互助だが，全国に散らばる官庁OB（自治省と建設省が典型）の地方政治家（知事・市長など）とのパイプも有用である（補論2ケース1を参照）。このようなOB同士の繋がりは，参院議員に多い元最高幹部の議員の方が幅広く有しているだろう。

（2）着実に昇進を積み重ねていく正攻法

　自力で官庁とのパイプを構築する2つ目の方法が，衆院議員以上に時間をかけながらも党内で昇進し，官庁への影響力を高める「正攻法」である。参院議員も当選回数を重ねれば，部会長[13]や参議院委員会の委員長，政府ポストに就任でき，省庁と関係を築ける。また参議院自民党の幹部になれれば，参議院の立法権限に裏付けられた党内権力を通じて官庁への影響力を獲得できる[14]。

　第3章では県議出身の参議院選挙区議員が公共事業を特に強く支持していることを明らかにしたが，彼らのネックである官庁とのパイプはこの方法で補完できる。例えば，補論1ケース2で扱う井上裕は，参院議員の典型的な昇進ルート（政務次官→大臣，参院議員会長→参議院議長）を着実に歩んで，官庁との太いパイプを構築した。千葉県内の首長から衆院議員以上に頼られる存在となり，最後は公共事業の汚職事件で議員辞職するほど利権体質を強めた。また特殊事例（竹下登の最側近）ではあるが，同じく県議出身の青木幹雄も利益誘導のエピソードには事欠かない（第6節も参照）。小泉首相が道路公団民営化を表明した際に13の大型公共事業に停止の危機が訪れたが，この中に島根の工事（山陰自動車道仏経山トンネル西工事）が含まれていたため——青木のファミリー企業が関わることとなっていた（横田2003）——，青木は藤井治芳道路公団総裁に圧力をかけ（関係する大物族議員に対して青木は「私が責任を持って一人で戦う」と宣言），最終的に13の事業延期が撤回された（藤井は総裁職も更迭）[15]。

　この2人の事例から読み取れる点として，参議院の権限をテコにした権力は，一般的な族議員と異なり，幅広い政策分野に及ぶ可能性がある。青木について先述の藤井は「青木さんは道路族じゃないもん。あの人は，もっと違うでしょう。（中略）青木先生にとっては，面白くないんじゃない。道路族なんて，そんなちゃちなもんじゃねえと。俺は全部の族のトップだ，と思っていらっしゃ

---

13)　参議院自民党には独自の政策審議機関として「政策審議会」があるが，少なくとも本章の分析期間においては活動が低調であり，官僚とのパイプを構築する場としては十分に機能していないと思われる（各参議院議員への聞き取りに基づく）。その活動実態については『読売新聞』2007年1月26日（全国版）も参照。

14)　自民党が事前審査制を発達させた理由として，参議院議員を統制する必要性を挙げる研究者もいる（大山2011: 159; 石間2018; 濱本2022: 116-117）。本書もこの見方を共有しており，参院議員は党内の政策過程で相当の影響力を行使できると考えている。

15)　『朝日新聞』2002年1月24日・2003年10月8日（いずれも全国版）。

るかもしれませんよ」と話している（日経ビジネス 2003: 295）。また，井上裕も文教・医療・自治など幅広い政策分野で影響力を行使できた（補論1ケース2）。

第2項　他の有力なアクターの支援

権力資源の不足を補う2つ目の方法が，他の有力な政治アクターからの支援である。支援を行う主なアクターとしては，(1) 県内の有力衆院議員 (2) 所属派閥 (3) 党執行部の3つが挙げられる。

(1) 県内の有力衆院議員

1つ目が，県内の関係が深い有力衆院議員からの支援である（補論2ケース2を参照）。県内の同じ派閥の議員や親戚の議員などが該当する。支援を行う衆院議員にとっても，系列の参院議員を地元に持てれば，県内での発言力や自らの得票率を高めることができるため，サポートするインセンティブがある。地元衆院議員が支援しやすくなる条件としては，先述の Chen（2010）が示している通り，衆議院と参議院の選挙区で重なる部分が大きいこと，すなわち人口の少ない農村部であることが挙げられる（次項で紹介する坂野重信と石破茂の協力事例を参照）。

(2) 所属派閥の支援

2つ目が，参院議員が所属する派閥の幹部の支援である（補論2ケース3を参照）。中選挙区制期は，田中派・竹下派を筆頭に（次項の重富吉之助参院議員の例を参照），派閥が陳情処理の互助など利益を媒介する機能を有していたが（居安 1996: 199-200; 広瀬 1993: 第12章），衆院選挙制度改革によって派閥が弱体化した後でも，その互助システムはある程度存続したと考えられる。特に，参院議員の選挙区周辺に派閥の最高幹部が勢力圏を築いている場合（北陸の森喜朗や山陰の竹下登など），参院議員への支援がその派閥幹部にも利益をもたらすため（補論2ケース3の事例で言えば，北陸新幹線の福井延伸は森の地元・石川にも利益をもたらす），利益誘導のサポートが行われやすくなるだろう。

（3）党執行部の支援

3つ目が，党執行部（参院執行部も含める）の支援である[16]。その方法としては，①公共事業の個所付けによる支援 ②個所付けに有利な政府役職の割り当てが挙げられる。まず前者①であるが（事例は補論2ケース4を参照），自民党は1990年代以降，「ねじれ国会」に対する警戒感が強く，参院選で勝利するため（改革イメージの演出に苦慮しながらも）参院選年に公共投資を増額させてきた（数値は後で紹介）。党幹事長や建設大臣，道路調査会長などを歴任した綿貫民輔元衆議院議長に，参院選年の公共事業の個所付けについて質問したところ，党側が現職参院議員の存在する選挙区に優先的に配分しているとの回答を得た。

次に，②個所付けに有利な政府役職の割り当てについて説明する（事例は補論2ケース4を参照）[17]。「参議院枠」の大臣ポストは公共事業と関係の薄い「軽量級」が多い一方，比較的空きがある副大臣や政務官，政務次官に関しては，参院選での議席最大化を意識した政治的配分がなされている[18]。図5-1は，2001年の省庁再編後（2009年の政権交代まで）における，参議院自民党への大臣・副大臣・政務官ポストの配分状況を示したものである（情報源は『政官要覧』・全国紙紙面）。上段は参院議員全体，中段は参議院選挙区議員，下段は参議院選挙区における地方政治家・農協幹部出身者の役職就任状況を示しており，下に行くほど公共事業を求める度合いが高まる（参議院比例区の職能代表・地域代表以外の議員は公共事業を基本的には求めない）。また，どの図に関しても，公共事業関連の補助金や行政投資と強く関わる官庁（国土交通省・農林水産省・総務省・財務省）を左側に並べている。以下では，そのような官庁を「ポーク官庁」

---

[16] 米国でも，下院議員と比べて所属政党から自立的な上院議員が，利益誘導の際に党の支援を受けることを示唆する結果（各院の多数派政党に所属することの効果が上下両院で同等であること）が提示されている（Lazarus and Steigerwalt 2009; Crespin and Finocchiaro 2008）。但し，所属政党の利益誘導支援の効果を否定する研究もある（Evans 2004）。

[17] 参院議員の政府・国会・部会人事は，参院執行部が配分権を持つ（竹中 2010: 319; 斎藤 2004）。但し，2012年以降における安倍一強下の閣僚人事では，参院執行部が影響力を発揮していないという報告もある（『読売新聞』2014年8月20日，全国版）。

[18] 参院議員の政府ポスト配分の研究は大臣職に限定されている（待鳥 2001; Kubo 2019）。副大臣以下の政府ポストも，官庁とのパイプ構築という点では効果があるため，着目する意義は大きい。政務次官に就任した参院議員の官僚との関わりについては，井上裕の大蔵政務次官時代の日記（井上 1984）が参考になる。井上については補論1ケース2も参照。

第 5 章　公共事業の獲得における参院議員独自の貢献

図 5-1　参議院自民党議員の属性と配分される政府ポストの関係

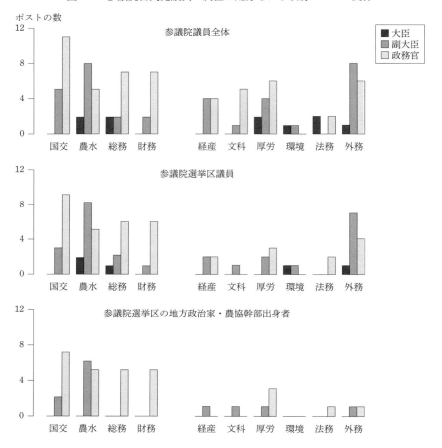

と呼ぶ（pork barrel＝利益誘導）。

　図 5-1 を見ると，下の段になるほど，つまり選挙区への利益誘導を求める度合いが増すほど，左側のポーク官庁の政府ポストの比率が高くなることが分かる。この傾向は大臣への就任状況を見るだけでは確認できず，比較的倍率の低い副大臣・政務官ポストに着目することで初めて検出される。また，4 つのポーク官庁の中でも，いわゆる事業官庁の国交省・農水省において，地方政治家・農協幹部出身者への優先的配分が顕著である[19]。利益誘導を行うインセ

図 5-2 任期後半に政府ポストが配分される参議院選挙区議員の割合

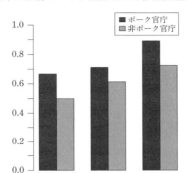

ンティブが強い一方で官庁とのパイプが細いこれらの属性の議員も，政府の役職を通じて事後的にパイプ構築が可能であることが示唆される[20]。

また同様に，ポスト配分の「政治的意図」を読み取れるのが，改選時期を考慮に入れた役職割り当てがなされていることである。図5-2 は，参議院選挙区の自民党議員を対象に，選挙が近い任期後半に政府の役職が配分される割合を示したものである。どのポストも基本的に任期後半の方が配分されやすいが（低位のポストになるほどその割合は高くなる），大臣・副大臣・政務官のいずれも，ポーク官庁の方が任期後半に配分されやすいことが分かる。なお，参院執行部が選挙対策として改選時期を意識した大臣ポスト割り当てを実際に行っている

---

19) 元県議の北岡秀二元参院議員によると，県議出身参院議員の「必修科目」は土木建設・農業であるが，前者のポストは衆議院議員が握っているので，相対的に倍率が下がる農業系ポストに参議院議員が就くことが多いという（筆者によるインタビュー）。
20) 本段落で述べた傾向は，1980年代から2001年までの期間（大臣・政務次官）でも同様に確認できる（1980年代以降に注目したのは県連整備後のため）。まず，ポーク官庁の内，農水省・大蔵省は参議院選挙区議員が政務次官に頻繁に就任しており，特に県議出身議員に多い。自治省は政務次官になる参議院選挙区議員が少ないものの，大臣に就くケースが多い。一方，建設省・運輸省は，大臣も政務次官も参議院選挙区議員が就任する例がほとんどなく，北岡秀二が指摘する倍率の高さ（注19を参照）が窺える。また，通商産業省は，政務次官に参議院選挙区議員，特に県議出身者が多く就任している。通産省以外の非ポーク官庁に関しては，法務省・労働省・環境庁に参議院選挙区議員が比較的多いものの，全体的には少ない。また，2001年以降に確認された参院議員の任期前後半と政府ポスト配分の関係は，2001年以前も同様に見られる。

様子は新聞でも報道されている[21]。

第3項　固定任期の有効活用

　権力資源の不足を補う3つ目の方法が，固定任期を活かして参院選の年に，参院議員本人やその支援者（党執行部や地元代議士など）がリソースを集中投下し，効率的に利益誘導を行うことである。党執行部の側も，衆議院のように解散がいつでも可能ならば，利益誘導の支援ではなく，支持率が高まったタイミングで機会主義的に解散するのが効率的だが（斉藤 2010: 第4章），固定任期の参院選ではこのような戦略を取れない。本章後半で紹介する事例も多くは参院選年のケースである。また，第1節第2項(2)で紹介した陣内孝雄の証言にもある通り，解散がなく，任期も長いことで長期間，特定のプロジェクトに取り組めることも参議院議員の権力資源を支えている[22]。

　この参院選年における利益誘導にはいくつかの「常套手段」がある。以下では①落選の脅し ②票と利益の交換，の2つを紹介する。まず，①落選の脅しであるが，参院選の直前期には，官庁などに対して，落選したら不利益が生じると圧力をかける様子が確認できる。例えば，1998年鳥取県選挙区に出馬する坂野重信参院議員（元建設事務次官）は，選挙直前に「中国横断自動車道姫路鳥取線建設促進議員連盟」を組織して会長に就任したが[23]，議連事務局長を務める同県・同派（平成研）の石破茂衆院議員によると，会長に坂野を据えた狙いは「姫鳥線を認めないと大先輩が落選するかもしれないが，それでもいいのか」という暗黙の圧力を建設省にかけることだという。石破は「古典的手法だが，小さな県ではこういう『政治力』も併用しないと追いつかん」と説明しており，この手法が政界で広く採用されていることが窺える。最終的に坂野らは，県待望（1998年度予算で県が国に要望する事業の最優先事項[24]）の姫路鳥取線

---

21)　『読売新聞』2007年1月23日（全国版）。

22)　この要素は，一見，選挙年にリソースを集中させるという本書の参院議員観と矛盾するように思えるが，相反まではしない。6年間一貫して特定の事業に取り組み，選挙の年に「勝負を決める」という形もあり得る。

23)　『朝日新聞』1998年1月10日（全国版）。

24)　鳥取県は全国で唯一，県庁所在地を高速道路が通過していなかった。『朝日新聞』1997年6月13日・12月26日（いずれも鳥取版）を参照。

（智頭—鳥取間）の年内施工命令を建設省から勝ち取った。また，補論2ケース3では，整備新幹線の予算獲得競争（北陸 vs. 九州 vs. 北海道）で，森喜朗衆院議員が，改選を迎える山崎正昭参院議員（福井県選出，森派に所属）を落選させてはならないと力説し，他地域から譲歩を勝ち取った。

　2つ目の典型的な「常套手段」が，②票と利益の交換である。参院選年に頻繁に確認できるのが，支持団体や地方政治家に対して，参院選で支援した見返りに利益を配分するという構図——いわゆる「逆説明責任」（Stokes 2005; 斉藤2010; Catalinac et al. 2020)——である[25]。本章の補論では，地元市長（補論2ケース2）や関西経済連合会（補論2ケース4）に対して票と利益の交換を強いる事例を紹介する。なお，参院選年には総決起大会などに党中央の有力議員や現役大臣らが応援に訪れ，その場で地元の陳情を受けることが多いが（補論1ケース1を参照），このような場は票と利益の交換に使われやすい。前章で紹介した1992年福岡県選挙区（吉村剛太郎と重富吉之助の同士討ち）でも，金丸信や奥田敬和運輸大臣が福岡県まで重富の応援に来た際，金丸らは重富の当選と引き換えに，新北九州空港の実施設計調査費の予算化を約束した[26]。この脅しを受け，北九州市OBなど関係者は重富の支援を熱心に行ったという[27]。

　なお，実際に参院選の年には，全国で公共投資が増加すること（2000年代以降にはその傾向が縮小）が報告されている（土居 1998; 井上 2002; Kondoh 2008; 斉藤2010; Funashima 2012)。選挙年の財政拡張は「機会主義仮説」と呼ばれ，世界各国で検証が積み重ねられてきたが（Golden and Min 2013)，日本でも同様に確認できる。図5-3で年度ごとの公共事業費の推移を見ると，確かに参院選の年には予算総額が増加している。1995年と1998年には大規模な補正予算が組まれて公共事業費が顕著に増額しているし，1999年以降も減少トレンドが2001年には弱まっており，2004年に至っては補正予算を通じて総額が伸びている。2007年には増額は見られないが，2012年の自民党政権復帰後は，2016

25）　参議院比例区の職能代表の自治体ごとの得票数も，自民党や官庁が利益の差配を行う際に利用される（広瀬 1993: 第2・3章; 井上 1999: 95)。小林（2008: 第9章）は建設団体組織内候補の得票率と建設補助金の間に有意な相関（都市度を統制）があることを実証した。

26）　『朝日新聞』1992年7月3日（西部版）。

27）　『朝日新聞』1992年12月26日（西部版）。

118　第5章　公共事業の獲得における参院議員独自の貢献

図 5-3　国の公共事業関連予算の推移

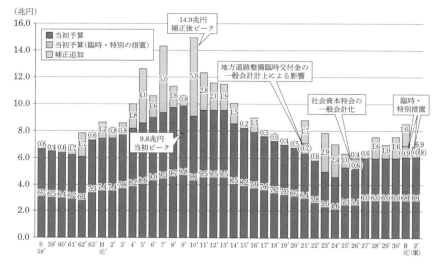

[注] NTT-A, B（償還時補助などを除く）を含む。
[出典] 財務省「令和2年度国土交通省・公共事業関係予算のポイント」[28]。

年が前後の年より高くなっている。本章で行う計量分析でも，特に参院選の年における利益誘導効果に着目していく。なお，米国でも上院議員が選挙の年（Shepsle et al. 2009），あるいは選挙が近くなるほど（Lazarus and Steigerwalt 2009），利益誘導を行いやすくなることが報告されている。

第3節　仮　説

　以上の考察を基に定量分析の仮説を4つ設定する。1つ目が自民党の参議院選挙区議員一般が利益誘導効果を持つかどうかである。前節末尾で論じた通り，参院議員は費用対効果を考慮して，自らの選挙年に集中的に利益誘導を行う（またサポートを受ける）と予測されるため，参院選年の効果に着目する。

　本章では参院選年の1月1日の時点で，その選挙区にどれだけ有力な参議

---

28)　https://www.mof.go.jp/budget/budger_workflow/budget/fy2020/seifuan2019/19.pdf（最終アクセス 2021年4月21日）

第 3 節　仮　説　　　119

院議員が存在するかに着目する。もしそのまま出馬するならば，その議員自身が利益誘導を行うので，その人物の有力度が選挙年の公共事業費に影響を与えるだろう。一方，引退して新人に交代するとしても，その選挙区に有力な参院議員が存在する場合，現職が野党議員である状況と比較して新人候補の当選確率が高いため，当選後に党執行部や派閥幹部，地元の有力衆院議員から勝利の報酬がもたらされやすくなる（選挙前に党執行部が自民党の地盤として個所付けを優遇する可能性もある）。これらの予測とは逆に，自民党が野党の金城湯池に利益誘導で切り込みを図るという可能性も論理的には考えられるが，エピソードベースでは支援を受けて初めて報いるという「逆説明責任」の構図が一般的である[29]。以上より，次のような仮説が設定できる。

仮説 1　参院選の年には，その年に改選期を迎える参議院選挙区議員が有力であるほど，その選挙区に配分される公共事業費・補助金額が増加する。

　また参院選の年に，県内の衆院議員が利益誘導を通じて候補者支援を行っているかも分析する。参院議員の分析では参院選年に他の年より利益誘導効果が強まるかにも注目するが（交差項の効果），「常在戦場」の衆院議員は参院選年以外にも当然利益誘導を行うため，参院選年とそれ以外の比較は行わない。

仮説 2　参院選の年には，県内の衆院議員が有力であるほど，参議院選挙区に配分される公共事業費・補助金額が増加する。

　次に，どのような特性の参議院選挙区議員が活発に利益誘導を行っているかを検証する。まず，利益誘導を行う上で有利だと考えられる特性が，初当選時から官庁と太いパイプを持つ官僚出身者である。第 3 章で行った政策選好の分

---

29)　建設大臣・政調会長等を歴任してきた亀井静香氏に，参院選で自民党が弱い地域に利益誘導でテコ入れを行わないのかと質問したところ，「どうしてわざわざ敵に塩を送るようなことをするのか」という返答であった。あくまで支援を引き出してから事後的に報いる性格のものであるという（亀井が登場する補論 2 ケース 2 とも一致）。

析で，建設省・自治省出身者は公共事業を強く志向しており，「意欲」も十分である。また，官庁とのパイプは細いものの，アンケートへの回答で公共事業を非常に強く支持していた県議出身者も利益誘導効果を持つと予想する。

仮説3　参院選の年には，その年に改選期を迎える参議院選挙区議員が有力であるほど，その選挙区に配分される公共事業費・補助金額が増加するが，その効果は特に官僚・県議出身者が強い。

　最後に，参議院選挙区議員の陳情処理・公共事業獲得の強みとして挙げた，大規模事業，特に全県に跨がる事業を参議院選挙区議員が獲得する傾向があるかを検証する。各県への行政投資は投資主体ごとの金額が入手できるため，規模の小さな市町村主体の事業や，（大規模事業ではあるものの）国主体の行政投資（県議などの支持基盤が必ずしも求めていない）よりも，県主体の投資に関して，利益誘導効果が強く見られると予想する。元消防庁長官（自治官僚）で予算制度に詳しい木村仁元参院議員に確認したところ，県が長年求めてきた道路のような代物でもない限り，基本的に国の直轄事業よりも，県主体の補助事業の方が（県議や知事など）県側には感謝されるという。

仮説4　改選を迎える参議院選挙区議員が有力であることで，参院選の年に増加する行政投資の投資主体は，国や市町村よりも県であることが多い。

第4節　分析方法とデータ

第1項　自然実験アプローチ

　政治家の公共投資に対する政治的影響を量的に分析する場合，様々な因果推論上の課題が指摘できるが（長峯 2001; 斉藤 2009; Hirano 2011），特に問題となるのが「欠落変数バイアス」（omitted variable bias）である。本章の分析で言えば，独立変数である参議院選挙区議員の当選回数に影響を与えると同時に，従属変

数である公共事業費・補助金額にも影響を与えるような「第3の変数」を完全には統制できないという問題である。統制すべき交絡変数としては，自民党の地盤といった政治的変数や，農村度・自治体の財政状況といった社会経済的変数，都道府県の歴史に根差した公共事業の需要など（北海道開発・沖縄振興など）歴史的変数が挙げられるが，操作化・測定の問題やデータの入手可能性，第3の変数を隈なく発見することの難しさなどもあり，全てを統制しきることは困難である。

　本章ではこの問題に対処するために2つのアプローチを採用する。まず，パネルデータ分析の固定効果モデルを使用することで，時間の経過によって変化しない「時不変」の要素を統制する。本章の場合，都道府県の固定効果を投入することで，公共事業額を大きく左右する各県の歴史的条件の他，農村度など時間の経過でそこまで変化しない社会経済的変数をコントロールできる。

　次に，都道府県内において時間の経過で変化する変数を統制するために，自然実験アプローチを導入する。本章が使用するのは，半数改選で選ばれる参議院議員の「固定任期のズレ」を利用したアプローチである。Fukumoto and Matsuo（2015）は，再選のプレッシャーが参院議員の国会活動にもたらす影響を分析するために，参院選年における改選組と非改選組の国会活動量を比較した（複数年をプールすれば両群の属性は等しくなる）。なお，この論文では人物・選挙区・年度・政党の固定効果が投入されているが，本章では議員個人の属性の効果にも関心があるため，人物の固定効果は入れずに，選挙区と参院選年の固定効果のみを投入する（自民党議員のみが対象なので政党ダミーは不要）[30]。同じ選挙区における改選者と非改選者の参院選年の利益誘導効果を比較することになるが，両群で交絡因子となるような「第3の変数」がバランスしているため（記述統計で確認済み），固定効果モデルだけでは統制しきれない要因もコントロールできる。例えば，完全な統制は難しい「地元の公共事業の需要」という交

30）　それ以外の Fukumoto and Matsuo（2015）との相違点が「引退者」の扱いである。同論文は，引退予定の参院議員が「改選間近なのに選挙区活動をしない」こと（非遵守）の影響を取り除くために操作変数法を導入している。一方で本書は，ベテラン参院議員が引退する選挙区では，新人が当選しやすく当選後の報酬として公共事業・補助金が配分されやすいこと，また自民党の地盤というだけで引退予定でも党執行部が陳情処理で優遇する可能性を考慮し，引退者の影響を取り除いていない。

絡因子は，改選側と非改選側の当選回数の双方に等しく影響を及ぼすため，も
し改選側のみが公共事業費に有意な効果を持つことになれば，その効果は「地
元の公共事業の需要」による疑似相関ではないと主張できる。

第2項 分析モデルとデータ

(1) 分析モデルと分析時期

　本項では，分析方法やデータの詳細を説明する。まず分析モデルは，都道府
県ダミーと参院選年以外ダミー（「以外」なのは交差項モデルで参院選年における鍵
独立変数の効果を見るため）を投入した固定効果モデル（1期前従属変数，都道府県
単位のクラスター頑健標準誤差）を採用する。分析時期は1995年から2007年ま
でであり，5回分の参院選が含まれる[31]。一度下野した自民党が政権復帰し，
通常予算から編成に参画できた1995年が始期である。終期は，2008年度の補
正予算からリーマンショック対応で非常時予算となることから，2007年まで
を対象とした。分析対象は，1995年参院選に出馬する1989年参院選当選者か
ら2007年非改選の2004年参院選当選者までが含まれるが，この期間の参院
選は大敗（1989年・1998年）と大勝（2001年）を繰り返し，議席の変動が激し
いことから，鍵独立変数である改選者と非改選者の状況が同県内でも大きく異
なっており，両変数の効果が識別しやすい。

(2) 従属変数

　次に投入するデータの説明を行う（情報源や操作化の詳細は補遺を参照）。まず，
従属変数には各選挙区に投じられた公共事業費や補助金額を対数変換した値を
使用する。予算項目は先行研究で広く使われてきた変数であり，1つ目は「国
庫支出金」（いわゆる「補助金」）である。その中には，義務教育費関連や社会保
障関連など様々な分野の補助金が含まれることから，建設関連に限定された
「普通建設事業費支出金」のみを対象とした分析も行う。

---

31)　2012年の政権復帰後は東日本大震災や新型コロナウイルス感染症対応で非常時予算が
　　続いているため，分析対象とはしなかった。但し，衆参両院ともに選挙制度など基本的な
　　制度構造は変わっていないため，本章の議論は2012年以降も当てはまると考えられる
　　（但し，国交大臣を公明党が独占していることの影響は別途検討が必要である）。

第4節　分析方法とデータ　　123

　2つ目が地方交付税交付金の中の「特別交付税」である。一部の県では不交付の時期があるので，1を加えた後に対数変換を施している（東京都は一貫して不交付のため分析対象から外している）。地方交付税の大部分（94%）を占める普通交付税は財政力や人口などから自動的に算出されるため，自治体ごとの配分額に政治が介入することは難しいが，特別交付税は災害などの「特別な事情」に応じて配分されるもので，政治的な介入が可能であるとされる（cf. 小林 1997: 第7章）。一度給付されると，国庫支出金のようにその用途が縛られることがないため，額は小さくとも首長には喜ばれるという[32]。

　そして3つ目が，より直接的な公共事業費の指標である「行政投資」である。投資主体ごとの金額データが入手できるので，仮説4の検証で使用する[33]。

(3) 独立変数

　次に独立変数について説明する。まず，その選挙区における現職の参院議員の有力度であるが，その年の1月1日時点での県内全参院議員の当選回数の合計値を使用する[34]（全く現職議員がいない場合には0を投入）。この変数を次期改選組と次期非改選組について用意する。さらに，仮説3の検証のために，経歴ごとの変数も作成する。そして，これらの当選回数の合計値と参院選年以外ダミーの交差項を作り，回帰式にそれぞれの単独項と共に投入する（参院議員の当選回数の単独項は参院選年における効果を意味する）。仮説が支持されたかどうかはこれらの係数と，回帰式を基にした作図の結果から判断する。また，参院選の年に特に強い利益誘導効果が見られるかにも関心があるので，交差項の係数も確認する。

　仮説2に関しては，上の参院議員を衆院議員に置き換えた変数を使用する。

---

32)　『朝日新聞』2000年9月27日（全国版）。

33)　投資主体が県や市町村である行政投資の場合には「地方単独事業」も多く，中央から利益を引き出すという一般的な利益誘導のイメージとは異なるものも含まれる。とはいえ，参院選対策で県議団や知事が行う地方単独事業も，恩恵を受ける団体や首長にとっては参議院選挙区議員による利益誘導として映るので，そのまま使用して差し支えない。

34)　離党者（議長就任による無所属は除く）・転出者・死者・補選当選者の情報も反映している。一方，他党からの転入者は，支持者と「票と利益の交換」の約束がされていないため追加していない。また，無所属当選後の自民党入党者は，当選した年に自民党入りした場合には実質的な自民党議員として追加し，それ以外は追加しない。

県内に存在する全衆院議員（比例復活当選を含む）の当選回数の合計値を使用し[35]，仮説1と同様に，参院選年以外ダミーとの交差項を作る。なお，仮説2の分析は通常の固定効果モデルであり，自然実験の要素は含まれていない。また，県内全衆院議員の総合的な政治力と当選回数の合計値との間に大きなズレが生じうるという「測定」の問題もあり（参院よりも議員数がはるかに多く誤差が拡大），分析結果は他の仮説よりも精度が落ちる点に留意する。

次に統制変数について説明する（年単位のデータがない場合，最も近い年のデータを使用）。まず，国会議員の当選回数と公共事業費の双方に影響を与える政治的変数として，自民党の地盤に関わる変数を投入する。知事が自民党系であるかどうかを示すダミー変数と，都道府県議会における自民党の議席率の2つを用意した。また，知事や県議団も公共事業獲得に関わる以上，鍵独立変数である国会議員の当選回数と同じく，参院選の年かどうかで効果が変化する可能性があるため，参院選年以外ダミーとの交差項を投入する。さらに社会経済状況に関わる変数として，完全失業率と1人当たり県民所得を投入する。これらはそれぞれ公共投資の景気雇用対策効果，そして地域間経済力格差是正効果を検証する際に使用されてきた変数である（長峯2001: 133）。これ以外にも，財政力指数・政令指定都市数・人口集中地区人口比・第1次産業就業者割合・建設業就業者割合・15歳未満人口割合・65歳以上人口割合を投入する。

第5節　分析結果

第1項　基本モデル

表5-1は仮説1（参院選年における参議院議員の効果）と仮説2（参院選年における衆議院議員の効果）の分析結果を示したものである。次期改選の参議院議員の当選回数は，参院選年以外との交差項および単独項の双方が有意（行政投資の単独項のみ10％水準の有意傾向）であり，参院選の年になると，改選期を迎える参院議員が存在する選挙区では補助金や行政投資が増加し，有意な利益誘導効果が見られることを意味している。一方，非改選者については，交差項も単独

---

35)　その年の1月1日時点ではなく，直前の衆院選の結果を使用している。

第5節　分析結果

表 5-1　参院選年における両院国会議員の利益誘導効果

	国庫支出金	普通建設 事業費支出金	特別交付税	行政投資
	(1)	(2)	(3)	(4)
次期改選の参議院議員の 　合計当選回数	0.015***	0.017*	0.032*	0.009⁺
	(0.004)	(0.008)	(0.014)	(0.005)
次期非改選の参議院議員の 　合計当選回数	0.002	0.006	0.007	0.002
	(0.003)	(0.006)	(0.014)	(0.004)
衆議院議員の合計当選回数	0.0002	0.001	−0.006	0.002***
	(0.0003)	(0.001)	(0.005)	(0.0004)
自民系知事	0.004	−0.006	0.031	0.011
	(0.008)	(0.018)	(0.043)	(0.009)
都道府県議会の自民党議席率	−0.033	−0.057	−0.139	−0.011
	(0.045)	(0.100)	(0.258)	(0.064)
参院選年以外	−0.079***	−0.048	−0.144	−0.020
	(0.019)	(0.041)	(0.101)	(0.021)
次期改選の参議院議員の 　合計当選回数×参院選年以外	−0.020***	−0.025*	−0.030*	−0.015**
	(0.004)	(0.011)	(0.013)	(0.005)
次期非改選の参議院議員の 　合計当選回数×参院選年以外	−0.004	−0.002	−0.002	0.002
	(0.004)	(0.008)	(0.017)	(0.004)
衆議院議員の 　合計当選回数×参院選年以外	−0.001**	−0.001*	0.003	−0.001
	(0.0003)	(0.001)	(0.003)	(0.0004)
自民系知事×参院選年以外	−0.003	−0.014	−0.043	−0.003
	(0.010)	(0.023)	(0.040)	(0.013)
都道府県議会の 　自民党議席率×参院選年以外	0.126**	0.156⁺	0.224	0.067
	(0.048)	(0.092)	(0.145)	(0.043)
完全失業率	0.002	−0.009	0.035**	0.010⁺
	(0.003)	(0.006)	(0.012)	(0.005)
1 人当たり県民所得	0.0002***	0.0002**	0.00003	0.0001*
	(0.00004)	(0.0001)	(0.0002)	(0.00004)
財政力指数	−0.292**	−0.130	−0.112	0.180⁺
	(0.088)	(0.143)	(0.481)	(0.108)
政令指定都市数	−0.047⁺	−0.029	−0.001	−0.0003
	(0.026)	(0.023)	(0.107)	(0.018)
人口集中地区人口比	−0.001	0.002	−0.027⁺	−0.005
	(0.003)	(0.004)	(0.016)	(0.005)
第 1 次産業就業者割合	−0.004	0.001	0.023	0.010
	(0.007)	(0.010)	(0.031)	(0.009)
建設業就業者割合	−0.005	0.004	0.010	0.014⁺
	(0.007)	(0.013)	(0.024)	(0.008)
人口割合 15 歳未満	0.363	1.053	−12.439*	−1.229
	(0.803)	(1.569)	(5.461)	(1.664)
人口割合 65 歳以上	−1.541***	−1.106	−5.177	−1.666*
	(0.307)	(0.792)	(4.353)	(0.765)
1 期前の従属変数（対数変換）	1.024***	1.014***	0.629***	0.836***
	(0.024)	(0.033)	(0.111)	(0.022)
N	611	611	598	611
R^2	0.933	0.904	0.479	0.948
Adjusted R^2	0.924	0.892	0.415	0.941

［注］（1）⁺$p<0.1$; *$p<0.05$; **$p<0.01$; ***$p<0.001$　（2）括弧内は都道府県単位でクラスター処理を施した頑健標準誤差である。

図 5-4 参院選年における両院国会議員の利益誘導効果

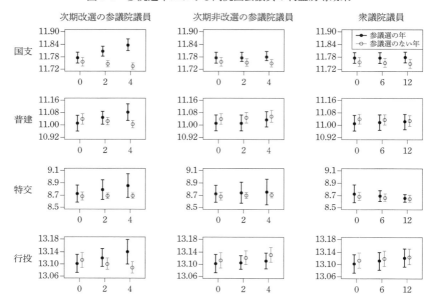

[注] 行名の「国支」「普建」「特交」「行投」はそれぞれ国庫支出金・普通建設事業費支出金・特別交付税・行政投資を指している。

項も有意ではなく，改選者の効果は交絡要因の影響を受けたものではないことが示唆される。

この効果を図示したのが図 5-4 である。鳥取県を想定したシミュレーション結果であり（本章で度々言及した坂野重信を想定），統制変数を鳥取県選挙区の平均値や最頻値に固定したときの，参議院選挙区議員・衆議院議員の当選回数ごとの推定値を示している（図 5-5 〜 5-9 も同様の設定）。図を見ると，参院選年に改選を迎える参院議員が選挙区に存在することの効果は，非改選議員と比べてはるかに大きいことが確認できる。以上より，仮説 1 は支持された。

次に仮説 2 で予測した参院選年における衆議院議員の効果を見ると，単独項の効果は行政投資を除いて有意ではなく，この結果だけでは参院選年に衆議院議員が利益誘導効果を持つと強く主張することは難しい（図 5-4 の右列も参照）。行政投資については第 3 項で投資主体ごとの分析結果を示すので，そこで衆議院議員の効果も確認したい。

第5節　分析結果　　　　127

第2項　経歴ごとの効果

次に表5-2で参議院選挙区議員の経歴ごとの効果を確認する。仮説3（各経歴の参議院議員の効果）で予測した通り，改選を迎える官僚出身者と県議出身者の利益誘導効果は，改選を迎える「その他」の経歴の参院議員よりも強かった。なお，非改選側の官僚・県議出身議員は参院選年に有意な効果をほとんど持たず，仮説3は支持された。また特別交付税については，官僚出身者にのみ効果が見られるなど，官僚出身者の方が県議出身者よりも全体的に効果が強い。以上の解釈は，図5-5〜5-8のシミュレーション結果からも引き出せる。

第3項　投資主体ごとの効果

次に，仮説4（県主体の行政投資で参院議員の利益誘導効果が特に強いか）の検証結果を表5-3で確認する。次期改選の参院議員の当選回数と参院選年以外の交差項は，どの投資主体でも有意であるが，単独項の効果，つまり参院選の年に有意な効果が見られるのは県主体の行政投資のみであった。この傾向はシミュレーション結果の図5-9でも確認できる。また，非改選議員の合計当選回数は，交差項も単独項も有意ではなかった。以上より，仮説4は支持された。

なお，衆議院議員の合計当選回数は，県主体の行政投資で，参院選年以外ダミーとの交差項と単独項の双方が有意であり，衆議院議員が存在することで県主体の行政投資が参院選の年に増加しやすく，しかも非常に強い効果を持っていることが分かる。行政投資以外では参院選年に衆院議員の利益誘導効果が見られなかったので解釈が難しいが，衆院議員が参院議員の利益誘導支援を行っていないとも言い切れない結果が得られた。

以上より，仮説1・3・4が支持された（仮説2は行政投資でのみ支持）。参議院議員に関する仮説はどれも支持され，参議院選挙区議員が改選を迎える年には地元に公共事業や補助金がもたらされること，特に官僚・県議出身者でその効果が強いこと，行政投資の中では県が投資主体の事業で効果が強く見られることが明らかとなった。一方，衆議院議員の参院選年における利益誘導効果は必ずしもロバストではないが，行政投資では強い効果を持つこと，また参院選で有効な県主体の行政投資では参院選年に効果が増すことが確認された。

128　　　第 5 章　公共事業の獲得における参院議員独自の貢献

表 5-2　参院選年における各経歴の参議院選挙区議員の利益誘導効果

	国庫支出金	普通建設事業費支出金	特別交付税	行政投資
	(1)	(2)	(3)	(4)
次期改選の官僚出身参院議員の合計当選回数	0.022***	0.038**	0.089*	0.015**
	(0.005)	(0.013)	(0.040)	(0.005)
次期改選の県議出身参院議員の合計当選回数	0.015***	0.017*	0.008	0.017**
	(0.004)	(0.008)	(0.030)	(0.006)
次期改選のその他参院議員の合計当選回数	0.012*	0.003	0.002	0.001
	(0.005)	(0.011)	(0.022)	(0.009)
次期非改選の官僚出身参院議員の合計当選回数	0.004	0.016^{+}	0.010	0.005
	(0.005)	(0.010)	(0.025)	(0.005)
次期非改選の県議出身参院議員の合計当選回数	−0.002	−0.005	−0.003	−0.004
	(0.004)	(0.009)	(0.025)	(0.004)
次期非改選のその他参院議員の合計当選回数	0.005	0.009	0.019	0.007
	(0.004)	(0.007)	(0.013)	(0.008)
衆議院議員の合計当選回数	0.0002	0.001	−0.005	0.002***
	(0.0003)	(0.001)	(0.005)	(0.0004)
自民系知事	0.001	−0.014	0.010	0.011
	(0.008)	(0.018)	(0.050)	(0.009)
都道府県議会の自民党議席率	−0.027	−0.043	−0.115	−0.005
	(0.046)	(0.098)	(0.258)	(0.064)
参院選年以外	−0.077***	−0.040	−0.140	−0.015
	(0.019)	(0.040)	(0.101)	(0.022)
次期改選の官僚出身参院議員の合計当選回数×参院選年以外	−0.029***	−0.051***	−0.073*	−0.026***
	(0.006)	(0.015)	(0.032)	(0.006)
次期改選の県議出身参院議員の合計当選回数×参院選年以外	−0.018***	−0.027***	−0.015	−0.002***
	(0.004)	(0.008)	(0.027)	(0.006)
次期改選のその他参院議員の合計当選回数×参院選年以外	−0.017***	−0.007	−0.003	−0.002
	(0.005)	(0.013)	(0.018)	(0.007)
次期非改選の官僚出身参院議員の合計当選回数×参院選年以外	−0.003	−0.011	0.011	−0.005
	(0.004)	(0.008)	(0.018)	(0.006)
次期非改選の県議出身参院議員の合計当選回数×参院選年以外	0.002	0.015	−0.003	0.008
	(0.005)	(0.010)	(0.029)	(0.005)
次期非改選のその他参院議員の合計当選回数×参院選年以外	−0.010^{+}	−0.011	−0.019^{+}	0.001
	(0.005)	(0.008)	(0.011)	(0.007)
衆議院議員の合計当選回数×参院選年以外	−0.001***	−0.002*	0.002	−0.001^{+}
	(0.0003)	(0.001)	(0.003)	(0.0004)
自民系知事×参院選年以外	−0.00003	−0.011	−0.027	−0.004
	(0.011)	(0.023)	(0.042)	(0.014)
都道府県議会の自民党議席率×参院選年以外	0.118*	0.138	0.201	0.059
	(0.046)	(0.086)	(0.146)	(0.043)
完全失業率	0.002	−0.008	0.034**	0.010^{+}
	(0.003)	(0.006)	(0.012)	(0.003)
1 人当たり県民所得	0.0002***	0.0002**	−0.00001	0.0001**
	(0.00003)	(0.0001)	(0.0002)	(0.00004)
財政力指数	−0.299**	−0.138	−0.164	0.181^{+}
	(0.091)	(0.148)	(0.507)	(0.109)
政令指定都市数	−0.046^{+}	−0.026	0.024	0.006
	(0.028)	(0.024)	(0.101)	(0.019)
人口集中地区人口比	−0.001	0.003	−0.025*	−0.006
	(0.003)	(0.004)	(0.012)	(0.005)
第 1 次産業就業者割合	−0.005	−0.0001	0.013	0.012
	(0.007)	(0.010)	(0.036)	(0.009)
建設業就業者割合	−0.006	−0.002	0.006	0.014^{+}
	(0.007)	(0.013)	(0.027)	(0.008)
人口割合 15 歳未満	0.606	2.030	−11.775*	−1.217
	(0.829)	(1.483)	(5.335)	(1.711)
人口割合 65 歳以上	−1.513***	−0.843	−5.493	−1.613*
	(0.297)	(0.682)	(4.378)	(0.772)
1 期前の従属変数（対数変換）	1.022***	1.014***	0.621***	0.831***
	(0.024)	(0.033)	(0.103)	(0.023)
N	611	611	598	611
R^2	0.933	0.907	0.493	0.949
Adjusted R^2	0.924	0.894	0.422	0.942

［注］（1）$^{+}p<0.1$；$^*p<0.05$；$^{**}p<0.01$；$^{***}p<0.001$ （2）括弧内は都道府県単位でクラスター処理を施した頑健標準誤差である。

第5節 分析結果

図 5-5 各経歴の参議院選挙区議員の利益誘導効果（国庫支出金）

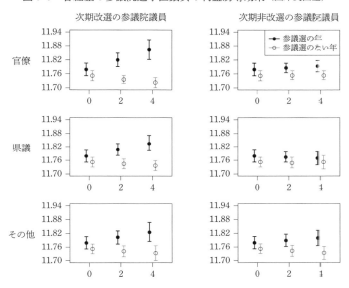

図 5-6 各経歴の参議院選挙区議員の利益誘導効果（普通建設事業費支出金）

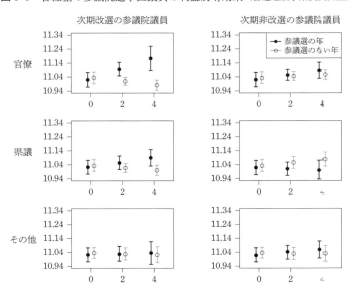

図 5-7 各経歴の参議院選挙区議員の利益誘導効果（特別交付税）

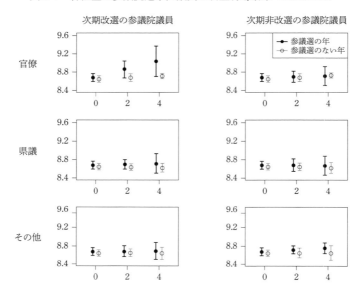

図 5-8 各経歴の参議院選挙区議員の利益誘導効果（行政投資）

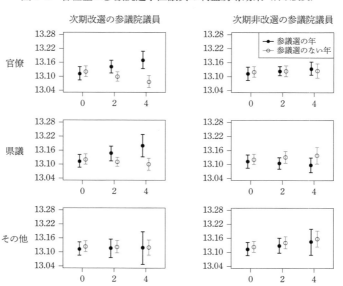

第 5 節　分析結果　　131

表 5-3　行政投資の投資主体ごとにみる参院選年の国会議員の利益誘導効果

	国 (1)	県 (2)	市町村 (3)
次期改選の参議院議員の 　合計当選回数	0.017 (0.014)	0.010* (0.005)	0.001 (0.004)
次期非改選の参議院議員の 　合計当選回数	−0.015 (0.012)	0.009 (0.005)	0.004 (0.004)
衆議院議員の合計当選回数	0.002[+] (0.001)	0.002*** (0.0005)	0.001 (0.001)
自民系知事	0.072** (0.024)	0.003 (0.012)	−0.003 (0.014)
都道府県議会の自民党議席率	0.215 (0.181)	−0.038 (0.073)	−0.047 (0.060)
参院選年以外	−0.010 (0.053)	0.002 (0.034)	−0.061** (0.022)
次期改選の参議院議員の 　合計当選回数×参院選年以外	−0.033* (0.014)	−0.014* (0.006)	−0.009[+] (0.005)
次期非改選の参議院議員の 　合計当選回数×参院選年以外	0.013 (0.014)	0.00002 (0.006)	−0.0001 (0.004)
衆議院議員の 　合計当選回数×参院選年以外	−0.0004 (0.001)	−0.001** (0.0004)	0.0001 (0.0004)
自民系知事×参院選年以外	−0.016 (0.023)	0.006 (0.016)	−0.001 (0.017)
都道府県議会の 　自民党議席率×参院選年以外	0.140 (0.109)	0.019 (0.073)	0.085** (0.031)
完全失業率	0.040** (0.013)	−0.001 (0.005)	0.002 (0.005)
1 人当たり県民所得	−0.00002 (0.0001)	0.0001** (0.00005)	0.0002** (0.0001)
財政力指数	0.576** (0.215)	−0.049 (0.115)	0.037 (0.100)
政令指定都市数	0.002 (0.057)	−0.056[+] (0.031)	0.013 (0.021)
人口集中地区人口比	−0.025** (0.009)	−0.0004 (0.005)	−0.004 (0.004)
第 1 次産業就業者割合	−0.027 (0.029)	0.011 (0.010)	0.016 (0.011)
建設業就業者割合	−0.0003 (0.026)	0.019[+] (0.012)	0.030** (0.010)
人口割合 15 歳未満	−7.590 (5.090)	2.916[+] (1.657)	−1.648 (1.764)
人口割合 65 歳以上	−5.457** (1.822)	−0.335 (0.581)	−1.357 (0.901)
1 期前の従属変数（対数変換）	0.614*** (0.031)	0.876*** (0.024)	0.836*** (0.027)
N	611	611	611
R^2	0.784	0.936	0.935
Adjusted R^2	0.758	0.928	0.927

［注］（1）[+]$p<0.1$; *$p<0.05$; **$p<0.01$; ***$p<0.001$　（2）括弧内は都道府県単位でクラスター処理を施した頑健標準誤差である。

図 5-9 行政投資の投資主体ごとにみる参院選年の国会議員の利益誘導効果

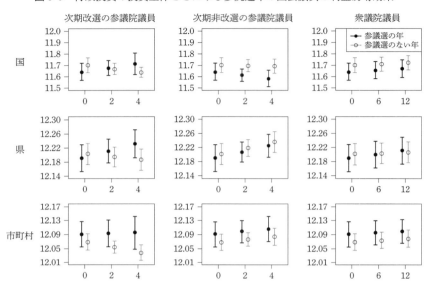

第 6 節　相反する先行研究との関係

　本章では，参議院選挙区議員が全県的な大規模事業の獲得や，長期的視野に基づく公共事業プロジェクトに取り組む傾向があると論じた。具体的には，県待望の新幹線・高速道路・国際空港などがその例である。これらはいわゆる「インフラ投資」と呼ばれるものだが，日本の利益誘導政治の代表的研究である斉藤（2010）は，経済効果の高いインフラ投資が自民党の支持基盤を弱体化させるため，55 年体制期の自民党は敢えてダム・干拓などの生産性が低い補助金事業に投資を傾斜配分したと指摘する。インフラの場合，一度完成すると地域公共財となり，集票に応じた利益分配（報復措置）ができなくなるが（都市化が進み支持基盤も弱体化），インフラ以外への補助金ならば長期的に報復可能であり，自民党には旨みが大きいという（低開発状態に留めることで支持基盤も維持される）。この利益政治観は本章で示した参院議員の活動イメージと相反するものだが，筆者の見方は，参院議員が自民党内で特異なわけではなく，斉藤の

第 6 節　相反する先行研究との関係　　　133

主張に実証的根拠が不足していると考える（但し，本章の分析時期は斉藤が注目した 55 年体制期よりも後である点には注意）。以下では，同書の定性分析を検討した後に（新潟県の事例は後半で扱う），後半で定量分析の問題点を論じる。

第 1 項　定性分析の再検討

　斉藤（2010: 第 6 章）は，島根県に竹下登・青木幹雄など有力政治家が多い一方，高速道路・新幹線の整備が遅れていることを以って，彼らが敢えて整備を遅らせたと論じた。具体的には，四全総を受け作成された高速道路計画における供用済み路線割合が（1987 年と 2006 年度の比較），全国平均の 58% → 72% に対して島根県は 8% → 49% であり，同書はこの 49% という数字（72% と比較したときの相対的な小ささ）を以って高速道路整備の遅れを指摘した。しかし，増加率に着目した場合には，山がち[36]な島根県で 6 倍以上（8 → 49）というのは驚異的ペースであり，しかも竹下の首相就任（1987 年）後の増加率が顕著であることは斉藤自身（斎藤 2010: 132）も認めるところである。さらに，島根県が 1988 年から長らく人口 1 人当たり行政投資額で全国 1 位なのは，斉藤が過剰投資として注目している中海干拓——同事業は以前から活発に行われてきた——ではなく，前年 1987 年の「国土開発幹線自動車道」指定に伴う山陰自動車道や尾道松江線への投資，つまり高速道路整備の賜物だと推定される。

　また，エピソードベースでも島根県の政治家が高速道路整備のために汗をかいてきた姿は印象的である。竹下の引退時に，系列首長や県議は「高速道路，下水道，みんな先生のおかげ」とその業績を称賛し[37]，尾道松江線が竹下の出身地・掛合町をいびつな形で通る「我田引鉄」のエピソードさえある[38]。また，青木も山陰自動車道仏経山トンネル西工事の延期撤回を筆頭に（第 2 節第 1 項を参照），尾道松江線の未整備区間の本格着工など[39]，多くの実績がある。全国一体のネットワークである高速道路は，通常の道路や橋などと異なり，利権を一元的に仕切ることができるが，道路公団の技官人事を通じその利権を掌

---

36)　斉藤（2010: 217）は，日本が欧米と比較して高速道路が少ないことをインフラ投資抑制論の論拠の 1 つとしているが，欧米との比較では，日本の国土が山がちであるという代替仮説を棄却することは難しい。

37)　『毎日新聞』2000 年 5 月 16 日（島根版）。

38)　『朝日新聞』2000 年 5 月 11 日（島根版）。

握したのが竹下であり，その利権は死後，青木に引き継がれたとされる[40]。

　一方，新幹線は確かに島根県を通過していないが，これは集票のために敢えて建設を遅らせたというよりも，端的に需要不足が原因であると考えられる。島根県は中国・四国地方で最多の3つの空港が早期に建設され，山陰本線と前出の高速道路を組み合わせれば，新幹線の需要は小さかった。新幹線に関しては，地元県議（竹下の系列県議の浅野俊雄）ですら，竹下に熱意を持って陳情しなかったというエピソードさえある[41]。なお，空港の整備は竹下が大きく貢献しており，石見空港（1993年開港，島根県で3つ目の空港）の建設が成功した要因として，現地の益子市長（神崎治一郎）が挙げるのが，竹下の政治力であった[42]。陳情活動をしていた1986年当時，運輸省は「一県一空港」の方針を掲げていたが，神崎市長は竹下の力を利用し，県内で3つ目の空港という例外を勝ち取る。陳情の先々で「竹下先生から承っております」という言葉を受けたことが印象的だったという。また，建設決定後も，島根県知事が要求する金額よりはるかに多くの空港整備予算がついた[43]。官庁からは「お国から総理がでましたね」と言われ，竹下が首相になった効果が如実に表れていたという。

第2項　定量分析の再検討

　では，どうして自民党は，わざわざ得票率が下がる生産性の高いインフラ整備を進めたのか。本書の結論を先に述べると，インフラ投資は党の得票力を長期的には低下させるが，各議員の得票率は地元貢献に応じて任期中に上昇するため，彼らはインフラを整備する確かなインセンティブを有していたと考えられる。斉藤の研究の「仮定」を見ると（斉藤2010: 11-12），「自民党の内部構造は可能な限り捨象し，自民党を一枚岩的な合理的行為主体もしくは比較的均質な内部組織の同型写像」として扱う方針が示されているが，55年体制期の自

39）　2004年参院選での改選直前期に，道路族が採算性の低い事業を実現するための抜け道として作った新直轄方式を利用し，尾道松江線の未整備区間の本格着工が決まった（『朝日新聞』2004年5月31日，全国版）。青木の実績に関しては，『朝日新聞』2002年1月24日・2003年10月8日（いずれも全国版）も参照。

40）　『毎日新聞』2004年2月23日（全国版）。

41）　『山陰中央新報』2018年9月3日。

42）　『朝日新聞』1993年6月26日（全国版）。

43）　『朝日新聞』2003年3月22日（島根版）。

第 6 節　相反する先行研究との関係　　　　135

民党はむしろ分権的組織が特徴であり（族議員など），利益誘導は個々の議員が主導するものであった。以上の見方を斉藤の統計分析に即して説明する。

　斉藤（2010: 第 6 章）は，「自治体」を分析単位とした長期（1960 ～ 2003 年）のパネルデータ分析（固定効果モデル）により，新幹線や高速道路の整備が与党系候補の得票を長期的に下げたことを実証した。ここでの注意点に，分析モデルに「政治家個人」の固定効果を投入したわけではなく，「自治体」内での経年変化を見ていることである。地元待望の大型公共事業を獲得した政治家は，功労者として短中期的には得票率が上がる可能性が高い。一方，長期の自治体単位の分析には，大型事業を実現した有力政治家が引退・死去した後の後継候補の得票が反映されてしまう。この場合，たとえ地盤を継承できたとしても，大型公共事業の需要が低下する中で，後継者が先代を超える実績を残すことは難しく，代替わりによる自民党得票率の低下は必至である（斉藤の言う通りインフラ整備で都市化が進み後継者が求心力を失う面もある）。

　このようにインフラ整備は長期的に自民党の得票率を下げるが，政治家は自分の引退後，まして死後における自民党の得票率最大化までは優先的な目標としないのではないか。親族を後継候補として世襲させる場合には次世代への影響も考慮するだろうが，後継者は「地盤」「看板」「鞄」を引き継げる以上，得票率が先代より低下しても，再選には苦労しない（cf. 飯田ほか 2011; 福元・中川 2013; Smith 2018: chap. 5）。そもそも，現職が世襲候補を立てるためには，地域発展の功労者としての実績が必要であり，地元待望のインフラ事業を完成させ，選挙区に自らの銅像や顕彰碑を立てるインセンティブがあるはずである。

　なお，斉藤（2010: 第 6 章）が質的な論拠として挙げた新潟県の事例——2003年衆院選では新幹線・高速道路が整備されている地域ほど自民党得票率が低く，かつ 2005 年衆院選では反田中で知られる稲葉修（旧 2 区）の地元（新潟 3 区・4 区）でのみ自民党候補が当選した——では，秘書給与スキャンダルで 2002 年に議員辞職した直後の田中眞紀子が「無所属」で自民党候補と戦っており（2003 年衆院選では 5 区の田中眞紀子は 2 区・6 区の無所属候補と連携[44]），斉藤の想定とは逆のメカニズム（父・角栄による利益誘導の正の遺産）で，インフラ整備地域（＝田中家の地盤）ほど非自民に振れやすくなっている[45]。直近の 2000 年総

───────────────
44) 『朝日新聞』・『読売新聞』2003 年 10 月 23 日（新潟版）。

選挙で田中眞紀子は自民党候補として2位にダブルスコアをつけており，その年の数値で沿線地域の得票分布図を描き直せば，全く違った風景が立ち現れると考えられる。なお，島根県のインフラ状況と得票分布を照合した同書の図6-2からは，高速道路の整備状況と自民党得票率の負の相関は一見して確認できない。

引退後の自民党得票率が低下するとしても，政治家にとっては高い得票率で当選し続けることが昇進や権力維持の早道である。自民党の衆院議員はインフラ整備を積極的に行うインセンティブを有しており，それは本章で取り上げた参議院選挙区議員も同じである。同書の「敢えて自民党が地盤を低開発状態に留めていた」という主張や，党の金城湯池が「自民党支配に隷属した犠牲者」（斉藤 2010: 208）であるという見方は，少なくとも自民党政治の「平均的な姿」ではないだろう。自由民主党は政権維持のために，インフラか（短中期的に有効）それ以外か（長期的に有効）を問わず，見境なく公共事業を推進してきたのであり，その成果が38年の長期政権であったのだと考えられる。

第7節　小　括

本章では，これまで実態が十分に解明されてこなかった参議院選挙区議員（自民党）の利益誘導について考察した。まず，彼らが利益誘導を行うインセンティブや権力資源を有していることを質的に確認し，その後，自然実験に基づく定量分析によって，実際に選挙区への利益誘導効果を持つことを明らかにした。自民党の衆院議員は，選挙制度改革によって利益誘導への意欲が低下したとされるが，参議院選挙区議員は改革後に新たに生じた陳情処理や公共事業獲得の需要を満たす形で，活発に「地元貢献」を行っていると推定される。

では，以上のような参議院選挙区議員の利益誘導は規範的にどう評価できるだろうか。55年体制期以来の利益政治を温存しているという批判も可能だが，

---

45) 斉藤（2010: 第7章）は，インフラ投資が進んでいる地域ほど自民党の支持基盤が弱体化しているため，政界再編期に離党者が多く出たことを指摘しているが，田中眞紀子の離党をこのメカニズムで説明することはできない。田中眞紀子の離党は，秘書給与流用問題による党員停止や，県連主流派との対立など，個別の事情が関わっている。そして，支持基盤が盤石であったからこそ，離党して無所属で戦う決断ができたと考えられる。

第 7 節 小 括　　　　137

権限で劣る第二院の働きならば，かつてのように深刻な汚職・金権腐敗を引き起こすとは考えづらく（陳情処理自体は政治家の正当な職務である），むしろ第1章で挙げた参議院に期待される役割（①長期的・総合的な視点 ②多元的民意の反映）を果たしていると評価できる面もあるのではないだろうか。

　まず，参議院選挙区議員が都道府県の利益を代弁していること（県議出身者の効果や県主体の行政投資での効果）は，②多元的に民意を反映していると見做せる（衆院議員はより市町村の利益を代弁しやすいだろう）。また，選挙制度改革を受け，衆院議員と地方政治家の結びつき（代議士系列）が弱体化している中で，参院議員が県政界など地方利益を代弁していることは，②を満たしていると評価できる。さらに参院議員が，与党衆院議員が存在しない地域での陳情処理や，複数の衆院選挙区に跨がるような大規模事業の実現に貢献していることも，②を満たすと言えるだろう。後者に関しては，補論1ケース3（くぬぎ山の環境保全）や狩野安の事例（茨城県霞ヶ浦環境科学センター）が，環境保全活動――「自然」は人為的な選挙区割りとは異なる論理で存在する――で参院議員が強みを発揮できる可能性を示唆しており，この点は①長期的・総合的視点からも評価できる。さらに，長い固定任期を生かし，長期的ビジョンに裏付けられた難事業に取り組みやすいことも①を満たすと解釈できる[46]。

　但し，日本の国際競争力や財政規律への影響を考慮すると，参議院選挙区議員による利益誘導の負の側面にも光を当てざるを得ない。バブル崩壊後の景気対策の効果については，「景気の下支えとして機能した程度であり，1990年代の財政政策に関しては今日否定的な評価が支配的」（持田 2009: 12）であるという。ここで，各年度の予算規模を見ると，参院選年の1995年と1998年が特に大きい（図5-3を参照）[47]。90年代の景気対策効果が十分でなかったのは，この時期の公共投資が「経済的合理性」[48]よりも，個々の参院選候補にとっての「政治的合理性」（再選や政策実現）を優先したことが一因かもしれない。また，当時の政府支出は今日の巨大な財政赤字の原因でもある（持田 2009: 第11

46）　このような模範的議員がどの程度存在するかについては今後さらなる検討が必要である。本章で示した事例も「国士型官僚」（真渕 2004）であった参院議員に留まっており（陣内孝雄・沓掛哲男），全体の「上澄み」を示したに過ぎない可能性がある。

47）　1974 ～ 2000年という長期の分析であるが，井上（2002）は時系列分析により，参院選年に増加する公共投資が景気浮揚効果を持たなかったことを示している。

章；井堀 2001；井手 2012)。「強い上院」の国では，与党が上院での多数派形成のために財政拡張要求を呑み，財政赤字が悪化するという多国間の分析結果があるが (Heller 1997)，日本はまさにその典型事例である[49]。

さて，本書はここまで，参議院自民党議員による郵政民営化・農協改革の抑止（第4章）や公共事業の獲得（第5章）において，参議院選挙区議員（自民党）の約4割を占める県議出身者が大きな役割を果たすことを示してきた。県議出身議員が多い理由は，候補者選定で県議団が発言力を持つからだが，続く第6・7章では，県議団がこのような地位を確立するまでの歴史的経緯を考察し，何が転機であったのかを明らかにする。

補　遺　データの詳細

(1) 従属変数

・国庫支出金・普通建設事業費支出金・特別交付税：『地方財政統計年報』
・行政投資：『行政投資実績』

(2) 独立変数

・参議院議員：参院選の候補者情報は，レヴァイアサン・データバンクで購入した「参議院の研究 1947-2002」（東大法・第5期蒲島郁夫ゼミ編 2004, 2005）のデータを使用した（2001年参院選まで）。2004年以降の参院選の候補者データは，『朝日新聞』の候補者一覧と『政官要覧』から収集した。
・衆議院議員：衆院選の候補者情報（2014年総選挙まで）は，ダニエル・スミス先生にご提供いただいた Reed and Smith (2016) を一部修正したものを使用した。両先生にはここに記して感謝申し上げます。

---

48) 本章では，参議院選挙区議員が経済効果の高いインフラ投資を志向すると主張したが，参院議員がもたらすと考えられる「経済効果」は，あくまで現地経済の発展に寄与するという意味であり，国全体の経済成長につながるとは限らない（合成の誤謬）。

49) この研究では，日本が「弱い上院」の国と扱われており，実態に即して「強い上院」と修正すれば，論文の結果以上に，上院の財政拡張効果が検出されるだろう。

（3）統制変数

・自民系知事ダミー：曽我・待鳥（2007）が作成した 2007 年までのデータを，曽我謙悟先生のホームページからダウンロードし使用した。曽我・待鳥データ：http://soga.law.kyoto-u.ac.jp/?p=9（最終アクセス 2016 年 9 月 7 日）。ここに記して感謝申し上げます。なお，「自民系知事」は，曽我・待鳥（2007: 第 2 章）の自民単独知事と自民・中道知事の 2 つが対象である。

・都道府県議会の自民党議席率：砂原（2011）が作成したデータを砂原庸介先生のホームページからダウンロードして使用した。砂原データ：https://sites.google.com/site/sunahararay/home/local_data（最終アクセス 2016 年 8 月 6 日）。ここに記して感謝申し上げます。2007 年データは，砂原と同じ情報源の総務省「地方公共団体の議会の議員及び長の所属党派別人員調」から収集した。

・県民所得：内閣府ホームページの「国民経済統計」に，1990 年～ 2003 年と，1996 年～ 2009 年のデータが収録されている。1996 年以降は後者を使用し，1995 年については，前者の 1995 年データを補正したものを使用した。両データで計算方法が異なるため，1996 年時点における両数値の比率を計算し，それを前者の 1995 年のデータに掛け合わせた値を用いた。

・財政力指数：2004 年までのデータは土居丈朗先生のホームページのデータを使用した。http://web.econ.keio.ac.jp/staff/tdoi/index-J.html（最終アクセス 2017 年 8 月 4 日）。ここに記して感謝申し上げます。2005 年以降は，総務省の「地方公共団体の主要財政指標一覧」における各年度の「全都道府県の主要財政指標」からデータを得た。

・政令指定都市数：総務省ホームページから情報を取得した。

・完全失業率・人口集中地区人口比・第 1 次産業就業者割合・建設業就業者割合・15 歳未満人口割合・65 歳以上人口割合・（1 人当たりの値を計算するための）総人口：2000 年国勢調査までは東大法・第 5 期蒲島郁夫ゼミ編（2004, 2005）のデータを使用した。それ以降は e-Stat「政府統計の総合窓口」から 2005 年国勢調査の結果をダウンロードして用いた。

補論 1 事例研究 1──インセンティブ

　補論 1・2 では本章第 1・2 節の考察の基となった事例を紹介する。補論 1 で扱うのは，参議院選挙区議員が衆院選挙制度改革後に新たに生じた陳情処理・公共事業獲得の需要に応えていること（自ら利益誘導を行うインセンティブがあること）を示す事例である。補論 2 で紹介するのは，参議院選挙区議員が様々なアクターの支援を受け，権力資源の不足を補っていることを示す事例である。

ケース 1：衆院選挙区に自民党議員が存在しない場合

　本ケースは，地元の衆院選挙区に自民党議員が存在しないため，利益団体が参議院選挙区議員に陳情を提出した事例である[50]。1998 年参院選の直前期に，埼玉県桶川市の土地区画整理組合は，国の補助金を求める要望書を，埼玉県選挙区で改選を迎える関根則之参院議員（元消防庁長官，自治省出身）の秘書に提出した。その後，土地区画事業を所管する建設省の瓦力大臣が，関根の総決起大会に参加し，大会直前まで舞台裏で県建設業協会や県電業協会の会長らの陳情を受けたが，その場で土地区画整理組合の要望が届けられる。関根の秘書は「地元に少しでも役立てればと，業界に働きかけた」と話しており，桶川市土地区画整理組合としては関根に要望した甲斐があったと言える。

　この団体が関根を頼った背景には，衆議院の選挙制度改革によって，これまで頼りにしていた自民党代議士が別の選挙区に移動したことが関係している。衆院選挙制度改革前には，基本的に，全国のどの衆院選挙区にも最低 1 人は自民党代議士が存在していた。桶川市が属する旧 5 区は大宮市が含まれる都市部だが，長らく福永健司（衆議院議長・内閣官房長官・総務会長等を歴任）と息子の福永信彦が議席を確保している。しかし選挙制度改革後，福永信彦は桶川市が含まれる新 6 区ではなく，出身地の大宮市を含む新 5 区から出馬する運びとなった。桶川市の土地区画整理組合は福永信彦と関係が深かったため，このとき組合役員は「組合員もなじみが深かったのに」と嘆いたという。福永信彦

---

50)　本事例の情報は，主に『朝日新聞』1998 年 6 月 13 日（埼玉版）から得た。

補論 1　事例研究 1 ——インセンティブ　　　141

1990 年に初当選した若手議員だが，長年父の秘書を務めていたこともあって，桶川市土地区画整理組合とは長い付き合いがあったと考えられる。

　そして，選挙制度改革直後の 1996 年衆院選で，桶川市が含まれる新 6 区では自民党の新人候補が当選できなかった。この選挙では，新進党の若松謙維（公明党系）と社民党の深田肇（復活当選）が当選し，自民党公認の茶谷滋（元厚労官僚）は落選している。そして，桶川市の土地区画整理組合は，現職の若松が「野党でなじみがない」として（自公連立政権の成立前），全県区の関根則之参院議員に頼ることを決断した。関根の側近は「一昨年の衆院選から，自民党の空白区や複数の選挙区にまたがる地域からの陳情が増えた」と話しており，関根も「参議院の地位は上がってきている」と語る。

ケース 2：衆院選挙区の自民党議員を頼りづらい場合

　本ケースは，地元の衆院選挙区に自民党議員が存在するものの，官庁とのパイプの細さや地盤のズレ，さらには人脈的な理由から，市長がその人物を頼ることができず，参議院選挙区議員に陳情処理を依存した事例である。鎌ケ谷市長の皆川圭一郎は 1983 年に 30 歳で初当選したが，当初出馬予定だった父親（鎌ケ谷市議会議長）が公示前日に自死し急遽立候補したという経緯もあり，政治経験が不足していた。その皆川に選挙カーや街頭演説などのノウハウを叩き込んだのが，地元（衆院 4 区）の友納武人衆院議員（元県知事）の私設秘書（野崎一雄）であり[51]，当選した皆川はその後，陳情処理等で友納を頼りにした。

　しかし，1990 年総選挙で友納が引退すると，皆川は地元選出の衆議院議員，井奥貞雄と狩野勝を力不足と見限り（どちらも初当選），友納と関係が近かった県選出参院議員の井上裕[52]に接近した[53]。井上は過去に文部大臣に就任した文教族だが，東京歯科大学出身で医療行政にも深く食い込んでおり[54]，他に

---

51)　皆川の初当選までの経緯は，『朝日新聞』2002 年 6 月 1 日（千葉版）を参照。
52)　友納と井上の関係を理解する上で鍵になるのが，第 4 章の倉田寛之の造反事例で紹介した菅野儀作参院議員である（第 6 章第 5 節第 2 項も参照）。友納は知事時代に県政最大の実力者である菅野と蜜月関係を築き，地域開発に取り組んだ。この菅野の最側近県議が井上裕であり，1979 年衆院選で落選後，1980 年参院選で菅野に擁立された（湯浅 1981: 23; 菅野儀作先生遺徳顕彰会編 1983: 116-120）。友納は菅野を介し，井上と人脈的に近かった。
53)　『朝日新聞』2002 年 6 月 21 日（千葉版）。

も自治省や財務省（元大蔵政務次官）とのパイプを有していた。さらに，井上は沼田武知事誕生の立役者の1人であり（湯浅 1981），知事との蜜月関係を通じて，県政界での発言力も群を抜いていた。政界再編期に県内では衆院議員の離党者が続出したが，その中で井上は県連会長を長く務め上げ，1990 年代の千葉県政は「井上・沼田の時代」と言われるほど井上の求心力は高かった[55]。

　その後，衆議院の選挙制度は小選挙区比例代表並立制に変更されたが，改革後も鎌ケ谷市は頼れる衆院議員を見つけることができなかった。1996 年には鎌ケ谷市を含む新 6 区で新人の自民党候補・渡辺博道（県議出身）が当選したが（新進党から復党した井奥貞雄とコスタリカ方式を組む），渡辺は新人議員であることに加え，鎌ケ谷市に重きを置かなかったため，皆川としては頼りにできなかった[56]。選挙区に占める鎌ケ谷市の有権者割合は，旧 4 区の 5% から 23% に増加したものの，松戸市が 16% から 69% に急増したため，選挙戦の主戦場は松戸市内であった。中選挙区制期ならば，いわゆる「地域割り」で，鎌ケ谷市のような「2 位以下」の自治体にも重きを置く議員が登場し得るが，小選挙区では「1 位」（松戸票）を固める必要があるので，鎌ケ谷市の代弁者が生まれづらかった。こうして皆川は引き続き井上裕に依存していく[57]。

　そして，井上の後ろ盾を得た皆川は，数十億円規模の建設事業を次々と成功させていった[58]。人口 10 万人規模の鎌ケ谷市がこれだけの大型公共事業を獲得するには国や県からの補助が不可欠だが，事情通の市議会関係者によると，それに成功したのは「市長が井上氏と親密なのが大きかった」という。しかし，このような井上とのパイプは鎌ケ谷市にとり諸刃の剣であった。2002 年にはいわゆる「鎌ケ谷市汚職事件」が勃発する。井上の政策秘書が，懇意にしている建設会社に口利きを持ちかけ，この政策秘書が（友納引退後に井上が引き取っ

54）『朝日新聞』1992 年 6 月 8 日・2000 年 10 月 19 日（いずれも全国版）。

55）『朝日新聞』2002 年 7 月 9 日（千葉版）。但し，その地位は常に安泰だったわけではなく，1992 年参院選時には，浜田幸一衆院議員が井上の交代を画策したこともある（『朝日新聞』1992 年 5 月 19 日，千葉版）。

56）『朝日新聞』1996 年 10 月 12 日（千葉版）。

57）　他の井上系首長としては，東京歯科大学の後輩でもある市川市の千葉光行市長が挙げられる。同市の地元衆院議員は野党議員だが，市川市幹部によると，仮に自民党議員だったとしても，まず井上に力添えを求めるという（『朝日新聞』2000 年 5 月 3 日，千葉版）。

58）　本段落の記述は，『朝日新聞』2002 年 6 月 1 日（千葉版）を参照。

た）井上の私設秘書（野崎一雄）を通じて，皆川に公共事業の斡旋（賄賂と引き換え）を持ちかけた。事件発覚後，井上裕は参議院議長を辞任し，議員辞職もした。皆川も逮捕・起訴され，有罪判決を受ける。この事件が1つの契機となり，同年にはあっせん利得処罰法が改正された（範囲を私設秘書にまで拡大）。

ケース3：複数の衆院選挙区に跨がる事業

　本ケースは，複数の衆院選挙区に跨がる案件の陳情処理で，参議院選挙区議員が活躍した事例である[59]。埼玉県南部の所沢市・狭山市・入間市・川越市・大井町・三芳町には「おおたかの森」と呼ばれる江戸期以来の雑木林が広がり（最大の山が補図5-1に示した「くぬぎ山」），落ち葉を堆肥とした循環型農業が続けられていた。しかし，1990年代頃から乱開発が進み，特にくぬぎ山は産業廃棄物の業者が多く進出して「産廃銀座」と呼ばれた。このような状況を改善しようと94年6月に設立されたのが「おおたかの森トラスト」である。市民の寄付などにより97年7月までに7カ所で20000 m²の土地を借り，97年12月には，狭山市内の雑木林1488 m²を埼玉県・狭山市・おおたかの森トラストの三者で購入した。2000年4月には埼玉県で初の環境庁長官賞を授与された。

　このトラスト団体は保全活動の中で政治を頼ることがあった。その際に活躍したのが埼玉県選出の関根則之参院議員である[60]。トラストの創設者・足立圭子代表は，雑木林保全に関する陳情を最初，衆院新9区（狭山市など）の大野松茂代議士（元狭山市長）に相談した。しかし，中選挙区制期に1つの衆院選挙区（旧2区）でカバーされていた「おおたかの森」は選挙制度改革後に，9区（狭山市・入間市，大野松茂衆院議員），8区（所沢市・ふじみ野市旧大井町域・入間郡三芳町，落選中の新井正則が支部長），7区[61]（川越市，内部対立で候補者が未定）に分断され（中心部のくぬぎ山地区もこの三選挙区に分裂），大野だけでは対応が

59）「おおたかの森トラスト」の基本情報は，公益財団法人あしたの日本を創る協会による平成15年度「ふるさとづくり賞」の受賞団体概要を参照した。http://www.ashita. or.jp/ publish/furu/f2003/06.htm（最終アクセス2021年4月21日）

60）　本事例の情報は，主に『朝日新聞』1998年6月13日（埼玉版）から得た。

61）　7区は，1996年総選挙で小宮山徹（自民）を大差で破った中野清（新進党）が復党を狙っていたため，その混乱から支部長を市議が臨時で務めていた。陳情団に川越の政治家が加わらなかったのは，このような事情が関係していると考えられる。7区の混乱に関しては，『朝日新聞』1998年6月16日・1999年12月9日（いずれも埼玉版）を参照。

補図 5-1　くぬぎ山地区を構成する自治体

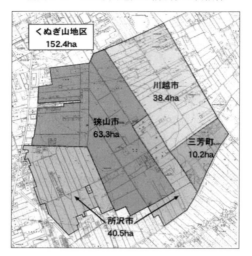

［出典］くぬぎ山地区自然再生協議会「くぬぎ山地区自然再生全体構想」（2005 年 3 月）[62]。

難しかった。そこで大野は，1998 年参院選で改選される関根に陳情処理を相談し，関根はその後，各地域の橋渡し役を果たす。

　まず，関根は 8 区・所沢市の政治家を巻き込み，落選中の新井正則[63]や所沢市議も陳情団に加わることとなった（7 区は内部対立で支部長が未定）。その後，1998 年 2 月に，衆院 8 区・9 区の合同陳情団が環境庁の事務次官・局長に対面する場をセッティングし，足立代表も要望書を政務次官に手渡しできた。関根は元消防庁長官で中央のキャリアが長く，また当選後は参院環境委員長を務めるなどして環境庁とのパイプを構築していた。本人は「所沢と狭山の橋渡しができた」と振り返り，大野も「関根さんの力を利用させてもらった」と打ち明け，陳情処理の功労者が関根であることが窺える。このような「橋渡し」の役割は，衆院選挙区を細切れにした選挙制度改革後に一層重要性が高まったと考えられる。実際に関根の側近は，1996 年衆院選後に，複数の選挙区に跨がる地域からの陳情が増加したと話している。

---

62)　https://www.env.go.jp/content/900493692.pdf（最終アクセス 2022 年 10 月 29 日）
63)　大野・新井・関根が全員清和会所属であることも協力を一層促進したと考えられる。

なお，このような環境保全活動は，自然破壊を伴う公共事業と相反することから，本書の参院議員観とは相容れないという批判もありうる（第7章第2節第2項の大石武一の事例を参照）。しかし，小泉政権が推進した「自然再生型公共事業」に見られるように，両者は必ずしも矛盾するわけではない。2001年6月にはくぬぎ山がその対象地に選ばれ，2002年に成立した自然再生推進法でも指定された（立法過程で足立代表は参院環境委員会に参考人として出席）。足立氏はくぬぎ山地区自然再生協議会副会長を務め，当団体は2022年秋に緑綬褒章を受章した。この事例は，環境保護に資する種類の公共事業があること，そして広域をカバーする参議院選挙区議員が衆院選挙区を横断する事業に貢献しうることを示している。「領域を超えない民主主義」（砂原2022）の限界を克服する1つの方策として，参議院議員の役割に期待できるのかもしれない。

補論2　事例研究2——権力資源

ケース1：元幹部官僚の権力資源

　本ケースは，官庁で高位の役職経験がある参議院選挙区議員（沓掛哲男）が，出身官庁とのパイプや専門知識を活かし，公共事業の獲得に成功した事例である（括弧内で示したページ番号は沓掛の回顧録・沓掛2007のページ番号）。1980年代の建設省出身議員は，同省に絶大な影響力を持つ田中派・竹下派所属者が多かったが，沓掛は同県の森喜朗が支持基盤であり，当選後は清和会を選んだ[64]。そのためか，回顧録を読む限り，事業獲得に派閥が貢献した様子が確認できず（回顧録では自らの手柄を強調しやすいのも一因），派閥が弱まった政治改革後における官僚出身議員の権力資源を考察するのに有用な事例である。

　元建設技監（建設省の土木系技官の最高位ポスト）の沓掛哲男参院議員は，故郷・石川県が三大都市圏に追いつけるよう，高速道路を整備して（関西だけでなく）中京・関東経済圏に連結させたいと官僚時代から構想を温めていた（p. 43）。そして1986年参院選では，「五大プロジェクト」（①安房トンネル　②金沢外環状道路　③東海北陸自動車道　④能越自動車道　⑤加賀・飛騨トンネル）を公約として発表

64)『朝日新聞』1985年12月15日・1986年7月10日（いずれも全国版）。

し，出馬・当選する（各事業の位置は補図 5-2 を参照）。回顧録を執筆した 2007 年時点で ⑤加賀・飛騨トンネル以外の大部分を達成した。

本事例から読み取れる高位の官僚出身者の強みは以下の 3 点にまとめられる [65]。まず 1 つ目が官僚時代の人脈である。沓掛はプロジェクトを建設官僚との緊密な連携の中で進めており（pp. 65-66），建設省時代の先輩後輩関係が生かされた。ここで興味深いのは現役官僚だけではなく，官庁 OB との繋がりが役立ったことである。③東海北陸自動車道は，基本計画で一部区間が御母衣ダム（岐阜県）の西側を通るルートだったため，石川・富山に向かう車は大きく迂回する必要があった。そこで沓掛は，道路局長時の次長であった梶原拓岐阜県知事に働きかけ，ダム東側を通る短縮ルートを承認してもらう（p. 51）。このような人脈は参議院選挙区に多く見られる高位の役職経験者の方が幅広く持っているだろう。

2 つ目が制度や政策の豊富かつ正確な知識である。当選直後の 1987 年，沓掛は，④能越自動車道が高規格道路（高速道路と国道の自動車専用道路）に政令指定される際，「いろいろと指導」したという。高規格道路の仕組みは，1983 年に沓掛が道路局長として第 9 次道路整備 5 カ年計画を定める際に導入したものであり，本人は制度に習熟していた。高規格道路は国土を縦断・横断する幹線道路で構成されるので，能越自動車道のような半島の道路は対象外になるはずだったが，沓掛は「知恵の限りを尽くし」て指定に成功した（pp. 56-57）。

また，⑤加賀・飛騨トンネルは建設省に採用される見込みが薄い難事業であったが，沓掛は建設官僚時代に一般国道の一次改築（二車線道路の建築）で，複数の県に関わる巨大事業を年間 1 本ずつ採択していたため，その手法で実現できると踏んだ（p. 64）。この戦略は功を奏し，本事業は着手から「記録的な速さ」で調査事務所の設置直前まで進んだ。しかし，沓掛が 1998 年に落選したことで，建設がストップする（既に 11 年間も取り組んでいた）。沓掛は 2000 年参

---

65) 他には，沓掛（1953 年入省）が「国土型官僚」（真渕 2004）として，地域発展に並々ならぬ情熱を有していたことが挙げられる。沓掛は海軍で死を意識し，上官から天皇陛下のために立派に死ぬことを教えられる中で，納得できる死の理由がふるさとを守ることであった（pp. 38-41）。また，終戦後の焼け野原になった広島や阪神地域を目にして，破壊された祖国を復興させたいという思いが湧き出し，これが建設省を志望した大きな理由だと語る。

補論 2　事例研究 2 ——権力資源　　　　　　　　　　　　　　147

補図 5-2　沓掛哲男の「五大プロジェクト」の地理的位置

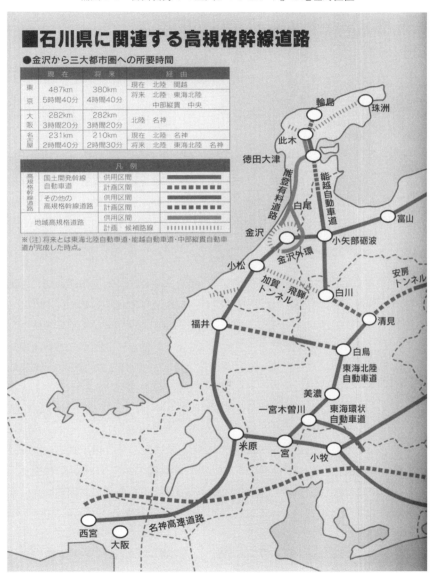

［出典］沓掛（2007: xv）。

院補選で復帰したが，小泉改革の影響で再開できなかった。沓掛の落選で建設計画が停止されたことは，沓掛個人の政治力がトンネル完成に不可欠であることを裏付けている。このように制度・政策の知識，そして採択の相場観を有しているのは，実際に政策作りに関わった高位の役職経験者ならではである。

　この2点目とも関連するが，3つ目に挙げられるのが官僚組織を動かす勘所を会得していたことである。例えば，難事業の⑤加賀・飛騨トンネルを進める際には，「関係省庁のどこをどう押せば事が動くかといったツボを心得ておりました」と記しており（p. 66），いわゆる省庁の縦割りを克服する知恵を持っていた。さらに，④能越自動車道では，沓掛の側から関係地域の首長に対して，地元の強い熱意と要請を示す「表に出ない形での協力」を依頼しており，沓掛が官庁を動かす勘所（この事例では「地元の熱意」）を体得していたことも読み取れる（p. 57）。これらのスキルも長年の官庁経験の中で身に付けたものだろう。

ケース2：県内衆院議員の支援

　本ケースは，中央官庁とのパイプが細い県議出身の参議院選挙区議員が，関係の深い県内の有力衆院議員の支援を受けて，改選年に利益誘導を行う事例である[66]。瀬戸内工業地帯である広島県大竹市と山口県岩国市は経済的結びつきが強く，両市の間には国道2号線が通っている。しかし，朝と夕方に深刻な渋滞が起こるため，大竹市はバイパスとして岩国・大竹道路を欲していた（補図5-3を参照）。1990年に大竹市長に当選した豊田伊久雄は，当選以来，月に2回は上京し，国や道路公団に陳情を繰り返してきたが，一向に進展せず，市議からは市長の政治力不足との批判が出ていた。

　転機となったのが1998年参院選である[67]。この選挙では自民党から，県政主流派の宏池会系・奥原信也県議（呉市）と，亀井静香の兄で元県議（庄原市など）の亀井郁夫が出馬を表明した。奥原は46人中34人の県議が味方につくなど県議の強い支援を受けており，国会議員も宏池会の池田行彦（奥原は系列県議）・岸田文雄・溝手顕正が応援していて，保守地盤は奥原に傾いていた（但し宏池会系でも宮澤系は亀井寄り[68]）。一方，亀井陣営は，直近の知事選に出馬し

---

66)　本事例の情報は，主に『朝日新聞』1999年1月6日（広島版）から得た。
67)　1998年広島県選挙区に関する基本情報は，小池（1998）が参考になる。

補論 2　事例研究 2 ——権力資源　　　　　　　　　　　　　149

補図 5-3　岩国・大竹道路の地図

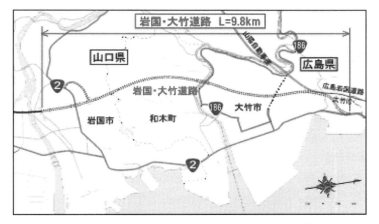

［出典］国土交通省中国地方整備局広島国道事務所「岩国・大竹道路　事業概要」[69]。

た郁夫の知名度と，中央での静香の政治力[70]をテコにした利益誘導のアピールで戦った。

　そして，大竹市は亀井サイドの利益誘導戦略に乗ることで岩国・大竹道路の建設を目指す。亀井候補の地盤は，衆院 6 区（静香の選挙区）がある県東部および北部であり，大竹市が位置する西部には足掛かりがないため，大竹市は参院選での支援と引き換えに道路建設を引き出せるのではないかと考えた。豊田伊久雄市長と大竹市議は東京の亀井静香のもとを訪れ，建設省幹部も同席の下，陳情を行った。この陳情に亀井静香も応える。亀井はその後自ら建設省や中国

---

68) 元々宮澤喜一と亀井静香は旧 3 区で争っていたが，小選挙区制になると後援会名簿を交換するなど協調関係に転じた（『朝日新聞』1998 年 6 月 26 日，全国版）。2000 年総選挙では，衆院 7 区を宮澤洋一（甥）が喜一から継承することになっており，宮澤系としては福山（7 区）に地盤を持つ静香の協力を必要とした。1998 年参院選で引退する宮澤弘は奥原を後継者と呼ばないように注意し，息子の洋一と共に亀井郁夫を支援した（『朝日新聞』1998 年 5 月 20 日，広島版）。

69) https://www.cgr.mlit.go.jp/hirokoku/ootake/summary.html（最終アクセス 2022 年 11 月 27 日）

70) 道路行政は長らく田中派・竹下派の独壇場であったが，亀井静香は後に日本道路公団総裁を務める藤井治芳などと結託しながら，道路行政への影響力を拡大させていた。『毎日新聞』2003 年 12 月 24 日（全国版）を参照。

地方建設局の幹部を連れて現地を視察し，実際に国道 2 号線の渋滞も経験した。そして，関係者に着工への尽力を約束し，参院選の選挙戦の中では，「私に言うてきてくれたところは，要請された額に必ず上乗せします」と選挙後の利益誘導を約束している。ここでポイントは，大竹市で演説をした際に，「赤勝て，青勝てではだめよ，青勝て一本」と釘を刺したことである。当然大竹市側には，参院選での得票次第で道路建設の命運が決まるという印象を与えた（いわゆる「逆説明責任体制」の手口）。

　肝心の選挙結果は大竹市内で亀井郁夫が 4515 票，奥原信也が 2659 票（旧民社党系の柳田稔が 4634 票）と，亀井が圧倒的な票差で勝利し，県全体でも亀井の勝利が確定した。その 2 ヶ月後には，岩国・大竹道路の工事ルートを建設省が決定し，12 月 18 日には，岩国・大竹道路を調査区間から整備区間へ格上げすることが発表された。さらに翌年度の政府予算案には，調査設計費として5000 万円が計上された。豊田市長は近日中にも，今回のお礼を兼ねて，陳情のため上京するという。

ケース 3：派閥の支援

　本ケースは，中央官庁とのパイプが細い県議出身の参議院選挙区議員が，派閥の支援を受けることによって利益誘導を行う事例である。2003 年の年末，整備新幹線の着工をめぐって北海道・北陸・九州が綱引きをしていた。森喜朗前首相・二階俊博元運輸相・小里貞利自民党整備新幹線建設促進特別委員長・古賀誠元幹事長らが衆院第一会館で会談し，整備新幹線の着工時期と路線について話し合った。ここで，山崎正昭参院議員（福井県選出）が所属する清和会の会長・森喜朗は，「このままでは山崎正昭官房副長官が次の選挙で落ちてしまう」（官房副長官は出世頭）と翌年の改選を口実に，他の議員へ圧力をかけた[71]。最終的に与党整備新幹線建設促進プロジェクトチーム（座長：久間章生）は，三路線の関係者に花を持たせる形で 05 年度以降の同時着工という妥協策を決めた。さらに，参院選対策の意図もあり，「調査費」（地質調査や駅整備などに充てる「整備新幹線建設推進高度化等事業費」）の増額を決める。福井県では，福井駅・南越駅（仮称，「越前たけふ駅」で確定）の整備予算が盛り込まれた[72]。

71）『朝日新聞』2003 年 12 月 18 日（全国版）。

補論 2　事例研究 2 ——権力資源　　　　　　　　　　　　　　151

補図 5-4　北陸新幹線の福井延伸と路線図

［出典］国土交通省鉄道局施設課「北陸新幹線（金沢・敦賀間）工事実施計画の変更許可について」（2021 年 3 月 31 日）[73]。

　その後，参院選直前の 6 月に，整備新幹線の三路線着工が満を持して発表された（「露骨な参院選対策」との批判が出る[74]）。但し，北陸新幹線の延伸先は金沢までであり，県が要求していた福井駅—九頭竜川橋梁間の建設については検討もされなかった（補図 5-4 を参照）。但し，福井駅部とその周辺だけは整備される運びとなり[75]，新幹線の駅だけを先に作るという異例の対応に，福井県側からは肯定的な意見も多かった（酒井哲夫福井市長や山本文雄県議会北陸新幹線整備促進議員連盟会長など）[76]。

---
72)　『朝日新聞』2004 年 4 月 3 日（福井版）。
73)　https://www.mlit.go.jp/report/press/content/001397617.pdf（最終アクセス 2022 年 11 月 19 日）
74)　『朝日新聞』2004 年 7 月 4 日（全国版）。
75)　『朝日新聞』2004 年 6 月 11 日（全国版）。

福井県にとって次なる悩みのタネは，この6月時点での方針が12月の予算編成で無事に盛り込まれるかであった（実際に財務省は駅だけを分離して工事を認可することは異例として難色を示す[77]）。ここで認可を勝ち取るのに大きな役割を果たしたのが山崎正昭参院議員である。この時の山崎の行動については本人のホームページ上の日記に記されている[78]。「考えたあげく……，ここではお話できませんが，腹を決めて，強硬手段を実行しました。［小泉］総理，あのとき私の上着の内ポケットには辞表が入っていました。すいません」と書かれており，小泉首相に直談判したことが確認できる。

そして最終的には，財務省側が折れ，福井駅舎の2005年着工が決まる。南越・敦賀間も工事実施計画の認可申請が認められた。また財源に関しては，福井駅を新幹線駅として認可し新幹線予算で建設するか，一般の公共事業予算で執行するかが問題となったが，県側が求める新幹線予算方式が最終的に採択される[79]。山崎の日記には，「決定直後，党を代表する先輩議員からお褒めの言葉や冷やかしの言葉をいただきました。線路のないところに駅部を作ることは異例中の異例だそうです」と記されている[80]。首相が山崎の要望を受け入れたのは，内閣官房副長官（首相と同派が就任することが慣例）に指名されるような派閥の有望株であることが一因だと考えられる。本章の事例は1998年参院選時のものが多かったが，小泉構造改革の時代でも（少なくとも清和会議員に関しては）同じような利益誘導の事例が確認できる。

ケース4：党執行部の支援

本ケースは，中央省庁とのパイプが細い県議出身の参議院選挙区議員が，党執行部から強いサポートを受けて，改選の年に利益誘導を行う事例である。1998年参院選では，大阪府選挙区で自民党の大変な苦戦が予想されていた。

76）『朝日新聞』2004年6月3日（福井版）。

77）『読売新聞』2004年12月3日（福井版）。

78）http://www.m-yamazaki.com/diary/006.html（最終アクセス2021年4月21日）

79）『朝日新聞』2004年12月21日（福井版）。新幹線駅としての認可がない高度化事業の方が地元負担は小さくなる一方，新幹線予算だと財源は財政状況に関係なく確保しやすくなる。『朝日新聞』2004年12月11日・2005年2月2日（いずれも福井版）を参照。

80）1区の稲田朋美は参議選候補の山崎の応援時に，Twitterで「不可能を可能にする政治家！　福井の新幹線は山崎先生がいなければ無かった！」と投稿した（2022年7月5日）。

補論2　事例研究2——権力資源　　153

　大阪府の議席は，公明党（1962年〜）とタレント議員（1980年〜，中村鋭一・横山ノック・西川きよし）が「指定席」を保有しており[81]，3つ目の枠を自民党・日本共産党・民主党（連合が支援）が争い合う構図であった。しかも1996年衆院選では，自民党が府内19選挙区中3つしか勝利できておらず，この参院選も見通しは暗かった。

　そこで，自民党執行部は大阪府選挙区を「最重点」選挙区に指定し[82]，2期目を目指す府議出身の坪井一宇にポストや陳情処理で様々な優遇措置を行った。まず前者のポスト面では，1996年に通産政務次官，参院選直前には国土政務次官に任命している。1期目後半で政務次官ポストを与えることは一般的だが，複数のポスト，しかも通産省と国土庁[83]という，利益誘導に有利な人気官庁の政務次官職を立て続けに与えることは異例であり，明らかに党執行部[84]の「意図」が介在している。そして，このポストを通じて利益誘導に成功したと思われる事例が，第5次全国総合開発計画（五全総）への紀淡連絡道路の盛り込みである（補図5-5を参照）。大阪府は大阪湾ベイエリアの環状ルート建設による大規模開発プロジェクトを構想しており，和歌山県・徳島県・関西経済連合会などと共に強くコミットしていた[85]。採算性の低さから国土庁内部からも慎重な声が出ていたが，1998年3月以降の景気対策を求める党内の雰囲気に後押しされて，最終的に盛り込まれた。坪井本人も国土政務次官として庁内で働きかけを行ったことをアピールしており[86]，2期目の代表的実績として本構想の推進を挙げる[87]。

　さらに，坪井は陳情処理でも党執行部から優遇を受けた。関西財界が求める

---

81)　『朝日新聞』1998年6月19日（大阪版）。

82)　『朝日新聞』1998年7月13日（全国版）。

83)　建設省・国土庁といった土木・建設系の政務次官は人気が高く，参院議員に回ってくることは稀である。国土政務次官経験を持つ田村公平元参院議員にインタビューした際にも，この点を強調された。本章の注19で紹介した北岡秀二元参院議員の証言も参照。

84)　参院議員の政府人事には参院執行部の意向が強く働くため，「党執行部」には参院議員会長や参院幹事長も含まれる。参院議員の政務次官ポストの決め方は斎藤（2004: 62）を参照。また，坪井は清和会だが，当時の主流派は平成研と宏池会のため，ケース3のように党執行部を押さえる派閥の支援というわけではない。

85)　『朝日新聞』1998年4月6日（全国版）。

86)　『朝日新聞』1998年3月26日（全国版）。

87)　『毎日新聞』1998年6月28日（大阪版）。

補図 5-5　紀淡連絡道路の計画ルート

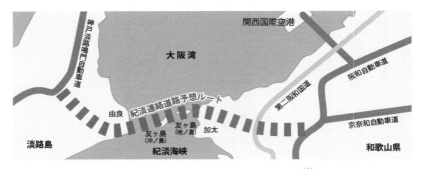

［出典］紀淡連絡道路実現期成同盟会ホームページ「紀淡連絡道路の計画ルート」[88]。

事業に関しては 1998 年度当初予算で「ほぼ満額確保」であり[89]、関西国際空港 2 期工事や関西文化学術研究都市などが盛り込まれた[90]。前者は関西空港に 2 本目の滑走路を作るというもので、準備事業費で 900 億円以上が当初予算に計上されている[91]。1998 年 4 月に開かれた「励ます会」でも、新宮康男関経連会長は「関西国際空港 2 期工事など様々なプロジェクトに予算が裏付けられたのも先生の力があったればこそであります」と坪井を持ち上げており[92]、坪井の大きなアピール材料となっている。

　この事例のもう 1 つのポイントは、いわゆる「逆説明責任体制」の構図が見られることである。具体的には、オリンピック招致への協力と引き換えに、党執行部は関西財界に参院選への支援を要求した。元々大阪五輪招致の閣議決定は 1998 年春頃とみられていたが、自民党は選挙で票を引き出すため、決定を参院選後に先送りにしたとされる。関西財界は前回衆院選で新進党に配慮し中立を守ったが、自民党から報復を受けたこともあり[93]、この参院選では財界・大企業が自民党を積極的に支援した。しかし、最終的に坪井は大差で落選し、関西財界と自民党の関係は再び悪化した。財界幹部の三野重和大阪工業会会長

---

88) http://www.kitan-renraku.com（最終アクセス 2024 年 2 月 15 日）
89) 『毎日新聞』1998 年 7 月 20 日（全国版）。
90) 『毎日新聞』1998 年 6 月 25 日（全国版）。
91) 『朝日新聞』1997 年 12 月 21 日（全国版）。
92) 『日本経済新聞』1998 年 5 月 12 日（全国版）。

補論 2　事例研究 2——権力資源　　155

は「大型プロジェクトに影響が出ることを恐れる」と懸念を表明したが[94]，この不安は見事に的中する。政府の閣議決定は当初の想定よりも大幅に遅れ，海外での誘致活動に注力できない状態が続いた[95]。最終的に閣議決定されたのは 12 月であり，結局誘致レースにも敗北した。新聞では，大阪市と日本政府の足並みの乱れが主な敗因であるという指摘もなされている[96]。

---

93)　1996 年衆院選における府内での大敗を，自民党は「関西財界の非協力的態度が敗北の原因」であると批判した（『毎日新聞』1998 年 7 月 20 日，全国版）。当時の川上哲郎関経連会長は自民党主催の会議に出席を拒否されるなど，官邸や党本部に閉め出される。また，関西のある団体が首相官邸に祝電を依頼したところ「党を通すように」と言われるなど，「関西いじめ」に発展した（愛知県でも同様の報復があった）。1998 年夏予算で関西財界の要求が受け入れられたのは，関係修復の使命を担って就任した新宮康男関経連新会長が，坪井らを通じて自民党に再接近したからである。

94)　『日本経済新聞』1998 年 7 月 4 日（近畿版）。

95)　『読売新聞』1998 年 10 月 7 日（全国版）。

96)　『毎日新聞』2001 年 7 月 14 日（全国版）。

第6章 「県議枠」成立前の候補者選定過程

第6・7章では，参議院選挙区の候補者選定で県議団がどのように影響力を獲得したのか（県議枠の成立過程）を考察する。1970年代の保革伯仲期（石油危機の時代）に重要な分岐点があるので，1970年代以前（第6章）と80年代以降（第7章）で章を分ける。また，各章の補論で候補者選定過程の典型事例を紹介する。

本章では，まず第1節で第6・7章のポイントを説明し，第2節以降で1970年代以前の候補者選定過程について論じる。第2節では県議団が県議を擁立する「インセンティブ」について，第3節（県連内）と第4節（対党中央）では県議団とそれ以外の政治アクターの「権力関係」について考察する。そして第5節では，県議の国政進出が困難であった1970年代以前でも当選できた県議の特徴について検討する。なお，参議院選挙区は1980年参院選まで参議院「地方区」という名称であったが，以下では便宜上，参議院「選挙区」と呼称し，80年代以降と統一する。

第1節 本章と次章のポイント

第1項 時期区分と候補者選定主体

参議院選挙区の候補者選定を分析するにあたって，時期区分を第1期（1956〜1977年）・第2期（1980〜1992年）・第3期（1995年〜）に分ける。表6-1は各時期区分について，「県議団の県議を擁立するインセンティブ」と「県議団の候補者選定への影響力」を5段階で評価したものである。後者だけに着目した場合には，県連整備前の第1期（2）・県連整備後[1]から政治改革までの第2期（4）・政治改革後の第3期（5）に3分割されるが，「県議擁立のインセンティブ」にも着目すると，第3期はインセンティブが強い1990年代（5）

第1節　本章と次章のポイント　　　157

表6-1　県議団による県議擁立を左右する二大要素の推移

	第1期	第2期	第3期前半	第3期後半
候補者選定への影響力	2	4	5	5
県議擁立のインセンティブ	3	4	5	3
2つの値の積	6	16	25	15

［注］1＝非常に弱い〜5＝非常に強い，の5点尺度。

と，それほど強くはない2000年代以降（3）に分けられる。

　両指標の数値を掛け合わせた値は，「県議団による県議擁立がどれだけ行われやすいか」を示しており，表6-1（2つの値の積）にある通り，第1期から第3期前半まで増加を続けた後，第3期後半で低下する。これは実際の県議出身者の割合と推移が一致している（第3章の図3-2を参照）。

　次に主な候補者選定主体について説明する。主要なアクターは，県連内では県議団・衆議院議員・知事・農協，党中央では党執行部・派閥である。基本的な流れとしては，まず県連内で審査を行い，次に県連が推薦する候補を党本部に公認申請して，党本部が最終決定するという手順を踏む（県連整備前の第1期には県連内審査をスキップすることもあった）。図6-1は，候補者選定に関わる6つの主要な政治アクターに関して，その影響力の推移を時期区分ごとに示したものである（表6-1の1行目で示した県議団の影響力と同様の5点尺度）。あくまで全国的な傾向を示したものであり，地域特性により評価値は変化する。例えば，第1期の農協は「強い」となっているが，農村部では「非常に強い」，都市部では「弱い」か「中程度」となる。

　これらの主要アクターと比べると影響力は落ちるが，時に擁立に関わる政治アクターとしては，引退する参院議員・改選時期の異なる参議院選挙区議員・政令指定都市の市議団・市町村長・農協以外の業界団体・県経済界・参議院自民党幹部が挙げられる。これらのアクターの関与については補論1で補足する。

1）　地域支部は1978年総裁予備選などを経て1970年代から既に整備が進んでいた一方，職域支部は1983年の拘束名簿式比例代表制導入後に急増する（笹部2017：第5章）。本書は両者の中間をとり，1980年参院選以降を第2期と設定した。但し，第2期を特徴付ける田中派の関与は1983年参院選から強まるなど，その境目は曖昧である。

図 6-1　参議院選挙区の候補者選定における各アクターの影響力の推移

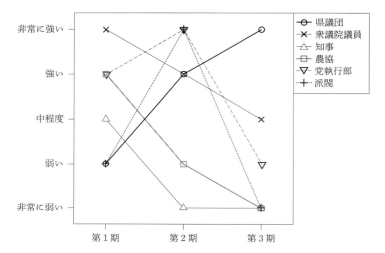

第 2 項　各時期区分のポイント

　本項では，時期区分ごとのポイントをまとめる。まず第 1 期（1970 年代まで）は，県連組織が未整備のため，県議団が独自の集票力・資金力を持ち合わせておらず，県議団の内部でも選挙に弱い県議を担ぐインセンティブが弱かった。また，地域開発全盛の時代にあって，国会議員には大型公共事業の獲得が強く期待され，中央とのパイプが細い県議は敬遠された。権力関係を見ても，県内では衆院議員や農協，党中央では党執行部や派閥に対抗できなかった。

　しかし，第 2 期（1980 年代〜 1992 年）になると，保革伯仲対策で党本部が地方政党組織（党県連）の整備を進めたため，県議出身候補の得票力が改善されて，県議団が県議を擁立しやすくなった。さらに地域開発のブームが沈静化し，官僚出身者の需要が低下したことも県議の国政進出には有利に働いた。権力関係を見ても，農協が県連組織に取り込まれて発言力を低下させ，衆議院議員も派閥幹部などの有力議員でない限り，県議団に押さえ込まれることが増えた。

　他方，第 2 期には，党中央で執行部を掌握する田中派・竹下派が，参院選でも強力な公認権を有していた。但し，地方に幅広いネットワークを持つ同派に

は，派閥幹部と強い結びつきを持つ県議・知事が所属し，彼らは配下の県議を同派から擁立したため（その田中派・竹下派の県議本人も時に出馬），県議団と衝突する局面は多くない。加えて，同派の有力衆院議員は，派閥の強力な陳情処理システムを通じて，他派よりも多くの系列県議を抱えたため，地元で県議を擁立しやすく，中央の同派幹部と県議団の衝突は一層少なくなった。

　第3期（1990年代半ば以降）になると，衆院選挙制度改革等により衆院議員や竹下派（分裂も影響）の影響力が弱まった結果，県議団が発言力を一層強めた。一方，新選挙制度下では党執行部に権力が集中したが，参院への影響力拡大を警戒する参院執行部の抑止もあり，衆院選と違って参院選の候補者選定には強く関与することがなかった。但し，県議団が県議を擁立するインセンティブは第3期でも時期によって違いがある。前半の1995・98年参院選では，政権交代の可能性が小さかったため，選挙に不安はあっても県議団は県議を擁立しやすかったが，第3期後半（2001年参院選以降）になると，民主党が台頭し，無党派層受けしない県議出身者を擁立することが難しくなった。但し，2019・22年参院選では「一強多弱」政治の下，県議が再び増加傾向に転じた。

　以下では，第1期の候補者選定過程について，インセンティブ→権力関係の順に詳細を説明する。

第2節　県議を擁立するインセンティブ

第1項　県議団が候補者に求める条件

　県議団が参議院選挙区の候補者に求める条件は，「県議団の代理人としての性格」「選挙の強さ」「官庁への影響力」の3つである。県議団にとり，参議院選挙区の候補者には「県議団の代理人としての性格」が色濃い県議が理想だが，第1期の県議出身候補は「選挙の強さ」と「官庁への影響力」がネックであった。「選挙の弱さ」は次項で検討することとし，本項では以下，「官庁への影響力」について補足する。

　「選挙の強さ」は時期にかかわらず常に求められるが，「官庁への影響力」は特に第1期で必要とされた特性である。高度経済成長期に政府は全国的な開発

表 6-2　自民党県議団が参議院選挙区議員に求める条件と各経歴の議員の評価（第 1 期）

	県議団の代理人としての性格	選挙の強さ	官庁への影響力
県議	◎	△	×
官僚	×	○	◎
知事	○	◎	○
実業家	△	◎	△
農協幹部	△	○	△

［注］4 段階評価（◎○△×）。

計画（太平洋ベルト地帯構想・全国総合開発計画・新全国総合開発計画）を次々と打ち出し（「開発主義国家」），国会議員には大型公共事業の獲得や大企業の誘致を成功させる政治力が求められた。しかし，県議出身者は官庁とのパイプが細く，また官僚派が幅を利かせる第 1 期前半（佐藤内閣くらいまで）では党内での出世も難しく（県議出身者は党人派），官庁に働きかける権力資源が不足していた。第 1 期に佐賀県で県議を務めていた岩永浩美元参院議員に話を聞くと，当時は国会議員に公共事業獲得が強く求められていたため，県議団内部の雰囲気として，官庁を動かせない県議は候補者に相応しくないという認識が持たれていたという。

　なお，第 1 期に「選挙の強さ」と「官庁への影響力」の 2 条件（あるいはいずれか）を満たしていたのが，官僚・知事・実業家・農協幹部であり，この時期の参議院選挙区を特徴付ける経歴である。県議も含めた 5 つの経歴の議員が各条件をどの程度満たしていたかを評価（4 段階）したものが表 6-2 である。

第 2 項　選挙の弱さ

　第 1 期における県議出身候補の選挙の弱さについて説明する。まず図 6-2 で実際の得票力（TK 指数[2]）を見ると（当選者の中での比較），第 1・2 期における参議院選挙区の県議出身議員は，それ以外の経歴と比較して，得票力が相対的に低いことが読み取れる[3]。第 5 節で説明する通り，第 1 期に参議院選挙区で当選できた県議出身候補は，農協の最高幹部や県経済界の重鎮（大実業家），

---

2)　当選可能性指数（TK 指数）により，異なる選挙区定数の候補者を比較できる。当選が確約される得票数，すなわち「ドループ・クゥオータ」（有効投票数を選挙区定数 +1 で割った値）に対して何倍の票を得たかを示している（水崎・森 2007: 40-41）。

第 2 節　県議を擁立するインセンティブ　　　161

図 6-2　参議院選挙区における県議出身の自民党議員の得票力（TE 指数）

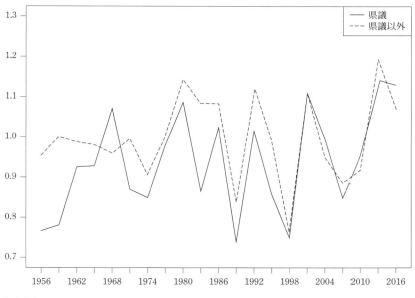

［注］情報源は図 3-1 と同様。

あるいは知事の強力な後ろ盾があるなど，独自の集票基盤を持つ特殊な県議が多いが，それでも得票力は他の経歴より低く出ている。第 1 期は「保守回帰」が生じた第 2 期と比較して自民党が選挙に不安を抱えており（補論 2 のケース 1・2 を参照），このような得票力の低さは選考時に不利に働いた。

　次に，県議出身候補の得票率が低い理由を考察する。第 3 章で示した通り，広域な参議院選挙区では，「大規模な組織票」と「知名度」の 2 つが有効である。ここで，前者の「大規模な組織票」は「衆院議員各派の支援」と「衆院議員に頼らない動員」に分けられ，後者はさらに「地域票」と「業界票」に分解できる（図 6-3 を参照）。また，「衆院議員各派の支援」と「地域票」を動員する際には，選挙区の広域性もあり，多額の選挙資金が必要になる（業界票は基

3）　県議出身者の選挙の弱さは図 6-2 が示す通り，1990 年代後半以降から解消されていくが，これは県連組織が整備されて県議出身候補の弱さが軽減されたことや，公明党との連立で複数人区に県議を単独擁立する戦略が可能になったことが背景にある。

図 6-3 参議院選挙区で当選するために必要な集票源（自民党）

[注] ②③を動員するためには候補者に多額の選挙資金が必要。

表 6-3 経歴ごとにみる参議院選挙区議員の主な集票源（第1期の自民党）

	選挙の強さ	知名度	大規模な組織票			
			衆院議員各派の支援	衆院議員に頼らない動員	地域票	業界票
県議	△	×	△	○	○	△
官僚	○	×	◎	○	○	○
知事	◎	◎	○	△	△	△
実業家	◎	○	○	◎	◎	○
農協幹部	○	×	△	◎	△	◎

[注] 4段階評価（◎○△×）。

本的に業界団体が資金負担）。これらの各要素について、5つの経歴の議員の評価（4段階）を行ったのが表6-3である。

　これらの各要素（図6-3の①〜④）について、第1期における県議出身候補の考察を行う（事例は次項で紹介）。まず、①知名度が県議出身者の決定的な弱点であり、知事（cf. 井上2004）や大実業家のように、彼らは全県的な知名度を持たない[4]。

　次に大規模な組織票であるが、②衆院議員各派の支援を県議出身者は受けづらかった。県議は特定の代議士系列に属しているため、他系列の衆院議員は支援を躊躇する。第1期の参議院選挙区議員に無派閥議員が多いのは衆院議員各派からの支援が必要なためであり（北岡1985: 93-96; 居安1996: 177; 境家・谷澤2005）、それが得られない県議は大きなハンデを抱えていた。なお、第1期に官僚出身の参院議員が多いのは、彼らが県議などと比較して派閥色が弱く、代議士各派からの支援を得やすいことが背景にある。

---

[4] 知名度で当選できる特性の議員としては、江戸時代の藩主の子孫も挙げられる（松平勇雄・亀井久興・細川護熙・島津忠彦・鍋島直紹など）。また、西郷吉之助のように維新志士の先祖がブランド化しているケースもある。

また，県内の衆院議員を動員するのに必要な資金力も，実業家議員（自弁できる）や官僚出身議員（出身官庁が業界から集めて候補者に供与[5]）などと比較して，県議出身者は明らかに劣っていた（補論2ケース1を参照）。第1期には候補者個人が多額の選挙資金を負担しており，「党営選挙」を求める嘆きの声が現場から頻繁に出ている[6]。

　また，地元衆院議員に頼ることなく大規模な組織票を動員することも県議出身候補には難しかった。まず③地域票に関しては，大実業家[7]の県議を除き，全県的に個人後援会を構築することは資金力的に不可能であった。他の経歴の議員と比較すると，地域票として県議団からの支援は得やすいが，県連の地域支部は整備途上であり（笹部2017: 第5章），県議団が衆院議員の支援なしに大規模動員を行うことは困難であった。さらに，④業界票も，農協幹部や大実業家（雇用者や取引先を動員[8]）の県議でない限り，県議出身候補は動員力が不足していた。第1期は，県連の職域支部が地域支部以上に整備されておらず（笹部2017: 130-131），第2期以降に一般化する参院選時の大規模な職域支部動員は当時まだ不可能であった。

第3項　選挙の弱さの実例

　第1期における県議出身候補の選挙の弱さを実例で示す（ページ番号のみを示した場合には『中央公論』のページ数を指す[9]）。1962年神奈川県選挙区（2人区）では，現職の曽禰益（民社党）と相沢重明（日本社会党）に対して，新人の松岡正二（自民党）と松島松太郎（共産党）が出馬し，（1962年は自民党が全国的に大勝したにもかかわらず）現職2人がそのまま勝利した（得票数は曽禰が442468，相

5）　例えば，1964年参院補選（岡山県）で当選した木村睦男（元運輸省自動車局長）の場合，運輸省の先輩（荒木茂久二元事務次官）が中心となって（木村が局長時代に世話をした）全国のバス業社から資金を集め，木村に供与した。『参風』76号（1996年）を参照。

6）　『読売新聞』1977年4月6日・1980年1月27日（いずれも全国版）。

7）　実業家型の参院議員は全県的に個人後援会を整備できる。例えば，熊谷組社長の熊谷太三郎の後援会員数は15万人（『読売新聞』1986年6月27日，全国版），アヤハグループ創業者の河本嘉久蔵は30万人と言われている（『読売新聞』1977年7月11日，全国版）。

8）　例えば，熊谷太三郎は，福井県内の企業関係者だけでなく，全国から社員を県内に呼び寄せていたことが指摘されている（辻2002: 152）。

9）　『中央公論』898（1962年8月特別号）。

沢が 437708，松岡が 401842，松島が 68031）。自民党から出馬した松岡は県議会議長を5期（当時は戦後最長）務めた有力県議（当選4回）であり，県政最大の実力者である河野一郎県連会長の下，県連幹事長を一貫して務めた河野の側近である。松岡は経営企業など大規模な個人票を持たなかったが[10]（第2期以降の参院選候補に多く見られる属性の県議），2人区での単独擁立なら議席確保も容易との算段から擁立された[11]。それでも落選した理由を本項で考察する。

　松岡の選挙運動形態は次のようなものであった（pp. 271-272）。まず選挙事務長である河野謙三参院議員（一郎の弟）の補佐として，衆院選挙区（1962年当時は県内に3選挙区）ごとに数人の県議や市議を選び，各地区で責任体制を敷いた。さらに，衆院議員9人（元議員が1人）の各派閥から代表者を選んで，当選圏の39万票を各派別に割り当てた[12]。加えて，県連婦人部（12000人）・青年部（1000人）などの自民党地方政党組織，そして遺族会・中小企業団体・農業団体・地元有力者・松岡後援会といった松岡と近い団体への働きかけを，県連と松岡個人が行った。この体制からも明らかな通り，選挙運動の軸は衆院議員各派であり，第2期以降に選挙運動を主導する県連は後景に退いている（選挙事務局長は党の組織活動として選挙をすることについて「体裁はいいけれども，票にはなりませんよ」と話す）。県連の動員対象としては主に婦人部と青年部が挙げられており，第2期以降に主力となる地域・職域支部への言及はない[13]。なお，青年部の組織化も十分ではなく（各衆院議員に若手支援者の組織が紐づいていると

10）『神奈川新聞』1962年6月17日によると，家業としては旅館業を営んでいるが，規模はそこまで大きくない。

11）『神奈川新聞』1962年5月8日や『朝日新聞』1962年7月2日（全国版）を参照。他にも，1956年知事選・参院選で連続して公認の座を他候補に譲ったことから御鉢が回ってきたという背景がある（『読売新聞』1958年12月27日，全国版）。また，河野一郎がいわゆる「党人派」であり，候補者として地方政治家が選ばれやすかったことも関係している。なお，松岡と公認レースを争ったのは，元外務官僚で国連大使も務めた岡崎勝男であった（『神奈川新聞』1961年9月29日）。

12）各派閥は他の派閥が中心になってやるだろうという「ただ乗り」の空気があり，それに対処するため，派閥ごとに責任票を設定したという（『神奈川新聞』1962年6月5日）。

13）県連組織が機能していないことを示すエピソードとして，役員問題で県連大会が5年間も開かれなかったことが挙げられる（『神奈川新聞』1962年5月8日）。県連の河野―松岡体制への不満が党内に蓄積されていたという（『神奈川新聞』1962年7月3日）。参院選への悪影響が懸念されたため，1962年4月に5年ぶりの大会が開催された。

第2節　県議を擁立するインセンティブ　　　165

いう），メンバーは「組織皆無に近い党の現状」を憂いている。

　以下では松岡の敗因について，前項（図6-3）で整理した参議院選挙区の主な集票基盤（①知名度 ②衆院議員各派の支援 ③地域票 ④業界票）と資金力の5点に即して説明する。まず①知名度の低さは，『神奈川新聞』の総括記事でも[14]，主な敗因の1つとして挙げられている（他の2つは「曽祢による支持団体の侵食」と「衆院議員間の派閥対立」）。『中央公論』記者による自民党県連婦人部への取材でも，松岡の「顔の売れていない弱み」が強調されている（松岡の選挙ポスターだと思って共産党の松島のポスターを貼ってしまったエピソードなど）。

　次に②衆院議員各派からの支援であるが，松岡は河野系列の県議であるがゆえに，河野と対立する他の衆院議員（特に河野と総裁選で争う藤山愛一郎系）から十分な支援を得られなかった。松岡サイドも手を打っており，事前に河野と藤山で協力を約束したり[15]，松岡も河野色を消すことに腐心したりしたが[16]，『朝日新聞』の総括記事によると，下部レベルの県議や市議は派閥対立から離れることはできなかったという[17]。『神奈川新聞』と『朝日新聞』の総括記事でも，敗因として，河野・藤山という県政二大巨頭の対立が挙げられている。

　続いて衆院議員に頼らない形での③地域票の動員であるが，松岡後援会が県議時代の選挙区（鎌倉）を越えて県全域をカバーしている様子は確認できない。次に県連の地域支部であるが，笹部（2017：第5章）によると，1960年代は全国的に整備途上であり，神奈川県も同様であった。未整備地域としては秦野市が挙げられ（pp. 275-276），秦野市長は元県議であるため松岡と付き合いが長く，市議を動員するなど支援を約束したが，地域支部を結成するという案に対しては，人事が派閥の問題でこじれるので選挙後に検討すると返答している。また，地域支部が設置されている場合でも，十分な集票機能を果たしているとは言い難い。ある横浜市議は，横浜市支部の組織力が微弱であるために，地域支部での党大会を通じて支部に登録している一般党員を動員できず，自らの個人後援会を動員する方法に頼りきっているという（p. 276）。区内24カ所の各後援会

14）『神奈川新聞』1962年7月3日。
15）『読売新聞』1962年6月17日（全国版）。
16）『神奈川新聞』1962年5月8日。
17）『朝日新聞』1962年7月2日（全国版）。

支部の世話役を通じて地域の有力者を集め，その地域の支持者動員を依頼するという形態であったが，支部大会などで直接有権者に訴えることができず，票読みをできない問題があるという。

　次に④業界票について考察する。笹部（2017: 130-131）によると，職域支部は 1960 年代の時点で全国的にほとんど結成されていないが，実際に『中央公論』のルポや新聞記事を見ても，県連が職域支部を動員している様子は確認できない。県連事務局は「新しい戦略」として中小企業団体と農業団体に直接動員をかけているが，これは松岡の元々の支持基盤である。さらに，これらの支持団体を松岡個人が強力に動員できたわけでもない[18]。まず中小企業団体に関しては，内山岩太郎知事から県中小企業団体中央会会長の地位を 1961 年 4 月に引き継いだが，参院選は就任直後だったため，会員にとって馴染みが薄いことがネックとなった[19]（p. 274）。一方，農業関連団体（養蚕・園芸・畜産などを含む）は，県下，ほとんどの農業団体役員や中堅クラスが松岡の後援会に加入し，社会党・民社党候補への支持もほとんど見られないというが[20]，農林族の大物・河野兄弟の支援の賜物だと推測され，間接的な動員に留まっている。なお，第 2 期以降なら職域支部を介して自民党を確実に支援するその他の業界団体も，松岡を応援するものは少ない。例えば，医師会は，内部に反自民の会員も存在することから自民・社会・民社の候補に等しく推薦を出しているし，土木・建設業界も取引関係から東急（曽祢を支援）の影響下にあるという[21]。

　最後に，資金力も松岡の決定的な弱点であった。松岡が家業として営む旅館が県を代表するような規模であるという情報は見当たらない。選挙戦では「金なし候補」というあだ名がつけられているが，資金力の欠如により選挙で盛り上がりを作れていなかったという[22]。選挙事務長の河野謙三も選挙中に資金

18）　松岡は県政一本やりであったために各業界とほとんど繋がりがなかったという（『神奈川新聞』1962 年 6 月 13 日）。第 2 期以降であれば「県政一本やり」でも，県議は職域支部の業界団体と親密な関係を築くケースが多い。

19）　他の要因もある。東急グループから支援を受ける曽祢（妻はグループ創設者・五島慶太の長女，後援会長は東急社長の五島昇）は工業を中心に県内の大企業をカバーしていたが，その下請けや関連業者には中小企業が多く，松岡が食い込みづらかった（p. 274）。

20）　農業団体の記述は，『神奈川新聞』1962 年 6 月 15 日や『中央公論』p. 274 を参照。

21）　『神奈川新聞』1962 年 6 月 13・15 日。

22）　『神奈川新聞』1962 年 5 月 8 日・6 月 7・9 日。

力不足を嘆いているが，後で敗因として挙げたのが「理想選挙」となっていたことである[23]。選挙運動を担う県議・市議など保守系議員は「金の選挙」に慣れており，集票活動に身が入らなかったという報告もある[24]。

第3節　県連内での権力関係

前節では，県議出身候補が選挙に弱く，かつ官庁とのパイプが細いために，県議団でさえ擁立を主張しづらいことを指摘した。では，選挙に不安がない農村県や，官庁に太いパイプを持つ有力衆院議員が県内に存在している場合には，県議が何の障害もなく公認候補となれたのだろうか。結論として，そのような選挙区でも県議は国政に進出することが難しかった。なぜなら，県議団以上に候補者選定に影響力を持つ政治アクターが，基本的には県議以外の擁立を志向したからである。本節（県連内）と次節（対党中央）では，このような県議団と他のアクターとの権力関係について論じる。本節ではまず，同士討ちの有無によって，これらのアクターの影響力がどのように変化するかを整理する。次に，主な県連内アクターである農協について補足する。

第1項　同士討ちの有無と候補者選定

表6-4 は，第1期における参議院選挙区の候補者選定で，同士討ちの有無が各政治アクターの影響力に与える影響を整理したものである。選挙区の都市度が同じという条件下で，定数のみが異なる場合に影響力がどのように変わるかを示した。また県内衆院議員は，出馬を目指す県議にとって友好派閥であるか（系列県議など），敵対派閥であるかで区別する（ほとんどの都道府県では知事職や県議会・県連ポストをめぐり2つのブロックに分かれている）。

まず県内衆院議員から見ると，公認候補が1人だけの場合には，敵対派閥の衆院議員（場合によっては，その系列下にある県議グループ）が県議の国政進出にとって大きな障壁となる（補論2ケース2を参照）。特定の代議士色が強い県議が当選すると，敵対する衆院議員にとっては政敵の勢力伸長につながるため，

---

23)　『神奈川新聞』1962年6月21日・7月3日。

24)　『神奈川新聞』1962年5月8日・6月5日。

表 6-4　同士討ちの有無と各政治アクターの候補者選定への
　　　　影響力（第 1 期の参議院選挙区）

	単独擁立	複数擁立
友好派閥の衆院議員	○	◎
敵対派閥の衆院議員	◎	△
農協	△	◎
知事	○	○
党執行部	○	△
派閥	△	○
県議	△	△

［注］3 段階評価（◎○△）。

当然出馬に反対する（同じ理由から代議士秘書も参議院選挙区には出馬しづらい）。
また，友好関係にある衆院議員にとっても，選挙に弱く（資金力もなく），かつ
官庁とのパイプも細い県議の出馬には消極的な場合が多く（補論 2 ケース 1 を参
照），中央で関わりのある官僚を擁立することが多かった。また県議と衆院議
員の力関係を見ても，第 1 期には大型公共事業の需要が大きく，中央から利益
を引き出してきてくれる系列の代議士には正面から歯向かいづらかった。

　一方，同士討ちがある場合には（第 1 期の同士討ちはほとんどが代議士系列間の
衝突），出馬を目指す県議にとり，敵対派閥の衆院議員は選挙本番での対戦相
手であって，公認過程での障壁にはなりづらい[25]。まずは友好派閥の衆院議
員を説得することが，出馬を目指す県議には最優先事項となる。

　次に，農協に関しては，候補者が 1 人だけだと，自民党全体（農協系を除く）
と対峙することになるので影響力を行使しづらくなるが，同士討ちがある場合
には，自民党勢力の「半分」を相手に公認を争えば良いので（農協は基本的に一
枚岩），候補者選定への発言力が大きくなる。次項で説明する通り，農協が専
従職員を擁立できたのは主に中選挙区部分である（補論 2 ケース 3 を参照）。

　一方，党中央のアクターに着目すると，候補者が 1 人の場合には党執行部
（補論 2 ケース 4 を参照），複数人の場合には派閥が関与しやすくなる（補論 2 ケ
ース 5 を参照）。そのメカニズムは衆院選挙制度改革で派閥から党執行部に衆院
選の公認権限が移行した現象（e.g. 浅野 2006）のアナロジーから理解できる。

25）　但し，敵対派閥が公認を 1 人に絞るよう圧力をかけたり，もう 1 人の候補者も自派か
　　ら擁立しようとしたりして障壁になることはあり得る。また敵対派閥が複数ある場合，2
　　つの公認枠をめぐって，3（以上）の派閥が争いうる（補論 2 ケース 3 を参照）。

第3節　県連内での権力関係　　169

　本節では以下，県連内の主要な政治アクターである農協の権力について補足する。第4章第8節第2項で見た通り（農協改革の抑止），現在でも参議院選挙区では農協の利益が伏在的に表出されており，その歴史的起源を辿る。

第2項　農協の壁

　本項では，農協が代表者を擁立する（1）インセンティブと（2）権力資源について説明する。いかに県議の国政進出を妨害するかがここでの眼目である。

（1）インセンティブ

　第1期において農協が代表者を擁立するインセンティブとしては，以下の3点が挙げられる。1つ目は，高度経済成長期の急速な都市化によって，農業人口の減少や農工間の所得格差が深刻化し，その危機感から代弁者を欲したことである[26]。2つ目が，食糧管理法の流動期にあって，農家に不利な改革が行われる危険性があり，政治の舞台に代理人を求めたことである[27]。最も多くの農協幹部が出馬したのが1962年参院選（前後の補選も含めると新人が7人も当選）であることも，1点目（池田勇人首相による所得倍増計画の発表直後）と2点目（前年夏に河野一郎農相が自由米構想に言及）の要素が関係している（cf. 立花1984; 空井2000）。なお，それ以前の参院選で農協の関与が弱かった理由としては，組織が破綻手前であり，再建（赤字解消）に追われていたことも挙げられる（cf.「温水三郎」刊行会編1987: 256）。

　この「農協代表」の経歴として筆頭に挙げられるのが，専従職員である。第1期の農協では革新系が強く，どの党派の農家でも推せる候補として，とりわけ専従職員が適任だった。宮崎県選出の温水三郎も元々は社会党の小林支部長であり（「温水三郎」刊行会編1987: 275），後述する高橋雄之助（北海道選出）も

---

26)　補論2ケース3で扱う園木登の出馬目的もこの点に求められる（坂田1964: 71）。また，1962年に静岡県選挙区から出馬した県農協中央会専務理事の栗原祐幸によると，栗原擁立の理由は，高度成長期に「静岡県でも農村人口が急激に減り，東海道沿線の農地がどんどん宅地や工場に変わっていく」ため，「農村や農業は大丈夫だろうかという危機感が農業者の間に広がった」からだという（静岡新聞社編2007: 130）。
27)　宮崎県の1961年補選で温水三郎が擁立された理由として，河野一郎農相の自由米構想に対し，農協が「沸騰」したことが挙げられている（「温水三郎」刊行会編1987: 266）。

同様の「進歩的」な経歴を持つなど，代表者自体にも革新系が少なくない。同じく革新系の北海道農民連盟も，1960年代半ばまでは，政党やイデオロギーを問わず，農民代表の候補（自民党も含む）を支持していたという報告がある（高畠 2013: 113）。

　なお，農協にとって「農協代表」の筆頭は専従職員だが，当選可能性を考慮して，それ以外の出自の人物を担ぐこともあった。具体的には，農協系知事（吉田実・岩上二郎・鍋島直紹・桜井三郎など）・県庁農政部長（仲原善一・大島友治・森田克巳など）・農協系県議（第5節を参照）が挙げられる（農政をめぐって対立する農林官僚とはやや距離があるようである）。また，直近まで県議を務めていた人物が，県議を辞めて専従の農協最高幹部に就任するケースもあり，その場合には自民党関係票も多く集めることができる[28]。

(2) 権力資源

　第1期の農協は，膨大な農業人口に裏付けられた集票力（但し参院選は夏の農繁期と重なるのが難点[29]）を権力資源として，候補者選定に強い影響力を行使できた。この農協の発言力を増幅していたのが，参議院選挙区の中選挙区部分である。固定票の重要性が高まるだけでなく，同士討ちがある場合，自民党勢力が2つに分裂しているため，農協が片方の議席を確保しやすかった（補論2ケース3を参照）。実際に，県議経験を持たない農協専従職員の候補は，熊本・鹿児島・福岡・静岡・栃木・北海道など，同士討ちがある中選挙区部分（特に農村県）で頻繁に見られる（熊本県では2つの議席の内，片方が農協の「指定席」と呼ばれてきた[30]）。なお，1人区で農協が組織内候補を擁立する場合，先述の異なる集票基盤を持つ人物（農協系の県議・元県議・知事，県庁農政部長）か，特殊な事情で知事の支援を受けられる農協専従職員（知事の「生みの親」であるケース[31]と有力知事が出馬を促すケース[32]の2通りがある）の2パターンが多い。

28）　例えば，元県議の久次米健太郎徳島県農協連会長は，1968年参院選で三木武夫直系のボス県議・伊東莊と公認を争い勝利した。三木は1965年に直系知事を獲得していたが，それでも久次米が公認されたのは，農協に加え，県議時代から親しい三木與吉郎参院議員の支援を受けられるため，選挙に強かったからである（岩野 2017: 75-76, 386-389）。

29）　補論2ケース3で，農協側が動員時の懸念点として挙げている（坂田 1964: 244）。

30）　『朝日新聞』1995年2月25日（西部版）。農協系の三浦一水元参院議員にも確認した。

第3節　県連内での権力関係　　　171

　ここでの注目点は，農協が公認過程に影響力を行使する経路である。第1期の自民党県連は職域支部が整備されておらず（笹部 2017: 第5章），農協を含め各団体と党県連には一定の距離があった（山梨県連会長を務めた星野重次農協中央会会長のような例外もある）。特に当時の農協は革新系も強く，農政連など独自の地域政党を設立して，自民党と県議選や知事選を戦うことも少なくなかった。そのような農協が県連内での候補者選定に影響力を及ぼす経路としては，まず農林系国会議員（農協は国政選挙では自民党に協力的であることが多い[33]）を介したルートが挙げられる。また，県議選や知事選で自民党と対決することはあっても，一部の農協系県議や農協系知事（片岡 1994: 171-172）を介して影響力を行使することもできた。道農協中央会会長の高橋雄之助は，農協系知事・町村金五に依頼して自民党道連に「独自の働きかけ」を行ってもらい，最終的に公認された（「風雪と栄光の70年高橋雄之助」刊行委員会編 1980: 162-163）。

　また，次節で論じる通り，第1期には党執行部も候補者選定に強い権限を有しており，県連段階で推薦を得られなくても，党本部での逆転公認が可能であった。例えば，1977年長崎県選挙区では，現職の中村禎二が，県連の総務会投票で県議出身候補に敗北し，推薦を獲得できなかったが，無所属で出馬すると党本部を脅して[34]，当選可能性を重視した党幹部が農協票を得られる中村を公認した[35]。また，補論2ケース3で扱う1962年熊本県選挙区でも，池田勇人首相による裁定で，有力県議ではなく，農協幹部の園木登が公認されたが，園木は無所属出馬も辞さない構えを示しており，池田は園木の選挙の強さを見込んで公認した。さらに，温水三郎は元社会党員という経歴のため自民党県連内に公認反対論が根強く，県連を介さずに党本部へ直接公認申請を行うプランを当初検討していた（「温水三郎」刊行会編 1987: 260-272）。

---

31)　例えば，温水三郎は，二見甚郷・黒木博両知事誕生の立役者である（「温水三郎」刊行会編 1987: 255-259）。1961年補選では，蜜月関係にある黒木知事（元県農協経済連専務）の存在がその求心力を高め，1人区での出馬につながった。

32)　知事は敵対する農協幹部をその地位から排除するため，参院に棚上げすることがあった（第5節第4項を参照）。田辺国男知事が擁立した星野重次農協中央会会長（1968年山梨県）や，白石春樹知事が擁立した青井政美農協経済連会長（1974年愛媛県）の例がある。

33)　次章補論ケース3でも，県議と衆議院議員では，農協に対する態度が明確に異なる。

34)　『読売新聞』1977年2月21日（全国版）。

35)　このケースに関しては，『長崎新聞』1977年5月9日に詳しい。

なお，第1期にこうして農協代表が党中央で公認を争う場合，三木派がバックアップを行うことが多かった（前段落の中村禎二・園木登・温水三郎も三木派）。協同組合主義に親近感を覚えていた三木武夫は自民党参加前に農民新党・農民協同党と近しい関係にあり，第1期の農協代表は，農政に理解のある三木派に大部分が加入した。例えば，温水三郎は，協同組合主義を掲げる国民協同党を結党した三木の理念に共感したからこそ，自民党入党に踏み切ったとされている（「温水三郎」刊行会編 1987: 271-272）。また，北海道の高橋雄之助が三木派を選択したのも，①三木派が農業問題に理解が深いこと ②三木派が清潔で革新的であること（高橋も元革新系）③協同党時代の三木武夫にお世話になったことが理由として挙げられている（「風雪と栄光の70年高橋雄之助」刊行委員会編 1980: 174-177）。補論2ケース3で扱う園木登も同様だが（坂田 1964: 204-210），高橋の派閥に対する忠誠心は極めて強く，ある親友は，進歩的な感覚の高橋は三木派でないならば自民党に留まっていないとさえ記している。

このような農協代表と三木派の関係が実際の政治過程に影響を及ぼした事例として，河野謙三が重宗雄三から参議院議長の座を奪取した1971年議長選挙が挙げられる。重宗の失脚は1972年総裁選（田中角栄が福田赳夫に勝利）の帰趨にも影響を与えたが（竹中治堅 2010: 143），河野の勝利は，キャスティングボートを握った参議院三木派の造反が決め手となった（128対118で河野が勝利，参議院三木派は11人）。参議院三木派は11人中10人が地方区議員だったが（cf. 初村 1990: 140），衆院議員各派の支援を受ける地方区議員は一般に派閥色が薄いはずなのに，参議院三木派が三木の説得（総裁選のために重宗体制を崩す必要に迫られていた[36]）に従ったのはなぜか。社会党と手を組む反党的行為であったが，同派参院議員が参院執行部・保利茂幹事長らの切り崩しに屈することなく，三木の指令に従ったのは，そのほとんどが，三木個人に強い忠誠心を持つ農協代表であったことが一因だと考えられる[37]。農協代表は衆院議員各派の支援を必要としないため，特定の派閥と関係を深めることが可能であった。桜会（反

---

36) 三木は1970年総裁選で佐藤栄作と戦った唯一の候補だが，重宗の取り込みを図るも失敗し，重宗体制打破の問題意識を強めていた（渡部 1984: 138-140）。また河野謙三によると，同じ党人派の三木とは，佐藤栄作ら官僚派支配を終わらせたいという気持ちが一致しており，それも三木が反旗を翻した1つの動機だという（河野 1978: 34-35）。

重宗の参院自民グループ）と三木派の連絡係である初村滝一郎（1990）によれば，河野支持の三木派議員は（桜会でもある初村滝一郎・小山邦太郎・矢野登を除くと），地方区の農協代表4人（高橋雄之助・中村禎二・河口陽一・久次米健太郎）と全国区の農林官僚1人（小林国司）から構成されていた（農協代表の中でも古参の温水三郎は後で造反者に処分が下った際の「救護係」を任されたという）。三木の地元・徳島の久次米はさておき，それ以外の地方区議員3人が三木に従った理由としては農協代表であることが重要だと推測される。

第4節　党中央との権力関係

次に県議の国政進出の壁となる党中央の政治アクター（党執行部と派閥）について考察する。両者に共通する権力資源について論じた後，個別に検討する。

第1項　党中央の権力資源

参議院選挙区の候補者選定における党中央の影響力は，党執行部・派閥共に，第2期＞第1期＞第3期の順に強くなる（図6-1を参照）。派閥についてはこの順番の通りに存在感を示したので順当だが，興味深いのは，衆院選挙制度改革で権限を強めた党執行部も，第3期より第1期・第2期の方が影響力を持っていたことである。第2期については田中派・竹下派が執行部を掌握したことが理由だが（次章で詳述），第1期に第3期より党執行部が強力な権限を行使できた要因は，以下の3点に求められる（派閥が影響力を行使できた理由でもある）。

1つ目は，第3期の参院選で中心的役割を担う県議団と比べて，第1期で主体となる地元衆院議員は，党執行部や（執行部を構成する）派閥幹部の説得を受けやすいことである。特に従いやすいのが，首相・党幹事長と同じ派閥に属す

---

37)　参議院三木派の造反理由については，総裁選を視野に入れた三木の政局的動機以上に，同派参院議員の昇進・再選動機（昇進ポストを得られないままだと地方区選挙で不利になる可能性）を重視する研究もある（待鳥 2001）。しかし実際の政治過程を見ると，バルカン政治家たる三木本人が石原慎太郎を介して桜会に手を回したり，動きの鈍い同派参院議員の説得に苦慮したりしている様子が報告されており（荻野 1990；石原 1999: 162-186；岩野 2017: 85），参議院側が再選不安や昇進目的からクーデターを主導した形跡は見当たらない。なお，農協代表は選挙に強いため，落選不安が造反の主な理由とは考えづらい。

る衆院議員である。補論2ケース4で扱う1971年山梨県選挙区では，県議を擁立しようとする県議団を党執行部が抑え，官僚の新人を擁立したが，その支持取り付けに奔走したのは，佐藤栄作首相・田中角栄幹事長と同派の金丸信であった。また，次項で紹介する1962年滋賀県選挙区では，県議の擁立を目指す県議団を抑えて，池田勇人首相・前尾繁三郎幹事長が同派の現職・西川甚五郎を公認したが，県政主流派である同派の堤康次郎が西川支持で動いていた。

　2つ目は，中央政府の全般的な権力（許認可や財政面での権限）が，第1期は第3期（地方分権改革後）よりも大きく，地方が党中央の意向に従いやすかったことである。補論2ケース4で扱う1971年山梨県選挙区で，系列県議の擁立を目指す田辺国男知事が党執行部の推す候補を受け入れたのは，中央で頼りにしていた川島正次郎副総裁が死去し（田辺は代議士時代に川島派），中央との関係再構築を図ろうとしたことが理由の1つであった。また，党執行部でなく派閥が関与した事例ではあるが，1965年石川県選挙区で派閥会長の河野一郎（神奈川3区）が農水官僚・任田新治を擁立できたのもこの点に求められる。河野は，県政最大の実力者・益谷秀次衆院議員に任田擁立を依頼する際，建設大臣という地位を生かして北陸自動車道の早期着工を約束している（北國新聞社編1974：255-261）。またこの事例は，大型公共事業の需要が第1期に大きかったことも，党中央が第3期以上に権力を行使できた理由であることを示唆している。

　3つ目は，第1期の県連は組織が未整備なこともあり，参院選の公認申請で県連推薦を必要とする旨の党規約が自民党に存在しておらず，候補者選定に党執行部が関与しやすかったことである。例えば1968年新潟県選挙区では，県連側が推薦した塚田十一郎（賄賂問題で知事を辞任）を党執行部は退け，元運輸事務次官の新人・広瀬真一を擁立したが，塚田非公認の根拠として挙げたのが，「県連推薦という規約上の裏付けはない」ことであった[38]。当時は，県連段階で推薦を獲得できなかった候補者が，党本部での逆転公認を狙って中央に公認申請することもあり（逆転公認に成功した例として前節第2項で紹介した1977年長崎県選挙区を参照），県連推薦が放つ「威光」が弱かった。なお，県連組織が発達した第3期には，県連推薦を基に党本部が公認判断を行うという手続きが制度化されている（2006年時点での選挙対策要綱には「都道府県連の推薦を参考に党本

38）『朝日新聞』1968年5月23日（全国版）。

部が決定する」とある[39]）。

第2項　党執行部の壁

　本項では，党中央の政治アクターの内，党執行部（総裁や幹事長）の影響力について検討する（派閥は次項）。まず，参議院選挙区は大部分が1人区のため，衆議院と比べて，派閥よりも党執行部の関与が強くなる。党執行部が擁立を志向する候補者には以下3つの特徴があり，いずれも県議団には障壁となる。

　まず1つ目は選挙に強いことであり，党の議席最大化を目指す党執行部は，選挙に弱い県議の公認を避けたがる[40]。2つ目は党執行部が信頼を置く現職議員（主に総裁・幹事長と同派）であり，新たに県議を送り出そうとする県議団にとっては，（県議出身者以外が多い）現職の保護は壁になる[41]。3つ目が内閣を支える高位の官僚であり，戦後復興・高度経済成長期を含む第1期には政策形成における官僚の役割が大きく（官僚派の時代），そのOBは重宝された[42]。

　ここで党執行部の関与に関して2点補足する。第一に，「選挙の強さ」（この理由は地元も納得しやすい）以外の理由で強引に候補者を擁立した場合には，地元の支援を引き出しづらくなり，落選可能性が高まる（補論2ケース4を参照）。時には地元の理解を得られずに保守分裂選挙となるケースもあり，その場合には，党執行部側（公認候補）が敗北することが多かった。分裂選挙の例としては，1968年青森県選挙区[43]や1968年新潟県選挙区[44]，1974年徳島県選挙区（元警察官僚の後藤田正晴 vs. 久次米健太郎）が挙げられる（cf. 竹内2016）。

　第二に，全国でも東京都だけは，党執行部と都議団が直接対峙しやすい独特

39）『読売新聞』2007年2月2日（全国版）。

40）前項で挙げた1977年長崎県選挙区，補論2ケース3で扱う1962年熊本県選挙区，補論2ケース1で扱う1974年鳥取県選挙区の例を参照。

41）前項でも触れた1962年滋賀県選挙区の例がある。当初，県連選挙対策委員会の投票では，県議会議長の奥村悦造が現職の西川甚五郎参院議員を破った。しかし，県連会長の堤康次郎は同派（宏池会）の西川の側に立ち，この結果を「単なる参考資料」として奥村・西川の双方を党本部に公認申請した。党本部で調整に当たった池田首相と前尾幹事長は，同派の西川・堤と関係が深かったこともあり，党本部裁定で西川が逆転公認された。これらの経緯は，『滋賀日日新聞』1962年5月8日に詳しい。

42）党執行部が官僚出身の新人を推すことで県議の国政進出が阻止された事例としては，補論2ケース4（1971年山梨県選挙区）や，本項で扱う1971年東京都選挙区が挙げられる。また，補論2ケース1で扱う1974年鳥取県選挙区もこの側面がある。

の構造が存在していた。東京は首都としての特殊性（総裁選の大票田・国政選挙の試金石となる高い注目度・利権のスケール）から，地方選挙（都議選・知事選）にも，党執行部（奥野誠亮総務局長など[45]）や派閥（第7章第3節第6項を参照）が関与した。その結果，自民党都連は党中央と特殊な結びつきがあり，都連が関与する参院選の候補者選定にも，党執行部が影響力を行使できた。一方，都連内の権力関係を見ると，都の豊かな財政力を背景に，都議は地元衆院議員に利益誘導目的で従う必要がなかった[46]。また都の農協は弱く，他県よりも都議団の地位が高かった。以上の結果，参院選の候補者選定では，都議団と党執行部が直接対峙しやすかった。党執行部の参院選への関与は第2期以降も恒常的に見られ（1986年小野清子，2004年中川雅治，2007年丸川珠代，2010年東海由紀子など），そのほとんどが都議の国政進出を妨害する構図となっている[47]。

　第1期の実例として，1971年東京都選挙区のケースを紹介する。この選挙では自民党の現職議員がおらず，自民党都議団は都議団幹事長の粕谷茂を，党執行部は元警視総監の原文兵衛を擁立しようとした。ここで党執行部は，2人が立候補すると原が落選しかねないと見て[48]，粕谷降ろしを図る。最終的には佐藤栄作首相が粕谷と面会し（『佐藤栄作日記』1971年6月1日にも言及があ

43)　現職の笹森順造が高齢問題などで選挙に勝てない可能性が高く，県連内で交代論が高まったが，党執行部が笹森の公認を強行した。その結果，県連の若手県議が自民党を離党して，無所属の楠美省吾を支援した（木村1998: 38-41）。

44)　党執行部は，県連が推薦する元知事の新人・塚田十一郎（賄賂事件で知事を辞任）を公認せずに，新人の元運輸事務次官・広瀬真一を擁立し，保守分裂選挙となった（『朝日新聞』1968年5月23日，全国版）。

45)　奥野は，都議選で議席が大幅に減った危機感から1969年都議選に介入し，候補者選定に関わって議席を大幅に増やした（奥野2002: 第4章）。これらの実績から「選挙の神様」と呼ばれるようになる。1971年4月の知事選も選挙資金は全て党本部が出したという。

46)　『朝日新聞』1987年7月30日（全国版）。都議の自立性の要因としては，他にも，都市部では連続当選が難しく有力な衆院議員が生まれづらいことや，他県よりも選挙区が多いため都全域を特定の衆院議員が掌握するのが困難であることが挙げられる。

47)　1986年参院選では都議団が田辺哲夫都議を担ぎ，単独公認を求めたのに対して，党執行部は小野清子を2人目の候補者として擁立した（2人とも当選）。1992年参院選では原文兵衛の後継として出馬した小倉基都議が現職の小野清子に敗北した。1998年参院選では塚原宏司都議が出馬して小野と共倒れした。2007年参院選では都議出身の現職・保坂三蔵に党執行部が丸川珠代をぶつけ，保坂は落選した（丸川は当選）。

48)　『月刊自由民主』通号631（2005年10月）や『読売新聞』1971年1月14日（全国版）を参照。

る[49]），粕谷が元々希望していた衆院選出馬のサポートを約束して降ろすことに成功した（山口 1997: 88-90; 原 1995: 389）。原をリクルートしたのは，内務省での地方勤務時（鹿児島県警察部特高課）に付き合いがあった奥野誠亮総務局長だが（原 1995: 388-390），党執行部が原を押し付けることができた背景には，先述した奥野ら執行部と都連の太いパイプが関係していたと見られる。

第3項　派閥の壁

参議院選挙区の中選挙区部分で自民党候補を複数擁立する場合には[50]，選挙運動で派閥の支援が有効になるため，派閥幹部が候補者選定に関与することがあった[51]。特に田中角栄内閣以降に参議院の「独自派閥」（重宗雄三の清風クラブなど）が消失すると（cf. 竹中治堅 2010: 第3章），衆議院側の派閥が関与しやすくなった。

但し，同じ中選挙区でも，衆議院と比較した場合には，相対的に派閥の関与は弱くなる。参議院の選挙区定数は衆議院よりも少なく，基本的に2人の同士討ちとなるため，1人の候補者を複数の派閥が奪い合う局面も多く，特定の派閥が選定を主導することが難しくなる[52]。補論2ケース5で扱う川野辺静が1971年参院選に初出馬した際には，田中派・大平派・中曽根派が支援し，奪い合いとなった[53]。東大法・第5期蒲島郁夫ゼミ編（2004, 2005）のデータでも，当選直後の川野辺は無派閥となっている（その後田中派へ）。

候補者選定に対する派閥の関与は，①出馬の打診[54]，②自派からの出馬を希望する者同士の調整（補論2ケース5を参照），③公認獲得のための敵対勢力

49）　佐藤は粕谷の衆院選出馬に非常に前向きな様子である（佐藤 1997: 346）。

50）　1人区であっても，派閥が関与する事例はわずかに存在する。第1項で紹介した1965年石川県選挙区がその例だが，他には1978年京都府選挙区補選で，西村英一（田中派会長）は上田稔参議院議員（全国区，元建設官僚）の地方区移転を現地の前尾繁三郎衆院議員に打診し，承諾を得た（海野編 2002: 217）。

51）　参議院選挙区における派閥間抗争を報じた記事として，『朝日新聞』1968年6月29日（全国版）や『朝日新聞』1974年5月2日（全国版）を参照。

52）　参議院選挙区当選者に関して，同士討ちがあると派閥に所属しやすくなるかを分析したが，集計レベルではその傾向が確認できなかった。東大法・第5期蒲島郁夫ゼミ編（2004, 2005）のデータを使用した。

53）　『読売新聞』1971年6月13・23日（全国版）。

の押さえ込み（補論 2 ケース 3 を参照）の三局面に分解できる。ポイントはいずれの局面でも，派閥の関与が県議の国政進出を阻む方向に働くことである。派閥が擁立を志向する候補者の属性は，党執行部が関与する場合と同じで，「選挙に強い人物」「現職議員」「官僚出身者」である。いくつか例を示す。

例えば，補論 2 ケース 5（1977 年静岡県選挙区，2 人区）では，主流派県議団に支えられた新人県議（杉山憲夫）が，非主流派の現職・川野辺静を降ろした上で，川野辺と同派の田中派（杉山は同派の斉藤滋与史の系列県議）から出馬することを目指した。しかし，川野辺の方が現職として派閥リーダー（田中角栄）と近く（杉山の後ろ盾は金丸信），かつ新人県議の杉山よりも選挙に強かったため，田中の裁定で杉山は降ろされた。また，岡山県の 1964 年参院補選（補選だが定数 2）では，佐藤派会長の佐藤栄作（首相就任直前期）が出身官庁（運輸省）の木村睦男の依頼を受けて，岡山県政での公認獲得・支持固めに動いた[55]。その甲斐もあり，木村は 1964 年補選，1965 年参院選でいずれも当選したが（佐藤派に加入），その双方で自民党公認の県議出身候補が落選している。

第 5 節　第 1 期に国政進出できた県議の特徴

ここまで論じてきた通り，第 1 期には県議の国政進出を抑制する要因が数多く存在していたが，図 3-2 を見ると，第 1 期における参議院選挙区の県議出身議員の割合は，同時期の衆議院よりも多いことが分かる。実は第 1 期でも，大規模な組織票を動員できる一部の県議は当選することができた。具体的には，①農協幹部の県議，②大実業家の県議，③知事と蜜月関係にある県議，④超有力県議が後ろ盾の県議，の 4 パターンである。これらの県議は，参議院の「シニア」論（第 7 章第 5 節第 4 項）や第 10 章第 2 節第 1 項で論じる合区問題との

54）　例えば，1968 年静岡県選挙区では，宏池会の現職と対決する候補者として，佐藤栄作（佐藤派会長）が山本敬三郎を口説き落とした。柴田（1995: 158）や『朝日新聞』1968 年 6 月 29 日（全国版）を参照。また，1962 年福岡県選挙区では，県議や大野伴睦副総裁の出馬要請に応じない元労働事務次官の亀井光を，亀井が師匠と慕う池田勇人（池田派会長）が説得し出馬させた（橋詰 1984: 38-39）。いずれも説得者は首相だが，出馬時にそれぞれ佐藤派・池田派が支援しており，派閥会長が擁立を主導したケースと見做せる。

55）『参風』76 号（1996 年）。

第 5 節　第 1 期に国政進出できた県議の特徴　　　179

関連で重要な意味を持つため，以下で補足する。また，当選は難しくとも出馬するだけなら，参議院選挙区が県内の政争の「調整弁」（政敵を参院に棚上げするなど）として使用された際に，県議に出馬のチャンスが回ってくることがあった。このような参議院選挙区の使用法も併せて説明する。

第 1 項　農協幹部・大実業家の県議

　1 つ目の類型が，県の農協組織の幹部を務める県議である。鹿児島県の田中茂穂県信用連会長（出馬時は県議会議長）や熊本県の田代由紀男県果実連会長（出馬時は県連幹事長）がその例である。また，県中央会会長といった最高幹部だけではなく，理事などの中堅幹部も見られる（長崎県農業共済連理事の久保勘一や鹿児島県農協連理事の井上吉夫など）。農協系県議を純然たる農民代表と見做すべきかについては農協内でも議論があり，農協の金を県議選に使う，農協の仕事に選挙での損得を持ち込むなどの批判も出ている（坂田 1964: 84-85）。

　但し，元県議の農協幹部が出馬することの方が現役県議の農協幹部よりもやはり多く（降矢敬雄・星野重次・棚辺四郎・青田源太郎・久次米健太郎・坂元親男・三浦八水・青井政美・高橋雄之助など），第 1 期における県議の国政進出の難しさが窺える。なお，元県議の農協幹部でも，直近まで県議を務めていた場合には，県議団が代表者として認識し，農協と提携して担げるようである。例えば，1977 年山梨県選挙区に出馬した降矢敬雄県農協四連共通会長は，直近まで県議を務めており（1975 年県議選で引退），県議団から代表者と見なされたことで県連内での候補者選考を有利に運べた（斎藤 1986: 352）。

　2 つ目の類型が，県経済界を代表する大実業家の県議であり，経営する大企業を通じて高い集票力・資金力を発揮する。例としては，熊本県の野上進（九州産業交通），青森県の寺下岩蔵（寺下建設工業），奈良県の大森久司（近畿電力工事株式会社），宮城県の高橋文五郎（宮城中央交通・栗原電鉄），石川県の鳥畠徳次郎（石川交通・石川日産自動車販売），滋賀県の奥村悦造（琵琶湖ホテル・滋賀日日新聞），北海道の岩本政一（北海道自動車運輸）・西田信一（苫小牧埠頭株式会社）[56]などが挙げられる。また，親族に財界人の支援者がいることで集票力・資金力を獲得するケースも稀にある。二木謙吾（義兄が宇部興産会長で経団連常任理事の中安閑一）や土屋義彦（叔父が大正製薬社長で参議院議員の上原正吉）がそ

の例である[57]。

第2項　知事と蜜月関係にある県議

　3つ目の類型が，知事と蜜月関係にある県議である。その中には，(1) 知事が支える県議（知事が県議の擁立主体である場合など），(2) 知事を支える県議（有力県議が知事の擁立主体である場合など）の2通りが存在する。以下で個別に説明する。

(1) 知事が支える県議

　第1期には自民党が単独で支持する党派性の強い知事が多く（曽我・待鳥 2007: 80），県連の役職に就く人物さえいたが（松野幸泰岐阜県連会長，天野久山梨県連会長，田部長右衛門島根県連顧問など），一部は参院選の候補者選定にも関与した。特にその志向性が強かった知事の特性が，国会議員や県議など自民党議員の経歴を持つ知事である。県内の権力闘争の一環で知事に転身したケースも多く，勢力争いの中で参院選にも関与した。そして，このような元自民党議員の知事が候補者を擁立する際には，県議が選ばれることが多かった[58]。県議は知事と関係が深く，また県議の国政進出ルートを創設することで県議会での求心力を高めることもできた。

　以下では，①元衆院議員の知事[59]や②元県議の知事が県議を擁立した例を

---

56)　西田は社会党候補の乱立（4人）で運良く初当選（定数4で4位）した後に起業し，政治活動の中で事業を発展させ（辻 1977），当選を重ねた。1970年には北海道開発庁長官にも就任しており，参院議員としての地位は事業にも有利に働くことが示唆される。

57)　二木は宇部興産（『読売新聞』1962年6月9日，全国版），土屋は上原の後援組織や支持団体（医師会・歯科医師会）から全面的な支援を受けた（土屋 1998: 94-98）。

58)　知事が県議以外を擁立したケースを紹介する。1965年山梨県選挙区では，元衆院議員の天野久知事（県連会長）が，同じ旧民主党系で兄事する広瀬久忠元参院議員（元内務・厚生次官）を候補者として担いだ（斎藤 1986: 263-264）。また1977年福岡県選挙区では，元参院議員の亀井光知事が，労働省時代の後輩・遠藤政夫職業安定局長に出馬を「催促」し（遠藤 1995: 214-225），全面的に支援して首位当選に導いた（橋詰 1984: 24-27）。

59)　知事が擁立主体ではないにしても，その支援で県議が当選できた例としては，1974年静岡県選挙区が挙げられる。竹山祐太郎知事は早期に引退し，1974年に知事選と参院選を同時に実施する運びとなった。参院選には戸塚進也県議が自民党公認で出馬し，竹山ら県政主流派が支えて，当選を果たした（竹山 1976: 479-486; 柴田 1995: 184-189）。

第 5 節　第 1 期に国政進出できた県議の特徴　　　181

それぞれ紹介する。まず①の例としては，1974 年山梨県選挙区が挙げられる。
補論 2 ケース 4 では 1971 年参院選で中村太郎県議の出馬が党執行部に阻まれ
た事例を扱うが，3 年後の参院選で中村が出馬・当選できたのは，田辺国男知
事の側近県議として（斎藤 1986: 298, 310），知事の強力な支援を得られたから
であった。田辺は知事選で社会党の支持も受け，現職の自民党知事（天野久，
金丸信が支援）を破った経緯があり，金丸との権力闘争の一環で参院選に関与
する強いインセンティブを有していた。次に，1968 年福島県選挙区では，佐
藤善一郎知事の後を継いだ木村守江知事（1964 年初当選，浜通りが地盤）が，鈴
木省吾県議（佐藤知事系の県議，佐藤と同じ中通りが地盤）を擁立し，選挙を支え
た（岡部 1968: 221-222；四方 1986: 59）[60]。鈴木は木村が知事選に出馬した時の
県連幹事長・選対本部長であり，佐藤前知事が心血を注いだ新産業都市指定の
立役者である木村と良好な関係にあった（木村 1990: 317-327）。この参院選の
自民現職は松平勇雄（会津が地盤）であり，木村は参院議員時代に松平に敗北
していたことから，鈴木を支援する強い動機を有していたと見られる[61]。
　次に，②元県議の知事が県議を擁立したケースとしては，1965 年岐阜県選
挙区が挙げられる。この選挙では，大野伴睦の死後に県連会長を継いだ松野幸
泰知事が，大野・松野直系の元県議・前田義雄を擁立し（前田は衆院議員を 1 期
務めた後で落選中，前田の基本情報は中日新聞本社岐阜総局編 1992: 273 を参照），選
挙でも積極的に支援した（岐阜新聞・岐阜放送 1993: 84-86）。松野知事は 1958 年
知事選に初出馬した際，大野系県議だったこともあり，野田卯一など県内衆院
議員・一部県議から十分な支持を得ることができず（中日新聞本社岐阜総局編
1992: 125；岐阜新聞・岐阜放送 1993: 70），苛烈な保守分裂選挙となった過去があ
る（僅差で当選）。知事当選後は野田卯一や金子一平衆院議員と対立を深め，そ
の権力闘争の一環として 1965 年参院選に関与した。また，第 2 期との境界に
当たる 1980 年参院選だが，愛媛県選挙区では，県議出身の白石春樹知事が，
元農協最高幹部の青井政美参院議員を 1 期で降ろし，系列の仲川幸男県議を擁

---

60)　鈴木を担ぎ出す際には農協五連会長の棚辺四郎も関与しており，鈴木の支持基盤には
　　農協も挙げられるが，鈴木は農協幹部ゆえに擁立されたわけではないので，農協系県議で
　　はなく「知事が支える県議」として扱うのが妥当である。

61)　松平を支える会津地方は，衆院 3 区における木村のライバル・斎藤邦吉を 1957 年知事
　　選（落選し衆院へ）で担いだ勢力であり，その点でも因縁があった（功刀 2005: 第 4 章）。

立している（次章補論ケース1を参照）。

(2) 知事を支える県議

（1）では知事の方が県議よりも上位であったが，次に扱うのは県議と知事が対等か，県議の方が上位の場合である。このような有力県議は希少であり，ある種の偶然性や好機をものにして権力を構築した。以下で説明する知事を支える県議は，大別すると，最初の知事選を支えた「知事の生みの親」と，知事への交代圧力を遮るなど事後的に接近した「知事の用心棒」に分けられる。以下で個別に説明する。

まず前者（「知事の生みの親」）の典型例である千葉県の菅野儀作（第4章の倉田寛之の造反事例も参照）は，県議でありながら（1958年から1年，65年から3年間県連幹事長），派閥領袖の川島正次郎らと県内で権力闘争を行い，（知事の急死を好機にして）自らの息のかかった友納武人副知事を知事に押し上げることに成功した（菅野儀作先生遺徳顕彰会編 1983: 57-120）。そして，1967年に現職の参院議員が急死すると，短期決戦の補選を乗り越えられる人材として白羽の矢が立ち，知事権力を背景に出馬・当選した[62]。次に島根県の室崎勝造は，旧民主党系・社会党に支えられてきた恒松安夫知事が1959年も出馬を目指した際に，ほとんどの自民党県議が出馬を支持した中で，恒松の健康問題を突き，出馬を辞退させた。室崎は旧自由党系県議のリーダー（県議会議長）であり，同じ旧自由党系の田部長右衛門県連会長を担ぎ出して，当選に導いた（山陰中央新報社編 1981: 27-29）。1962年参院選では，現職で旧民主党系の山本利寿が出馬を目指したが，田部知事を後ろ盾とする室崎（県議会議長，田部の勝利後に県連幹事長にも就任）が国会議員・県議の大多数を押さえ，公認を獲得した（無所属の山本も出馬し同情票を集めて室崎を破る）[63]。最後に，茨城県の鈴木一司は，1959年知事選で，ほぼ全ての自民党県議が現職の友末洋治知事を支持する中，県議会議長時代から対立していた友末の四選を支持せず，懇意にしていた岩上二郎候補の支援に回った（鈴木 1974）[64]。そして，農協・社会党の支援も受け

62）『千葉日報』1967年9月19日。

63）『島根新聞』1961年10月27日・『読売新聞』1962年5月19日・6月20日（いずれも全国版）を参照。田部―室崎ラインによる強引な決定には保守層からも批判が出ている。

第 5 節　第 1 期に国政進出できた県議の特徴　　　　　　183

た岩上が勝利した後は，知事に要求を伝える窓口として県連幹事長に繰り返し
就任した（参院選に当選後も継続）[65]。その特別な地位を背景に，鈴木は 1963
年参院補選に出馬し，当選した。

　次に，後者（「知事の用心棒」）の例を紹介する。まず，熊本県の園田清充県議
について説明する。（補論 2 ケース 3 で扱う 1962 年参院選直後の）1963 年知事選
（現職は寺本広作知事，旧自由党系）では，旧民主党系勢力が坂口主税熊本市長を
社会党と担いだ。それに対し，園田県議は（旧民主党系でありながらも）県連幹
事長として関係が急接近していた寺本を積極的に支援し，当選に導いた（南
1996: 196-197）[66]。園田はその直後の 1965 年参院補選に出馬・当選したが，
背景に寺本知事との強い結びつきがあったことが指摘されている（南 1996:
244）[67]。次に，奈良県の大森久司県議について説明する（大東ほか編 1982: 184-
188）。1963 年知事選では，奥田良三知事四選に反対した服部良司衆院議員（池
田内閣の官房副長官）が，派閥領袖・池田勇人（首相）とのパイプを生かして公
認を獲得したため（現職の奥田は無所属出馬），県議団から構成される県連選対
が奥田支持を表明し，自民党県議団 34 人中 29 人が「自民党公友会」（幹事長
は大森久司）を結成した[68]。この選挙は結局奥田が勝利し，服部を支援してい
た県連会長の木村篤太郎参院議員は，1965 年改選時に，奥田を支えた主流派
県議団から交代を迫られ，引退を表明する。その後，主流派県議団が担いだ大
森が公認を得て，そのまま当選した。最後に，愛知県の橋本繁蔵県議は「表の
桑原，裏の橋本」[69]と呼ばれた県政界の大立者であり（桑原幹根知事のパートナ

---

64)　当時県議を務めていた下条正雄によると，県議団の幹部の中では唯一鈴木だけが岩上
　　支持の立場であったという（下条 1994: 23）。鈴木は当初知事選に出馬する予定であった
　　親戚の徳川宗敬元参院議員の後援会長を務めていたが，徳川は岩上支援のため立候補を辞
　　退していた。この知事選の展開は功刀（2005: 114-119）に詳しい。
65)　岩上側近の鈴木通夫によると，この時期に，県議で岩上の「一番味方」だったのが鈴
　　木一司であり（箕川 2004: 120），岩上が自民党に急接近する際の橋渡し役となった。
66)　荒木豊雄は園田直など旧民主党系に対して，旧自由党系への対抗から結集を呼びかけ
　　たが，園田清充は旧民主党系でありながらも，対立関係にある荒木とは組めないと考えて
　　おり，寺本に会合の情報をリークするなど急接近していた（寺本 1976: 221-222）。
67)　園田は県農協中央会会長を務めた北口龍徳参院議員の後継であり，選挙では県農協連
　　の支援も受けた（『読売新聞』1965 年 7 月 19 日，全国版）。しかし，園木登や北口龍徳の
　　ように農協一筋のキャリアではなく，カテゴリーは「知事を支える県議」が妥当である。
68)　『読売新聞』1962 年 12 月 27 日（全国版）。

一），有力代議士が少ない当時の愛知県政において（江崎真澄の台頭前），絶大な権力を握った。桑原幹根知事の就任期間である 1951 〜 1975 年の内，1958 〜 1972 年に県連幹事長を務めており，その特別な地位が 1971 年の参院選出馬につながった（当選後の 1972 年から 1977 年まで県連会長も務めた）。

第 3 項　超有力県議の後ろ盾がある県議

　4 つ目の類型が，前項の（2）で紹介した有力県議よりもさらに有力な「超有力県議」が後ろ盾に入る場合である。極めて稀なケースだが，以下で 3 つ事例を紹介する。1 人目が佐賀県の小原嘉登次県議であり，1963 年に県議会議長に就任して以降，26 年間にわたって議長職を独占した。知事だけでなく，系列の親分である保利茂など県内国会議員を凌駕する県下一の実力者であったという（四方 1986: 229-240）。後任議長候補として，福岡日出麿県議（古池信系列，県連会長）の名が挙がったため，議長職継続を希望する小原は福岡を 1974 年参院選で棚上げしたとされる[70]。なお，国会議員が就くことが一般的な県連会長職に佐賀県では代々県議が就任しているが，これは議長職を小原が独占していることに対する「補償」だという（岩永浩美元県連会長へのインタビュー）。

　次に，広島県の檜山袖四郎県議は，池田勇人と県政を二分する争いを繰り広げた県議会の大ボスであり，1962 年知事選では永野厳雄を担いで当選させ，1965 年 8 月の池田死去後は名実ともに県政最大の実力者となった[71]。1966 年補選では 3 人が出馬を希望したが，最終的に元県議会議長の中津井真が檜山の後押しを受けて候補者に選ばれ（他の 2 人は池田系の県議会会派を会長として率いた川田和泉と，参議院全国区で惜敗していた元防衛庁長官の加藤陽三）[72]，そのまま当選する。中津井は檜山の「盟友」（「桧山袖四郎」刊行委員会 1981: 167）として，池田系との闘争で中心的役割を担ってきた人物である。

---

69)　『読売新聞』1977 年 5 月 2 日（全国版）。桑原（1979: 459）も回顧録の中で高橋のことを「いわゆる桑原県政の協力者として特筆すべき人」と評している。

70)　『佐賀新聞』1973 年 1 月 22 日。

71)　長年県議会議長職を独占しており，「カゲの知事」としてその権勢が知れ渡っていた（読売新聞政治部編 1971: 55-59）。広島県における檜山体制成立の経緯や，そこに至るまでの中津井真の働きについては林（1983）に詳しい。

72)　『中国新聞』1965 年 12 月 15 日。中川俊思などの県内衆院議員は，この 3 人以外から擁立することも提案したが，檜山を擁する県議団の勢いにかき消されたという。

第5節　第1期に国政進出できた県議の特徴　　185

　そして3人目が岐阜県の古田好県議である。松野幸泰知事が強権性を批判され保守分裂選挙に敗北し，衆議院議員に転身すると，岐阜県連では衆院議員間の対立が激化し，特定の代議士が県連会長に就けない状態になった。そこで，大野伴睦・松野幸泰系の有力県議であった古田が県連会長に就き，県政のまとめ役となる[73]（中日新聞本社岐阜総局編 1992: 110; 岐阜新聞・岐阜放送 1993: 86-88）。古田は長年県連会長（1967-1974，1981-1987）を務め，参院選の候補者選定でも主導的な役割を果たしてきた。1974年参院選で古田が擁立した藤井丙午が当選すると，古田は県連会長の地位を一旦藤井に譲るが，1977年参院選では県議主導（古田は県議団の議員会長）で候補者選定を行い，古田が率いる主流派県議団から浅野拡が擁立された（そのまま当選）[74]。

第4項　政争の「調整弁」

　参議院選挙区は，県内の政治対立を和らげる「調整弁」として使用されることがあり，その結果，県議に出馬のチャンスが回ってくることがあった（但し当選までは難しい）。この調整弁としての機能は，「棚上」「調整」「救済」に大別できる（相互に重なる部分も大きい）。まずはそれぞれの使用法について略述し（脚注では主に県議以外が擁立された実例を示す），その後，参議院がこのような用途に適している理由を説明する。最後に，この機能で県議が出馬できた事例を紹介する。

(1) 調整弁としての三機能

　まず「棚上」は，政敵を参議院選挙区に追い出すことである。主に2パターンあり，1つ目は現時点での政敵を排除するケースである。排除対象としては知事[75]・衆議院議員[76]・農協最高幹部[77]・市長[78]などが挙げられる。2つ目が，将来的に政敵となり得る人物の芽を摘むケースである。排除対象としては，

---

73)　田中角栄が，知事や国会議員よりも県のことを把握しており，全県を動かしている地方の大ボスとして挙げたのが，熊本県の河津寅雄町長，石川県の矢田富雄県議，そして岐阜県の古田好県議である（岐阜新聞・岐阜放送 1993: 131）。

74)　浅野の擁立過程については，岐阜新聞・岐阜放送（1993: 110-112）や『岐阜日日新聞』1976年6月20日・7月11日を参照。

75)　多選防止のための「引退の花道」として便利である（補論2ケース1を参照）。

知事選[79]や衆院選[80]での脅威が挙げられる。

　次に「調整」は，競合した別の選挙の出馬希望者を参議院選挙区に回して，対立の解消を図るというものである。知事選[81]・衆院選[82]・参院選全国区[83]での競合時に，出馬希望者を参議院選挙区に回した例が確認できる。

　最後に「救済」は，他の政争での敗者を参議院選挙区に処遇し，将来的な報復を防止するというものである。例としては，知事職[84]や筆頭秘書[85]をめぐ

---

76)　同士討ちの相手を棚上げした例として，次章第2節第3項で扱う1992年岩手県選挙区では，衆院選に落選した椎名素夫を，小沢一郎（父の代から争う）が参院に担ぎ上げた。

77)　次章の補論ケース1で扱う青井政美（1974年愛媛県選挙区）や本項(2)で紹介する星野重次の例を参照。

78)　吉野川河口堰の建設撤回に踏み切った小池正勝徳島市長をその座から追い出すために，北岡秀二県連会長以下，自民党徳島県連は，小池を参院（2004年）に「栄転」させた。小池擁立に「排除」の意図があったことは，北岡氏ご本人からご教示いただいた。

79)　典型が副知事の参院棚上げである。補論1で紹介する1968年石川県選挙区では，県政主流派が安田隆明副知事を無所属で擁立し勝利したが，中西陽一知事周辺は，安田が将来の有力な知事候補になることを警戒していた（北國新聞社編1974: 275; 角間1989: 268-269)。また，副知事以外の例として，菅野儀作死去後の1981年千葉県補選で菅野系が臼井荘一元衆院議員を擁立したのは，反菅野勢力が次期知事選で臼井を担ぐのを阻止する狙いがあったという（湯浅1981: 133-164)。

80)　1992年高知県選挙区に出馬した平野貞夫衆院事務局職員は，山本有二衆院議員が平野の衆院選出馬を警戒して，平野の参院選出馬を支援したと見ている（平野2012: 292)。

81)　熊本県の寺本広作・沢田一精知事が参院に回されたのは，県政に大きな禍根を残した1959年知事選（補論2ケース3を参照）の反省ゆえである。両知事の転出プロセスは坂田（1981: 206-212)と佐方（1986: 237-256)を参照。知事選への出馬を希望する新人が参院に回された例としては，1971年茨城県選挙区で山口武平に擁立された竹内藤男が挙げられる（竹内藤男伝刊行会2002: 2-3; 細谷2020: 34)。1989年岡山県選挙区に出馬した片山虎之助副知事も元々知事志望であり，同様のパターンである（片山2010: 59)。

82)　再出馬を希望する元職を参院に回した例としては，1959年山口県選挙区の吉武恵市（二木謙吾伝編纂委員会編1984: 386)や，1980年千葉県選挙区の井上裕（菅野儀作先生遺徳顕彰会編1983: 254)が挙げられる。出馬を希望する新人を参院に回した例としては，1971年大阪府選挙区の中山太郎がある（中山2012: 63-64)。現職衆院議員を参院に回す例はほとんどないが，選挙制度改革直後は現職議員があぶれたため確認できる（塩崎恭久など）。

83)　1965年参院選に全国区から出馬する「農民代表」を決める際，現職の重政庸徳に対し，農林官僚の任田新治も出馬を希望したため，河野一郎のイニシアティブで，任田は石川県選挙区に回された（北國新聞社編1974: 257)。

84)　熊本県知事選の敗北後，参議院選挙区に処遇された桜井三郎の例がある。旧民主党系の恨みや怒りを和らげ，報復を防止する意図があった（cf. 南1996: 143)。

る争いでの敗者を参議院選挙区候補として処遇した事例が見つかる。以上3つの機能は第1期から第3期まで，全国で確認できる。また，全体として，衆院選に加え，同じ選挙区範囲である知事選の「調整弁」として利用されることが多い。

(2) 調整弁に適している理由

参議院選挙区がこのような役割に適している理由としては，まず参議院選挙区議員の地位や権力が衆議院議員・知事よりも低く，政敵にとって，送り先として都合が良いことが挙げられる。また，参議院選挙区で当選するには，政敵も含めあらゆるアクターの支援が必要なため，当選後は政敵に反抗しづらくなることも重要である。一例として，山梨県の星野重次県農協中央会会長は，相乗りである田辺国男知事の自民単独公認を強弁して田辺系に疎まれ，1970年参院補選で棚上げされたが，以後，星野の田辺公認論は迫力を欠き始めたという（斎藤1986: 312）。

参議院選挙区が「調整弁」に適しているその他の理由としては，衆議院・知事と比べると人気が低く，かつ当選に必要な票数の多さから参入障壁が高いため（無所属での挑戦が難しい），政敵を排除したいときにしばしば「枠」が空いていること（使い勝手が良いこと）も挙げられる。参議院は現職が常に公認されるわけではないので，有力者が現職を降ろし，政敵を追い出すための「枠」を作ることも可能である。

(3) 県議が出馬できた事例

このような参議院選挙区の「調整弁」機能によって，第1期でも参議院選挙区で県議が擁立された例を示す。まず「棚上」の例として，既に前項でも紹介した1974年佐賀県選挙区では，小原嘉登次県議会議長が，後任議長の有力候補であった福岡日出麿県議を国政に棚上げした[86]。

次に「調整」の例として，第2節第3項で扱った1962年神奈川県選挙区では，松岡正二県議が知事選への出馬を諦める代わりに参院選に回された経緯が

---

85) 1977年香川県選挙区に出馬した真鍋賢二は，大平正芳の秘書間の競争に敗北し参院に処遇された面があると筆者に語る（勝者は森田一）。「血の濃さ」には勝てないのだと嘆く。

ある。また，衆院選を辞退したことで参院選に出馬したケースとしては，1971年大阪府選挙区に擁立された中山太郎府議の例がある（中山2012: 63-64）。

そして「救済」の例としては，本節で既に紹介した1962年山口県選挙区が挙げられる（二木謙吾伝編纂委員会編1984: 384-389, 417-434）。二木謙吾県議の宇部市長選出馬を希望する義兄の宇部興産社長・中安閑一の意向もあり，二木は希望していた1959年参院選でなく宇部市長選挙に出馬した。しかし，落選したため，救済措置として1962年参院選に出馬できた（こちらは当選）。

第6節　小　括

本章では，1950年代から70年代における参議院選挙区の候補者選定過程について考察した。この時期の候補者に求められた「選挙の強さ」と「官庁への影響力」を県議出身候補は十分に有しておらず，県議団も県議を擁立するインセンティブが弱かった。さらに，他のアクターとの権力関係を見ても，県連内では衆議院議員と農協，党中央では党執行部と派閥が県議よりも大きな発言力を持ち，県議の国政進出の障壁になった。一方で，第1期でも県議が出馬・当選できる特殊条件が存在することを最後に指摘した。

続く第7章では，1980年代以降にどのようにして「一般的な属性」の県議が国政進出できるようになったのかを考察する。

補論1　その他の候補者選定主体

参議院選挙区の候補者選定で影響力を持つ主なアクターは，県議団・衆議院議員・知事・農協・党執行部・派閥である。この補論1では，一部の県・時期で稀に影響力を発揮する，それ以外の7つのアクターについて補足する。

---

86)　他にも，1962年島根県選挙区で室崎勝造が出馬できたのは，室崎が衆院選に出馬することを県内衆院議員が警戒して参院に追い出した面があると，対立候補の山本利寿は耳にしている（山本1974: 182）。また，室崎は長年県議会議長を務めていたが，自民党県議の中に議長交代を求める声が強く，参院に追い払われた面があると山本は聞いている。

引退する参院議員・異なる改選期の参院議員

参議院選挙区はその広域性により個人後援会の有効性が低下するため，中選挙区制期の衆議院のように，引退者やその後援会が後継候補の選定で大きな発言力を行使することは少ない（参議院選挙区に世襲議員が少ないのもこのためである）。但し，例外的に強大な権力を持つ参院議員が後継指名に影響力を発揮することは稀にある。経営企業を動員できる実業家議員（熊谷太三郎など）[87]と，県政の大ボスとして多くの系列県議を配下に置く元有力県議（青木幹雄など）の2パターンが確認できる。

また同様の理由から，参議院選挙区議員が，改選期の異なる同県参院議員の候補者選定に影響力を行使することもほとんどない。参議院選挙区議員は一般的に，選挙で他の政治アクターに集票を依存し，また党中央でも昇進しづらいため，県内で強い発言力を持たない。但し，例外的に強大な権力を持つ参院議員が影響力を行使できることは稀にあり，その議員特性は前段落で述べたケースと同じで，大企業を経営する実業家議員[88]と，県政の大ボスである元有力県議の議員[89]の2パターンである。

---

87) 例えば，熊谷組社長で自民党福井県連会長を計27年間務めた熊谷太三郎は，1992年参院選で系列県議の山崎正昭を後継指名した（『読売新聞』1992年1月13日，全国版）。

88) 例えば，1965年埼玉県選挙区に出馬した土屋義彦は，叔父の上原正吉参院議員（大正製薬社長）が選挙を支えており（土屋1998: 94-98），公認獲得も上原の政治力が背景にある。また先述の熊谷太三郎は，1965年参院選時に県連が現職・高橋衛でなく元職・小幡治和（1962年参院選で熊谷に公認を奪われた）を推薦したことを受け，県連を高橋支持でまとめて，党執行部による逆転公認の素地を作った（高橋衛伝記出版の会編1990: 390-391, 461; 熊谷1980: 333-340）。また1959年石川県選挙区では，丸越百貨店創業者・金沢商工会議所元会頭の林屋亀次郎参院議員が，鳥畠徳次郎県議（金沢商工会議所常議員）を擁立し当選に導いた（北國新聞社編1974: 183-186）。

89) 例えば，菅野儀作参院議員は，県内の有力衆院議員（水田三喜男・山村新治郎ら）と対立しながらも，系列県議の高橋誉冨（菅野儀作先生遺徳顕彰会編1983: 108）と井上裕（衆院1期を挟む，第4章第6節第2項の倉田寛之のケースを参照）を参院に擁立した。また，宮崎県の上杉光弘参院議員（参院平成研会長）は，2001年参院選に際し，対立する江藤隆美衆院議員（志帥会会長）に接近した長峯基参院議員を公認候補から降ろして，系列県議の小斉平敏文を擁立し当選させた（『朝日新聞』2001年7月20日，全国版）。

市町村長・政令指定都市の市議団

次に，県議・知事以外の地方政治家の影響力について検討する。まず，市町村長が発言力を持つことは少ない。市長会や町村会として関与する形になるが，一部に非自民系首長（党派性の推移は平野 2012 を参照，自民単独支持の市長は第 2 期以降に減少）や，（自民系でも）会として推薦する候補と不仲な首長が含まれるため，1 つの集団としては動きづらい（補論 2 ケース 2 を参照）。また県議団とは異なり，互いに接する機会が少なく，結束が弱くなる面もある。但し，一部の事例では関与を確認でき，どちらかと言うと町村長の方が積極的だが（農村部の方が自民党色が強いため），決定的な影響力を行使できるケースはやはり少ない。実際に（県議出身ではない）町長が擁立された事例を見ると，1974 年大分県選挙区の岩男頴一湯布院町長（補論 2 ケース 2 を参照），1977 年大分県選挙区の衛藤征士郎玖珠町長（清原 2003: 99-105），1989 年岩手県選挙区の村田柴太大迫町長[90]は，いずれも地元の有力衆院議員が主な擁立主体である[91]。なお，市長会が擁立を主導した例外的事例としては，1976 年奈良県参院補選（堀内俊夫天理市長）が挙げられるが[92]，補選で時間的猶予がなかったため，県議団（県連会長も県議）が内部から選べず，市長会・町村会に擁立を委任したという特殊な経緯がある（堀内は県議出身であり県議団も受容しやすかった）。

一方，政令指定都市を抱える道府県では，党県連内でその市議団の地位が高く，（党「市連」所属の衆院議員と協働しながら[93]）候補者選定で一定の影響力を行使し得る。名古屋市議の大島慶久（市議団幹事長），京都市議の二之湯智（県

---

90) 地元では鈴木善幸と小沢一郎が鎬を削っており，両者が系列県議から擁立しようとして調整がつかなかった経緯がある。『岩手日報』1988 年 6 月 1 日を参照。

91) 第 3 章で挙げた岸宏一元金山町長（1998 年山形県選挙区）は，例外的に町村会が擁立を主導したケースである。岸は 1993 年県知事選で自民党本部の推薦候補に対する市町村長の反対運動を主導し，加藤紘一らを抑えて，関係の近い候補（高橋和雄）を当選させたという特殊な経緯がある。『朝日新聞』1998 年 6 月 14 日（山形版）を参照。

92) 擁立の経緯は『奈良新聞』1976 年 8 月 23 日を参照。堀内の支持基盤が市町村長であることは，1989 年参院選で県議団（県連会長も県議）に降ろされた際，特に県内市長が強く反抗したことからも窺える。『朝日新聞』1989 年 7 月 10 日（全国版）を参照。

93) 川崎市議の小泉昭男を，川崎市議団や川崎市選出の衆院議員が支援している様子は，『毎日新聞』2004 年 6 月 11 日（神奈川版）を参照。

連幹事長），川崎市議の小泉昭男（元全国市議会議長会会長）のように，その市議団の代表者が擁立される例も見られる。また，市議の擁立は難しくとも，1989年京都府選挙区（次章の補論ケース2を参照）や1995年愛知県選挙区[94]のように，現職降ろしの過程で大きな役割を果たすことはある。

商工会・経済界

政府の政策的保護を受ける業界団体では農協の発言力が群を抜いているが，古くは県商工会連合会（中小企業から構成），最近では（第3章第1節第2項で述べた通り）県医師会の影響力が一定程度確認できる。前者について補足すると，ほとんどの商工会系議員は，福岡日出麿（1974年佐賀県），佐多宗二（1975年鹿児島県補選），工藤万砂美（1983年北海道，工藤万砂美事務所1984）のように県議出身者であり，農協のように非県議の専従職員を当選させられる集票力は持たない[95]。また，これらの商工会系議員はそれぞれに特殊な条件下で国政進出を果たしており[96]，商工会の影響力は割り引いて評価する必要がある。

一方，農協には及ばないものの，県連整備前の第1期に一定の発言力を持っていた利益団体が県の経済界（県商工会議所や県を代表する大企業など）[97]である。第1期には県連に資金力がなく，多額の資金を提供できる経済界が影響力を行使しやすかった。第1期の参議院選挙区には，県経済界の重鎮でもある議員が多かったが，県経済界はこれら財界人の出馬を支援（時に主導）した。また，宇部興産社長の中安閑一が義弟の二木謙吾県議を，大正製薬社長の上原正吉参院議員が甥の土屋義彦県議を擁立したように，県を代表する大企業の経営者が親戚を擁立するケースも見られる（第5節第1項を参照）。

但し，政治と一線を画そうとする経済人も多く，経済界はそこまで表立った

---

94) 『朝日新聞』1994年6月7日（名古屋版）。

95) 非県議の団体幹部が当選した例としては，1959年東京都選挙区の鮎川金次郎（中小企業政治連盟青年婦人局長）が挙げられるが，全国区から出馬した父・鮎川義介参院議員のコートテールの要素を多分に含んでいる（金次郎の選挙違反容疑で共に議員辞職）。

96) 福岡は小原嘉登次県議会議長が後任議長の座を奪われたくなくて参院に棚上げした（第5節第3項）。佐多は県議会議長を連続4年務めれば参院に転出できるという鹿児島県特有の慣例（『朝日新聞』1983年3月23日，全国版）に従った（佐多1994: 48-49）。工藤は定数が大きい北海道の特質に支えられ，定数4の4位で当選した。

97) 中央財界が党執行部に働きかける例外的事例もある（補論2ケース4を参照）。

介入を行わない傾向にある。県経済界が本腰を入れるのは，社会主義勢力の伸長（第1期前半に特に強く関与した理由）や，競合企業の台頭により，自らの核心的利益が脅かされる場合である。後者の例を示すと，1968年石川県選挙区では，改選の林屋亀次郎参院議員に対して，益谷秀次ら県政主流派が安田隆明副知事を無所属で擁立し勝利した。林屋が名古屋鉄道など中京経済界の石川県内進出を進めたことに，金沢を中心とする地場資本が反発し（林屋が創業した丸越百貨店は1960年代に名鉄との資本提携を進めていた），益谷らに対抗馬擁立を働きかけたという経緯がある（北國新聞社編1974: 272-276; 角間1989: 264）。

参議院自民党幹部

　参議院自民党の幹部では，青木幹雄参院議員会長が一定の関与を行ったが，自ら独自候補を擁立したわけではなく，調整役など黒子に徹していた。例えば，第4章の注26で紹介した通り，現職の推薦を県連に依頼したり，党執行部を牽制して県連の選定権を保護したりするくらいである。

　また第1期も，当時党内で権勢を誇っていた重宗雄三[98]参議院議長が，候補者選定に強く関与した形跡は確認できない（松野鶴平参議院議長も同様）。重宗を議長の立場から排除した河野謙三らの「桜会」や参議院三木派も，重宗批判の対象は，人事権の独占・強引な議会運営・横柄な態度であり（河野1978: 16-19; 初村1990: 141-142; 石原1999: 162-186; 竹中治堅2010: 136），管見の限り，参院選での候補者選定に言及した記録は見当たらない。青木との比較で言えば，「議長」に求められる中立性が足枷となった可能性がある[99]。

98）　重宗は，第3期の参院執行部以上に，政府・党・議会のポスト配分に強く関与していた（河野1978: 16-19; 竹中治堅2010: 115-116）。また「派閥会長」（清新クラブ・清風クラブ）として資金提供もしていた（『読売新聞』1970年12月13日，全国版）。河野謙三によれば，ポストを与えられた参議院議員は，重宗に御礼で金を持っていく慣例があったという（河野1978: 17-18）。

99）　1964年（重宗の参院議長在任中）に，衆参両院議長が選挙対策委員会の一員に加えられた際には，前尾繁三郎幹事長など党内からも「国会の長」である議長が選挙に強く関わることに批判が出ている（『読売新聞』1963年8月31日・1964年9月2日，いずれも全国版を参照）。

補論 2　候補者選定過程の事例：第 1 期

　補論 2 では，第 1 期の候補者選定過程で強い影響力を持った政治アクターが，県議の国政進出を阻止した典型事例を紹介する。ケース 1 は友好派閥（系列）の衆議院議員，ケース 2 は敵対派閥の衆議院議員，ケース 3 は農協，ケース 4 は党執行部，ケース 5 は派閥オーナーが影響力を発揮した事例である。

ケース 1：友好派閥の衆議院議員の壁

　本ケース（1974 年鳥取県選挙区）は，国政進出を目指す県議にとって最初の関門である友好派閥の（本事例では系列関係の）衆院議員が出馬の障壁となる事例である。ページ番号のみを示した場合には，土谷栄一県議が日記を基に執筆した回顧録（土谷 1981）のページ番号を指す。事例の基本的な流れは，この回顧録の他，『日本海新聞』1974 年 1 月 1・17・22 日を参考にした。

　土谷栄一県会自民党会長は 1974 年参院選に際し，多選回避の意図もあって（pp. 786-787），石破二朗知事（4 期）に出馬を打診する。しかし，石破は知事続投を希望し，その後の県議団による正式な打診にも同様の回答だったため（pp. 787-790），県議団は内部から擁立する方針を固めた（p. 790）。石破は相沢英之大蔵事務次官の出馬を望んでいたが[100]，土谷は天下り候補を許容できないと考えており（p. 786），その後の選対小委員会（1973 年 8 月中旬）でも，県議団は衆院議員側に県議擁立（最本命が土谷との旨）の方針を示した（pp. 792-795）。

　しかし，衆院議員側は土谷など県議の擁立に難色を示す[101]。特に抵抗したのが，土谷の系列の親分で，土谷が選挙参謀長を務めてきた県連会長の赤沢正道衆院議員であった。1973 年 8 月末に赤沢は，参院選の候補者決定に関わる総務会を土谷に相談なく独断で無期延期し，裏で国鉄自動車局長（前米子鉄道管理局長）・手島文雄の擁立を進めようとした。徳安実蔵衆院議員もこの時期に

---

100)　石破自身が相沢に再三出馬の働きかけを行っていたことが，相沢の証言から確認できる（石破二朗回想録刊行会編 1982: 246）。

101)　県内衆院議員の基本情報を記す。1972 年衆院選後には，赤沢正道（当選 9 回，三木派），徳安実蔵（当選 9 回，水田派），島田安夫（当選 1 回，福田派）の 3 人がいた。落選中の元議員には古井喜実（当選 8 回，元松村派）がいる。

赤沢の意見が毎日変わることへの怒りをあらわにしている。赤沢が土谷擁立に反対した主な理由としては，本人が度々土谷に指摘する「選挙の弱さ」が挙げられる（p.793）。特に赤沢が問題視したのが土谷の資金力不足であり（p.800），県内代議士から支援を受けるのに縦割りで3000万円ずつ流す必要があるが，これだけの資金を用意できないのが弱みだと土谷本人に伝えている[102]。

　県議である土谷の選挙の弱さは党執行部の懸念材料でもあった（pp.795-797）。9月上旬に，赤沢と島田が党執行部と接触して意見交換をしたところ，土谷の当選可能性への危惧が党執行部から伝えられ（当時は地価・物価の高騰で内閣支持率が低下），相沢か手島の線で検討することを要請される。党執行部が憂慮していたのは，高齢県議ではムードが高まらないこと，そして土谷の支援に非協力的な県議が存在していたこと（主に地盤ではない東部の県議[103]）である。そして9月半ばに入ると，ついに党執行部（橋本登美三郎幹事長）が土谷降ろしに動いた（pp.798-800）。

　党執行部の強硬な態度に違和感を覚えた土谷は，関係が深かった島根の桜内義雄衆院議員を通じて竹下登副幹事長とコンタクトを取り，党執行部の思惑を調査してもらった。すると，党執行部は土谷の公認を拒否しているわけではなく，鳥取県内の衆院議員が選挙に弱い土谷の擁立に反対しており，その意向に配慮せざるを得ないのだという。この裏事情を聞いた土谷が赤沢に激怒すると，赤沢は図星を突かれた様子で，土谷の資金力不足（先述）を挙げつつ，土谷に候補者適格がないと反駁した。なお，相沢英之によれば，田中角栄首相は信頼する相沢を擁立するため，鳥取県連に多額の資金提供をしていたというので（相沢2021: 352）[104]，地元の意向に合わせたという竹下の発言を額面通りに受け取ることはできない。党執行部と赤沢正道の「合作」といった線が実態に近いだろう。

---

102)　一方，県連関係者によると，石破の候補者としての魅力は，知事で知名度があり選挙に金がかからないことだという（『朝日新聞』1973年11月23日，全国版）。

103)　東部に地盤がある徳安や落選中の古井（p.797）は土谷の出馬に協力的であるため，土谷の回顧録にも記述されている通り，東部県議の抵抗は，石破知事（鳥取市など東部が地盤）による働きかけが主因であると推測される（p.815）。

104)　田中は赤沢県連会長に対して，相沢で県内をまとめるよう，少なくとも6000万円を渡したという。それでも相沢は「県内一の実力者」である土谷（しかも相沢の地盤である米子市の県議）が出馬に反対する状況では戦えないため，出馬を断ったと話す。

結局土谷は折れ，赤沢県連会長と橋本幹事長に出馬辞退の意向を伝えたが（pp. 800-802），その条件として，県内国会議員と党執行部が石破知事を擁立することを要求した。この申し出は認められ，田中角栄首相が直接石破を説得した（pp. 802-803）[105]。最終的に石破は受諾をし，参院選に出馬して大勝する。

ケース2：敵対派閥の衆議院議員の壁

本ケース（1974年大分県選挙区）は，県議が系列の親分など友好派閥の衆院議員から支援を得ていながら，敵対派閥の衆院議員の反対によって出馬が叶わなかった事例である。自民党大分県連では，1973年2月に県連総務会が開かれ，次期参院選で新人候補を擁立する方針が打ち出された。同年4月20日に，東京では国会議員と県議団幹部で役員会，大分市では県議の議員総会が開かれ，候補者が首藤健次県議（県連副幹事長）と岩男頴一湯布院町長に絞られる[106]。この時点では首藤が県連関係者の現役県議であること，しかも主流派である佐藤文生の系列県議（主流派の頂点は村上勇県連会長）であることから，選考レースで有利と見られていた[107]。

しかし，佐藤色の強い首藤に対しては，非主流派の西村英一・広瀬正雄・羽田野忠文衆院議員が難色を示した（清原 2001: 314）。また，前回参院選で自民党が敗北したこともあり，高い集票力が見込まれる岩男を必勝のコマとして推す声が強かった[108]。岩男頴一は湯布院を全国的な観光地にまで押し上げた功

---

105) 田中は派閥総会で首相退任の挨拶をした後に，石破に対し「石破君，君には無理を言って出てもらったが，こんなことになって，君に報いることが出来ない。石破くん済まなかった」と声を掛けている（石破二朗回想録刊行会編 1982: 608）。

106) 候補者が絞られるまでの過程は『大分合同新聞』1973年4月13日に詳しい。

107) 衆議院議員だと村上勇と佐藤文生が主流派であり，西村英一と広瀬正雄が反主流派，羽田野忠文が中間派であった（清原 2001: 337-342）。主流派（旧自由党系）の村上県連会長（県連役員の多くも村上系）は立木勝知事と近く，立木が1975年に再出馬した際には県内衆院議員で唯一明確に支持を表明した。なお，県連会長には16年もの間，村上系県議の岩崎貢が就いていたが，1971年参院選で藤巻敏武（村上の元秘書）が敗北すると，責任をとって会長職を西村に明け渡す（主流派の抵抗が激しく1年半で村上に返上）。西村は村上・岩崎と官僚派—党人派の対立関係にあり（西村は元鉄道・運輸官僚），一応は同じ旧自由党系として関係を維持していたが，村上・岩崎が佐藤文生を2区に擁立すると，関係が急激に悪化した（Curtis 1971=2009: 54）。

108) 『大分合同新聞』1973年4月21日・6月8日。

績があり，県町村会長・県観光協会長として町村会からの強い支援が見込まれた。同時に，県の農協幹部かつ医師でもあって，農協・医師会の援護も期待できた。党県連の陳情処理システムが未発達の第1期には首長や業界団体の支援は自明ではなく，これらは大きな強みとなった。なお，岩男は湯布院のある衆院1区・広瀬正雄の有力な支持者であり，候補者選定でも広瀬が岩男を強く推して，西村が間接的に岩男支持の構えをとっている（羽多野は中立）[109]。

　その後，候補者は県政の両雄・村上と西村が調整して決めることとなった[110]。この調整の間に，各候補の支持勢力が外野で気勢を上げた。まず1973年5月21日に県の町村会は，理事会で会長・岩男の支援を全会一致で決定した[111]。革新系の首長がいるために総会での機関決定には至らなかったが[112]，町村長の大多数が岩男支持であったという。このような町村会の動きに対抗して，市長会は八坂善一郎副会長（杵築市長）が中心となり，首藤支持の方向でとりまとめた[113]。日田市の畑英次郎市長（後に広瀬正雄の後継として衆院選出馬）のように岩男支持の市長も存在するため，機関決定はできなかったが，6月1日に有志の市長による決議という形をとった。さらに，県議団も6月2日の県議団総会で副議長の麻植敏秀（佐藤文生系列）が首藤の推薦を緊急提案し，反対意見が出なかったことで，これを「総意」とし，大勢として首藤支持が決まる[114]。

　村上・西村の調整後，1973年6月8日に東京で代議士会と県連五役の合同会議が開かれた。そして話し合いの末，最終的に岩男を擁立する方向で進める運びとなった[115]。最終的な決定とはせず，保守分裂にならないよう首藤の自主的な取り下げを促すこととなり，村上の説得を受けた首藤は8月に辞退を表明した[116]。対立のしこりは残らず，選挙は岩男がそのまま勝利した。

　村上・西村ら代議士会が岩男を選んだ理由は主に2つあり，どちらも首藤が

109）『大分合同新聞』1973年6月3日。
110）『大分合同新聞』1973年5月20日。
111）『大分合同新聞』1973年5月22日。
112）『大分合同新聞』1973年6月10日。
113）『大分合同新聞』1973年6月2日。
114）『大分合同新聞』1973年6月3日。
115）『大分合同新聞』1973年6月8日。
116）『大分合同新聞』1973年8月12日。

県議であることが関係している[117]。1つ目は，系列関係から佐藤色が強い首藤では，反主流派の衆院議員から十分な支持を見込めなかったことである。特に，前回参院選で主流派が，村上色の強い村上の秘書を強引に擁立し敗北していたため，今回は非主流派の番だという雰囲気があった。なお，佐藤は運輸政務次官の仕事が多忙だったことに加え，系列の首藤を積極的に推すと敵対派閥の衆院議員から警戒されるため，首藤公認の工作を十分に行えなかったという（村上勇も県連会長ゆえに中立の立場を取らざるを得なかった）。

　2つ目は，端的に首藤よりも岩男の方が選挙に強かったことである。首藤と岩男の選挙の強さを比較したとき，県連が未整備の状況では，町村長や農協・医師会を直接動員できる岩男が優っていた[118]。前回参院選で敗北していたことに加え，田中内閣の不評により，今回は候補者の集票力が特に重視されていた。当時は都議選での苦戦が予測されていたが，国会議員は東京にいることで県議以上に選挙に危機感を持ちやすかったという。

ケース3：農協の壁

　本ケース（1962年熊本県選挙区）は，自民党公認候補の2枠目を有力県議（荒木豊雄）と農協専従職員（園木登）が争い，集票力で勝る農協側が勝利した事例である[119]。まず，県政における荒木豊雄の独特のポジションについて説明する（補図6-1を参照）。戦後熊本県政に大きな禍根を残した1959年知事選（桜井三郎知事 vs. 寺本広作候補）の火種は1957年県議会議長選挙に遡る（南1996: 89-90；二神1990: 57-61）。この議長選では，元々旧自由党系と旧民主党系で分け合ってきた議長・副議長ポストを旧民主党系が独占した。このとき，旧民主党系勢力の一部（荒木豊雄県連幹事長代行ら）が旧自由党系と組み，敗北している。そして，旧民主党系の勝利したグループが院内交渉団体の「公友会」を結成し（「自民党県議団」から独立），党の事実上の分裂が始まった。

---

117)　以下の記述は，『大分合同新聞』1973年6月3・8日を参照。
118)　第7章第3節第4項で扱う1983年大分県選挙区では，県議出身候補の選挙の弱さが問題とされる様子は確認できない。県連組織が発達したことが影響していると考えられる。
119)　以下の記述は，荒木から特ダネ（南1996: 102-104）を得るほど食い込んだ『熊本日日新聞』記者執筆の県政史（南1996）と，園木登の選挙参謀（坂田1964: 234）に加わったジャーナリストによる園木の評伝（坂田1964）に多くを負う。

補図 6-1　1959 年熊本県知事選における自民党県議団の対立構図

```
┌─────────────────────────┐
│　　桜井三郎（現職知事）　　│
└─────────────────────────┘
```

「統一派」：桜井を支持する旧民主党系県議（公友会・県政懇談会がベース）
　　　　　　（農協・町村会が支援）

vs.

```
┌─────────────────────────┐
│　　寺本広作（新人）　　　　│
└─────────────────────────┘
```

「県連派」：反桜井の旧民主党系県議（荒木豊雄が中心）＋旧自由党系県議
　　　　　　（旧自由党系の松野親子を中心に大半の国会議員が支援）
→知事選に勝利した寺本知事は荒木と距離を置く
　そして「統一派」の中心人物である園田清充県議（県連幹事長）に接近

　その後，農業団体（中心人物の 1 人が県販購連会長の園木登）が，予てより支援してきた桜井三郎知事の四選支持を表明すると，荒木らを中心とする「自民党県議団」[120]は桜井の四選に反対の意を示す。それに対して，旧民主党系県議の一部が桜井（旧民主党系）の支持を表明して「県政懇談会」を結成し，「自民党県議団」から分裂した（南 1996: 99）。そして，同じ旧民主党系の「公友会」と合流し，荒木ら県連執行部に反発する旧民主党系グループ（「統一派」）が生まれる（南 1996: 101）。それ以外の旧民主党系（荒木を含む）と旧自由党系は「県連派」と呼ばれ，元労働事務次官の寺本広作参院議員を擁立し（党公認は寺本），大多数の国会議員の支援を受け，桜井と「統一派」に勝利した[121]。

　この知事選で旧民主党系でありながら勝利した荒木は，直後の県議会選挙で，知事選勝利の余勢を駆り，配下の県議を大幅に増やした（南 1996: 150-151）。寺本を推した旧自由党系と旧民主党系一部からなる「県連派」は，知事権力を背景に，県議を 16 人から 32 人まで倍増させ，対立勢力は大幅に議席を落と

---

120)　県連会長である旧自由党系の野上進県議や，県連幹事長である旧民主党系の園田清充県議は，県連や議会における混乱の責任を取って辞表を提出しており，幹事長「代行」である荒木が県連内で大きな権力を保持していた（南 1996: 104）。

121)　国会議員は旧自由党系の松野鶴平・頼三親子を中心に，公認を得た寺本を支援するものが多く，特に桜井に紐付き融資事件が判明して以降は，ほとんどの国会議員が寺本支持を鮮明にした（南 1996: 122）。桜井側は，造反した旧民主党系や農業団体の他，町村会（桜井の選挙長は会長の河津寅雄，坂田 1981: 165）が支援を行った。最終的に寺本が辛勝するが，（政治の臭いがする）選挙期間中の摘発がなければ桜井が勝利していたと予想され，選挙後も県連は長く引き裂かれたままであった（1959 年参院選も両派は争う）。

補論 2 候補者選定過程の事例：第 1 期　　　　199

補図 6-2　1962 年熊本県選挙区の対立構図（自民党）

林田正治（現職）

①寺本広作知事　②旧自由党系（松野鶴平・頼三や野上進, その系列県議）
⑤旧民主党系の知事派県議（園田清充など「統一派」。園田直・野田武夫系県議を除く）

vs.

荒木豊雄（出馬希望）

③旧民主党系の「荒木兵団」（県議）
④旧民主党系の知事派衆院議員（園田直・野田武夫, 二神勇雄など両者の系列県議）

vs.

園木登（出馬希望）

⑥旧民主党系の桜井元知事派（藤田義光・大久保武雄, その系列県議）　⑦農政連

した。この 32 人の内, 野上進を中心とする旧自由党系の県議は 17 人[122], 荒木系の県議が 13 人, 中間派が 2 人である。これ以降, 荒木は県議の独自派閥として, 通称「荒木兵団」を組織し, これを基盤にして参院選の出馬を目指した。

　ここでポイントとなるのが, 1962 年参院選時には, 荒木と寺本知事の間に亀裂が生じていたことである。1960 年に「荒木兵団」所属の県議が汚職事件（「分収林事件」）を起こし, 県政刷新を眼目とする寺本は汚職を庇うことを拒んだ（寺本 1976: 192-194, 219-222; 南 1996: 197-199）[123]。荒木と距離を置き始めた寺本は, 1959 年知事選で基盤となった「県連派」から, 元々対立していた旧民主系の「統一派」に軸足を移しつつあった（坂田 1964: 190-191; 南 1996: 244）。具体的な人名としては, 衆議院議員の園田直・野田武夫, 県議の園田清充（県連幹事長）を頼りにしつつあった。特に「統一派」の中心人物である園田清充は,「県連派」の荒木と元々ライバル関係にあり, 寺本に急接近する（寺本 1976: 221-222; 南 1996: 92-93, 244）。

　以上を基に, 1962 年参院選時点での自民系勢力を 7 つに分類すると（補図

---

122)　同じ県連派ではあるものの, 野上と荒木は対立を深めていた（南 1996: 152-153, 188）。荒木の公認獲得運動において, 旧自由党系の県議グループ（野上は 1960 年に参院選補選に出馬し当選）が支援を行った形跡は確認できない。

123)　寺本は合理主義的な実務家型であり, 利権型の荒木（坂田 1964: 215）とは相性が悪かった。荒木は資金集めに協力しない寺本に以前から反発していた（南 1996: 244）。

6-2 を参照)，①寺本広作知事 ②旧自由党系（松野鶴平・頼三や野上進参院議員，その系列県議など）③旧民主党系の「荒木兵団」④旧民主党系の知事派衆院議員（園田直や野田武夫など）⑤旧民主党系の知事派県議（園田清充など「統一派」）⑥旧民主党系の桜井元知事派（藤田義光・大久保武雄などの衆院議員，その系列県議）⑦農業者政治連盟に分けられる。

　この内，新人公認レースで荒木を主に支えたのは，③荒木兵団，④園田直・野田武夫（坂田 1964: 214-215）[124]，そして⑤から離反した二神勇雄ら園田直・野田武夫の系列県議（中心は荒木と近い園田直系列の二神系グループ 8 人，坂田 1964: 200）である（荒木兵団 10 人と二神系 8 人の計 18 人は「民友会」という会派を組織していた[125]）。一方，園木登の擁立を主導したのが，⑥反知事派（桜井系）の旧民主 ⑦農政連である。河野一郎農相が自由米構想に言及し全国の農協が逆鱗した 1961 年夏，熊本県農政連でも内部候補を擁立する方針が打ち出され（坂田 1964: 200），県販購連会長・全購連副会長を務めた園木に白羽の矢が立った[126]。県議で園木を支援するものは少なく，荒木の半分程度だという（坂田 1964: 214）。

　公認争いの舞台は，分裂状態にあった県連（統一は 1962 年 6 月）ではなく，党中央であった。ここでは派閥の支援が大きな意味を持ち，荒木は園田直・野田武夫が属する河野派（坂田 1964: 214-215），園木は他の多くの農協代表と同様に三木派（藤田義光も三木派）の援護を受けた（坂田 1964: 204-210）。最終判断は首相・幹事長に一任され，園木が公認された。池田勇人首相は当選可能性が高かったから園木を公認したと説明している（坂田 1964: 219）。園木は無所属でも出馬する予定だったため，荒木を公認した場合，有力な保守系候補が 3 人も立ち，社会党現職議員の当選がほぼ確実となることから，自民党が 2 枠独占をできなくなる（集票力で劣る荒木は非公認なら出馬辞退が予想された）。第 1 期の

124)　当時，荒木や二神らは旧民主党系の結集を園田や野田に働きかけており（寺本 1976: 220-222），これに応えたものと言える。園田直は旧民主党系の結集により，松野ら旧自由党系への対抗を狙っていた（南 1996: 155）。また，野田（神奈川 2 区）は熊本県内の選挙区への「お国入り」を目指していた（寺本 1976: 221）。

125)　荒木の支持基盤については，『熊本日日新聞』1962 年 4 月 28 日に詳しい。

126)　園木を県販購連会長に抜擢したのが農協改革に取り組む桜井知事であり（坂田 1964: 88-90），2 人は農協再建の盟友であった。1959 年知事選で桜井が敗北してからは，寺本知事が農協の役員人事に介入し，園木の排除を図っている（坂田 1964: 113-118）。

補論 2　候補者選定過程の事例：第 1 期　　　　　　201

参議院地方区における中選挙区部分での候補者選定では，支援する衆院議員・県議の数で優っていても，県議は農協に対抗できなかったのである。

ケース 4：党執行部の壁

　本ケース（1971 年山梨県選挙区）は，党執行部が新人候補として官僚擁立を主導し，県議の国政進出が阻まれた事例である[127]。山梨県連は，1971 年参院選の候補者の条件として，①現職県議 ②党功労者 ③当選が可能な人物，の 3 つを決定した[128]。そして①現職県議（県議会議員会長，元県議会議長）で，田辺国男知事系の県政主流派に属する中村太郎の擁立に意見が集約されていく。田辺は 1967 年 1 月末に県政を二分する知事選に勝利して以降，多くの県議を傘下に収めたが[129]，中村は田辺の「三羽ガラス」の一角として（斎藤 1986: 298, 310），知事の強力な後ろ盾を得られた。

　中村擁立を目指す主流派県議団および田辺知事の壁となったのが，佐藤栄作首相以下，党執行部である。特に田中角栄幹事長は，農林漁業金融公庫総裁（前農林事務次官）の大沢融を擁立するよう県連に強い圧力をかけた。大沢は「財界四天王」の一角である永野重雄の兄・護の娘婿であり，永野重雄や同じ「四天王」の小林中（山梨県出身）ら財界が大沢擁立を求めていた[130]。なお，当時の党執行部の発言力を支えたのが，中央政府の予算・許認可における権限である。田辺知事（衆院議員時代には川島派）の後ろ盾であった川島正次郎副総裁が死去したことで，県連内では党中央とのパイプを再構築するためにも，田辺知事は田中幹事長に従うべきとの意見が出ていた[131]。

---

127)　情報源としては，『山梨新報』のベテラン記者（40 年間地方政治の現場を取材）が執筆した県政史（斎藤 1986）と（『山梨新報』と彼らないように）『山梨日日新聞』を併用する。

128)　『山梨日日新聞』1971 年 2 月 4・6 日。

129)　田辺知事は，就任直後の県議選で自らの支持会派（「同志会」）を大幅に増やした（斎藤 1986: 294）。前知事を支持した県議は，冷や飯を食わされることを見越して引退者が続出した。同志会が 21 人，中立の新興会が 3 人，金丸と近い県政野党の自民党系会派が 6 人である。その後，同志会が他会派を吸収し巨大な県政与党ができて，会派一本化が実現する（斎藤 1986: 304）。この構図は 1971 年県議選後も同様である。

130)　『山梨日日新聞』1971 年 2 月 6・8・27 日。小林は初代の自民党山梨県連会長に打診されていたほど県政に食い込んでいた（斎藤 1986: 206）。田中角栄と永野・小林ら財界の深い関係については，菊池（2005: 第 2 章）に詳しい。

131)　『山梨日日新聞』1971 年 2 月 8 日。

ここで，党執行部が山梨県連と交渉をする際に頼りにしたのが同県の衆院議員である[132]。特に佐藤・田中と同派の金丸信は党執行部側に立って，大沢擁立の方向で調整を進めた[133]。1967年知事選では金丸が担いだ天野久知事が田辺国男に敗れたため，金丸は反主流派であったものの，30人の県議の内，12人が金丸系列で，県議団の意向に一定の影響力を持っていた[134]。なお，金丸は調整の過程で田辺知事と直接面会して協力を依頼しており[135]，県議団の中村擁立の動きには田辺の意向が関係していることが窺える。

県議団は大沢擁立論に強く反発した。大沢は父親が山梨出身（八代郡御代町）で本籍は山梨だが，東京生まれ・東京育ちで府立一中・一高・東大・農林省と進んでおり，県となじみが薄かった。金丸系県議の署名は遅れたが，最終的には中村太郎と熊谷利三郎県連幹事長を除く，全ての自民党県議が中村推薦の署名を行い，党執行部と対峙した[136]。しかし直接交渉の結果，県議団は田中幹事長や小林中に従わざるを得ず[137]，中村は次の参院選に回り，大沢が公認される運びとなった（斎藤 1986: 318）。肝心の選挙結果は大沢の敗北であり，対立候補の神沢浄（社会党）が初当選を果たす。『山梨日日新聞』の総括記事[138]や斎藤（1986: 318-319）によると，主な敗因として，大沢が県議団の反対を押し切り強引に擁立されたため，地元から十分な支援を得られなかったことが挙げられている[139]。党執行部主導で擁立された落下傘候補の弱点はまさにこの点にあった。

---

132) 県内の説得役としては，現役の厚生大臣で田辺・金丸と等距離（斎藤 1986: 273）の内田常雄も動いており（『山梨日日新聞』1971年2月8日），他派閥だとしても入閣者は党執行部の意向に従いやすくなる可能性がある。一方，知事選に出馬した田辺の後継・中尾栄一（斎藤 1986: 288-289）に関しては，同様の動きが確認できない。

133) 『山梨日日新聞』1971年2月9日。

134) 『山梨日日新聞』1971年2月12・16日。

135) 『山梨日日新聞』1971年2月10日。

136) 『山梨日日新聞』1971年2月12・16日。

137) 『山梨日日新聞』1971年2月17日。

138) 『山梨日日新聞』1971年6月28日。

139) 他にも，神沢が田辺県政誕生の功労者であり（社会党は県政与党），田辺系が敵視しづらかったことも挙げられる。神沢は田辺が天野知事を倒したときの刷新連事務局長であり，田辺が勝利した1971年知事選でも革新陣営を田辺推薦でまとめた。

ケース 5：派閥の壁

　本ケース（1977 年静岡県選挙区）は，同士討ち選挙の候補者選定に中央の派閥幹部が関与し，現職を公認して，新人県議の国政進出が阻まれた事例である[140]。この参院選では，現職の川野辺静（地盤は静岡市など県中部，経歴は医師・元静岡市議・元党県連婦人部長）が再選を目指した。しかし，山本敬三郎知事を擁する県政主流派の県議団（主に県西部と東部）は，1974 年知事選[141]で川野辺など県中部の政治家が野党と組んで対立候補（永原稔）を応援したことを問題視し，川野辺降ろし（既に県連からは除名）と県議擁立を図る。

　1976 年 7 月時点で川野辺以外に，3 人の新人が公認申請を行った。藤枝市部（中部）が元 NHK アナウンサーの大塚利兵衛を，浜松支部（西部）が元通産官僚（前中小企業庁施策普及室長）の熊谷弘を，県東部の県議（15 人）が県連組織委員長・杉山憲夫（当選 3 回，駿東地区，元清水町議）を担いだ。杉山らとしては，川野辺を降ろした上で，同じ主流派の西部・熊谷と共に公認されることを望んでいた[142]。その後県連と党本部で調整が行われたが（大塚は早々に辞退），決着がつかずに党本部一任となった。

　この党本部裁定で大きな意味を持ったのが派閥内調整である。中選挙区での同士討ちとなるため，選挙では派閥の支援が必要であり，派閥幹部の意向が候補者選定を左右した。現職の川野辺は田中派所属だが，杉山も田中派の斉藤滋与史衆院議員の系列県議として，同派からの出馬を希望していた。杉山は陳情を通じて田中角栄と親交はあったものの，公認レースで主な後ろ盾となったのは元々親しかった金丸信であり，田中との距離では現職の川野辺に及ばなかった。最終的に，党本部の総務会で西部・熊谷[143]と中部・川野辺が公認される。

---

140)　主な情報源は，杉山憲夫への聞き取りに基づく伝記（大下 2003: 103-111）と静岡県連が編纂した県連史（自由民主党静岡県支部連合会編 1980），『読売新聞』1977 年 2 月 21 日（全国版）である。

141)　1974 年知事選に関しては，柴田（1995: 184-189）や自由民主党静岡県支部連合会編（1980）を参照。竹山祐太郎知事が国立医科大学の建設地を静岡市から地元浜松市に強引に変更したため，静岡市など中部の政治家（県議や静岡市議，高見三郎・神田博・斎藤寿夫・川野辺静など国会議員）が野党と組み，竹山の後継候補と戦った。

142)　大下（2003: 103-104）や『読売新聞』1977 年 2 月 21 日（全国版）を参照。

143)　党本部における最終局面については，『静岡新聞』1977 年 2 月 23 日を参照。

金丸の話では，川野辺が田中角栄に公認を求めて泣きつき，田中が友好派閥の宏池会・大平正芳幹事長に働きかけて川野辺が公認されたという（大下2003: 107）。一般的に派閥オーナーとの距離は新人より現職国会議員の方が近くなると考えられ，特に川野辺の場合は，田中派が佐藤派（参議院では佐藤・福田系の清風クラブ）から独立した際の初期メンバーとして，派閥への貢献度も高かった（後日杉山には田中角栄本人から謝罪の一筆が届いたという）。

　また，現職として川野辺の方が選挙に強かったことも，候補者選定で有利に働いた。集票力不足で無所属出馬が困難な県議の杉山に対し[144]，川野辺は組織票（婦人団体・医師会）[145]や女性票，現職としての知名度により，無所属出馬が可能であった。実際に，公認が遅れていた川野辺は直接，大平幹事長に無所属出馬の意向を伝え，プレッシャーをかけている[146]（大平は当選後の川野辺を厚生大臣にするつもりなので早まらないようにと説得した）。実業家の杉山は県議としては経済力のある方だが（大下2003: 82-83），本人によると，県内が3つに分かれる衆院選と異なり，選挙区が広く党の支援が必要な参院選では，無所属だと降りざるを得ないのだという（大下2003: 108-109）。

　しかし，結局川野辺は落選し，社会党に議席を許すこととなった。この事例から読み取れるのは，党中央（今回は派閥）が強引に擁立した候補は，地元の支援を十分に得られず，選挙に弱くなることである（ケース4と同じ）。県連は当初，川野辺と熊谷で，県連の組織や友好団体などを上手に二分する方針であったが（自由民主党静岡県支部連合会編1980: 926-927），川野辺は県連主流派から支持を得られず，両者に対する県連の支援は均等にならなかったという[147]。

144）　また，杉山が無所属で出馬しにくい理由としては，県連組織委員長という立場だったことも挙げられる。自由民主党静岡県支部連合会編（1980: 919）や『静岡新聞』1977年2月23・27日を参照。

145）　1971年参院選では県連婦人部と医師会が主な支持基盤となっている（『読売新聞』1971年6月13日，全国版）。自由民主党静岡県支部連合会編（1980: 638）によると，静岡県は婦人党員数が全国1位であり，川野辺はその功労者であった。川野辺の婦人活動の功績は，「川野辺静先生と婦人活動」顕彰集委員会編（1985）を参照。

146）　『参風』63号（1993年）。

147）　『静岡新聞』1977年6月16日・7月11・12日。

第7章 「県議枠」の誕生

　本章では，参議院選挙区の「県議枠」が成立した1980年代以降の候補者選定過程を分析する。まず第1～3節では，第2期（1980～1992年）の考察を行う。第1節で県議団の県議を擁立するインセンティブについて論じた後に，第2節で県連内，第3節で党中央との権力関係について検討する。続く第4節では，第3期（1995年～）の候補者選定過程を分析する。そして第5節で本書の候補者選定過程の考察結果が持つ含意を示し，第6節で章全体の要約を行う。補論では，第2期の候補者選定過程の典型事例を紹介する。

第1節　県議を擁立するインセンティブ

　第1期に県議内でも県議擁立のインセンティブが弱かった理由は，県議出身候補に「選挙の強さ」と「官庁への影響力」が不足していたためであった。本節では第2期以降，この2つの欠点がいかに解消されたかを論じる。

第1項　選挙の弱さの改善

　前章の図6-3で示した通り，第1期と同様に，第2期でも県議出身議員のTK指数（得票力）は他の経歴の候補よりも低かった。但し，県議出身者の属性を第1期と第2期で比較すると，大規模な組織票を動員できる特殊な属性の県議（第6章第5節を参照）が第2期には減少し，一般的な属性の県議が増加していることから，県議出身者の得票力は実質的に改善されたと解釈できる。

　この時期に県議団が集票力を高めた要因としては，1970年代以降に党本部主導で進められた地方政党組織（党県連）の整備が挙げられる。石油危機に見舞われた1970年代，自民党は「狂乱物価」の中で1974年参院選に敗北した。1976年衆院選も政治腐敗（ロッキード事件等）への批判が高まって連敗し，「保革伯仲」を迎える。この苦境を打開するため，自民党は党改革に着手した（中

図 7-1 自民党における党員数の推移

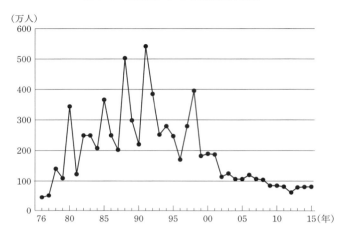

［出典］中北（2017: 214）。情報源は「政治資金収支報告書」。

北 2014: 第 2 章；笹部 2017: 第 2・5 章）。その筆頭が，党員・党友の獲得や，汚職を生む派閥政治の弱体化（党近代化）を狙って導入された総裁予備選であり，一般党員・党友も票を投じられるようになった。この過程で党本部は，各県連に党員・党友獲得の高いノルマを課し[1]，地域党員（地域支部）を中心に党員を集めさせた。さらに 1983 年参院選からは，「金のかからない政治」のため，拘束名簿式の比例代表制が導入された。名簿順位決定の際に，各候補の集めた党員数が考慮されたため，職域支部が大幅に拡充され党員数が急増した（中北 2014: 120；笹部 2017: 130, 224；片岡 1994: 154）。図 7-1 で自民党の党員数の推移を示したが，1970 年代後半から 80 年代初頭にかけて党員数が激増していることが分かる。これらの党改革の結果，自民党県連は選挙運動の「手足」を獲得した。

また，党員・党友から集まる党費収入の大幅増や，県連主催の政治資金パーティーを大規模に開催できるようになったことで，党県連は財政力も格段に向上した[2]。この時期の党員数は，国会議員や派閥が党費を立て替えた水増し分が相当数含まれているが（石川・広瀬 1989: 187；岩井 1990: 147），出所が何であ

---

1)『朝日新聞』1978 年 2 月 27 日・3 月 1 日，1980 年 2 月 3 日（いずれも全国版）。

れ，県連に資金が集まるようになった。前章の第2節第2項で既述の通り，第1期には候補者個人が多額の選挙運動資金を負担しており，「党営選挙」を求める声が度々現場から出ていたが，第2期になると金銭負担に関する苦情はほとんど聞かれなくなる[3]（後述する派閥の潤沢な資金援助も一因）。

　ここで，県連の資金力強化の様子が観察できる岐阜県連のケースを紹介する（岐阜新聞・岐阜放送 1993: 116-118）。大野伴睦が県連会長を務めていた時代には，政治資金を大野個人が用意しており，それでも足りない場合には献金を募るという方式がとられていた[4]。その後，1981年に古田好県議（第6章第5節第3項を参照）が県連会長に就任すると，党員拡大運動が進められる。その結果，党費収入が増加し，また県連主催の「政経文化パーティー」を2年に1度開催できるようになったため県連の財務状態が安定化した。パーティー収入の使い道について，古田は「毎年の経費と参院選のため」（傍点引用者）と説明している。第1期の岐阜県選挙区には県議出身の参院議員がほとんど存在しなかったが，第2期には，特殊な集票基盤を持たない一般的属性の県議（杉山令肇・笠原潤一）が恒常的に出馬・当選するようになる。

　このように全国の党県連が組織整備や財務強化を進める過程で，県連を介した陳情処理システムが発達した。党本部も1970年代以降，地方政党組織の機能として地域社会の要望を吸収することに重きを置くようになる（笹部 2017: 第2・5章）。この時期に県連は，県内の各種団体・政治家に対して，利益供与と引き換えに，選挙支援や資金提供，あるいは組織整備のための党員集めを要求できるようになった。この党員集めの側面について，富山県連のケースを紹介する[5]。富山県連（綿貫民輔県連会長）では，市町村支部による党員獲得のた

---

2)　新聞記事でも，第2期に県連の財政力が増大し，党本部からの自立性が高まったことが指摘されている（『毎日新聞』1988年7月10日，全国版）。この記事でも財政力増大の理由として，「地方独自のパーティー実施」と「総裁選がらみの党員集め」（党費収入）が挙げられている。

3)　但し，同士討ちや保守分裂選挙になると，第2期以降でも当選に必要な金額が跳ね上がると複数の参議院選挙区議員経験者（自民党）から証言を得た。

4)　1964年の大野死去後は，1974年参院選で新日本製鉄元副会長の藤井丙午が出馬，1971年参院選では西濃運輸会長・田口利八が出馬一歩手前まで進むなど（岐阜新聞・岐阜放送 1993: 151-153），候補者に高い資金力が求められていることが窺える。

5)　『読売新聞』2006年3月21日（全国版）。

めに，人口に応じた獲得目標を立てさせた。そして，この党員集めを後押ししたのが陳情処理システムの確立であったという。道路舗装などの要望を市町村支部経由で県連が吸い上げ，国会議員・県議が協力して予算を獲得し，行政ルートでの陳情以上の成果が出るようにした。富山県連はこのシステムを全国に先駆けて整備した結果，長らく人口当たり党員数で全国1位の座を維持している。同県で1989年に初当選した鹿熊安正県議は，県連の組織力がピークに達していたタイミングで県連動員により当選できたと回顧しており（鹿熊2006: 21)，1980年代後半には県連が相当の集票力を獲得していたことが窺える。

第2項　官庁への影響力の需要減

第1期の参議院選挙区候補に求められた「官庁への影響力」が第2期に需要を低下させたことも，中央省庁とのパイプが細い県議の国政進出には有利に働いた。高度経済成長期における開発需要の高まりが第2期には沈静化し，官庁への影響力が第1期ほどは求められなくなった。

但し，大都市圏・太平洋ベルト以外では依然として開発途上地域が多く，地方から都市部への人口流出が問題化していた。特に1980年代前半には，土光臨調に代表される財政再建路線の下，地方への公共事業が抑制されており[6]，開発に取り残された地域では公共事業の需要が依然高かった。そのような地域では，これまで通り，建設省を筆頭に官僚出身候補が求められたと考えられる（図3-5で示した通り，第2期の参議院選挙区では建設官僚が数多く当選）。一方で，当時の県議団の認識を県議出身（1975〜1990年に県議）の岩永浩美元参院議員（佐賀県選出）に尋ねたところ，地域間格差の是正を訴える存在として，財政規律を重視する官庁OBよりも，地方の実情を把握している人物（すなわち県議）が参院選候補に求められるようになったという回答を得た。その背景には，第2期になると派閥を通じ陳情処理がしやすくなったこと（第3節を参照）や，党人派の地位が党内で向上していたことも関係していただろう。いずれにしても，

---

6)　但し，1980年代でも，地方への公共事業は可視性の低い形（地方債の奨励による地方単独事業の拡大や財政投融資，特別会計の積極活用など）で，以前と同様に行われていたという指摘もある（宮本2008: 122-126）。また，1987年には四全総で「多極分散型国土」が謳われ，中央政府も地域間格差の是正により重きを置くようになった。

第2期は第1期と比較して，相対的に，県議出身候補の官庁とのパイプの細さが，候補者選定時に不利に働きづらくなったと考えられる。

　以上で説明してきた通り，第1期に県議の国政進出の壁となっていた「選挙の弱さ」と「官庁への影響力」は，第2期に決定的な弱点とはならなくなった。さらに第2期には，県議団が候補者に「県議団の代理人としての性格」をより強く求めたことも県議擁立のインセンティブを強めた。これは前占の公共事業の地域間格差是正という要因以外に，地方分権の必要性が認識され始めたことが関係している。この頃には高度経済成長と国土開発の進展により「ナショナル・ミニマム」が達成されつつあり，「地方の時代」[7]というスローガンが出てくるなど，地方分権の気運が高まりつつあった。特に1989年参院選は，直近の統一地方選で売上税導入騒動の煽り（大幅な議席減）を受けた地方議員が国会議員に不信感を抱き，県議擁立の声が一層強まった（補論ケース2を参照）。

第2節　県連内での権力関係

　以上の通り，「県議団の県議を擁立するインセンティブ」は第2期に強まったが，候補者選定における県議団の発言力が第1期より増大したことも県議の国政進出には有利に働いた。本節では，県連内の権力関係について考察し（農協と衆議院議員[8]），次節で党中央（田中派・竹下派）との関係について論じる。

第1項　農協の壁の克服

　第1期，特に1960年代に農協は専従職員をしばしば擁立したが，第2期になるとその頻度は激減する。言うまでもなく，第2期であっても農協は政界に「代表者」を強く求めていた。当時は日米貿易摩擦の時代で，貿易自由化を要

---

　7)　1970年代後半に革新系首長（長洲一二神奈川県知事等）が提示し（学者では松下圭一・篠原一等），その後は平松守彦・細川護熙などの保守系知事も類似の標語を用いて分権改革を求めた。このような地方重視の姿勢は中央でも共有されており，大平正芳の「田園都市構想」や竹下登の「ふるさと創生」にその一端が見て取れる。補論ケース2では，地方議員が「地方の時代」という標語を掲げて，現職降ろしを行った事例を扱う。

　8)　なお，第1期に時々候補者選定に関わっていた知事は，第2期になると「相乗り」と官僚出身知事が増加したこともあり（曽我・待鳥 2007: 80），ほとんど関与しなくなる。

求する外圧を押し返す必要があったし，石油危機後の財政難で食管制度の赤字会計が問題視され，米価引き上げや食管法維持（米取引の自由化防止）のために農林族の政治力を欲していた（特に1989年参院選は農協が独自候補の擁立を模索するほどであった）。一方で，第2期には，農業人口の減少や兼業農家の増加により農協の集票力が低下し，選挙に弱い専従職員を擁立しづらくなった。また，権力関係的にも，農協は自民党県連に対抗できなくなった（補論ケース1）。

　以上の結果，農協は，県議団の支持も得られる農協系県議を中心に（例えば浦田勝・大塚清次郎・添田増太郎・吉川博・高橋清孝），農業従事者以外の支援も得られる人物を担ぐことが増加した。また，農協系ではない県議を参院選で応援し，当選後に農政へのコミットメントを求めるケースも多く見られる（補論ケース1で扱う愛媛県の仲川幸男・野間赳など）。なお，第2期には農協内で革新勢力が弱まっており（後述する自民党による取り込みが一因），組織全体が一致して応援できる人材として専従職員を擁立する必要性にも迫られていなかった。

　ここで注目したいのが，農協が自民党県連の影響下に入った時期である。実は拘束名簿式比例代表制の導入（職域支部の整備）よりも前から，農協は県連に取り込まれていた。1960年代に農協は知事選・参院選・県議選等で反党的な動きを繰り返したため，自民党は60年代後半から対応を迫られたのである。その際に自民党が利用した権力装置が，農業関連の補助金配分や事業許認可の権限を持つ知事職であり，人事[9]とカネ[10]をテコに農協の取り込みを図った。その1つの帰結が農協系県議の増加であり，1970年代以降，農協の単協長などが県議になるケースが増え，自民党が農協を御し易くなった。馬渡（2010:

---

9) 例えば，前章の補論2ケース3（1962年熊本県選挙区）では，旧自由党系の寺本広作知事が，旧民主党系（桜井三郎前知事など）と近い農協組織を影響下に置くため，農協の役員人事に介入しようとした。また，前章で扱った福島県の木村守江知事も，農協の自立性を弱めるために，関係の深い人物（斎藤初四郎，軍医時代の木村が銃弾に倒れた斎藤を救命）が県中央会会長に就任するよう働きかけを行った（吉田1984: 275, 354）。本章補論のケース1（1980年愛媛県選挙区）では，愛媛県連が知事選などで反党的な動きをする農協を統制するため，白石春樹知事が次々と幹部人事に介入する過程を描く。

10) 例えば，補論ケース1で扱う愛媛県では，ボス県議の白石春樹を県信用連会長に迎え入れた際に，10億円の預託を取り計らってもらった。また福島県では，木村守江知事と昵懇の斎藤初四郎が農協五連会長に就任して以降，農協中央会への県の補助金が増加したり，各部門で県の補助事業が増大したりしたが，背景に木村と斎藤の関係があることを疑う者はいないという（吉田1984: 276）。

第2節　県連内での権力関係　　　　211

68）によると，1970年代後半以降に，県議に占める農業従事者の割合が，全
就業人口に対する農業従事人口の割合を上回ったが，主要産業の内，人口比以
上に多いのは農業だけである。第2期以降における農協系県議の多さが窺える。

第2項　衆議院議員への対抗

　第2期には，参議院選挙区の候補者選定において，県議団は農協だけでなく
地元衆院議員にも対抗できるようになった。それまで衆院議員と繋がりの強か
った各種団体や系列の地方政治家，後援会員の一般有権者が，県連の地域支
部・職域支部にも組み込まれ，参院選時に党県連が選挙運動を主導できるよう
になる。次項で論じる通り，有力な衆院議員が存在する場合には，依然として
代議士への依存度も高いが（特に同日選の1980・86年参院選は衆院議員への依存度
が高い），第1期と比べると県議団は大きく集票力を伸ばし，代議士からの自
立性が高まった。大規模公共事業の需要が第1期よりも減少したことも，代議
士への従属度が低下した一因である。選定プロセスを見ても，第1期は衆院議
員だけが参加する閉鎖的な会合や会議体（代議士会など）が主な舞台であったが，
第2期になると主に県議から成る県連選対委員会や県連総務会（合議や投票で
決める），あるいは大勢の県連関係者（国会議員や県議，地域・職域支部の重役など）
が投票する方式が一般的となる。前章の補論2と本章の補論で候補者選定過程
を比較すると，違いは一目瞭然である。

　県議団が県内の衆院議員や農協に対抗できるようになった1つの帰結として，
1980年代には，県議団が現職参院議員を強引に降ろし県議擁立を企てる「反
乱」が全国的に報じられている[11]。県議団の「反乱」理由を調べると，現職
議員が平和問題など地元・業界利益と関わりが薄い分野に注力していることに
反発したケースが複数確認でき[12]，第2期に参議院選挙区の表出利益が利権

----

11)　1980年参院選は『朝日新聞』1980年2月25日（全国版）や『読売新聞』1980年1月
　　27日（全国版），1983年参院選は『朝日新聞』1983年2月19日（全国版），1986年参院
　　選は『朝日新聞』1986年2月3日（全国版）や『読売新聞』1986年4月18日（全国版），
　　1989年参院選は『朝日新聞』1989年3月11日（全国版）を参照。
12)　例えば，補論ケース2で扱う1989年京都府選挙区では，沖縄問題や平和問題に関心が
　　強い植木光教元沖縄開発庁長官が，地元の面倒見が悪いことを理由として，府議団に降ろ
　　された。また，第4項で紹介する1986年青森県選挙区では，山崎竜男参院議員が，地元
　　へのサービスが悪いことを主な理由として県議団に降ろされた。

性・地域性を強めていることが窺える。また，地元衆院議員に反抗した県議からは，衆院選挙区が世襲議員で占められ，県議の国政進出の機会が奪われていることへの不満が表明されている[13]。第2期には衆議院における世襲議員の割合が第1期よりも着実に増加しているが（Smith 2018: 40），県議の不満のはけ口が参議院選挙区に求められた面がある。

このような県議団の「反乱」の例として，1983年宮城県選挙区の事例を紹介する[14]。宮城県では，田中派の愛知揆一系県議が，揆一の急死で息子の和男に交代した後に自立性を高め，内海英男系県議（田中派）と合流して独自の議員集団を形成していた（1983年時点で自民党県議38人中21〜28人が田中派，他派は2〜4人）。そして1983年参院選では，愛知和男が十分に関知しないところで，田中派県議団が現職の中曽根派参院議員（大石武一）を降ろし，「県議会議長枠」を求めて星長治県議を擁立した。大石は，尾瀬を貫通する道路建設を目指す田中角栄通産大臣と対立して建設を中止させた環境庁の名長官だが，環境や軍縮問題に強い関心を持つ大石は，県議団から「面倒見が悪い」（主に金銭面）として交代させられた。大石降ろしの理由としては，衆院2区から息子の正光が出馬したことへの批判（両院の議席独占に対する批判）も挙げられており，衆院が世襲候補に独占される中で，県議団が参院に国政進出の窓口を求めていたことが読み取れる。なお，非改選側の参院議員は元愛知揆一系県議の遠藤要（田中派）であり，揆一の利権関係は外交族の和男ではなく遠藤が継承したとされている（大嶽 1997: 111）。遠藤は，東北新幹線の当初ルートが地元・白石市（県議時代の選挙区）を通過していないことを知り，宮城県新幹線期成同盟会会長に就任して白石蔵王駅を獲得したという我田引鉄のエピソードが伝えられており（本人が地元関連での一番の思い出として挙げる）[15]，この時期の参議院選挙区議員が利権体質を強めていることが窺える。

---

13) 『読売新聞』1989年9月27日（全国版）。この記事で紹介された事例（1989年茨城県選挙区）は次項で扱う。また直後に紹介する1983年宮城県選挙区の例も参照。

14) 事例の詳細は『河北新報』1983年1月2・6・7日，2月5日や『朝日新聞』1983年2月19日（全国版）を参照。

15) 『参風』95号（2001年）。

第3項　有力衆院議員による抑圧

　但し，県議団が候補者選定への発言力を強めたといっても，一部の有力衆院議員に対しては依然対抗できず，後述する第3期のように県議団が衆院議員以上の権限を安定的に行使できるには至っていない。有力な衆議院議員は，個人後援会や系列の地方政治家・業界団体を通じて参院選候補の選挙運動を支えたり，選挙資金を自ら提供できたりするため，第2期でも強い発言力を有していた。特に農村部では，ベテランの代議士が生まれやすいことに加え，衆院の選挙区数が少なく，特定の代議士が県全域に勢力圏を築けることから，候補者選定への発言力が高まりやすかった。第2期の参議院選挙区では，小選挙区（農村部）よりも中選挙区部分（都市部）に県議出身議員が多いが（第3章の図3-4を参照），背景にはこの点が関係していると思われる。また有力衆院議員は，党中央でも要職を務めており，中央の公認過程でも影響力を行使できた。

　そして，第2期における有力衆院議員の条件として，第一に挙げられるのが「派閥幹部」であった[16]。政府や党の役職も実質的に派閥の論理で決められたため（大臣職における「派閥推薦」など），派閥での地位が実質的な権力の所在を意味していた。第2期には派閥の機構（事務総長や秘書会など）が高度に整備され，陳情処理や資金調達の互助システムが発達した（井芹 1988: 第1章; 居安 1996: 203-205）。派閥幹部は地元への利益誘導や資金提供のためにこのシステムを利用でき，県連内でも大きな権力を保持できた。特に「総合病院」と呼ばれた田中派・竹下派は陳情処理能力に優れており（広瀬 1993: 171; 居安 1996: 182-183; 井芹 1988: 68-70），参議院比例区議員（建設省などの官庁 OB）からいち早く公共事業の情報を収集するなど（日本経済新聞政治部 1994: 85），利益へのアクセスや資金力が群を抜いていた。

　一例を挙げる。竹下派最高幹部の小沢一郎は，1992年参院選で，県議枠[17]

---

16)　派閥領袖が（県議以外の）身近な人物を擁立した例を挙げると，中曽根康弘（1986年）・福田赳夫（1980年）・河本敏夫（1992年）・宮澤喜一（1981年補選）が親族を担ぎ上げている。また，二階堂進（田中派会長）は1983年に秘書を擁立し，金丸信（経世会会長）は落選した側近議員（志村哲郎）を1992年に再登板させている。

17)　県連では6年前に「参院選では県議を擁立する」という取り決めが交わされていた（『岩手日報』1991年9月28日）。

を主張する主流派県議団（鈴木善幸・俊一系）の声を退け，引退する県議出身参院議員（鈴木系）の後任に，衆院選での長年の宿敵である椎名素夫（落選中）を擁立（棚上げ[18]）した。県内で敵対する鈴木俊一（および引退直後の鈴木善幸）に系列県議の数[19]では大きく劣っていながら，県連段階で椎名が推薦を得られたのは，竹下派の影響下にある建設業界（鈴木の1区も建設業界は2区の小沢が掌握[20]），および同業界が要職を占める県経済界を通じて，小沢が県連の職域支部に権力を行使できたことが大きい[21]。小沢は建設省に「小沢学校」[22]ができるほど食い込んでいたが，竹下派内での地位がその影響力を支えていたことは言うまでもない。

　また，田中派・竹下派は次節で詳述する通り，党執行部（幹事長や総務局長などの選挙関連ポスト）を掌握していたので，同派幹部は中央での候補者選定過程でも強い影響力を行使できた。さらに若手議員でも同派所属であるならば，党中央で派閥の支援を受け，公認レースを有利に運ぶこともできた。他派の衆院議員がこのような田中派・竹下派の権力に対抗するためには，同じく派閥幹部であることが必要であり（総裁選や人事ポストの交渉で田中派・竹下派に貸しがある），他派でも派閥領袖・大番頭クラスになると，中央での権力を通じて候補者選定に影響力を行使できた。

　一例として河本敏夫のケースを紹介する。1992年兵庫県選挙区（3人区）では，県連の選挙対策委員会が伊藤国衛県連幹事長（県議，元県議会議長）と溝手弘利県連副会長（神戸市議，市議会議長）の公認を推挙したが，その後開かれた

---

18)　実質的に棚上げであったという見方は，『朝日新聞』1992年7月12日（全国版）を参照。事例の一連の流れは，『毎日新聞』1992年5月11日（全国版）や『岩手日報』1991年9月27・28日を参照。

19)　代議士系列ごとの県議数は，鈴木俊一・小沢一郎・玉沢徳一郎・志賀節がそれぞれ13・6・6・3人と，鈴木系が圧倒的に多い（『岩手日報』1991年8月7日）。

20)　1992年4月に小沢は1区の盛岡市に個人事務所を開設したが，小沢系の建設業者によると，鈴木善幸の引退と共和事件での参考人聴取によって，1区の建設会社に対する支配力が鈴木から小沢に移ったという（『朝日新聞』1992年7月12日，全国版）。

21)　椎名に参院選出馬を説得したり，職域支部を通じて県連を椎名支持で固めたりするのに中心的役割を担ったのは，小沢の建設業界でのパートナー（久慈・横田 1996: 65-66）である望月茂高弥建設社長（県建設産業政治連盟会長・商工会議所副会長）であった。『毎日新聞』1992年5月11日（全国版）や『岩手日報』1991年8月29日を参照。

22)　『朝日新聞』1992年11月14日（全国版）・『毎日新聞』2004年2月23日（全国版）。

在京代議士会での投票の結果，河本が推す息子の河本三郎氏が最多票を獲得し，逆転公認を勝ち取った（もう1枠は伊藤，当選は河本三郎のみ）。逆転公認の裏では，在京代議士会の投票前に，海部俊樹首相（河本派）を河本と協力して支える金丸信経世会会長が県内同派議員を動かしたとされている[23]。また，1983年参院選（定数3）で，県連主流派は大野栄美夫県議（元県議会議長，田中派から出馬）の単独擁立を主張したのに対し，河本は党中央で二階堂進幹事長の支持を得て，石井一衆院議員（田中派）の弟・石井一二の公認（党籍証明）を勝ち取る（結果は石井のみが当選し河本派に加入）。この裁定を下した二階堂は，河本と近い金丸信から派閥会長のメンツを潰さない方が良いと働きかけを受けており[24]，河本の派閥領袖としての地位が公認レースで有利に働いたと見られる[25]。

　なお，全国でも茨城県だけは，県内に有力な竹下派衆院議員が多く存在しながらも（梶山静六・中村喜四郎・額賀福志郎），県議団が自立的に候補者選定を行えた「逸脱事例」である。1989年参院補選では，現職の岩上二郎参院議員（竹下派）の死去を受け，妻・妙子が出馬を目指したが，岩上二郎と長年の政敵であった山口武平県連会長（県議）が配下の県議を擁立する（細谷 2020: 64-68）。竹下派の岩上妙子は，関係が近かった中村喜四郎総務局長や，「七奉行」の梶山静六，そして同派の小沢一郎幹事長に調整を依頼するも，県連の意向を覆すことはできなかった（金丸信経世会会長は「山口の独立王国だから」とぼやいたとされる[26]）。茨城県連の山口体制の肝は，県内の最有力衆院議員[27]である梶山静六が「恩人」である山口武平に「頭が上がらない」ことにある。1966年「茨城黒い霧事件」で「クロ」の梶山静六は罪を逃れて中央政界で出世したが，兄貴分の山口武平は罪を被って国政進出を果たせなかった[28]（「罪を被る」ことで

23）『朝日新聞』1992年6月10日（兵庫版）。

24）『朝日新聞』1983年6月4日（全国版）。

25）　石井一二は県議経験はあるものの県議団が担いだ候補ではないため（現役時代は非主流派，当選3回の若手県議止まり），1983年兵庫県選挙区も，有力衆院議員が派閥幹部の地位を活かして県議団を押さえた事例と見做せる。

26）『AERA』1989年9月26日。

27）　中村喜四郎に対する押さえ込みも徹底していた。山口は県議選や参院選（1972年補選）で争った中村一族（喜四郎の両親も国会議員）に強烈な対抗心を燃やしていた。

28）　詳細は，岩上二郎知事の側近である鈴木通夫（箕川 2004: 第5章）や事情通の町長の証言（『朝日新聞』1998年9月29日，全国版）を参照。

216　　　　　　　　　　　第 7 章　「県議枠」の誕生

県議が国会議員以上の権力を獲得する例は他に白石春樹がある）。茨城県連を対象と
した政治学者の研究は多いが（e.g. 山田 2011; 濱本 2013; 笹部 2017），山口・梶山
の特別な関係には言及がなく，事例としての一般性には注意が必要である。

第 4 項　衆議院議員による県議擁立

　ここまで，県議団は県議を，衆議院議員は県議以外を擁立しようとする，と
いう前提で論じてきた。しかし，個々の事例を見ると，衆議院議員が県議の擁
立を積極的に進めるケースも少なくない。そのような事例を調べると，県連内
の公認レースや選挙本番での同士討ちを制するために，第 2 期以降集票力を高
めた県議を味方につけようと戦略的に行動している場合が多い。前項で示した
通り，県内で絶大な権力を掌握する衆院議員は親族など県議以外でも希望通り
に擁立できたが，盤石な基盤を持たない衆院議員は，県議を擁立し，異なる代
議士系列も含めた，県議全体から支持を集める戦略が有効となる。この方策を
取る場合，系列県議をそのまま擁立すると他系列から批判を受けるので，中間
派の県議を擁立したり，系列県議でも無派閥で出馬させたりする工夫が必要と
なる。以下では，この「工夫」に注目しつつ，実例をいくつか紹介する。

　まず候補者が 1 人のケースを紹介する。1986 年青森県選挙区では[29]，2 区
の竹内黎一衆院議員（田中派[30]）が系列県議（脇川利勝[31]）を「無派閥」（竹内
色を消すため）で擁立し，「津軽選挙」の宿敵である田沢吉郎系（と田沢の親戚の
津島雄二系[32]）の県議からも支持を得た[33]。そして，田沢と近い現職の山崎竜
男参院議員を総務会投票で破って（出席者 59 人中 34 人が県議），県連推薦およ

---

29)　事例の基本的な流れは木村（1998: 73-78）を，登場人物の経歴や関係性については朝
　　日新聞青森支局（1983）を参照。
30)　県議団が竹内系県議を担いだのは県議に竹内系列が多いからだが，系列県議が多いの
　　は竹内が利益誘導に強みのある田中派所属だからではなく，知事職（現職は北村正哉，竹
　　内黎一の父である竹内俊吉知事の後継）を長年掌握してきた県政主流派に属していたため
　　である。竹内が田中派に加入したのは 1980 年と遅く，それまでは藤山派に所属していた。
31)　竹内俊吉知事が県議選への出馬を勧めた経緯があり，長年竹内黎一の選挙参謀を務め
　　た（朝日新聞青森支局 1983: 232-233）。県建設業協会長を務める土建業界のドンである。
32)　青森 1 区の津島雄二は，親戚である田沢の影響を強く受ける。また 1 区の竹中修一（落
　　選中）は，竹内知事が国政進出を支えたこともあり，竹内黎一の影響下にある（朝日新聞
　　青森支局 1983: 49）。青森県政は田沢吉郎・竹内黎一の対立関係が底流にある。
33)　『東奥日報』1986 年 1 月 23 日。

第2節 県連内での権力関係 217

び党本部での公認を得た（選挙本番では無所属の山崎に敗北）[34]。脇川が田沢系県議からも協力を引き出せた要因としては，山崎が田沢に相談せず（公認獲得に有利な）田中派に加入して田沢の反感を買ったこと[35]，1973年に亡くなった津島文治以来，津軽から参院議員を出せていないこと[36]，山崎の地元サービスが悪いこと[37]なども挙げられるが，（代議士系列に関係なく）県議が国政への進出ルートを強く求めていたことも指摘されている[38]。

　この事例では，無派閥出馬という「工夫」により敵対する代議士系列の県議から支援を得たが，他系列から支持を集めるもう1つの方法が「中間派」の県議を擁立することである。補論ケース4(1)で扱う1980年徳島県選挙区では，後藤田正晴が敵対する三木武夫との参院選公認レースを制するために，三木系県議からも支持を得られる中間派（福田派の秋田大助系）の県議（内藤健）を擁立し，三木系の現職議員（久次米健太郎）を降ろすことに成功した（無派閥出馬という「工夫」もした）。内藤は当選後に田中派に加入しており，後藤田の勢力伸長に貢献したが，元「中間派」（しかも田中派と敵対してきた福田派の秋田系）ということもあって後藤田とはやや距離があり，1期で後藤田側近の系列県議（松浦孝治）に交代させられている。

　一方，中選挙区部分で同士討ちがある場合には，候補者選定の段階というより，選挙本番で他系列の県議から支援を受けるために，県議の擁立が有効となる。一例を挙げると，1989年栃木県選挙区では，渡辺美智雄県連会長が系列県議の西川公也を「無派閥」候補として擁立したが，その狙いとしては，森山欽司・真弓系の現職（岩崎純三，元真岡市長，河本派）と選挙で対戦するにあた

---

34) 党中央では，竹内と山崎（共に田中派）が田中派幹部に働きかけたが，同派は田中角栄が病に倒れたため，派閥として調整力を発揮することができなかった。1986年は全国的に同様の現象（田中派系の保守分裂）が見られる。『朝日新聞』1986年2月27日（全国版）を参照。

35) 『朝日新聞』1986年2月3日（全国版）。

36) 『東奥日報』1986年1月1日。

37) 『東奥日報』1986年1月23日。

38) 『東奥日報』1986年1月1日。田沢系県議の櫛引留吉県連広報委員長は，田名部匡省県連会長に対して，県議会議長から参議院に転出するという，県議のキャリアコースの持論を説いている（『東奥日報』1986年1月24日）。田沢系県議も，県議の国政進出のルートを獲得できるならば，竹内系県議であっても支援は辞さない構えであった。

って，前回参院選で岩崎を支援した船田元系（竹下派）・稲村利幸系（中曽根派）の県議から支持を得ることが挙げられる（特に竹下派の船田を引き入れようとした）[39]。船田は父・船田中の代から支援してきた岩崎（元々船田中が擁立した）[40]を今回も選挙事務長として支えたが[41]，系列県議の一部は西川支援に回った[42]。その理由としては，元々議会ポストを獲得するため渡辺系（知事は渡辺系であり県議会でも主流派）に接近していたことに加え[43]，県議会の代表者を国政に求めていたことが指摘されている[44]。また，稲村利幸は前回参院選で岩崎を支援したこともあり，系列の市議は岩崎を応援したが，系列県議は県議会で渡辺系と協力していることもあり西川を支援した[45]（今回は稲村本人も西川を支援[46]）。なお，西川は渡辺美智雄への逆風（リクルート事件で「灰色」・貿易自由化問題で農家に冷たい対応）を受けて落選するが，1992年参院選で渡辺は再び系列県議（矢野哲朗）を擁立し，県議を中心に船田系からの支持も得て，当選に導いた。

　なお，本項で取り上げた衆議院議員の県議擁立戦略は，次節でも述べる通り，田中派・竹下派の代議士が採用しやすかった。同派は陳情処理能力・資金力の高さや，総裁予備選（一般党員票には地方政治家が影響力）への熱意から，所属衆

---

39)　『朝日新聞』1988年10月21日（栃木版）。

40)　『朝日新聞』1989年6月11日（栃木版）や岩崎（1994）を参照。

41)　但し，選挙直前に岩崎の要請を受け入れ選挙事務長に就くなど，協力は消極的であった（『朝日新聞』1989年6月30日，栃木版）。就任が遅れたおかげで，船田派内の西川支持勢力は既にまとまることができたという（『朝日新聞』1989年6月26日，栃木版）。

42)　『朝日新聞』1989年2月21日（栃木版）。例えば，西川の後援会設立総会には，船田系県議6人のうち5人が参加した（『朝日新聞』1989年5月5日，栃木版）。

43)　『朝日新聞』1989年3月12日・6月11日（いずれも栃木版）。県議会の主流派は渡辺派・稲村派・船田派・太思会（「旧小平色が強い反藤尾派」，『朝日新聞』1990年11月11日，栃木版）であり，反主流派が森山派・藤尾（正行）派である。船田派は元々反主流派であったが，その後主流派に転向した。

44)　例えば，船田系県議の湯沢隆夫が西川を応援した理由は，西川が「県議会代表」だからだという（『朝日新聞』1989年7月17日，栃木版）。西川が「県議会代表」としての性格が強いことは擁立過程からも読み取れる。渡辺が西川擁立を主導したというよりも，県議擁立論を唱える県議団のリーダー・板橋一好県議会議員会長（太思会）が渡辺を説得して認めさせた（『朝日新聞』1988年6月9・17日，栃木版）。

45)　『朝日新聞』1989年7月18日（栃木版）。

46)　『朝日新聞』1989年3月5日（栃木版）。要因としては，同じ衆院選挙区の藤尾正行への対抗心が大きいという。

院議員が多くの系列県議を抱えており，この戦略に頼りやすかった。補論のケース 4(2)（1986 年徳島県選挙区）では，活発な利益誘導を通じて系列県議を急増させた後藤田正晴が，宿敵である三木武夫との「擁立レース」を制するにあたって県議擁立に頼った事例を扱う。

第 3 節　党中央との権力関係

第 2 期に県議団は県連内での選定プロセスで発言力を強めたが，党中央では田中派・竹下派が実権を掌握しており，それが県議の国政進出に与える影響が問題となる。本節では，まず候補者選定における同派の関与方法や権力資源について考察し，その後，県議の国政進出に与える影響について論じる。

第 1 項　基本データ

まずは第 2 期における田中派・竹下派の拡大戦略について，データから確認する。図 7-2 は，各参院選年における派閥ごとの候補者数（上段）・当選者数（下段）を，全体（左）・選挙区（中）・比例区（右）ごとに比較したものである。図の中央上段に示した通り，年度ごとの違いはあるにしても，参議院選挙区で田中派・竹下派の候補者数は他派を大きく上回っている。当選者数を示した下段中央を見ると他派との差は縮まるが，それでも全体的には多い。下段右の比例区を見ると，選挙区よりも安定的に他派を上回っているが，議員定数は選挙区の方が多いので，参議院全体における同派の優越性を理解するためには，参議院選挙区の考察が肝要である。

図 7-2 の中央上段が示す通り，田中派・竹下派幹部が参議院選挙区で特に露骨な介入を行ったのは，1983 年と 1992 年である（同派候補が多い 1986 年は後述）。まず，1983 年は木曜クラブ結成後，最初の選挙であり，田中角栄が大胆な拡大策を取った[47]。強引な擁立への批判や，田中の想定に反して同日選とならなかったこと（複数人区で無理に立てた 2 人目の候補が落選しがち）から同派

47）　1983 年参院選前にも，田中派は無派閥の参院議員を積極的に取り込もうとしている。一例として，北海道の高木正明参院議員が田中派に加入するまでの過程を参照（『朝日新聞』1984 年 12 月 22 日，全国版）。田中はカネで高木を釣っている。

図 7-2 参院選における各派閥の候補者・当選者の人数（自民党）

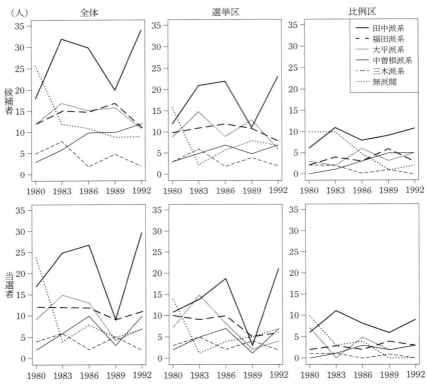

[注] 東大法・第5期蒲島郁夫ゼミ編（2004, 2005）のデータを基に筆者が作成。

の当選率は高くないが，候補者数では他派を大きく上回っている。参議院選挙区では1980年まで無派閥候補が多かったが（境家・谷澤 2005），1983年に急落しているのは（図7-2の中央上段を参照），無派閥――自派への加入を強要できる特定の有力国会議員が地元にいないことを意味する――では中央の田中派の介入に対抗できないことが背景にある。補論のケース3(1)(1983年長崎県選挙区）では，代議士各派から支援を受ける県議が無派閥で出馬を目指すも，田中派入りを約束した別の新人が最終的に公認される事例を扱う。

1983年参院選の次に同派が中央から積極的に介入するのは1992年である。

この選挙では，竹下登・金丸信・小沢一郎の三者が協調する形で（時に競い合いながら）候補者擁立を行った。1986年参院選も候補者・当選者は多いが，竹下登による創政会発足の動きや田中角栄の入院により，同派は中央から強引な擁立を行うことができなかった[48]。1986年における新人候補の擁立主体を調べると，同派の地元衆院議員や有力知事・ボス県議（後述）であることが多い。一方，1989年参院選はリクルート事件と消費税導入による支持率低迷で，竹下首相がイニシアティブをとれるような状況ではなく，中央からの介入は見られない（首相を竹下派から出したので幹事長・総務局長を清和会に譲ったことも原因）。

第2項　田中派・竹下派の関与方法

1983・1992年参院選では，田中派・竹下派が非主流派の都道府県でも，同派は中央から候補者選定に強引に介入した。その目的は主に2つある[49]。第一に総裁選対策が挙げられ，参議院議員は任期が長い上に，解散のない固定任期のため，総裁選の「安定戦力」として魅力的であった（片山2016: 87）。

第二に，田中派・竹下派は各地の利権を獲得するための「橋頭堡」として参院議員を利用した。後述する1992年高知県選挙区で竹下派が平野貞夫を擁立したのは，高知県内に同派国会議員が存在せず，平野を通じて，高知の利権を獲得することが目的だったと平野は語る（平野2012: 294）[50]。また，先述した1983年長崎県選挙区（補論ケース3(1)を参照）で田中派が介入したのは，諫早湾干拓に反対する金子岩三元農水大臣を牽制し，干拓利権を確保することが目的の1つであると強く推定される。

---

48)　田中派の代名詞であった高い調整力も鳴りを潜め，公認を求めて田中派入りした山崎竜男（青森県）や上杉光弘（宮崎県）は，無所属での保守分裂選挙を強いられた。『朝日新聞』1985年6月2日・1986年2月3・27日（いずれも全国版）を参照。

49)　これらと異なる独特の動機を持つ人物として，1992年参院選時の小沢一郎が挙げられる。小沢は「200人構想」を打ち出し（田中角栄時代の最盛期でも140人強），新人擁立に力を注いだ（『朝日新聞』1992年6月24日，全国版）。その狙いとして竹下派幹部が指摘するのが，政界再編に向けた核づくりである（『朝日新聞』1992年8月9日，全国版）。後に新生党として離党する際の仲間集めをしていたと言える（第8章補論5参照）。

50)　竹下派の田村元（三重県選出）は祖父が高知県民であり，高知の利権に一定の影響力を保持していたと平野は語る。平野の出馬話が持ち上がった際には，田村から縄張りを荒らさないよう忠告があったというが，このように県外の政治家が利権を握る状況への反発心が，出馬を決意する大きなきっかけであったという。

では，田中派・竹下派は，非主流派県での候補者選定に，中央からのどのように関与したのだろうか。党本部で終盤に強引な裁定をすることも多かったが，第2期には県連が選考の場として重要性を高めており，同派は県連内選考に巧妙かつ大胆な介入を行った。具体的には，裏金・賄賂・利益誘導を通じて選定権者（県連総務など）を説得（買収）するなど，第1期には見られないほど露骨な関与であった（第1期でも後藤田正晴を擁立した1974年徳島県選挙区は県連総務の買収[51]など手法が似ている）。第1期に党執行部や派閥幹部が強引に候補者を擁立したケースを見ると，地元の支援が得られずに落選する場合が多かったが，第2期における田中派・竹下派の介入はより巧みであり（豊富な買収資金など），当選確率は高く，また分裂選挙となることも稀であった。

田中派・竹下派が非主流派県で県連内選考に介入した事例をいくつか紹介する。例えば，山口県は岸信介・安倍晋太郎・田中龍夫を抱える清和会王国であったが，1983年参院選では田中派候補（松岡満寿男元光市長）が県連総務会での投票を制して公認された。総務1人につき相場が最低500万円という買収合戦であったが，田中派の林義郎・佐藤信二が松岡を支援して，田中龍夫系列の総務（県議）を切り崩し[52]，清和会系の候補（安倍基雄）に勝利した。新聞記事では，敵地・山口県に乗り込む好機と見た田中派幹部の関与が示唆されており[53]，非主流派県に田中派が財力を活かして介入した事例と言える。

同様の買収合戦は補論ケース3で扱う長崎県でも見られる。1992年参院選では，県連選対委員の激しい買収合戦の末，竹下派の候補（元建設官僚の松谷蒼一郎）が勝利した。敗れた現職の初村滝一郎（河本派）は，敗因として竹下派の資金力を挙げる。また同選挙区では，1983年参院選で二階堂進幹事長（田中派）が私設秘書をわざわざ長崎に送り込み，県連総務会の投票権者である総務を個別に「説得」する陣頭指揮をとった。そして，県議（田浦直，無派閥）の勝利が確約されていた総務会投票の結果を覆し，田中派系の農協幹部（宮島滉）が最終的に公認を得る（党本部における最終選考で二階堂幹事長は宮島公認の裁定を

---

51) 本田靖春「ルポ　阿波徳島の選挙踊り始末記」（『潮』第183号，1974年9月）。
52) 田中龍夫系の県議が切り崩されやすかった要因としては，田中の親戚である現職の小沢太郎参院議員（1983年改選）が，世代交代を求めるその他の清和会系県議から高齢批判を受け，出馬できなかったことが挙げられる。
53) 『読売新聞』1982年9月24日（全国版）。

第3節　党中央との権力関係　　223

行った）。長崎県は伝統的に田中派が弱く，まさに非主流派県で同派の参院議員を作り出した事例である。また 1983 年だけでなく，1992 年も有力県議が途中で出馬を断念しており（現職の初村も県議出身である），ともに県議の国政進出が田中派・竹下派に妨害されている。なお，田中派・竹下派が中央から介入する場合，92 年のように，同派の勢力下にある建設省の幹部官僚を擁立することが多い（第 4 章第 6 節第 1 項で紹介した陣内孝雄の公認過程も参照）。

以上は，県連内での投票に影響を及ぼす方法であったが，現職議員の引退を促すという関与の仕方もある。1992 年高知県選挙区では，竹下派幹部（竹下登・野中広務・小沢一郎）が科学技術庁長官の谷川寛三参院議員（三塚派[54]）を降ろした上で，小沢と近い衆院事務局職員の平野貞夫を擁立した。谷川の説得方法であるが，平野によると，引退後も内閣改造まで民間大臣（長官）を継続できることを保証した上で，天下り先の提供を約束し，さらには多額の金銭補償をしたという（平野 2012: 296）[55]。竹下派が資金力や各種利権，ポストを握っているからこそ可能な，至れり尽くせりの説得方法であった。

以上は候補者選定段階での介入であったが，仮に保守分裂選挙となった場合でも，同派は手厚いサポートを行った。一例を挙げる。富山県の 1982 年参院補選では，旧三木派の現職・吉田実参院議員が死去したことで息子の吉田力が出馬を目指したが，田中派の綿貫民輔県連会長は，三木派が強い富山県（松村謙三などを輩出）で同派勢力を抑えるためにも，三協アルミニウム社長の沖外夫を擁立した（党公認は沖）。綿貫は自民党本部幹事長室（党幹事長は二階堂進）と直通電話を引き，田中角栄とも頻繁に連絡を取り合って選挙支援を受けた（綿貫 2010: 74）。全県規模での保守分裂選挙なので多額の選挙資金が必要であったが，綿貫本人に質問したところ，旧三木派勢力の封じ込めは田中派の至上命題であり，資金は丸ごと派閥持ちであったという（沖は財界人なのに特に資金

54）　1992 年 3 月に三塚博は平野の辞退を竹下登に持ちかけるも，はねつけられた（『朝日新聞』1992 年 4 月 8 日，大阪版）。

55）　但し，谷川の側にも降ろされやすい条件が揃っていた。まず，県連会長として臨んだ知事選で敗北し責任論が浮上していた。県連会長の再任も円滑にいかず，県連をまとめきれていないと評価されていた（『朝日新聞』1992 年 4 月 8 日，大阪版）。また平野によると，県内の山本有二衆院議員は平野の衆院選出馬を警戒しており（平野 2012: 292），平野の参院選出馬は県内の同意を取り付けやすかった面がある。

負担はなかったという）。沖は順当に勝利し，当選後には田中派に加入した。

第3項　強さの制度的要因

　中央からの介入を可能にする田中派・竹下派の権力資源としては，既述の通り，潤沢な資金力などが挙げられるが，以下では，強さを支える制度的要因と戦術的要因について補足する。まず制度的要因としては，小選挙区の存在と比例区の拘束名簿が挙げられる。衆議院の中選挙区などと比べ，党中央への権力集中が生じやすいこれらの選挙制度が同派の権力を支えていた。

　前者の小選挙区から説明すると，選挙制度改革後の衆議院（cf. 浅野 2006）と同様に，1人区では執行部派閥の田中派・竹下派が公認レースで有利に立つ[56]。特に1人区は農村部に集中しており，同派幹部による利益供与・買収を伴った説得がより有効的であったと考えられる。実際に本節でこれまで紹介してきたケース（長崎・高知・山口）はいずれも1人区であった。図7-3は，参議院選挙区における選挙区定数と候補者の所属派閥の関係（選挙区定数ごとの各派の割合）を示したものである。2人区以上では田中派・竹下派候補の割合が福田派・大平派とほぼ同水準だが[57]，1人区では他派を大きく突き放している。

　次に後者の比例名簿の活用について説明する。拘束名簿式比例代表制では，党執行部を押さえる田中派・竹下派が名簿順位決定に大きな権限を有していた（図7-2の右列でも同派の候補者・当選者は他派よりも安定して多い）。そして，同派は選挙区の候補者調整の勘所[58]で，この名簿順位（あるいは名簿への掲載の許可）を交渉材料として利用できた。例えば，補論ケース3(1)で扱う1983年長崎県選挙区では，二階堂進幹事長が，田中派候補と公認を争う医師出身の県議を降ろすために，日本医師会候補の名簿順位を引き上げ，長崎県医師会を懐柔した（結果的に県議は出馬を辞退）。また，次項で後述する1983年鹿児島県選挙区では，

56）　参議院選挙区の1人区で複数人区よりも最大派閥が勢力を伸ばしやすいことは Cox et al.（2000）を参照。但し，この論文では最大派閥の候補者がどのようなメカニズムで擁立されるのか（本章の主題）については検討されていない。

57）　複数人区で田中派・竹下派が2枠を独占できたのは，田中角栄の地元 1983年新潟県選挙区と，二階堂進の地元 1986年鹿児島県選挙区の2つだけである（1992年福岡県選挙区も実質的には独占，第4章第7節第2項の吉村剛太郎の造反事例を参照）。

58）　他派候補の名簿順位を上げたり，新たに掲載したりすることは，田中派・竹下派の比例区当選者の減少につながるため，あくまで勝負所での使用に限られる。

第3節　党中央との権力関係　　225

図7-3　参議院選挙区における定数と候補者の所属派閥の関係（自民党）

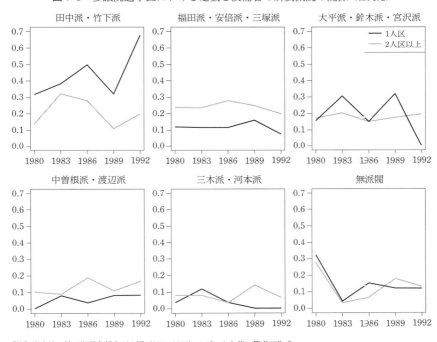

［注］東大法・第5期蒲島郁夫ゼミ編（2004, 2005）のデータを基に筆者が作成。

二階堂幹事長が山中貞則の推す上園辰巳県議を強引に降ろしたが，その際には上園を比例名簿で処遇している。

第4項　強さの戦術的要因

　田中派・竹下派の権力を支えた要素としては，首相を自派から出さずに総裁選の「キングメーカー」の地位に徹し，公認権を掌握するという戦術的要因も挙げられる（首相を出している1989年参院選以外では幹事長・総務局長ポストを独占）。大派閥が小派閥の構成員を首相として担ぎ上げ，公認に関わる重要ポストを握った場合，その大派閥は自派から首相を輩出したとき以上に候補者選定で強権を発揮できる（井芹1988: 171-172）。首相を出す小派閥はその大派閥に恩義があるし，敵対する派閥も次期総裁選での支援を期待して候補者調整で譲歩しや

すくなる。以下では，「首相を出す小派閥」→「敵対する派閥」の順に，譲歩を強いられた事例を紹介する。

　首相を出す小派閥（1980・83・86年は中曽根派，92年は河本派）が「恩義」から譲歩をした事例としては，1983年鹿児島県選挙区が挙げられる。鹿児島県には県議会議長を連続で4期務めると参院選に出馬できる不文律があり，1983年参院選も上園辰巳県議会議長（4期目）が農協の支援を受けながら出馬を目指した（上園は全国タバコ耕作者政治連盟の副会長）[59]。それに対して，二階堂進県連会長（党幹事長）は，現職の福田派議員（田原正雄）を引退に追い込んだ上で[60]，上園を参議院比例区に棚上げし[61]，自らの筆頭秘書である岩元力を擁立した（強引なプロセスに批判が集まり岩元は落選）。上園の選挙区出馬の辞退は，関係の深い山中貞則通産大臣が二階堂とトップ会談を行って決まったが[62]，山中が最終的に譲歩したのは，中曽根派幹部として，二階堂が会長を務める田中派が中曽根内閣を支えていることに恩義があるためだという[63]。

　この事例は党幹事長のお膝元であり中曽根派が譲歩を強いられやすかったが，田中派・竹下派議員が有力ではない選挙区でも中曽根派が譲歩を強いられることがあった。例えば1983年大分県選挙区では，村上勇や（中曽根派の）佐藤文生ら県政主流派が，経済界や平松守彦知事の支援を受けながら，岩崎泰也前県議会議長（岩崎貢元県連会長の息子）の擁立を目指した（清原2003：第8・9章）。それに対して，田原隆（田中派，当選2回，西村英一から地盤を引き継ぐ）などの県連非主流派は，農協や土地改良事業団体，町村長と共に，元県庁農政部長の森田克巳を擁立しようとした。結局県連内では調整がつかず，党本部の裁定に任されたが，二階堂進幹事長は，中曽根派が支援する岩崎ではなく，田中派の森田を公認した。岩崎はこの裁定を「派閥の力関係」で決められた結果だと痛烈に批判し[64]，田中派のゴリ押しにシラケムードの県連主流派も選挙本番で

---

59) 『朝日新聞』1983年3月23日（全国版）。
60) 『朝日新聞』1982年5月20日（全国版）。但し，もう一人の候補・金丸三郎も田原と同じ福田派であり，片方が辞退することは仕方なかった面もある。
61) 『朝日新聞』1983年5月31日（全国版）。
62) 『朝日新聞』1982年5月20日（全国版）。
63) 『読売新聞』1983年2月23日（全国版）。
64) 『大分合同新聞』1983年5月26日。

森田に十分な支援を与えず，森田は落選した[65]。また，前節第2項で紹介した1983年宮城県選挙区でも，候補者調整の最終局面で，中曽根派は田中派に現職の大石武一（中曽根派幹部）を降ろす形での譲歩を強いられた[66]。

次に，非主流派閥が田中派・竹下派に譲歩を強いられた例としては，1991年福岡県選挙区補選（1991年9月）が挙げられる[67]。元総務庁審議官の重富吉之助（第4章第7節第2項の吉村剛太郎の造反事例も参照）は，小沢一郎のイニシアティブで1991年4月の福岡県知事選に出馬するも敗北し，直後の参院補選で当選を果たした。この補選では，死去した本村和喜参院議員の妻（真紀子）も出馬を目指し，本村の所属する三塚派と小沢が幹部を務める竹下派間で調整が必要となったが，小渕恵三党幹事長（竹下派）と森喜朗三塚派会長代行が会談し，三塚派側は本村真紀子を降ろす判断をした。三塚派幹部によると，譲歩の背景には，10月末の総裁選をにらんで，三塚博政調会長が竹下派との協力関係を保とうとしたことが影響しているという[68]。

第5項　県議の国政進出への影響

ここまで，党中央の田中派・竹下派幹部が参院選の候補者選定に強く関与することを指摘してきたが，結局，この権力構造は県議の国政進出にどのような影響を与えただろうか。結論を先に記すと，第1期の派閥・党執行部と対照的に，第2期の田中派・竹下派は県議団と衝突する場面が少なく，県議の国政進出の障壁とまでは言えない。県議は，地方に強固な基盤を有する田中派・竹下派から出馬を目指すことが多く，中央の同派幹部はそのような県議の県連推薦

---

65) 『読売新聞』1983年6月27日（全国版）。

66) 大石武一は，旧愛知揆一系列の田中派県議団に降ろされた後，党本部で中曽根首相に救済を求めるも，逆転公認は叶わなかった。田中派県議団が担いだ星長治県議は，漁業系県議（政界往来社編1985: 344-347）として元々鈴木善幸と近かったが，公認を得るために鈴木と距離をとり，田中派に接近した（派閥入りを仄めかす）。最終的には鈴木派に加入したが，同派は田中派の友好派閥である。『河北新報』1983年1月2・6・7日・『朝日新聞』1983年2月19日（全国版）を参照。

67) 図7-3で示した通り，第2期には，1人区における福田派・安倍派・三塚派の少なさが目立つ（安倍晋太郎が幹事長を務めた1989年は微増）。1992年高知県選挙区・1983年山口県選挙区の例で示した通り，1人区では田中派・竹下派に対抗できない。

68) 『読売新聞』1991年9月22日（全国版）。三塚はその後「小沢面接」に臨んだが，結局宮澤喜一が首相に選ばれた。

図7-4 田中派・竹下派の参議院選挙区候補者・当選者に占める県議出身者の割合

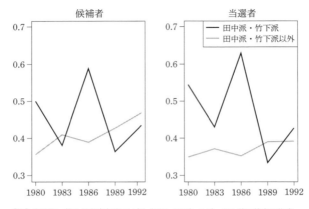

[注] 東大法・第5期蒲島郁夫ゼミ編 (2004, 2005) のデータを基に筆者が作成。

を基本的に承認するため（他派の県議であれば阻止する），衝突する局面は少ないのである。確かに，第3期のように党中央が候補者選定にほとんど関与しない場合と比べれば，他派から出馬する県議を妨害する点で障壁と言えるが（実際に第3期前半には県議出身者が第2期よりも増加する），田中派以外（例えば，地方基盤が弱い清和会）が党執行部を掌握していた（架空の）状況と比べれば，第2期の田中派・竹下派支配は，県議の国政進出を中央で保証した面がある。

以上の見解を実際の数値で確認する。図7-4は各選挙年における県議出身候補の割合を，田中派・竹下派とそれ以外（無派閥を含む）とで比較したものである。ここで注目したいのが，左の「候補者に占める割合」である。同派が中央から強く関与した1983年と1992年では県議率が低いのに対して，関与が弱い1980年と1986年は比率が高い[69]。この結果を解釈すると，まず中央からの関与がない80・86年の数値は，県連が擁立した県議に田中派が多いことを示している。一方，83・92年の数値を解釈すると，田中派・竹下派が中央から非主流派県に介入する際，県議以外の候補を押し付けることが多いので，

---

69) 同じく竹下派が中央から関与しない1989年参院選でも県議率は低いが，これはリクルート事件で逆風を受ける同派が選挙に弱い県議を立てづらいことや，新人を擁立しづらい局面だと必然的に県議出身候補が少なくなることが背景にあると考えられる。

第3節　党中央との権力関係　　　229

県議率が低下したのだと推測される（補論ケース3で扱う1983・92年長崎県選挙区がその例）。非主流派県で県議以外を擁立することが多い理由は，現地に田中派・竹下派系の県議が少ないので，県議団の支援に依存する県議を立てづらくなるし，そもそも派閥が中央でリクルートする候補は，県議など土着的な人物が必然的に少なくなる。なお，1983・92年の選挙でも，仮に県連が同派や友好派閥から県議を擁立した場合には，中央の田中派・竹下派もそれを承認，あるいは公認獲得の便宜を図ったと考えられる。

　1980・86年の数値が示す通り，県議が田中派・竹下派から出馬することが多い理由としては，以下の2点が挙げられる。第一に，同派衆院議員は派閥の陳情処理能力（補論ケース4で扱う後藤田正晴の例を参照）および資金力から，多くの系列県議（あるいは友好関係にある県議）[70]を抱えており，県議を擁立しやすかった[71]。系列・友好県議が多いと，県連内での多数派形成の際に県議を基盤とする県議出身者を擁立しやすくなるし（前節第4項を参照），有能かつ意欲のある人材が県議の中に見つかりやすくなる[72]。また，同派代議士が多くの系列県議を持つ理由としては，派閥として総裁予備選に力を入れており（1978年総裁予備選が典型[73]），一般党員票を左右する県議を必要としたことも挙げられる。なお，長野県議時代から竹下登と親しかったという北澤俊美氏によると（筆者によるインタビュー），竹下は，参議院で県議が擁立されやすいこ

---

70)　例えば，北澤俊美は小坂善太郎の系列県議だが，陳情処理では田中派の羽田孜を頼っており，1986年参院選に県議団の代表として出馬した際には，その繋がり（および羽田の将来性への期待）から田中派を選んだという（本人へのインタビュー）。

71)　県議を田中派・竹下派から擁立した同派衆院議員の例を挙げる。候補者が1人のケースでは，竹下登（1986年）・田村元（1983年）・後藤田正晴（1980・1986年）・羽田孜（1992年），同士討ちのあるケースでは，田中角栄（1983年，田中派県議を2人も擁立）・江崎真澄（1983年）・羽田孜（1986年）が県議を自派から擁立した。

72)　その他のメカニズムとして，有力衆院議員は地元に帰りづらいので，県議など地元に詳しい人物を参院選候補に求めるというメカニズムも挙げられる。補論ケース4(2)で扱う1986年徳島県選挙区がその例である。また，有力衆院議員は地盤を子息が世襲しやすいため，系列県議が参院に国政進出の窓口を求めるというメカニズムもある。先述の1989年栃木県選挙区がまさにその例である（『朝日新聞』1989年6月9日，栃木版）。

73)　自民党県議は，1978年の総裁予備選を通じて全国的に「派閥化」が進んだが，予備選で大平を勝利に導いた田中派が最も多くの自派県議を集めた。『朝日新聞』1979年8月25日（全国版）調べの数字では，県議と市町村長は田中派系列が最も多い。

とを明確に認識した上で，勢力拡大のため，部下の国会議員（北澤の場合は羽田孜）を介し，全国の県議とのネットワークを広げていたという。同派代議士に系列やシンパの県議が多い背景には，このように派閥領袖が陳情処理などを通じて意識的に触手を伸ばしていたことも関係している。

第2に，地方政治家には，地元国会議員を介さずに中央の同派幹部と直接的な結びつきを持つ人物がおり，配下の県議を擁立，あるいは本人が出馬することで，同派から県議が出馬しやすくなった。次項で詳細を説明する。

第6項　地方政界でのネットワーク

田中派・竹下派の最高幹部は，地方に独自のネットワークを持っていたため，一部の地方政治家は，地元国会議員を介さずに同派と関係を構築できた（他派ではほとんど見られない）。以下では，そのような地方政治家が配下の県議を擁立するケースと，本人が出馬するケースの例を示す。その後にどのようなメカニズムで直接派閥幹部と関係を構築したのかを考察する。

まず配下の県議を擁立したケースとしては，補論ケース1で扱う1980年愛媛県選挙区が挙げられる。白石春樹知事は県内に田中派衆院議員がいない状況でも，田中派知事として仲川幸男県議を同派から擁立した。また，前章でも触れた岐阜県の古田好県議（県連会長）は，同じく県内に田中派衆院議員がいない状況でも，田中角栄との師弟関係を背景に，1981年参院補選（岐阜県選挙区）で杉山令肇県議を田中派から擁立した。

次に，本人が出馬した例としては，田中派幹部（特に同郷の金丸信）と親交を深めた田辺哲夫都議（元都議会議長）が挙げられる（1986年東京都選挙区）。また，1983年熊本県選挙区では，浦田勝県議（県連幹事長，県農協協議会会長）が農協・県議団の支援を受けて出馬したが，県議時代に田中角栄と関係を深めていたことで田中派から出馬したと筆者に語る。また，1992年大分県選挙区で県議団に擁立された釘宮磐県議は，参院議員秘書や県議時代から羽田孜と20年以上の親交があり，その師弟関係から当選直後に竹下派に加入した[74]。さらに，補論ケース4(1)で扱う1980年徳島県選挙区で当選した内藤健は元々反後藤田で知られた人物（福田派である秋田大助の系列県議）だが，それでも田中派

74)　『読売新聞』1992年8月16日（全国版）。

に加入したのは父親の内藤茂右衛門県議を通じて竹下登と深い仲だったからである。

　では，どのようなメカニズムでこれらの地方政治家は田中派・竹下派と直接的な関係を構築したのだろうか。以下では主なものとして，（1）利益誘導要因（2）総裁選要因（3）選挙要因 の順に説明する（他に昇進要因もある[75]）。

(1) 利益誘導要因

　田中派・竹下派の陳情処理能力や公共事業の情報収集能力は群を抜いていたため，同派の国会議員が存在しない（あるいは弱い）都道府県では，地方政治家自らが同派幹部と直接パイプを構築するメリットは大きかった。同派としても，自派の国会議員が存在しない，あるいは勢力が弱い都道府県で，その地方政治家を通じ，地方利権にアクセスできることは好ましかった。

　まず，配下の県議を擁立した，田中派の有力知事・県議の例を紹介する。例えば愛媛県の白石春樹知事が瀬戸内海大橋（本州四国連絡橋尾道今治ルート）を建設する際には，田中角栄との個人的なパイプが決定的な役割を果たしたとされている（北原 1991: 53; 1993: 104-105）。また，岐阜県の古田好県議は，当初困難視されていた中津川市の中核工業団地指定（1986 年着工）を，田中角栄への陳情を通じて獲得したという（岐阜新聞・岐阜放送 1993: 180-182）。また，そもそも古田が田中と知り合った経緯は，田中が岐阜県の水問題関連で大野伴睦に依頼をした際，大野が「専門家」として古田を紹介したのが最初であり（岐阜新聞・岐阜放送 1993: 130），出会い方からして利権が関わっていた。

　次に，田中派・竹下派の幹部と密接な関係を持ち，自ら出馬した県議の例を示す。まず，新宿区選出の田辺哲夫都議は，都議団を二分していた都庁移転問題で推進派の旗頭であったが[76]，田中派はこの事業を都市部における「列島改造」として捉えており[77]，両者接近の背景には首都圏の巨大利権が関わっ

75）　例えば，田辺哲夫参院議員は，都議時代に田中角栄の支援を受けたおかげで，議長適齢期よりも早く都議会議長に就任できた（『朝日新聞』1983 年 9 月 30 日・10 月 13 日，いずれも全国版）。本来議長に就任するべき年次の先輩都議を投票で破って就任したが，この投票時の多数派工作で田中派の支援があったと強く推定される。田辺は都議会議長経験者として箔がついたことで，その後参議院選挙区に出馬しやすくなった。

76）　『朝日新聞』1985 年 11 月 13 日（全国版）。

ていた。また，内藤健は父の茂右衛門が徳島県治山林道協会長であったことで，同業界に通じる竹下登と親密な仲であり（東四国新聞社編 1983: 387），利権を通じて同派幹部と関係を構築した例と見做せる。

(2) 総裁選要因

　田中派・竹下派は，総裁予備選のためにも，有力な地方政治家と関係を構築する必要があった[78]。その典型が大heroku田・東京であり，1986 年東京都選挙区に出馬した田辺哲夫都議がその例である。1978 年の総裁予備選では田中派が積極的に都議の取り込みを行い[79]，衆院議員レベルで劣勢な東京都でも大平（42 票）を福田（60 票）と大差ない位置につけ[80]，勝利に導いた。その後の都議選では 1978 年総裁選時の派閥所属が引き継がれ[81]，田中派を中心に各派が選挙支援を行った[82]。田辺哲夫都議はこれらの総裁予備選や都議選で，田中角栄や（同郷の）金丸信など田中派幹部と関係を構築しており，田中派から創政会（竹下系）が独立した際には独立派リーダーとして中心的な役割を担った[83]。この「都議会創政会」は 1986 年参院選時に都議会自民党の最大派閥となり[84]，1986 年参院選では派閥リーダーの田辺が，都庁移転に反対する「都心派・下町派」（中心は台東区の保坂三蔵都議，地元の深谷隆司との関係から中曽根派）との候補者争いに勝利して[85]，都議代表として公認を受ける[86]。都議を

---

77)　『朝日新聞』1981 年 5 月 19 日・6 月 22 日（いずれも全国版）。

78)　また総裁選は，同じ田中派・竹下派系の県議が，代議士系列を越えて，一体性を高めることに寄与した面もある。例えば，第 2 節第 2 項で扱った 1983 年宮城県選挙区では，田中派の愛知和男・内海英男系県議団が，総裁選で 1 つのグループ（「二十日会」）を形成し，共闘体制を組んでいた（井上 1992: 148）。

79)　財政力がある東京都では，都議が地元衆院議員に利益誘導を頼らなくてよく，系列関係から自立的であったため（知事との関係を通じて市区町村議もグリップしていた），総裁選での票数を左右するアクターとなれた（『朝日新聞』1987 年 7 月 30 日，全国版）。

80)　各都道府県の票数については，『朝日新聞』1978 年 11 月 28 日（全国版）を参照。

81)　『朝日新聞』1981 年 6 月 22 日（全国版）。

82)　他派の姿勢を見ると，福田派は派閥の地方拡散に反対しており，積極的には介入していない（『朝日新聞』1981 年 6 月 11 日，全国版）。

83)　『朝日新聞』1985 年 6 月 20 日（全国版）。都議会田中派の中心人物は先輩都議の菅沼元治だが，田辺は同じ山梨出身の金丸と特に親密であり，創政会に加わった。

84)　『朝日新聞』1986 年 5 月 27 日（全国版）。田辺派は 28 人の都議を押さえていたとされる。創政会系の有力代議士には鳩山邦夫がいたが，都議の方が優位であった。

第3節　党中央との権力関係　　　233

派閥として囲い込めたのは田中派のみという指摘があるが[87]，同派がこれだ
け強く都議選に関与し続けたのは，(1)で述べた利権要因（都庁移転に伴う都市
開発利権）に加えて，総裁選にかける情熱が突出していたからだと推測される。

　総裁選で田中派・竹下派が地方政治家を頼ったのは，東京都に限られない。
例えば，岐阜県の古田好県議は県連会長時代に，田中角栄から佐藤栄作や中曽
根康弘支持で県内をまとめるよう依頼され，田中派衆院議員が県内に存在しな
い中でもこれを達成した（岐阜新聞・岐阜放送 1993: 133-135; 中日新聞本社岐阜総
局編 1992: 123-125）。特に 1982 年総裁選では，全都道府県連で最初に中曽根支
持を打ち出し，全国的な中曽根優位の流れを作り出すのに貢献した（中曽根の
首相就任へ）。さらに，愛媛県も 1978 年総裁選時点で衆院議員 6 人のうち，大
平派が 2 人，中曽根派が 2 人，福田派・河本派が 1 人ずつで，代議士の所属
派閥が四候補に分散していたが，最終的な票数は，2 位の中曽根 11 に対して，
1 位の大平が 21 と他を引き離し[88]，白石の政治力を感じさせるものであった。

(3) 選挙要因

　地方政治家が地元の選挙で田中派・竹下派から支援を受けるなど，選挙での
繋がりを通じて関係を深めることもあった。例えば，一般的に県議は知事になり
にくいとされる中で（県議は特定の代議士色が強く衆院議員各派から支援を得にく
い），白石春樹県議が知事選に当選できた背景には，田中角栄による地元衆院
議員の押さえ込みがあった（補論ケース 1 を参照）。また，岐阜県の古田好県議
（県連会長）も，1974 年参院選で田中の支援を受けた。元新日本製鉄副会長の
藤井丙午を擁立した古田は，終盤まで衆院議員に動員をかけず，県議団中心の
県連主導で選挙運動を行ったが，知名度がほとんど上がらなかった[89]。結局
田中角栄に依頼して岐阜県内の衆院議員に動員をかけてもらい，藤井は無事当

---

85) 移転問題における都議内の派閥対立（賛成派の西部・多摩と反対派の都心・下町）に
　　ついては，『朝日新聞』1985 年 4 月 16・17・18 日（全国版）に詳しい。
86) 『朝日新聞』1985 年 11 月 13 日（全国版）。
87) 『朝日新聞』1983 年 10 月 13 日（全国版）。田中派都議団は都議会自民党の最大勢力で
　　あった（『朝日新聞』1985 年 4 月 7 日，全国版）。
88) 『朝日新聞』1978 年 11 月 28 日（全国版）。
89) 本段落の記述は，『朝日新聞』1974 年 6 月 20 日（全国版）を参照。

選する。さらに，1983 年熊本県選挙区で当選した，県議出身の浦田勝元参院議員に田中派加入の理由を質問したところ，同県の大麻唯男を応援するための選挙資金（旧民主党系の大麻に対して浦田は旧自由党系であり距離があった）を田中角栄（大麻の資金調達担当）に渡されるなど，県議時代から田中と関係が深かった（ファンだった）からだという[90]。

第4節　第3期の候補者選定過程

　第2期の候補者選定では，県議以外に，地元の有力衆院議員と中央の田中派・竹下派幹部が強い権限を持っていたが，第3期になると，この2つのアクターが発言力を低下させ，県議団の地位が一層高まる。本節では，県議団の「県議擁立のインセンティブ」と「候補者選定への影響力」に注目して，第2期からの変化を示す。なお，第3期は「県議擁立のインセンティブ」によって前半（1990 年代）・後半（2000 年代以降）に分けられる。まずは，第3期を通じてほぼ一定の「候補者選定への影響力」について説明する。

第1項　権力関係

　第3期に入ると，県議団の地元衆院議員に対する自立性が一層増大した（笹部 2017: 236；中北 2017: 268）[91]。その要因としては，衆院選挙制度改革（代議士系列の弱体化）や政治資金制度改革（企業団体献金の規制強化による県議囲い込みのための原資不足），第1次地方分権改革や三位一体改革（許認可や公共事業・補助金を目当てに県議が代議士に従う必要性の低下），橋本行革（族議員の弱体化）や入札制度改革・あっせん利得処罰法制定（談合・口利きの減少）といった，一連の政治改革の影響が決定的である[92]。これらの諸改革により，旧来の親分子分関係は大きく変容を迫られた（山田 2007；品田 2006；村松 2010: 第6章；砂原 2017: 第5章；上神 2013: 144；中北 2017: 265-267）[93]。

---

90)　また，浦田家は江戸時代から細川家の「譜代」であるため，細川護熙知事と同じ派閥（田中派）を選びやすかったという事情もあると筆者に語る。

91)　その他の県連内アクターについて補足する。まず，知事は相乗り・無党派型が多数を占め（曽我・待鳥 2007: 80），候補者選定にはほとんど関与しない。また，農協も農業人口のさらなる減少により，発言力を一段と低下させた。

この中でも特に重要なのが衆議院の選挙制度改革である。代議士系列の弱体化以外のメカニズムについて補足すると，まず衆議院の選挙区が細分化され，県内全域に影響力を持っていた有力衆院議員でも県議を統制できない地域が出てくる。竹下登は，その影響で参院選や知事選での発言力が低下することを回避するために，選挙制度改革後も全県的な個人後援会を維持していたという[94]。また，同士討ちが解消されたことで，衆院選に県連が関与できるようになり[95]，その陣頭指揮をとる県議の地位が向上した。さらに，政権交代可能な野党（民主党）が台頭し，衆議院議員が当選回数を重ねることが難しくなったため（旧世代の代議士も落選），県議の子分を大勢持つような大物代議士が減少した。なお，県議選には国政の激しい政党間対立は波及しづらく，自民党県議の数はそこまで減っていない（曽我・待鳥 2007: 86; 中北 2017: 232）。親が県議や国会議員である世襲の県議が少なくなく，地方名望家の人脈を引き継いだ，集票力のある「名士」たちから構成されている。国政での対立が地方に波及しづらい要因としては，同士討ちを生む中・大選挙区制（SNTV）や，知事・県議会の二元代表制によって，政党ラベルの重要性が低下すること（特に普遍主義的な政策プログラムを掲げる民主党でその影響は顕著）が挙げられる（砂原 2017）。

　次に党中央との権力関係を考察する。まず，第2期に大きな権限を有していた竹下派（経世会→平成研）が影響力を低下させた点が重要である。衆院選挙制度改革と政治資金制度改革によって派閥全体が弱体化したが，特に竹下派は羽田派の分離と小泉純一郎首相との抗争（竹下派が利権を握る分野での構造改革）によって（衆院側が[96]）急激に衰退した。一方，党中央では一連の制度改革（衆

92）　社会経済的要因としては，2000年代以降の公共事業削減により，衆議員議員が利益誘導を通じて県議を囲い込みづらくなったことが挙げられる。政局的要因としては，1990年代の政界再編や2005年の郵政国会で多くの有力衆院議員が離党し（県議の離党者は少ない），県連内で県議の存在感が高まったことも重要である（第4章第10節第1項の後藤博子の事例を参照）。

93）　一部の極めて有力な衆院議員は，第3期でも候補者決定権を持つ。森喜朗（馳浩）・野中広務（山本直彦）・後藤田正晴（北岡秀二）・宮澤喜一（溝手顕正）・加藤紘一（阿部正俊）・三塚博（亀谷博昭）・古賀誠（松山政司）・安倍晋三（岸信夫）がその例である。

94）　『朝日新聞』1994年8月13日（全国版）。

95）　濱本（2013: 87）は，茨城県連で，選挙制度改革後に地域支部・職域支部数が急増したことを示している（党員数は茨城県も含め全国的に減少傾向）。

院選挙制度改革・政党助成金導入・橋本行革）によって，総裁・幹事長など党執行部が権限を強めたが（竹中 2006；浅野 2006；飯尾 2007；待鳥 2012；清水 2018），参院選で県連主導の選定プロセスを崩すことは基本的にない。党執行部が最も意欲を見せたのは第 1 次安倍政権であり，参院選の候補者差し替えを試みたが，県連の決定権を尊重する参院執行部の抵抗を受け失敗する（第 4 章第 2 節第 1 項を参照）。なお，2007 年参院選では党本部の働きかけで公募が増加したが[97]，衆院選での公募（党中央主導）と異なり，多くが県連主導である。

第 2 項　インセンティブ

第 3 期には県議団が候補者選定への影響力を増大させたが，当選可能性の観点から[98]，2000 年代以降は県議を擁立しづらかった。初めに第 3 期前半（1995・1998 年参院選）から説明すると，自民党の下野やバブル崩壊後の不況，一連の貿易自由化により支持団体の離反や党員の減少が進んだが（無党派層も増大），自民党県連の選挙に対する危機感はそこまで強くなく，県議出身候補の選挙の弱さ[99]も問題視されなかった。まず 1995 年参院選は自社さ連立政権時に候補者選定が行われ，政権交代のリスクは小さかった。比例区では第 1 党であった新進党も 1 人区では 24 選挙区のうち 4 つでしか勝利できていない（自民党は 16[100]）。また複数人区では，新進党（ほとんどが公明党系か民社党系）と社会党候補が，自民党と議席を分け合っており（自民党候補の同士討ち選挙区は存在しない），無風区が多かった（第 3 章の図 3-3 を参照）。大敗した 1998 年参院選に関しても候補者選定時には県連に危機感が薄く，県議出身候補を避けよう

---

96)　羽田派には衆院議員が多かったこともあり（竹下派抗争での敗因が参院経世会の小渕支持のため），小渕派内で青木幹雄ら参院議員の地位が向上した。また青木は小泉首相とも提携し，衆院側（野中広務・綿貫民輔など）が弱体化する中でも，権力を維持できた。

97)　『朝日新聞』2006 年 1 月 17 日（全国版）。

98)　他に「インセンティブ」関連で重要な要素を挙げる。第 3 期前半には自治体で地方分権改革を求める声が強く，その要望を中央に伝える存在として県議が適任とされた。また，政界再編期に多くの国会議員が離党したことで，県議が国会議員に不信感を抱き，県議擁立の気運が高まった（第 4 章第 6 節第 2 項における山内俊夫の擁立過程を参照）。

99)　1995 年参院選では，県議出身者の得票率（TK 指数）は，それ以外の経歴と比較して，はるかに低い（第 6 章の図 6-2）。1998 年参院選は全候補が低く，経歴で差が出ない。

100)　自民党が公認候補を出していない選挙区で無派閥出馬し，当選直後に自民党に加入した人物も含む。

とはしなかった。党執行部が複数人区での複数擁立を県連に要請したことも，初期の余裕を裏付けるものである（結果，大量の共倒れ）。98 年参院選では候補者・当選者の約 6 割を県議出身者が占めるに至った（過去最多）。

しかし，第 3 期後半（2001 年参院選以降）になると，県議の擁立が難しくなる。1998 年参院選の惨状と 2000 年総選挙の都市部での大敗は，全国の県連に「トラウマ」を与え，県連は候補者選定時に無党派層からの支持獲得を優先するようになった。また，小泉構造改革期になると，民営化・規制緩和・公共事業削減や，市町村合併による市町村長・市町村議の減少により，伝統的な支持基盤が一層弱体化した。小泉内閣期には自民党の支持率が高まったものの，同時期には政権交代可能な野党（民主党）も台頭しており，無党派受けしない県議を県連が擁立する余裕はなかった[101]。以上の結果，第 3 期後半の県議団は，代理人としての性格が強い県議を擁立することよりも，当選可能性の高い無党派層受けするような人材を志向するようになる（無風区の中選挙区部分では県議が安定的に国政進出できる）[102]。

但し，2017 年以降の野党多弱下では，再び第 3 期前半のように県議を擁立しやすい状況にある。2019 年と 2022 年参院選ではそれぞれ県議率が 44.7% と 42.2% と（参議院選挙区の自民党当選者に占める割合），改選前よりも増加した。

第 5 節　候補者選定過程の分析結果が持つ含意

本節では，本章・前章の候補者選定過程の分析結果が持つ含意を 4 点指摘する。テーマは，①国政レベルの政党組織論 ②地方レベルの政党組織論 ③日本型多元主義論 ④参議院の「シニア」論の 4 つである。

---

101)　前章の図 6-2 では，第 3 期後半に県議出身者の得票率の低さが解消されているように見えるが，第 3 章第 1 節第 1 項で指摘した通り，中選挙区部分で県議出身候補が単独擁立されたことが関係している（公明党との連立で中選挙区での複数擁立が減少した）。

102)　また，地方分権改革を受けて権限が強化された知事との関係をめぐり，県議団がしばしば内部対立（時に会派分裂）を起こすようになり，一致して県議を擁立できなくなる状況が増えた。典型が山梨県であり，2004・2007・2016 年参院選では，知事職をめぐる県議団内部の対立により，県議擁立に立て続けに失敗している。

第 1 項　含意①国政レベルの政党組織論

　本書は第 1 章で，竹中治堅（2010）による参議院自民党の分析が政局論に偏っていると論じた。合理的選択新制度論による自民党研究をリードしてきた建林正彦も，同書が「政局バイアス」により，参議院議員の服する「規律」の特性を明らかにできていない点を批判する（待鳥ほか 2012）。具体的には，①選挙や政党組織と関わりの薄い参議院議長がかつて強い規律を行使できた理由，②中選挙区制の産物であるはずの派閥が田中内閣期以降に参院議員に規律を働かせられるようになった理由が不明瞭であると指摘した。本項では，この 2 つの論点を引き取った上で検討し，竹中治堅（2010）の補完を試みる。

　まず①参議院議長だけが強い規律を行使できた理由について考察する。結論を先に述べると，第 1 期は，第 2 期以降と対照的に，参議院議員に強い影響力を行使できる特定の政治アクター（第 2 期なら田中派・竹下派を中心に派閥幹部，第 3 期なら党県連）が存在しなかったからこそ，参議院議長が関与できる余地が生まれた。第 1 期には県連組織が未整備であり，地方区選挙では県内の衆院議員各派の支援に依存していたため，参議院地方区議員が特定の派閥（参院の独自派閥ではなく宏池会など一般の派閥）と関係を深めることができなかった（第 1 期は無派閥議員が多い）。また，参議院全国区の議員も，派閥の支援なしに，組織票や知名度によって当選できた（1983 年以降の比例区では派閥支援がないと名簿上位に記載されず当選は困難）。このように第 1 期の参議院自民党は，派閥や県連が関与しづらい規律の「空白地帯」があったからこそ，参議院議長が人事や資金力（前章補論 1 を参照）を通じて影響力を行使できた。

　但し例外もあり，第 1 期の農協代表は衆院議員各派の支援に依存しないため，特定の派閥，具体的には，農政に理解のある三木派（三木武夫）の規律に服しやすかった。1971 年参院議長選では，参議院三木派が河野謙三を支持し，重宗雄三参議院議長を追い落としたが，背景には，三木が同派参院議員に規律を行使できる特殊な構造が関係していたと見られる（第 6 章第 3 節第 2 項を参照）。

　次に，②田中内閣期以降に（選挙区定数の小さい）参議院で派閥の規律が強まった理由について考察する。確かに派閥は中選挙区制の産物であり，実際に第 1 期には無派閥議員が多かったが，第 2 期になると田中派・竹下派が党執行部

を掌握して「一強」状態だったため（大臣構成は「総主流派」でも選挙関連ポストは偏在），小選挙区制期の衆院選における執行部派閥の権力（cf. 浅野 2006）と同様のメカニズムで，公認権（時に潤沢な買収資金を提供）を通じ影響力を行使できた。また，選挙資金の提供や陳情処理の便宜供与など，極めて手厚い支援を行い，派閥としての規律が非常に強く働いた。そして，田中派・竹下派が介入できないケースというのは，地元に他派閥の大幹部が存在する状況であり，その場合には資金面も含めて，その派閥幹部が面倒を見るので，結局ほぼ全ての参議院選挙区議員が派閥の規律に服しやすかった。

　一方，比例区議員も，この時期には拘束名簿式で選ばれるため，党執行部を掌握する田中派・竹下派が名簿順位に強い影響力を行使した。他派候補も，名簿上位に掲載されるためには，田中派・竹下派を押さえ込む必要があり，派閥領袖の交渉力を頼った。以上の結果，参院議員全体が，派閥（特に田中派・竹下派）の規律に服しやすくなった。なお，竹中治堅（2010: 第 3 章）は 1970 年代の田中内閣期以降，参院の独自派閥が解消され，参院議員に派閥の統制が効くようになったと論じるが，1980 年代にかけてその統制が一段強化されたことには留意が必要である。1980 年参院選まで参議院選挙区には無派閥議員が比較的多く存在しており，1983 年参院選から急減する。

　最後に，①②に続く第 3 期についても補足する。第 4 章で見た通り，郵政政局で党執行部は参院議員を統制できなかったが，もし第 2 期のように執行部派閥の規律が強ければ，派閥幹部が非公認の脅しや資金提供・利益誘導を行うことで，衆院議員同様に参院議員を統制できた可能性がある（経世会の「お家騒動」時における竹下登の参院経世会に対する影響力を想起されたい[103]）。また，第 1 期の重宗雄三のように，青木幹雄がより強力な「規律」（巨大な独自派閥など）を有していれば，参議院で可決を勝ち取れたシナリオもあり得る。このように「規律」の構造や変遷を理解することで，郵政民営化法案に参議院自民党から大量の造反者が生じた歴史的条件を把握することができる。

103）　小沢は竹下本人に対して「参院経世会を動かしたのは竹下さんですね。納得できません。卑劣じゃないですか」と論難した（後藤 2014: 157）。竹下登の参院経世会への働きかけの方法については，田崎（2000: 第 5 章）に詳しい。大嶽（1997: 31）も，竹下派の「お家騒動」の際に参院側が小渕支持でまとまった理由として，関係者への聞き取り調査を基に，竹下登が長年彼らの面倒をよく見てきたことを挙げている。

第2項　含意②地方レベルの政党組織論

参院選の候補者選定過程を考察するにあたって自民党県連内の権力構造に着目してきたが，建林編（2013）を嚆矢とする自民党の地方政党組織の類型論においても，本書はより多様なモデルを提供することで貢献し得る。

まず，県連の「秩序維持者」に着目した笹部（2017）の類型化方法に倣うと，同論文が挙げた県議・衆議院議員・（この2つが機能しない場合の）県連地域支部以外にも，以下6つのアクターを挙げることができる。具体的には，①参議院議員（千葉県の菅野儀作，福井県の熊谷太三郎，石川県の林屋亀次郎，埼玉県の上原正吉や土屋義彦，宮崎県の上杉光弘，島根県の青木幹雄），②知事（白石春樹愛媛県知事，木村守江福島県知事，天野久山梨県知事，田辺国男山梨県知事，田部長右衛門島根県知事，松野幸泰岐阜県知事），③政令指定都市の市議（1989年京都府選挙区），④町長（熊本県の河津寅雄，山形県の岸宏一），⑤農協（宮崎県の温水三郎，山梨県の星野重次），⑥党本部（東京都連に対する佐藤栄作首相・奥野誠亮総務局長の影響）である。

また，特定のアクターが単独で秩序維持をするというよりも，対等な複数のアクターが共同で管理する「ハイブリッド型」もある。典型は，衆議院議員と県議がほぼ対等の立場から共同で秩序維持するケースである。例えば富山県連では，中央に太いパイプを持つ綿貫民輔衆院議員と，県議団を統括する鹿熊安正県議が，それぞれ県連会長と県連幹事長を長期で務めながら，中沖豊知事と協調しつつ共同で秩序維持に当たった。一方，両者が対立関係にあり，衆院議員優位の派閥と，県議優位の派閥が併存している県連もある。広島県（池田勇人衆院議員と檜山袖四郎県議）・千葉県（川島正次郎・水田三喜男衆院議員と菅野儀作県議）・石川県（森喜朗衆院議員と矢田富雄県議）がその例である。また二者ではなく，三者が秩序維持をしている例として，衆参両院の国会議員と有力県議が影響力を持った埼玉県連（土屋義彦参院議員・小宮山重四郎衆院議員・佐久間実県議）[104]や，衆院議員2人と有力県議が三つ巴状態にある福岡県連（麻生太郎衆院議員・武田良太衆院議員・藏内勇夫県議）が挙げられる。

さらに，笹部（2017）が示した県議または衆議院議員が秩序維持者である類

---

[104]　埼玉県議の述懐によると，1980年代後半の埼玉県政は土屋・小宮山・佐久間のラインに権力が集中していたという（鹿島 2006: 52）。

型には，いくつかのサブカテゴリーを設定できる。まず，県議が秩序維持者であるタイプには，特定の「ドン」がトップダウンで秩序を維持する県連（佐賀県の小原嘉登次，岐阜県の古田好，茨城県の山口武平，愛媛県の白石春樹），地域性の強い都道府県で複数の「ドン」が秩序を共同維持する県連（愛知県における尾張の寺西学と三河の倉知俊彦），一定の階層はありながらも特定の「ドン」を出さずに秩序維持を図る県連（第2期の熊本県・奈良県・東京都や第3期の大分県・千葉県）がある。また，衆議院議員が県連を掌握している場合も，1人の衆院議員が「一強」体制を築いている県連（岐阜県の大野伴睦，新潟県の田中角栄，島根県の竹下登），「二強」の県連（神奈川県の河野一郎と藤山愛一郎，群馬県の福田赳夫と中曽根康弘，徳島県の三木武夫と後藤田正晴，青森県の竹内黎一と田沢吉郎，岩手県の鈴木善幸と小沢一郎，大分県の村上勇と西村英一，鹿児島県の二階堂進と山中貞則），稀だが「三強」の県連（栃木県の森山欽司・船田元・渡辺美智雄，福岡県の古賀誠・山崎拓・麻生太郎）がある。

第3項　含意③日本型多元主義論

1980年代の日本政治研究では，55年体制期の日本が「官僚支配」（cf. 辻1969; Johnson 1982=2018）であるかをめぐり，学術的な論争が繰り広げられた。「官僚支配」という従来からの見解を否定する研究者が提示したのが「日本型多元主義」というモデルである。国会議員が，政策受益団体（村松1981; 村松ほか1986; 佐藤・松崎1986; 猪口・岩井1987）や地方自治体（村松1988）の利益を中央官庁に届けることで，官僚以外のアクターも政策的影響力を有していることをエリート調査等から実証した。この役割を担う国会議員として当時注目されたのは，衆議院と参議院比例区の族議員である。それに対して，本書は参議院選挙区議員という「新ルート」の存在を示す。

ここで鍵になる研究が，これまであまり注目されてこなかった伊藤（1998）である。この論文は1994年に実施された団体調査を通じて，「地方政府・政策受益団体連合」が，従来の「大企業労使連合」に対峙する形で台頭したことを明らかにした（1980年との比較）。この地方政府（全国都道府県議会議長会など）と政策受益団体（主に農業団体や福祉団体）の組み合わせは，1980年代以降の県連職域支部の構造と酷似しており，（伊藤論文では言及がないものの）全国的な県

連整備を受けて形成された可能性が高い。参議院選挙区ではこの「連合」の利益が強く表出され，政治改革後に衆議院議員だけが改革志向を強めた結果，両院の民意反映機能に相違が生じたというのが本書の眼目である[105]。

　では，この「地方政府・政策受益団体連合」を代弁する参議院の民意反映機能は，従来の族議員（衆議院議員）による利益表出とどのように異なるのだろうか。自民党国会議員の表出利益を把握する際に有用なのが，政調部会の所属状況である（cf. 猪口・岩井 1987: 第 4 章 ; 建林 2004: 第 4 章）。以下では，参議院選挙区議員の部会所属に関する先行研究を基に，その表出利益を衆院議員と比較する。結論を先に示すと，筆者はここまで，政治改革後に両院の選挙区に民意反映機能の違いが生じると論じてきたが，厳密にはそれ以前から一定の質的な差異（但し選好乖離を生むほどではない）が存在していたと見ている。

　まず，衆参両院の表出利益の類似性から確認しておく。参議院選挙区は 1 人区が多いので，本来中選挙区制の衆議院と利益に違いが生じるはずであるが，選挙区の広域性により，大規模な組織票を提供する衆院議員や県連（動員する地方政治家・業界団体は衆院議員の集票基盤でもある）と似通った利益が表出される。この見方は部会所属データからも支持され，永久（1995: 第 6 章 ; 1996）は，参議院選挙区議員が小選挙区であるか中選挙区であるかを問わず，衆院議員と同様に，農林・商工・建設に所属する者が突出していることを指摘した（1961 〜 1990 年）[106]。永久は小選挙区でも中選挙区と同様に「排他的利益」（農林・商工・建設）が重視されていることを「理論的な矛盾」と捉えたが，本書の視点からすると，むしろ「理論通り」である。

---

105)　第 4 章第 6 節第 2 項では，県連の業界窓口を担当した山内俊夫県議が特定郵便局長会と懇意になり，参院選当選後に郵政族となった結果，郵政法案の採決で棄権したことを指摘した。この事例からは，上述した参議院選挙区の利益表出メカニズムが観察できる。

106)　同データを分析した石間・建林（2020）は，農林部会・商工部会と対照的に，建設部会への参議院選挙区議員の所属率が 1980 年代後半までは衆院議員ほど高くないことから，「利益団体の代表者」という位置付けに否定的である。しかし 1980 年代半ば以前についても，参議院選挙区議員は，他分野と比べれば，建設部会への所属率は高いので，衆院議員ほどではないにしても，「利益団体の代表者」としての性格を有していたと筆者は見ている（基準点の違い）。いずれにしても，80 年代後半以降は，参議院選挙区が衆議院と似通った民意反映機能を持っていると見て差し支えない。なお，80 年代以降に「建設」が急増したのは，県連組織が整備され，地方政界・業界団体の利益が強く表出されるようになったからだと考えられる（田中派・竹下派が候補者選定に関与したことも一因だろう）。

第5節　候補者選定過程の分析結果が持つ含意　　243

　一方，厳密には，55年体制期にも，両院の選挙区に（政策選好の乖離までは生じないにしても）質的な表出利益の差異が存在していたと考えられる。例えば，衆議院では自民党候補間の「政策割り」により，多種多様な族議員が生まれたが，参議院選挙区議員は「御三家」の農業（農協が候補者選定に影響力，県議も強い関心を持つ）・建設業（県議など地方政治家が強い関心を持つ，田中派・竹下派が候補者選定に関わるため建設官僚も多い）・商工業（選挙区には県経済界の重鎮が多い）に集中している。石間・建林（2020）が示した部会所属データ（1961〜1993年）を見ると，参議院選挙区議員は，御三家以外の族議員を生む分野（交通・通信・社会・国防・労働・文教）に所属する割合がほぼ一貫して低い。選挙区定数ごとに比較した永久（1996: 50）の分析結果を見ても，特に1人区（農村部）における農業・建設への集中度は顕著である。

　なお，参議院選挙区議員は「御三家」の特定分野に特化するというよりも，1人区の多さを背景に，「御三家」の複数分野に関わるというのが実態に近いと思われる（特に県議出身者はより広く薄く関わるだろう）。さらに，業界団体と接触する際にも，第2期以降は県連が介在するため，衆議院の族議員と比較すると，業界との関わりは間接的なものとなる。いわゆる「うるさ型」の族議員は衆議院よりも少なくなるだろう。但し，参議院選挙区の農協専従職員出身の議員（中選挙区部分に多い）だけは，衆議院の族議員と同程度かそれ以上に，自己利益を強弁しやすい可能性はある。

　このような業界団体との結合の弱さの反面，地方政界との関係を見ると，衆院議員以上に，その「代理人」としての性格は強まると予想される。衆議院議員は系列県議よりも立場が上であるのに対して，参議院選挙区議員は擁立主体である県議団の方が優位である。また，この「地方政界」の内実についても，衆議院議員の場合は，地盤となる市区町村など狭い範囲を代表するのに対して，参議院選挙区議員の場合は，選挙区範囲でもある都道府県の利益（特に都道府県議会議員の利益）を表出しやすくなると考えられる[107]。この相違は第5章でも論じた通り，地元にもたらす公共事業の質にも違いをもたらすだろう。

第 4 項　含意④参議院の「シニア」論

「私の望む所は，制度を望むに非ずして，其の人物を望むのであります」

秋田三一（多額，山口県），1946 年 8 月 30 日，貴族院本会議

「良識の府」「再考の府」であることが求められる参議院では，衆議院よりも「シニア」な（知識や経験に富む）人材が期待されている。一方，両院の議員属性を網羅的に定量比較した福元（2007: 第 2 章）は，1947 〜 1990 年において，参議院議員がよりシニアとは言い切れないと指摘した[108]。制度的には，「学識経験ともにすぐれた全国的な有名有為の人材を簡抜する」仕組みとしての全国区制，解散なしの 6 年という長い固定任期，少数選抜を意味する少ない議員定数，そして被選挙権を得る年齢の高さ（30 歳以上）によって，参議院にシニアな人材が多くなるはずである。しかし福元は，学歴（大卒の割合）・知的専門職（医師・大学教授・法曹の割合）・（国会議員職の）在職年数・年齢の 4 指標で衆参比較を行い，年齢と個別議員の在職年数では参院がシニアであったが，学歴と議院全体の在職年数ではそうではなく，知的専門職は職種による（医師と大学教授は参院の方が多いが法曹は衆院の方が多い）という分析結果を示した。

それに対して本書は，参議院議員の方がシニアであるという見方を提示する（分析期間は同じ 1947 〜 1990 年を基本とする）。以下ではまず，福元論文の各指標に関してその主張を再検討し，その後，比例区（全国区）→選挙区（地方区）の順に，別のより重要と思われる基準に照らして，参議院議員がよりシニアであることを論証する（本章・前章の議論は参議院選挙区の議論に生かされる）。情報源は，福元論文と同じ衆議院・参議院編（1990a, 1990b）である。

まず，福元の指標に即して，その主張を検討する。最初に「学歴」は，少な

---

107)　石間・建林（2020）は参議院選挙区議員が地方行政部会への所属率が高いことを示した上で，彼らを「都道府県を単位とした地域利益の代表者」と位置付ける。本書の立場もこれと近いが，同論文が知事経験者に注目したのに対して，本書は県議経験者の役割に着目している。地方における二元代表制の議論（砂原 2011）とも関係するが，筆者が参議院の表出利益として想定するのは，知事が代表する県民全体（無党派層が多い）の利益というよりも，県議が代弁する「組織化された個別的利益」（現状維持を志向する，より利権的な利益）である。

くとも大学進学者が急増した高度経済成長期以降（1970年代には4割弱）も「大卒」経験を基準とする処理は問題含みであり（必要条件だが十分条件からは遠い）、大学偏差値や院卒者の割合（学位取得状況）なども検討する必要がある。その場合、東京大学や京都大学卒が多い高級官僚や、自治省を中心に官僚出身者の割合が高い知事（参院の方が高級官僚や知事の割合が高いことは福元2004を参照）、あるいは主に院卒者から成る大学教授（高偏差値大学の出身者も多い）が多い参議院はよりシニアであると言える。次に「知的専門職」だが、参院には法曹が少ないとしても、後述する通り、県弁護士会の会長・副会長クラスが目立っており、職歴や業績など、より多角的な評価が必要である。ここで、参議院により多く存在することが判明している医師・大学教授については、参院に日本医師会幹部や大学の学長・総長経験者が多数在籍していることから（主に全国区・比例区）、職歴の観点でもシニア度が高いと言える。最後に「在職年数」であるが、参議院の長い固定任期は選挙に追われず長期的視野から活動することを意図したものであって、「多選」は元々期待されていないように思われる。

　以上は福元論文の各指標に即した考察だが、本章・前章との関係でより重要なのは、これ以外にも検討すべきシニア性の基準が存在することである。これは定量化しづらい要素を含んでおり、以下では基本的に質的な考察を行っていく。全国区・比例区→地方区・選挙区の順に論じる。

(1) 参議院全国区・比例区

　参議院の制度設計者が全国区議員に期待する議員像は、福元（2007: 97）も依拠する佐久間編（1960: 50, 169）に即して説明すると、「職能的知識経験」「『農工商、学者、医師、弁護士、政党等全国的の団体』の代表」「全国的組織を背景とする各界の有識者、著書論文などによって全国的に知名な学者・文筆家」である。ここでは「知的専門職」という限定はなく、敢えて一言でまとめ

---

108)　加えて、法案審議過程（選択的議事運営や実質修正の有無、審査回数）でも両院にほとんど違いがないこと（あっても衆議院が優位であること）を示した上で、「二院制という制度は、その企図する政治過程をもたらしていないという意味で、無意味な存在でしかない」（福元2007: 139）と結論づける（制度工学的発想にも批判的な目を向ける）。しかし法案審議に関しては、議会質問における視点の独自性など、他にも分析すべき指標が存在しており、さらなる検証が必要である。

れば，「社会の各分野・各業界を代表する専門家や功労者」である。

　この基準を採用すると，既に広く知られている通り，全国区・比例区で多数当選している全国組織の代表は，その道の専門家・功労者から構成されている。まず，自民党やその前身となる保守系政党（自由党に関しては奥 2006 を参照），および緑風会から見ると，業界団体の代表（全国組織の会長や所管官庁の事務次官など省庁最高幹部[109]）・経済界を代表する大企業経営者（重宗雄三参院議長もこの類型）・宗教組織の大幹部（浄土真宗の東本願寺派・西本願寺派や曹洞宗など伝統宗教だけでなく新宗教系も多い[110]）・太平洋戦争や軍事関係の団体幹部（自衛隊OB・軍恩連盟・日本遺族会・引揚者団体など，日本軍・自衛隊の最高幹部が出馬[111]）が多い。終戦から間もない時期の官僚・経営者出身議員には，貴族院議員（勅選・多額）を務めていた人物も少なくない。

　さらに，第3・4章で注目した「地域代表」が全国区にも存在しており，彼らの一部は「その道の専門家や功労者」である。図 7-5 は，図 3-8 と同じ要領で，参議院全国区における得票の地域的な偏在度を図示したものである（自民党議員のみ）。地域代表の類型は，①鞍替え型（泉山三六・本多市郎・一松定吉・山下春江・田口長治郎・神田博・田中正巳など），②官僚型（塩見俊二・青木一男・川上為治・黒木利克・迫水久常など），③実業家型（小野義夫・森下泰など），④農協幹部型（岡村文四郎など），⑤知事型（町村金五など）に大別できる（但し①②の両面を持つ迫水久常のように明確な分類は難しい）[112]。この内，②③④は前段落で取り上げた「シニア」と類似している（⑤については後述）。

---

109)　拘束名簿式の比例代表制が導入されると，全国区制では当選が難しかった一部省庁の最高幹部経験者（警察官僚・文部官僚など）が国政に進出するようになった。

110)　世界救世党・生長の家・天理教の幹部の他，教組が自ら出馬・当選した一燈園の例もある。また，新日本宗教団体連合会の事務局長（楠正俊，元文部官僚）も当選している。加えて，公明党も，小平芳平（教学部長）・牛田寛（統監部長）・辻武寿（青年部長・指導部長）など，創価学会の大幹部を国政に送り込んでいる。

111)　戦前の日本軍では，宇垣一成大将や松村秀逸・山本茂一郎少将，戦後の自衛隊では源田実空将・堀江正夫陸将等が挙げられる。選挙区ではほとんど見られないが，外務大臣・駐米大使の経歴も持つ野村吉三郎（元海軍大将）の例がある。

112)　2000 年代以降の地域代表よりも地域票への依存度が低いのは，県連組織が未整備で地方での集票力が弱かったことが一因だと推測される。第3期と対照的に県議出身者がほとんどいないのも，県連の未整備が背景にあると考えられる。なお，官僚・実業家・農協幹部・知事は第1期の参議院地方区議員を特徴付ける経歴であり，見事に対応している。

第 5 節　候補者選定過程の分析結果が持つ含意　　　　　　　　　　247

図 7-5　参議院全国区における得票の地域的な偏在度（自民党）

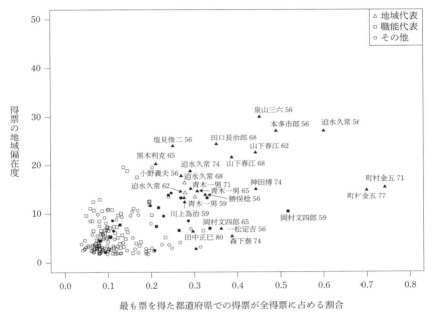

［注］(1) 黒く塗られた印は，その人物が，最も票を得た都道府県での得票がなければ，落選していることを意味している。(2) 氏名の横に記された 2 桁の数字は，当選した年（西暦）の下 2 桁を示している。(3) 繰り上げ当選者は図に掲載していない。(4) 得票データは総務省ホームページからダウンロードした。

　また社会党・民社党では，終戦直後の労働組合結成の功労者など，全国組織（労組）の最高幹部（執行委員長など）が数多く選出されている[113]。社会党に関しては他にも，婦人解放運動や部落解放運動（松本治一郎など）などの著名な人権活動家が多数国政進出している。特に婦人解放運動の功労者は数が多く，活動家や労働省の婦人課長（田中寿美子・久保田真苗など）の他，労組の全国組織の婦人部長（UA ゼンセンの赤松賞で知られる赤松常子など）も見られる（共産党の小笠原貞子や無所属の市川房枝など社会党以外でも確認できる）。また共産党関連では，宮本顕治・春日正一・中西功など，戦前弾圧期からの高名な「革命家」が知名度を生かし当選する例も散見される（全国公害弁護団幹事長・近藤忠孝のよう

---

113)　共産党は労働界で非主流派にあるため，擁立されるのは全国組織の執行委員クラス（委員長ではない）であり，シニア度がやや低下する。

な環境運動家も見られる）。また拘束名簿式の比例代表制期には，視覚障害者協議会代表の堀利和やアイヌ文化研究者の萱野茂など，全国区時代には当選が難しかった少数者団体の代表者が国政進出を果たしている。

　また，参議院議員に期待されている「全国的に知名な学者・文筆家」も多く存在する。まず「学者」に関して，参議院で頻繁に見られるのは一般の大学教授ではなくて学長・総長経験者である。全国区では高瀬荘太郎（東京商科大学学長）・八木秀次（東京工業大学・大阪帝国大学総長）・松前達郎（当選時は東海大学副学長でその後学長・総長・理事長），拘束名簿式では林健太郎（東京大学総長）・有馬朗人（東京大学総長）・中村哲（法政大学総長）が挙げられる（選挙区でも大分大学学長の後藤正夫，立教大総長の松下正寿の例がある）。また学長クラスではなくても，緑風会綱領の草案を作った田中耕太郎（帝国学士院・文部大臣）や，民社党綱領を起草した関嘉彦（社会思想史家），英語同時通訳の草分け的存在である國弘正雄（三木武夫首相・外相のブレーン）など，高名な大学教授が少なくない。なお，このような「学者」は知名度や組織票での集票が難しく，拘束名簿式比例代表制への移行後に増加する。

　次に「全国的に知名な文筆家」について論じる。まず，作家では，貴族院議員にも選ばれた山本有三，芥川賞作家の石原慎太郎，直木賞作家の野坂昭如・今東光，プロレタリア文学の金子洋文・中野重治，女流の森田たまの例が挙げられる。また，実績豊富なジャーナリストとしては，朝日新聞社副主筆で近衛文麿首相のブレーンも務めた佐々弘雄や，国際記者で朝日新聞社常務取締役・出版協会理事長を歴任した鈴木文史朗，日本のポリオ撲滅の原動力になった上田哲（NHK記者），元大学教授で経済評論家の斉藤栄三郎（三分野で博士号），北海道新聞論説委員長の木村禧八郎，「ベビーホテル」問題でジャーナリスト賞を多数獲得した堂本暁子の例がある。

　また，現在では参議院不要論の文脈で語られることの多い「タレント議員」も，55年体制期には芸能界（特にテレビ業界）・スポーツ界の黎明期を支えた草分け的な人物が多い。テレビ業界でのパイオニア的存在としては，青島幸男（放送作家）・田英夫（ニュースキャスター）・秦豊（ワイドショー司会者）・宮田輝（芸能番組司会者）・高橋圭三（フリーアナウンサー）・いずみたく（テレビ音楽）・円山雅也（タレント弁護士）の例が挙げられる。他にも芸能界では，女優・歌手

として国際的に活躍した山口淑子（李香蘭）や，日本映画の女性パイオニアとされる望月優子，「お笑い第一世代」として西の横山ノック，東のコロンビア・トップ（漫才協会の礎を作る），落語家では立川流創始者の立川談志，音楽家では宝塚劇団の作曲指揮を担当した須藤五郎など，文化面での功労者が少なくない。スポーツ界では，新日本プロレス創設者のアントニオ猪木，「日本レスリング界の父」と呼ばれる日本代表監督の八田一朗，「東洋の魔女」を率いたバレーボール日本代表監督の大松博文，Ｊリーグ開幕時のクラブ監督で名選手でもある釜本邦茂（当選後に日本サッカー協会副会長）の例がある。

(2) 参議院地方区・選挙区

　本章・前章の内容と関わるのが参議院の地方区・選挙区である。全国区・比例区と比較すると，参議院の地方区・選挙区の選挙制度は衆議院と類似性が高いが，実際には選挙区の広域性によって，シニア度に違いが生じる。理論的には，選挙区範囲が広くなると，能力の高い「人材」が擁立されやすくなる。第2章第2節第1項で整理したように，広い選挙区では有権者との個人的関係や利益誘導による集票が難しくなるため，肩書きや実績で支持を集められる人物が選ばれやすくなるし[114]，人材プールが大きい方が優秀な人物が見つかる可能性が高くなる[115]。また大規模組織の支援が有効であるため，その組織の功労者が擁立されやすくなる。さらに，（全国区・比例区にも当てはまるが）参議院議員は当選後の昇進が衆院議員よりも難しいため，「即戦力」として経験豊かな人材が候補者には求められている（陣内孝雄元参院議員へのインタビューに基づく，第5章第2節第1項も参照）。

　では，参議院地方区にはどのような特性の「シニア」が期待されているのだろうか。参議院地方区は当初よりその位置付けが曖昧であったが，最高裁は一

---

[114]　1900年に衆議院の選挙制度が「小選挙区制」（郡単位）から「大選挙区制」（府県単位）に変更されたのも，地元利益に囚われることなく国家的見地から判断できる「大人物」を選出しようとしたことが狙いの1つであった（三谷 1995: 232; 季武 2010）。参議院選挙区では「国家」よりも「県」の事情に精通した人物が求められる点は異なるが，「シニア」性への期待は共通している。

[115]　マディソンは『ザ・フェデラリスト』第10篇で，規模の大きなアメリカに共和制が適する理由として，（派閥同士の牽制に加え）この点を挙げた（ハミルトン・ジェイ・マディソン 1999）。多くの実証研究でも前提とされている（e.g. Gerring et al. 2015）。

票の較差訴訟の判決文（1983年大法廷判決[116]）で，衆議院よりも大きな格差を許容する理由として，参議院選挙区が「都道府県代表」としての性格を持つことを挙げている（只野 2013: 69）[117]。また，参院創設時の国会審議を見ると，参議院議員選挙法案の趣旨説明に立った木村小左衛門内務大臣は，参議院地方区に期待される議員像を「地方の事情に精通した地方選出議員」と表現している（只野 2001: 33）。さらに，連合国軍最高司令官総司令部（GHQ）との憲法改正交渉に当たった松本烝治国務大臣も閣議（1946年2月1日）の場で，「地域代表」だと衆院との差別化ができなくなると危惧する幣原喜重郎首相に対し，「地方の長老」という方向性を示している（佐藤 1964: 637-639）。以上より，参議院地方区に期待された議員像を一言でまとめれば，「都道府県の実情に精通した県勢発展の功労者」といった線が妥当だと思われる。

　その基準に照らせば，第2期以降の参議院選挙区では，県議会の重鎮（県議会議長経験者など）が増加しており[118]，この要件を満たしている。第2期以降は陳情処理など県連の役割が増大しており，日常的に県連を運営する県議団の幹部は「都道府県代表」としての適格を有していると考えられる（第4章第6節第1項で示した岩永浩美の造反理由もこの見方を支持するものである）。また第1期でも国政進出できた，知事を支えるボス県議や，戦後復興・高度経済成長期の地域開発を主導した実績ある知事[119]も都道府県代表の基準を満たしている。さらに，第1期に当選できた農業界・経済界の重鎮である県議も，県政と業界・財界のパイプ役として，県勢発展に貢献した人物が少なくないだろう。

　また，選挙区の広域性を背景に，大規模な組織票を動員できる各業界・各分野の「シニア」（全国区議員に求められた特性）も地方区・選挙区には大勢存在する。自民党，およびその前身となる保守系政党，緑風会から見ると，1970年代以前は，選挙区に①大物官僚 ②大実業家 ③農協幹部が多かった（③は自民党

---

116)　最大判昭和58・4・27民集37巻3号345頁。

117)　但し，大石（2005）は，参議院地方区の「地域代表」という位置付けは，全国区の「職能代表」との比較で論じたものであって，「都道府県単位」という点に参議院の独自性を求めたわけではないと最高裁判決を批判する。

118)　馬渡（2010: 197-200）は，衆議院よりも参議院の方が，県議出身議員の県議時代の役職がより高位であることを量的に示している（1950年代以降の長期的な分析）。

119)　全国区にも知事経験者（地域代表）がわずかに存在する（町村金五や美濃部亮吉など）。

のみ）。全国区と同様に，①②には，貴族院議員（勅選・多額）を務めた人物も少なくない。

以下では①②③を個別に補足する。まず①大物官僚から考察すると，そのほとんどが事務次官・外局長官などの最高幹部である。特に終戦から間もない時期は，地位が高かった戦前期の官僚経験者から構成され，大臣登用者も少なくなかった（井野碩哉・佐藤尚武・大達茂雄・津島壽一・広瀬久忠・松平恒雄・湯澤三千男・吉野信次・後藤文夫など）。GHQ による間接統治の担い手として，戦後の国家再建に取り組んだ功労者も多い。また，事務次官等を経て参議院全国区で当選した人物が，一定の任期を経て参議院選挙区に転出するケースも多々あり[120]，政治経験にも長けた官庁 OB が供給されやすい環境にあった。

次に②大実業家であるが，「実業家」という経歴自体は衆議院にも多く珍しくないものの，参議院選挙区の実業家の特徴は，経営者としてのスケールが極めて大きく，県経済界の重鎮から構成されることである。また，全国的に著名な財界人が地元に戻り，無尽蔵の財力で当選するケースも確認できる（鈴木万平・藤井丙午・永野護など）。このように大実業家が多い理由について，自身もトナミ運輸社長を務めた綿貫民輔元衆院議員に質問したところ（自身も 1982 年富山参院補選では三協アルミニウム工業社長を擁立），広域な選挙区で企業関連票が頼りになること以外に，「社長」ゆえの特質も関係しているという。衆議院議員は後援会活動や，当選後の党務・閣務の「雑巾掛け」で人に頭を下げる必要があるが，参議院選挙区議員は既存組織（企業・代議士後援会・県連）に乗っかるだけで当選でき，しかも党務・閣務で汗をかく必要性も小さいため，「偉い社長」に向いているのだという。

次に③農協幹部であるが，官僚的組織人というよりも，極度の食糧難に見舞われた戦後混乱期に，組合立ち上げや組織の赤字解消・腐敗撲滅に貢献した大立者が多い。小林篤一・坪山徳弥・温水三郎・園木登のように伝記が残っている人物も少なくない。参議院全国区に出馬するような全国組織の幹部（各県組織の代表から選ばれる）が選挙区から出馬する例も確認できる（全国運輸農協連会

---

120) 特に第 1 期に多く，津島壽一・小沢久太郎・高橋衛・柴田栄・岩沢忠恭・塩見俊二・米田正文・山内一郎・檜垣徳太郎・上田稔の例がある。戦後，徐々に政党数が減少していった結果，乱立していた時期と比べて全国区の当選ラインが上昇し，転出者が増えた。

長の谷口慶吉，全国販売農協連副会長の園木登，全国購買農協連副会長の河口陽一，全中副会長の高橋雄之助など）。

　一方，社会党[121]については，参議院選挙区議員の方が，同党衆院議員よりも，労働界での要職を務めたベテラン組合員が多い。選挙区範囲が狭い衆議院では，選挙区内の自治体・地区・支部レベルの委員長や，県組織トップでも下部単組の委員長止まり（上位組織だとしても副委員長や書記長止まり）の例が目立つのに対し，参議院選挙区では県労組の最高幹部から主に構成され，各単産を束ねる上位の組織（労働組合協議会・労働組合評議会・労働福祉協議会など）の代表者も多い（全国組織の幹部を務める人物も少なくない）[122]。特に戦後から間もない時期は，農協と同様に，官僚的組織人というよりも，組織立ち上げに尽力した大人物から成り，戦前期に政府の弾圧を受けた気骨の活動家も少なくない（人民戦線事件で弾圧された近藤信一など）。また，県労組のトップでない人物を見ると，全国区と同様に，婦人部長を務める女性議員が多数確認できる（糸久八重子・西岡瑠璃子・森暢子など）。なお，全国区・比例区で多く見られた婦人解放運動・部落解放運動の活動家が選挙区で当選する例は少ない。

　また，弁護士は確かに衆議院の方が多いものの，参議院選挙区には県弁護士会の会長（一井淳治・寺田熊雄・伊藤修・齋武雄・前ノ園喜一郎・矢田部理など）や副会長（角田義一・古川太三郎など），日本婦人法律家協会の大阪支部長（佐々木静子，関西初の女性弁護士）のように，弁護士業界での地位や活動実績が評価されて出馬に至るケースが多い。ここまで挙げた人物は全て社会党所属であるが，共産党では総評弁護団幹事長の内藤功（東京都）や民主法律協会幹事長の橋本敦（大阪府），自民党では木村篤太郎（第一東京弁護士会会長）や名尾良孝（埼玉県弁護士会会長）の例がある（なお角田義一氏によると弁護士会は組織として選挙には関与しないものだという，筆者によるインタビュー）。

　さらに，数は少ないが，第1期の自民党に多く見られる「シニア」な経歴の議員が社会党でも散見される。例えば，当時の農協は革新系が強かったこともあり，農協幹部が度々当選している（天田勝正・門田定藏・田中利勝・中田吉雄・

---

121)　民社党は参議院選挙区で当選者を出すことが難しく，両院比較に適さない。

122)　参院選と同範囲である全県区の衆院選挙区や，県の中心地を含む衆院1区では，参議院選挙区で頻繁に見られる「シニア」な労組幹部が比較的多く見られる。

渡辺勘吉・三輪貞治など）。また，大実業家[123]や高位の官僚が社会党から出馬・当選するケースも散見される。但し，彼らには社会党らしさも確認でき，例えば，大実業家だと山下義信は広島戦災児育成所を設立した社会福祉家であったし，官僚だと佐多忠隆・和田博雄は戦前に企画院事件（治安維持法違反容疑）で逮捕された「革新官僚」であった。

(3) 衆議院議員との比較

初当選前のキャリアが「社会の各分野・各業界を代表する専門家や功労者」であるかという観点では，衆議院議員に「シニア」が多いとは言い難い（当選後に族議員として「専門家や功労者」となる）。まず自民党衆院議員は，個人後援会の有効性を背景に，世襲議員や元代議士秘書が多いが，彼らは（「政界」を除くと）「各業界の専門家・功労者」ではない。また，官僚や地方政治家の経験がある衆院議員も，早い段階で官界・地方政界から転出したケースが多く，参議院で広く見られる幹部官僚や県議会議長の経験者は稀である。この背景には，自民党人事にシニオリティ・ルール（川人 1996）が定着し，初当選時までの経歴を充実させることよりも，若くして初当選し，当選回数を重ねることが重視されるようになったことが関係している[124]。また，社会党に関しては，既述の通り，参院より衆院の方が労組経験の浅い人物が多い。

以上より，少なくとも福元（2007）の分析期間（1947～90年）においては，参議院議員の方が「シニア」であったというのが筆者の見立てである。なお，55年体制期以降は，参院でも無党派層受けするような人材（知名度の高いタレント議員や刷新感を打ち出せる若手の県議・官僚出身者）が増加し，シニア度は低下している。しかし，衆院に多い世襲議員や代議士秘書出身議員がほとんど存在しないという点で，参院の方が相対的に「シニア」であるという見方も可能である。参議院選挙区には県議[125]・政令指定都市の市議・自治官僚・知事など，地方自治の専門家が多数在籍し，比例区には業界・労組の功労者が依然多

---

123) 下條恭兵・島田千寿・椎井康雄・小松正雄・山下義信など。

124) シニオリティ・ルールが成立する 1970 年代半ば以前には，高位の官僚だった人物が衆院にも多く見られた（佐藤・松崎 1986: 101-104; 内田 1989: 164; 福元 2004）。

125) 欧米の実証政治学では，「シニア」性の指標として政治家経験の有無を問うことが一般的である。1990 年代以降の参院に多く見られる県議出身者はこの要件を満たしている。

く存在する（選挙区にも農協・医師会・労組の代表者が少なくない）。いずれにしても，第3期以降は民意反映機能に両院の相違が見出せるため（民主党の分析は第8・9章を参照），シニア度が高かった90年代以前と併せて，戦後一貫して参院に人材的な独自性が存在していたというのが本書の主張である[126]。

　最後に参議院改革論との関連で1点論じる。近年の英国貴族院では，無党派の一代貴族（叙爵の基準は本項の「シニア」の定義とほぼ重なる）が法案修正をリードするなど存在感を強めているが（Russell 2013; 田中 2015），日本でも参議院に任命制や間接選挙を導入して「高貴なるものの責務」の回復を目指す改革が提唱されることがある（e.g. 君塚 2023: 第4章）。しかし，英国貴族院も「民主化」（ブレア政権による世襲貴族の排除など）を強いられる時代状況で（cf. 田中 2015: 326-329），日本が今後，上院の非直接公選化を実行することは，たとえ議院内閣制国で完全直接公選の上院が少数だとしても（Russell 2013: 51），実現可能性に乏しい（憲法改正も必要である）。

　一方で本書は，選挙制度の性格が現在とそれほど違わない過去の参議院に「シニア」が多く在籍していたことを明らかにしており，直接完全公選である現行の選挙制度でも，参議院に英国あるいは戦前日本の貴族院の美徳を再興できる可能性を示唆している（但し政党化は避けられないだろう）。本章では，参院における1990年代以降のシニア度低下が，知識や経験よりも親近感や刷新感を求める一般有権者（主に無党派層）のニーズに沿う形で生じたと論じたが，その流れが反転する何らかの契機（例えば，高等教育の無償化やリカレント教育の普及，あるいは専門性の需要が高まる何らかの「国難」など）があれば，再興は不可能ではない。上院の非公選化とどちらの方がハードルが高いかは定かでないが，このような解決策が存在することは最後に付言しておきたい。

---

126)　ここで問題になるのが，「シニア」が多いことの政治的帰結である。その効果測定は容易でないが，個別の事例を見ると，まず女性政策における市川房枝・田中寿美子の貢献が既に指摘されている（辻 2023）。それ以外にも，アイヌ文化振興法における萱野茂，同和対策事業特別措置法における松本治一郎，優生保護法における谷口弥三郎，国立大学法人法における有馬朗人など，特定の参院議員が立法に深く関与した事例が多数確認できる。また比例区の職能代表を中心に，参議院の「専門家議員」が自民党部会など党内議論で重要な役割を果たしているとの証言を多くのインタビュー対象者から得た。今後さらなる実証的検討が必要だが，たとえ1人であっても，特定分野に精通した専門家議員が政界に存在することの影響は甚大だと考えられる。

第6節　小　括

　本章では，1980年代以降の参議院選挙区でいかに「県議枠」が成立したのかを考察した。まず，保革伯仲対策で県連組織が整備されると，第1期に県議の国政進出のネックになっていた選挙の弱さが改善された。さらに，開発需要が落ち着いたことで官庁とのパイプがかつてほどは候補者に要求されなくなり，県議の国政進出には有利に働いた。また権力関係を見ても，県連整備後には，県議団が地元衆院議員や農協に対抗することができるようになった（但し，一部の有力衆院議員には依然として対抗できない）。

　一方，党中央では，執行部を掌握した田中派・竹下派が候補者選定に強い権限を有しており，県議団と衝突する場面も見られた。しかし，県議は同派から出馬することが多かったため，両者が対立する局面はそこまで多くない。まず，同派の衆院議員は系列県議を多く持つため，参院選で県議を擁立しやすかった。また，田中派・竹下派は，派閥幹部と強い結びつきを持つ地方政治家（知事や県議）を抱えており，彼らは配下の県議を同派から擁立する傾向があったため（その田中派・竹下派の県議本人が出馬する場合もある），中央で同派幹部と県議団が衝突する場面は一層減少した。

　次に，第3期（1990年代半ば以降）に入ると，政治改革により県議は地元衆院議員からの自立性を一層高めた。また党中央では，竹下派（経世会→平成研）をはじめ派閥一般が弱体化した。政治改革で権力を強めた党執行部も，候補者選定で県連の決定を覆すことはほぼない（参院執行部が睨みを利かせる）。以上の結果，第3期には県議団が参院選の候補者選定で最も大きな影響力を行使するアクターとなる。しかし，第3期でも県議団が県議を擁立するインセンティブには時期ごとに差があり，2000年代以降は，民主党の台頭によって，県議団が無党派層受けしない県議を擁立しにくくなった。とはいえ，無風区の中選挙区部分で県議出身候補は当選できるため，依然，多くの県議が参議院選挙区で国政進出を果たしている。また，2017年以降は野党多弱の影響により，第3期前半のように県議率が再び増加傾向にある。

　さらに第5節では，前章と本章で行った候補者選定過程の分析結果が持つ含

意を 4 点指摘した。テーマとしては，①国政レベルの政党組織論 ②地方レベルの政党組織論 ③日本型多元主義論 ④参議院の「シニア」論の 4 つである。本書全体との関係で特に重要なのが，④参議院の「シニア」論であり，先行研究の見解と異なり，少なくとも 55 年体制期に，参議院議員の方が衆議院議員よりも「シニア」であることを論証した。第 5 章までを含め，本書は，戦後一貫して参院に人材的な独自性が存在していたことを示したが，このような参院議員観（特に選挙区議員の特性）はこれまで提示されてこなかったものである。

　本章の最後に，「歴史的新制度論」の視点が県議枠の構造を理解する上で有用であることを示したい。第 3 章では，参議院選挙区に県議枠が成立した要因として，「合理的選択新制度論」の観点から，範囲の広い選挙区で県議団が影響力を持ちやすいことを指摘した。一方，県議枠の持続性を理解するためには，本章・前章で扱った歴史の視点，いわゆる「歴史的新制度論」が有用である。以下では，この分析枠組みを用いて，インフォーマルな「制度」である県議枠の固定化プロセスを説明する。

　まず，石油危機等に起因する保革伯仲への対策のため，党本部主導で県連組織が整備された。この「外生的ショック」により，参院選で県連動員の有効性が高まったが，この動員体制が一旦構築されると（決定的分岐点），候補者は個人後援会を整備することのコストが高くつくため，県連依存を深める（経路依存性）。その間，県連整備は進行し，かつ県議は参院議員が自立性（後援会による独自の動員体制の構築）を獲得しないよう妨害するため（第 3 章第 1 節第 1 項を参照），時間の経過と共にこのシステムは強化される（自己強化・正のフィードバック）。その結果，県連は時が経つごとに県議を擁立しやすくなる。

　また，県議枠自体も「自己強化」のメカニズムが働く。一度県議の擁立に成功すると，県議団はその参院議員の引退時に県議を後継指名させて，県議出身の新人に「正統性」を付与する。また，地元政界で「枠」という呼ばれ方（「言説」）が繰り返されていると，徐々にその見方が人々の内面で規範化される。さらに，党則に候補者選定での県連推薦が書き込まれるなど，時間の経過とともに県連（議団）に有利な「制度変化」も生じる。県議枠の根強さを理解するには，このような歴史や時間の視点も有効である。

補　論　候補者選定過程の事例：第2期

　この補論では，第2期の候補者選定過程の特徴を捉えた4つの典型事例を紹介する。まず，ケース1（1980年愛媛県選挙区）では，自民党県連（県議団）が農協を統制下に置くプロセスを叙述する。次に，ケース2（1989年京都府選挙区）では，府議団が県内衆院議員に対抗し，現職降ろし（府議擁立）を行う事例を示す。また，ケース3（1983・1992年長崎県選挙区）では，田中派・竹下派が県連の候補者選定に介入し，同派以外から出馬しようとする県議の国政進出が阻まれた事例を扱う。なお，田中派・竹下派は県議団と頻繁に衝突していたわけではなく，県議は同派から出馬を目指すことが多かった。本補論の事例では，そのメカニズムを3通り示す。まず，ケース1（1980年愛媛県選挙区）では，田中派・竹下派の有力な地方政治家が配下の県議を同派から擁立する事例を扱う。さらにケース4では，系列県議を多く持つ同派衆院議員が県議を擁立した事例（1986年徳島県選挙区）と，同派幹部と個人的に強い繋がりを持つ県議が出馬した事例（1980年徳島県選挙区）を紹介する。

ケース1：農協の壁の克服／田中派の地方政治家による県議擁立

　本ケース（1980年愛媛県選挙区）は，自民党県連が1960年代末から70年代にかけて農協組織を勢力下に取り込み，農協系の現職参院議員を降ろした上で，県議の擁立に成功した事例である。同時に田中派の有力な地方政治家（知事）が同派から県議を立てた事例でもある。

　愛媛県では，政治的中立性（非自民）を重んじていた総合農協（県農協中央会など）が，1963年に共通役員制（特定の人物が各組織の役員を兼任できる制度）を導入し，指導力・組織力を高めて自民党と対峙していた[127]。そのような状況下で，総合農協とみかん産業の主導権をめぐり対立していた専門農協（青果農協）が白石春樹県議ら自民党に接近したことにより，総合農協と自民党の関係が一層悪化した（北原1993: 77; 恒さんとえひめの農民運動史を紡ぐ会編2003: 115-

---

[127]　農民組織は国政選挙等で自民党と度々対決し，1950・53年参院選，1951年知事選では社会党候補を当選に導いていた（恒さんとえひめの農民運動史を紡ぐ会編2003: 44-45）。

135)。そして 1967 年知事選では，「農協の天皇」[128] と呼ばれた青井政美四連会長の下，総合農協（北原 1993: 81）と（革新系の強い）農協青壮年部（北原 1993: 151）が中心となって社会党の湯山勇候補を支援し，現職の久松定武知事（白石県議を軸として自民党が支える）と戦った。

　結果は現職の久松が勝利したが，白石県議は，保革のいずれにも属さない青井[129]が，革新系農民集団の中核である田中恒利（後の社会党衆院議員）らに乗せられて社会党候補を応援したと見て，農協から青井シンパや革新勢力を排除する方針を固める（北原 1993: 151; 恒さんとえひめの農民運動史を紡ぐ会編 2003: 134-135)[130]。まず，農協の体制を支えていた共通役員制に照準が絞られた（恒さんとえひめの農民運動史を紡ぐ会編 2003: 134-135)[131]。1967 年知事選の直後に，県中央会は四連から分離されて，新会長に白石自身が就き（それまで県議は農協四連のいずれかの会長に就かないことが不文律であった），総合農協改革に着手する。さらに，翌年 1968 年には農協連の共通役員制が完全に廃止され，三連会長の青井は県経済連単独の会長に追いやられた。その際に，白石は中央会会長を辞して，最も資金力がある信用連の会長に就任し，中央会会長の後任には白石系の農協系県議（渡部高太郎）が就く[132]。

　その後白石は，1971 年に知事に就任すると，県経済連会長の青井を 1974 年参院選の候補者に棚上げし，農協から実質的に排除した。白石にインタビュー

---

128) 『愛媛新聞』1973 年 8 月 31 日。

129) 　北原（1993: 150-151）によると，青井は白石と同期の元県議だが，県議時代には保革中立派に所属しており，革新系の田中恒利に乗せられやすかった。青井は県議会副議長まで務めたが，白石の推薦で県経済連の専務になると，農協活動と政治活動の分離原則から県議を辞任した。青井はその後経済連会長から農協四連会長となる。

130) 　以下の記述は北原（1993: 77）に基づく。なお，自民党県連の農協攻略という観点では，農協系県議の増加も重要である（第 2 節第 1 項で論じた通り全国的に増加）。愛媛でも，革新系の農協系県議が自民党に入党していることが報告されている（北原 1993: 152）。

131) 　農協組織の役員人事は，単協や専門農協の長老的人物によって選出されるため，外部の介入を受けづらいが（前田 2005），組織の運営に不可欠な予算・許認可権限を知事が握っており，その後ろ盾を持つ白石の働きかけが実効性を伴ったのだと考えられる。

132) 　但し，自民党県連の一方的取り込みという見方は一面的であり，農協側も県連に接近することにはメリットがあった。白石によると，農協は知事選敗北後，県との関係強化や敗戦の責任者である青井の救済を求めて，白石に接近したという（北原 1993: 151）。実際に白石が中央会会長から信用連会長に鞍替えする際，県信連に 10 億円の預託を取りはからったと本人は話す。また青井も県経済連の会長職は継続することができた。

補　論　候補者選定過程の事例：第2期　　　259

をした北原（1993: 77）によれば，青井の参院選出馬には，農協組織からの排除という裏の意味があり，地方紙でも青井の出馬は「引退花道論」として報じられた（青井は白石が属する田中派に加入）[133]。そして6年後の1980年参院選で，白石は青井を白石傘下の非農協系県議（仲川幸男）に1期で交代させ，青井を県政から実質的に排除した[134]。愛媛では過去，参院選で現役県議が出馬した例はなく，参院での国政進出ルートは県議の悲願であったという。白石は県議団に，3人の県議（仲川幸男県連常任顧問・矢野弁介県連幹事長・赤松泰県連政調会長）から参院選候補を選ぶよう指令を出し，仲川が選ばれた。仲川以外には，現職の青井政美，阿部喜元元衆院議員（南予の3区），亀岡秀雄松山市議（同和対策協議会が支援）も出馬を目指したが，青井は県連の全体大会前に引退を表明し，県連の決選投票で仲川が公認候補に選ばれた。仲川は青井と同じ田中派候補として出馬し，そのまま当選する。

　ここでのポイントは，矢野と赤松が農協系であるのに対して（北原1993: 151），仲川は家業が建設業の土建系県議であった点である[135]。農協系の議員（堀本宜実→青井政美）が代々継承してきた議席を非農協系の県議が引き継いだという事実からは，農協に対する自民党県連の優位性が窺える。なお1980年参院選以降，この議席は，非農業系の県議出身者が出馬する「県議枠」として，現在に至るまで維持されている（仲川幸男→野間赳→山本順三）。但し，この3人は当選後，農政分野に注力しているし，仲川と異なる改選期には元農林事務次官の檜垣徳太郎参院議員が存在していたことから，農業者の利益は以前ほどではないにしても参議院選挙区で確かに表出されている。

　この事例のもう1つのポイントは，「田中派の有力地方政治家による県議擁立」の実例である点であり，以下で，白石知事がどのように田中派と関係を深めたのかについて補足する。既に第3節第6項で簡単に触れたが（利益誘導・総裁選・初出馬の知事選を通じた関係構築），そもそも白石が知事に就任できたのは，田中角栄の政治力の賜物であった。白石県議は1963年知事選で，現職の

133）『愛媛新聞』1973年8月31日。

134）　1980年参院選の候補者選定過程に関する情報は，主に『愛媛新聞』1980年1月1日と仲川（2004: 129）から得た。

135）『愛媛新聞』1980年6月1日。仲川が参院選で強い支援を受けた団体として挙げられているのは，建設業・PTA・教育・技能士・福祉・体育・川柳関係である。

久松定武を追い落とそうとした保守・革新連合を退け（自民党代議士では関谷勝利・井原岸高・高橋英吉），国会議員以上の絶大な権力を掌握するに至ったが（この知事選で選挙違反の罪を被ったことも求心力につながる，北原 1993: 149），それでも独力で知事になることは難しかった。そこで白石は，田中角栄（当時党幹事長）に依頼して，県内衆院議員（1区の菅太郎，2区の井原岸高，3区の毛利松平・高橋英吉が田中に通じていた）を押さえ込んでもらい，1971 年知事選に出馬・当選できた（北原 1993: 81-82）。これ以降白石は，山本敬三郎静岡県知事と並ぶ「田中派知事の双璧」[136]として，田中派と愛媛県のパイプ役となる。

ケース 2：衆議院議員の壁の克服

　本ケース（1989 年京都府選挙区）は，府議団（および京都市議団）が府政主流派の衆議院議員（宏池会系）に支えられた現職参院議員を降ろし，新人府議の擁立に成功した事例である。1988 年 4 月に，翌年改選を迎える植木光教参院議員（当選 5 回）が立候補を表明したが，地方議員が内部候補を擁立すべきとの声を上げた。同年 11 月，まず京都市議団の福島滋弥市議団長が出馬の意思を示したが，その後府議と京都市議の調整を経て，11 月 28 日には共同で担ぐ地方議員を福島から西田吉宏府議に変更する。

　植木は 62 歳と引退するには若かったが，それでも地方議員が現職降ろしを画策した理由としては，植木に悪印象を持っていたことが挙げられる。植木は地元の面倒見が悪く，地方議員とも日常的な関係を構築していなかった[137]。植木は元沖縄開発庁長官として沖縄問題がライフワークであり（沖縄ファンクラブ会長），世界連邦運動にも関わっていたが（世界連邦日本国会委員会会長），これらの活動は地方議員団から好意的に受け止められなかった。府議団は植木が選挙の半年前にしか選挙区に帰ってこないことを強く批判している[138]。

　一方，地方議員側の事情としては，議長退任後の目標として，参院での国政進出ルートを求めていたことが挙げられる[139]。府議は議長が 2 年交代，市議

---

136)　『朝日新聞』1986 年 2 月 27 日（全国版）。
137)　『朝日新聞』1989 年 2 月 5 日（大阪版）・『京都新聞』1989 年 1 月 7 日・2 月 5 日。
138)　『朝日新聞』1989 年 3 月 11 日（全国版）。
139)　『京都新聞』1989 年 2 月 5 日。

は1年交代であり（市議に関しては議員団22人中13人が議長経験者），地方議員たちは活力を得るためにも新たな目標を必要としていた。また，京都府選挙区（2人区）は自民党候補を1人に絞っている無風区なので，確実に当選できることも地方議員にとっては魅力的だという。ここでのポイントは，西田がごく一般的なベテラン府議（元府議会議長）だった点である（養鶏業を家業で営んでいるが第1期に多い「大実業家」の県議ではない）。もし西田が当選できれば，大規模な組織票（農協や経営企業など）を持たない「普通の府議」でも，府議会の功労者であれば国政に進出できる新たな道が開ける。

　また，「地方の時代」というスローガンが選定過程の最中で頻繁に挙げられており[140]，中央集権への反発が時代の空気としてある中で，地方議員から候補を擁立しようという気運が一層高まっていた面もある[141]。さらに，1989年参院選に特有の事情として，戦後初の県議出身宰相・竹下登の存在も地方議員の励みになったようである（竹下の「ふるさと創生」に度々言及がある）。加えて，1987年の売上税導入騒動で地方議会の議席が大幅に減少しており，「地方議員の中で人の暮らしに一番密着した議員こそが時代の主役になるべきだ」（井上治府議団長）という意見を地方議員が持つに至っていた[142]。ある府議は，これまでの国政選挙では中央で国会議員が候補者を決めてきたが，売上税騒動で煮え湯を飲まされ，中央に任せていられないという意識になったと話す[143]。なお，中央で候補者を決めてきた「国会議員」とは前尾繁三郎のことを指しており，第1期には前尾が候補者選定の実権を握っていた（海野編 2002: 114）。京都府の参院議員には植木光教や林田悠紀夫など宏池会所属者が多い。

　対決の構図が固まると，1988年の12月には府連内部で候補者に関する話し合いの場が持たれた。参加者は国会議員側が，林田悠紀夫府連会長（参議院，宮沢派）・谷垣禎一（衆院2区，宮沢派，当選3回）・奥田幹生（衆院1区，宮沢派，当選3回）・野中広務（衆院2区，竹下派，当選3回）・伊吹文明（衆院1区，無派閥，当選2回）の5人であり，地方議員側は，府連幹事長の西脇尚一市議・井上治

---

140)　『朝日新聞』1989年2月5・21日（大阪版）。

141)　『朝日新聞』1989年3月11日（全国版）。

142)　『朝日新聞』1989年2月21日（大阪版）。

143)　『京都新聞』1989年1月7日。

府議団長・江羅寿夫市議団長の3人であった[144]。府議よりも市議の方が多い点は，政令指定都市のある道府県ならではである。府連内部の対立構図としては，国会議員と地方議員の間の亀裂に加えて，国会議員間の派閥次元の対立も挙げられる。会議では宮沢派の谷垣禎一が同派の植木を推す発言をしているが，西田は無派閥とはいえ竹下派の野中広務と近いため[145]，宮沢派と竹下派の派閥対立につながりかねない点が危惧されていた。

　最終的には，京都市長選が参院選直後にあるので，府連内部にしこりができないよう党本部（竹下登首相・安倍晋太郎幹事長）に決定を一任する運びとなった。しかし党本部は府連に戻した。その後，府連は再度党本部に投げ返したものの，党本部は再び府連に返した。党本部としては無理に裁定を下すと，宮沢派と竹下派の対立になりかねないので，火中の栗を拾うのを避けたのだという[146]。当時はリクルート事件と消費税導入で内閣が炎上状態であり，1980年代に絶大な権力を誇った竹下派もイニシアティブを取れるような状態ではなかった。

　結局，県連の常任選対委員会で投票（無記名投票）を行い，決着をつけることとなる。メンバーは府連会長・総務会長・政調会長の幹部会と，府・市議らが中心の常任総務会からなり，この39人の内，植木と長期療養中の1人を除く37人が投票する。内訳を見ると，国会議員が5人に対し，府議は10人，京都市議は14人であり，国会議員よりも地方議員の方がはるかに多い（今回も府議よりも京都市議の方が多い）[147]。勝敗を決するポイントは，西田支持を打ち出している地方議員をどれだけ植木側（宏池会系衆院議員）が切り崩せるかであった。「実弾」が飛ぶなどしたが，最終的には20対17の僅差で西田が勝利する[148]。公認を獲得した西田は，選挙本番でも勝利し（無派閥で出馬），当選後には，府内にまだ在籍者のいなかった安倍派に加入する。竹下派でないことは，擁立や公認獲得に際して野中広務の影響力が決定的なわけではないこと（地方議員団が実質的な擁立主体であること）を示す傍証と言える[149]。

---

144) 『京都新聞』1988年12月16日。

145) 『京都新聞』1989年1月7日。御厨・牧原編（2012: 47）でも，野中は西田府議のことを「弟分」と呼んでいる。

146) 『京都新聞』1989年2月5日。

147) 『朝日新聞』1989年2月21日（大阪版）。

148) 『京都新聞』1989年2月5日・『朝日新聞』1989年6月30日（全国版）。

補　論　候補者選定過程の事例：第 2 期　　　263

ケース 3：田中派・竹下派の壁

　本ケース（1983・1992 年長崎県選挙区）は，中央の田中派・竹下派幹部が，同派の「非主流派県」（三木派王国と呼ばれた長崎県）の候補者選定に介入し，他派からの出馬を目指す県議（あるいは県議出身の現職）でなく自派の候補（非県議）が公認されるよう便宜を図った事例である[150]。なお 1983 年参院選の事例では，出馬が叶わなかった県議本人（田浦直氏）にインタビューを実施した。

(1) 1983 年参院選

　1983 年参院選で改選を迎える中村禎二参院議員（三木派）は既に 80 歳を迎えており，県連は新人擁立を決めた。1982 年 6 月，県連選対委員会の中から白浜仁吉衆院議員を委員長とする 6 人の代表者が選ばれ，候補者を絞る作業に着手した（白浜の他は，金子岩三県連会長・倉成正衆院議員・初村滝一郎参院議員・虎島和夫県連幹事長・浅本八郎県連政調会長）[151]。1983 年 2 月の時点で，田浦直（倉成正系列の県議，医師）と宮島滉（県信用農協連会長）に絞られ，2 人が公認を争うこととなった。

　対立軸としては，①県議団と農協の対立，②国会議員の派閥対立が挙げられる。①から見ると，農協はここ数年，独自政党（農政連）を組織して，1979 年 4 月の県議選でも自民党に対立候補を立てており[152]，田浦を含め県議団は農政連に強い敵対意識を抱いていた（田浦 2016: 300）。長崎県選挙区では，第 1

---

149)　野中によると，蜷川虎三府政で遅れた京都の「近代化」のためにも清和会とのパイプが必要であり，弟分の西田には竹下派ではなく，敢えて清和会に入ってもらったという（御厨・牧原編 2012: 47-48）。この発言は一見すると野中の影響力を裏付けているように見えるが，筆者の見立てでは，西田を強引に竹下派入りさせられるだけの政治力を 3 回生の野中はまだ有しておらず，上記の発言には誇張が含まれていると考えている。

150)　この事例分析で使用する田浦直県議の「回顧録」（『ルブルム先生奮戦記』）では，匿名性を担保するために名前を一部修正した「偽名」が使われているが，内容が史実に基づくことは田浦本人にも確認済みである。人名も偽名とは言え，本人に寄せてあり，他資料と突合して簡単に特定可能である。

151)　『長崎新聞』1983 年 2 月 4 日。

152)　この年の統一地方選で，長崎県は記録的に自民党の議席が少なかった（定数 54 に対して自民党は 17）。保守系の無派閥議員は 14 人いるが，その大部分が農協系であると考えられる。これらの数値は『朝日新聞』1979 年 4 月 10 日（全国版）を参照。

期から既に県議会議長経験者（但し久保勘一や中村禎二など農協系県議が多い）が出馬する慣行があったが，若手県議の田浦は，先輩県議が出馬しないため，「県議枠」を農政連に明け渡すまいと出馬を決意する（田浦 2016: 304）。

　次に②国会議員の派閥対立であるが，県政の情報通によると，県政界には大きく２つの潮流があり，両派のせめぎ合いが公認レースの底流にあるという[153]。党県連筋によると，県内の国会議員の色分けは，宮島滉が５人，田浦直が２人，桑原信一（県議，元県議会議長で第３の候補）が１人だというが[154]，各種記事を突き合わせると，田浦支持が金子岩三と倉成正，宮島支持が久間章生・西岡武夫・中村弘海・初村滝一郎・中村禎二（初村と中村が参議院議員）であり（桑原支持は白浜仁吉[155]），これが県政界の二大潮流である。

　この対立構図を理解する上で鍵になるのが 1970 年知事選である。現職は，1958 年知事選で西岡ハル（西岡武夫の母，夫の西岡竹次郎知事が最初に干拓構想を示し金子岩三県議と対立）・初村滝一郎県議（久保勘一参院議員が知事選に転出した際の後継で，久保と同じ三木派）・農協などが担いだ佐藤勝也知事であり，58 年選挙では佐藤が金子岩三候補（前県議会議長）を破っている（金子 1987: 160-163）。1970 年知事選で，大規模な諫早湾干拓を掲げる佐藤知事に対峙したのは，大規模干拓反対派の金子や倉成（58 年知事選で勝利した佐藤知事によって県庁から排除，金子の盟友）らが担いだ久保勘一参院議員（金子と倉成とは敵対関係にあるが干拓阻止のために大同団結）である。選挙は久保が勝利し，当選後には干拓拡大路線を撤回して，「南総」（長崎南部地域総合開発事業）という部分的方式への転換を表明する[156]。

　その後，久保知事は補償金を釣り上げて，諫早湾内の全漁協から埋め立てへの合意を得たが（1982 年に知事職は副知事の高田勇が継承），諫早湾外の有明海沿岸漁民は依然として反対行動を起こしていた。このような対立関係の中で，1982 年 11 月に金子岩三（水産族）が農林水産大臣に就任すると，金子は開拓計画中止を示唆し，推進派に衝撃が走る。この時に新たなアクターとして推進

153）『長崎新聞』1983 年 5 月 22 日・6 月 2 日。
154）『長崎新聞』1983 年 2 月 4 日。
155）白浜と桑原はかつて同じ陸軍の連隊にいた。白浜は後で田浦に加勢している。
156）南総計画の歴史と金子の関与については，金子（1987: 306-316）に詳しい。

派に加勢したのが，中央で絶大な権力を握っていた田中派と，同派所属の久間章生衆院議員（1980年衆院選で初当選）である[157]。農水省から長崎県庁農林部に出向し，その後県議を経て，衆議院議員となった久間[158]は，補償金の関係で干拓を推進したい漁業権者会長・漁協長らと共に，派閥オーナーの田中角栄に陳情を行った。そして田中は，同派の竹下登大蔵大臣や農水省の構造改善局長に連絡を取り，金子の中止計画を握りつぶした（その後干拓事業は1989年の竹下内閣で着工）。こうして，金子と久間・田中派（および干拓農地を求める農協）の対立は決定的なものとなり，1983年参院選における金子・倉成 vs. 久間・西岡・初村・中村（久保と同じ三木派・農協系県議）の対立構図が出来上がる。

　さて，候補者は田浦直と宮島滉に絞られたが，「六人委員会」の権限に疑問を唱える声も多かったため，県連選対委員会で結論を出すこととなり，田浦が20票，宮島が6票，棄権が1票で田浦が圧勝した[159]。勝因としては，選対委員会に県議が多く，県議選で対立した農政連を敵視していたこと，また宮島は党歴が浅く県議団が問題視したことが挙げられる。その後，近い内に県連の総務会が開催され，選考委員会の投票結果を承認するかが問われることとなった。

　県連幹部は選対委での結果が総務会でも追認されると予想していたが[160]，想定外の事態として，国会議員の日程が合わず，総務会が予定よりも1〜2週間ほど遅れた[161]。田浦はこの事態を予測しておらず，すぐに開催されると見ていたため，総務への働きかけを十分にしていなかった（田浦 2016: 317）。実はこの遅れは，宮島が接近した田中派が県連総務への根回しを行うための時間稼ぎであり，二階堂進党幹事長の私設秘書が長崎県に乗り込んで総務を一人一人口説き落とす陣頭指揮を執っていたという（田浦 2016: 323）。ここでは，後述する1992年参院選と同様に，金銭による買収が当然あったものと推測される。そして1983年2月27日の総務会投票では，前評判に反して，選考委

157）　本段落は，諫早湾地域振興基金編（1993）における久間章生や（陳情を発案した）山下正信元泉水海漁業権者会長の寄稿文を参照した。

158）　長崎県は河本派が強く，久間の選挙は金も人も河本敏夫が手当てしたが，当選後に久間は田中派へ加入した（『読売新聞』1983年6月18日，全国版）。

159）　『長崎新聞』1983年2月14日。

160）　『長崎新聞』1983年2月15日。

161）　『長崎新聞』1983年2月25日。

員会の決定が県連総務会で否決された（票数は 36 対 49）[162]。

　総務会の投票は決選投票ではなく，選対委員会の結果を承認するかを決めるものであったため，この結果を宮島の勝利とみるか，田浦の一勝一敗とみるかは難しいところであった[163]。結局，統一地方選挙後に，県の国会議員団は 2 人の候補を併記して党本部に一任する方向性を決め，総務会でも了承を得た[164]。党本部に裁定を任せたことで，次は東京での公認獲得レースが激化する[165]。各陣営を支援する国会議員が所属派閥を通じて働きかけを行ったが，田浦を支える金子・倉成・白浜はそれぞれ宏池会・中曽根派・清和会所属であり，田浦は各派に支援を受けることもあって無派閥を貫いた[166]。一方，宮島は田中派の久間章生と河本派の初村滝一郎・中村禎二が支持しており[167]，表面上無派閥であるものの，実質的には久間所属の田中派と結びつきが強かった。新聞記者によると，宮島は当選後に田中派入りを約束していたという[168]。そして最終的には，二階堂幹事長の裁定により宮島が公認候補に選ばれた。

　党幹部によると[169]，宮島が裁定で選ばれた理由としては，農協の方が医師会よりも集票力があったこと（党執行部は現地調査を行った），そして宮島が田中派候補であったことが重要だという。この裁定を受けて，田浦の支持基盤の県医師連盟は，無所属でも田浦を支援する意向を当初表明したが，一転して不支

---

162)　『長崎新聞』1983 年 2 月 28 日。

163)　『長崎新聞』1983 年 3 月 4 日。

164)　『長崎新聞』1983 年 4 月 28 日。

165)　『長崎新聞』1983 年 5 月 13 日。派閥以外にも支持団体を通じた働きかけが行われた。田浦サイドの動きを見ると（田浦 2016: 328-374），県医師連盟から支援を受けていたので，日本医師会や参議院比例区の組織内候補（大浜方栄）を通じて，党本部（二階堂幹事長など）に圧力をかけた。さらに，二階堂の地元の県医師会は，二階堂に対して，地元で出馬する秘書（岩元力）を推薦して欲しければ田浦を公認するようにと脅しをかけた。

166)　『朝日新聞』1983 年 5 月 16 日（全国版）や『読売新聞』1983 年 6 月 18 日（全国版），田浦（2016: 314）を参照。

167)　初村・中村の所属する河本派も宮島を支援していたが（『読売新聞』1983 年 6 月 18 日，全国版），宮島は田中派としての性格が強いため，河本派は田浦にも働きかけを行っていた（田浦 2016: 314）。

168)　『長崎新聞』1983 年 5 月 13 日と田浦（2016: 324）を参照。なお，宮島を支援する西岡は宏池会加入直後なので，金子岩三が所属する宏池会は基本的に田浦支持だと考えられる。

169)　『長崎新聞』1983 年 5 月 27・28 日。

補　論　候補者選定過程の事例：第 2 期　　　267

持を田浦に突きつけた[170]。県医師連盟の心変わりの理由は，二階堂幹事長が医師会を懐柔するために，参議院比例区の日本医師会候補（大浜方栄）の順位を上げたからであった。そして田浦は，範囲の広い参議院選挙区では選挙ポスターを県下に貼ることすらできないとして不出馬を表明する。

(2) 1992 年参院選

　1992 年参院選でも，竹下派は長崎県選挙区の候補者選定に関与し，自派候補の擁立に成功した。出馬を目指した県議の国政進出は阻止され，県議出身の現職も降ろされている。

　この参院選では，現職の初村滝一郎参院議員（県議出身，河本派）と，農協と近い県議会議長の宮内雪夫[171]，そして 1989 年参院選に無所属出馬した元建設官僚（住宅局長）の松谷蒼一郎が出馬表明した。まず宮内は公認申請が期限を過ぎているという理由で県連にはねられた[172]。続く初村と松谷の争いでは，県連選対委や県連総務会で買収合戦が行われ[173]，建設官僚の松谷蒼一郎が勝利した。初村が所属する河本派は，松谷が 1989 年参院選で公認漏れした後に無所属出馬した経緯があったため，党本部党紀委員会に連名で現職優先を訴えたが，小渕恵三党幹事長（竹下派）は松谷公認の裁定を出す[174]。初村は公認漏れした後，選考に関わった県連の後輩に対して，「資金力がある竹下派と仲良くしていれば良いことがあると思っているのだろうが，派閥はもっと拮抗していたほうが，話し合いの政治ができる」と述べており[175]，「買収」の原資が竹下派の金であったことが示唆される[176]。

---

170)　『長崎新聞』1983 年 6 月 2 日。
171)　宮内と農政連の密接な関係については，『長崎新聞』1991 年 9 月 13 日を参照。
172)　『長崎新聞』1991 年 9 月 9 日。
173)　『長崎新聞』1991 年 9 月 11 日。
174)　『長崎新聞』1991 年 9 月 28 日。
175)　『朝日新聞』1992 年 7 月 13 日（全国版）。
176)　但し，初村は県内からの支持が弱く，竹下派が介入しやすい状況であった点には留意が必要である。前回衆院選で，初村は 1 区に息子を出馬させたため，1 区の衆院議員（県連会長かつ党総務会長の西岡武夫ら）が反発していた（『長崎新聞』1991 年 9 月 28 日）。初村本人も，県連内投票の敗北後に「西岡にやられた」と発言している。

ケース4：田中派と関係の深い県議の出馬／田中派衆院議員による県議擁立

　本ケース（1980・1986年徳島県選挙区）は，第2期の参議院選挙区で県議が田中派・竹下派から出馬しやすくなる2つのメカニズムを観察できる事例である。具体的には，同派幹部と密接な関係を持つ県議が出馬したケース（1980年）と，系列県議を多く持つ同派衆院議員が県内の政敵との候補者擁立競争を制するために系列県議を立てたケース（1986年）の2つからなる。

(1) 1980年参院選

　1980年参院選では，現職の久次米健太郎（三木派）に交代の気運が高まり，新候補として秋田大助衆院議員（福田派）の系列県議である内藤健が浮上した。久次米に交代論が出た要因としては，支持基盤の離反（三木系勢力[177]・農協[178]）や世代交代論（久次米は70代，内藤は40代）に加え，1974年参院選で争った後藤田正晴が勢力を伸ばし，保守一本化のために後藤田が乗れる人物が求められたことが挙げられる[179]。この3点目に関して，内藤は，系列の親分である秋田が中間派のため，田中派の後藤田も含め，どの派閥も応援しやすかった。また，内藤が所属する県議会新政クラブは，知事与党でありながら知事に是々非々の立場であり（自民党県議は武市恭信知事との関係に基づいて四会派に分かれる），後藤田などの反知事派も内藤を推すことができた。さらに，秋田は武市知事を三木と共に支えており，本来久次米を支えるべきはずの三木系も内藤に乗れた。

　また，内藤の父である内藤茂右衛門県議（秋田系）は県議会のまとめ役であり，その関係で幅広い系列の県議から内藤は受け入れやすかった。実際に，県議団は国政進出の道を求め，代議士系列に関わらず内藤を支持した。秋田系・

---

177)　久次米が地元・藍住町長選で，三木の選挙事務長の徳元四郎町長（当選後に全国町村会長への就任が約束されていた）を降ろし自分の息子の圭一郎を擁立したため，三木系の不評を買った（岩野2017: 250）。またそれ以前にも，1975年県議選では，三木系県議の中核であった七条広文前県議が再起をかけた選挙に圭一郎が出馬し（父の健太郎が支援），三木との間に溝が生じていた。

178)　1974年参院選で久次米を支援した農協は選挙で疲弊しており，総務会投票が行われる前から，三木に久次米を降ろすよう圧力をかけていた（岩野2017: 104, 247）。

179)　『徳島新聞』1979年12月7日。

補　論　候補者選定過程の事例：第 2 期　　　269

後藤田系・森下系県議（内藤の所属会派の会長である河野博章ら）のみならず，久次米を支えるはずの三木派県議の一部（内藤の叔父である原田武夫以外には，中西文夫・中谷浩治・黒川勉など[180]）も内藤を支持している。叔父の原田武夫は，三木の選挙事務長として，三木系県議を取りまとめる重鎮県議であり，三木系県議を内藤支持に引き込むのに重要な役割を果たしている（岩野 2017: 247-248）。そして，このような内藤の県議会における基盤を利用したのが後藤田であった。1980 年時点で後藤田系県議の数は三木系を下回っており（河北 1984: 190），系列県議は擁立できなかったものの（1986 年参院選との違い），秋田系を担ぐことで久次米降ろしを図った。実際に，内藤担ぎ出しの背景に，打倒三木を掲げる後藤田正晴の意向があったことが新聞で指摘されている[181]。

　当初は三木が常任顧問団（県内国会議員と武市知事から構成）への一任を提案したが，後藤田や内藤の同意は得られなかった[182]。その後，県連の十役会は会長（森下元晴）一任を主張し，一方の常任総務会は総務会投票も検討すべきだと主張して対立が深まったが，結局総務会で決め方自体を決めるという奇異な方針が定まった[183]。総務会での投票結果は，出席した総務が 252 人の内，決選投票を求める人が 156 人，会長一任を含む話し合い路線が 95 人，無効が 1 人であり，決選投票の実施が決定する[184]。その後，総務会まで激しい多数派工作がなされたが，決選投票の結果は，総務や元政治家の投票者 288 人のうち，内藤が 152，久次米が 132 で，内藤が接戦を制した[185]。この結果を受けて，当初は久次米が 1974 年参院選時のように無所属出馬するかと思われたが，結局本人は辞退を表明した（内藤が公認されそのまま当選）。久次米が辞退した理由の 1 つとして挙げられているのが，内藤が後藤田系ではなく秋田系であり，6 年前のような激烈な対立には至らなかったことである[186]。

　ここで興味深いのは，元々反後藤田として知られていた内藤健[187]が無派閥

---

180)　『徳島新聞』1980 年 1 月 1・12・25 日。
181)　『毎日新聞』1980 年 2 月 26 日（全国版）。
182)　『徳島新聞』1980 年 1 月 15・26 日。
183)　『徳島新聞』1980 年 1 月 28 日。
184)　『徳島新聞』1980 年 2 月 1 日。
185)　『徳島新聞』1980 年 2 月 19 日。
186)　『徳島新聞』1980 年 2 月 20・21・22・25 日。
187)　『朝日新聞』1986 年 2 月 4 日（全国版）。

候補として当選した後に，秋田の在籍する清和会ではなく，後藤田と同じ田中派に加入したことである。その理由としては，候補者選定時に後藤田が基盤になったことに加え，父親（内藤茂右衛門）を介して竹下登と旧知の仲だったことが挙げられる[188]。父・茂右衛門は徳島県治山林道協会長として，同業界に通じている竹下と懇意であり，息子の健も竹下と親密な間柄であった（東四国新聞社編 1983: 387）。竹下登はこのように地方に独自のネットワークを有しており，県議出身議員は同派に所属しやすかった。

(2) 1986 年参院選

1980 年と 1986 年の間で，徳島県政における三木と後藤田の力関係は逆転した。その最大の契機は 1981 年知事選であり，現職の三木系・武市恭信知事が敗れて，後藤田系の三木申三が勝利する。さらに，1983 年参院選後には，久次米引退後に農協が頼りにしていた三木派の亀長友義（元農水事務次官）が，田中派の友好派閥である鈴木派に移動した（河北 1984: 197）。そして，1985 年徳島市長選では，現職の三木系・山本潤造が敗れ，後藤田系の三木俊治が当選した。なお，1983 年総選挙では，後藤田の得票が初めて三木武夫を抜いている。系列の県議・町村長の奪い合いでも，81 年知事選での勝利を転機として，後藤田系が三木系など他派を大きく引き離す（高畠 2013: 184; 河北 1984: 190）。

三木王国の徳島県で，新参の後藤田が急激に勢力を伸ばした最大の要因は，後藤田が三木と対照的に，中央から県に利益（公共事業や補助金）をもたらしたことだと言われている[189]。後藤田陣営は，後藤田本人と傘下の三木知事を通じた国や県とのパイプ（河北 1984: 191）を権力資源として，信賞必罰の締め付け（高畠 2013: 185）を行い，多くの県議・町村長を影響下に置いた。そもそも

---

188) 『徳島新聞』1986 年 2 月 1 日。

189) 後藤田は初当選した 1976 年衆院選で，徳島県への公共投資が全国で下から 3 番目（県民 1 人当たりの着工高）であることを批判材料とした（高畠 2013: 182）。そして 1983 年衆院選では，国の予算方針がゼロシーリングでも，徳島県の公共事業が前年度より増額されたのは自分の功績だとアピールした。その他の実績としては，道路を迂回させて生まれ故郷に通した国道 193 号線を筆頭に，439 号線の国道昇格，徳島空港へのジェット機乗り入れ，徳島大学歯学部の設置（坂東 1983: 248），阿南への火力発電所誘致（高畠 2013: 186）などがある。一方の三木陣営は，本州四国連絡橋の建設で香川県に先を越されるなど，地域開発に積極的ではないことを示すエピソードが数多く見つかる（河北 1984: 187）。

補　論　候補者選定過程の事例：第2期　　　271

知事選で三木申三が勝利できたのも，県の公共投資の遅れに対する問題意識が背景にあると後藤田陣営は見ており（高畠 2013: 182），知事選の勝利は後藤田が持つ国とのパイプへの期待が大元にある。そして，このような後藤田の中央とのパイプは，元警察庁長官・内閣官房副長官で官庁に顔が利くということに加えて，田中派から手厚いサポートを受けていたことが決定的に重要である（坂東 1983: 247）。田中派は利益へのアクセスが各派で群を抜いていたが，後藤田は官僚時代（内閣官房副長官に就任後）から田中角栄の寵愛を受けており（後藤田 2006: 第8章），その恩恵を最大限に享受した。田中が金権問題追及の因縁から三木をとりわけ敵視していたことも，後藤田への支援強化を一層促した。

　そして，多くの系列県議を傘下に従えた後藤田は，自らの系列県議を擁立することで，候補者選定レースでの多数派形成を行うことが可能になった。1986年参院選で後藤田陣営は，元秋田系県議のため距離があった現職の内藤健[190]を降ろし，系列県議（阿川利量）の擁立を目指す三木を抑えた上で，後藤田系列の松浦孝治県議を公認候補にすることに成功した（そのまま当選）[191]。地元政界に詳しい地方紙記者によると（堺 1989: 150），後藤田が内藤を松浦に替えたのは，後藤田が中央政界で忙殺されていたので，地元に国会議員クラスの「秘書」が必要だったからだという。内藤は，秋田大助（福田派）の人脈を通じて福田赳夫と通じており，後藤田は秘密を打ち明けられなかった[192]。なお，内藤の後ろ盾である竹下登も，内藤を強く擁護することはなかった。内藤のバックにいる竹下と，創政会・非創政会の間で融和路線を取る後藤田との間には微妙な距離感があったが[193]，竹下は秋の総裁選を見越して，中曽根康弘首相

190）　初当選時よりも内藤の権力基盤は弱体化していた。1979年衆院選で首位だった秋田大
　　　助は1983年に落選し，内藤茂右衛門と原田武夫もこの6年間で引退した。関係が近かっ
　　　た山本潤造徳島市長（元秋田系県議）と武市知事も後藤田系候補に敗北した。また，内藤
　　　は竹下派に加入し，中央で後藤田に接近したことで，三木系・秋田系との関係が悪化した。
191）　『徳島新聞』1986年2月4日・『朝日新聞』1986年2月4日（全国版）。
192）　また，後藤田と三木が争った1981・85年知事選と1985年徳島市長選で内藤は中立の
　　　立場を貫いたため，内藤と後藤田の間には1980年時よりも溝が生まれていた（『徳島新
　　　聞』1986年2月1日）。1981年知事選時の現職・武市恭信と，1985年市長選で敗れ同年
　　　の知事選（現職は後藤田系）に挑戦した山本潤造は既述の通り，内藤と関係が近かった。
193）　竹下が創政会を結成した背景には，田中角栄が自派から総裁を出さないことに加え，
　　　田中が派閥の若手や他派閥から加入した外様を重用したことが関係している。後藤田はこ
　　　の「重用された若手」として，竹下と微妙な関係にあった（菊池 1985: 第二章）。

の信頼が厚い後藤田と関係を良好に保つ必要があり，後藤田本人と話をつけて内藤の一件は譲歩した[194]。

---

194) 『徳島新聞』1986 年 2 月 1 日。

第8章　民主党における両院国会議員の政策距離

　ここまで，参議院自民党の政策選好の独自性とその帰結について論じてきたが，ほぼ同様の枠組みが参議院民主党（民進党）にも適用できる。参議院自民党にとっての県議団・業界団体が，参議院民主党では労働組合（主に官公労）に置き換わり，同党衆院議員との間に政策選好の乖離が生まれる。しかしその帰結は，自民党と対照的に，ネガティブな側面が目立つ。以下，本章では，民主党における両院国会議員の政策距離について分析を行う（帰結は次章で扱う）。本章・次章の分析のために実施した聞き取り調査の対象者は表8-1の通りである（全員が対面方式）。

表8-1　インタビューの対象者（民主党・日本維新の会・連合）

肩書き	主な所属政党	名前	日付
参議院議員	民主党	輿石東	2023.12.7
		北澤俊美	2023.11.10
		角田義一	2023.10.6
	日本維新の会	浅田均	2023.9.15
衆議院議員	民主党	細野豪志	2023.9.21
		長島昭久	2023.12.19
		小川淳也	2023.5.25
		石関貴史	2023.10.25
連合会長		古賀伸明	2023.10.4
小川淳也秘書		坂本広明	2023.5.25

　本章の構成について説明する（第3章とほぼ同じ）。まず第1節で参議院選挙区，第2節で参議院比例区の選挙過程について考察し，衆議院議員との政策距離に関する仮説を設定する。そして第3節でデータと分析方法について説明した後，第4節で定量分析を行う。補論では，政策距離を拡大させる歴史的要因に関連する先行研究（待鳥2002）の知見を再考する。

第1節　参議院選挙区

第1項　単独擁立時の選挙過程

　参議院選挙区の選挙過程（選挙運動・候補者選定）は，同士討ちの有無によって形態が大きく変化するため，まずは競争状況から確認する。選挙区を①1人区 ②同士討ちのない中選挙区 ③同士討ちのある中選挙区に分類し，その推移を図8-1で示した。図を見ると，中選挙区部分は，小沢一郎幹事長が複数擁立を主導した2010年を除き，②同士討ちのない場合が多数を占めていることが分かる。つまり自民党と同様に，参議院選挙区はほとんどが単独擁立（①②）である。以下では，選挙過程の基本形である単独擁立時の選挙運動形態・候補者選定過程について考察する。

　まず，参議院選挙区の選挙運動形態について考察する。自民党と同様に，本書が参議院選挙区の特徴として注目するのは，その「広さ」である。第2章第2節第1項で説明した通り，理論的には，有権者規模が大きくなると，候補者が有権者を個人的な結びつき（個人後援会など）で繋ぎ止めることが困難になり，「ヒューリスティック」と「大規模な組織票」が有効性を増す。前者のヒューリスティックに関しては，政党ラベルが両院で同程度に重要であること（第2章の図2-1）や，参院選では知名度が有効であることを指摘した。ここで注目すべきは，特に民主党で頻繁に活用される「女性候補」というヒューリスティックである。参議院選挙区の自民党候補に男性が多いこともあり（男性率が極めて高い県議出身者の多さが一因[1]），女性候補を擁立すれば，民主党側は女性票・無党派票を得られる。広域な参議院選挙区では自民候補も強力な後援会を構築できないため，民主党側は男性優位の自民党後援会秩序（三浦2016: 38-40; 松林・上田2012）を切り崩せる男性候補を無理に立てる必要がない。

　次に，「大規模な組織票」について考察する。まず自民党との違いとして留意すべき点が，民主党は地域ごと・候補者ごとに集票基盤の多様性が大きいことである。それでも敢えて平均的な形を示すと，自民党で選挙運動を主導して

---

1)　自民党県議における女性議員の少なさについては竹安（2016: 289）を参照。

図 8-1　参議院選挙区の競争状況の推移（民主党・民進党）

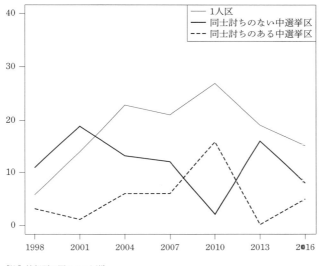

［注］情報源は図 3-1 と同様。

いた地方政党組織（党県連）が民主党では十分に発達していないため（上神・堤編 2011；建林編 2013），代わりに労働組合（連合の県組織）の役割が大きくなる[2]。また労組関連票として，地方議会の中・大選挙区制（組織票の重要性が増す）で当選する労組系地方議員の支援も有効である（県連合と党県連の橋渡し役となる）[3]。このような労組票への依存度は，無党派層の支持が離れた 2012 年下野後に一層高まっている[4]。同時期には国会議員や出馬予定の支部長が離党して県連組織が融解しており，労組票が一層重宝された[5]。

このような労組票への依存度は，選挙区の広さに加え，組織票の重要性が高

---

2) 連合依存の実態については，『読売新聞』2007 年 2 月 9 日（全国版）に詳しい。この記事では，知事選への対応をめぐって連合と衝突した海野徹参院議員が改選時に連合静岡から支援を得られず，落選した事例が紹介されている。
3) 2011 年統一地方選挙の 41 道府県議選で当選した民主党公認推薦候補 414 人のうち，連合推薦は 330 人と約 8 割を占めた（『読売新聞』2014 年 8 月 9 日，全国版）。
4) 『読売新聞』2013 年 1 月 17 日・2015 年 11 月 11 日（いずれも全国版）。
5) 『朝日新聞』2013 年 6 月 5 日（長野版）・7 月 2 日（山梨版）を参照。

まる低投票率や中選挙区部分の存在も寄与している（理論面は第2章第2節を参照）。特に中選挙区部分で候補者が1人だけの場合には無風区も多いため，政党ラベルと連合票だけで当選できる候補者が少なくない（後出の図8-6・8-7も参照）。また，労組は参議院比例区の組織内候補の当選のために選挙区候補と協力して選挙運動を行うことから，比例区が非拘束名簿式であることも，選挙区での労組票の重要性を高めている（「逆連動効果」）[6]。第3章第2節第5項でも述べたとおり，労組は連合の下，各労組の関係が良好で，かつ組織内候補の数も自民党より少なく競争が相対的に緩やかなことから，選挙区候補との連携が円滑に進みやすい。さらに，古賀伸明連合元会長によると，各労組は県単位で指揮系統が組まれているため，県内で選挙区が分割されている衆院選よりも，参院選の方が労組動員をしやすいという。また同氏によると，参院選は選挙区が47個と少ないため，連合の最高幹部が全選挙区を回って県連合に発破をかけることができ，動員力が高まるとも話す。古賀は2007年参院選で高木剛会長と共に事務局長として全国を回ったが，その効果を実感したという。

　そして労組の中でも，どちらかと言えば，官公労が存在感を示すことが多い（民間労組の方が強い東海エリアなど地域性はある）。本書で「官公労」という用語が指す組織は，全日本自治団体労働組合（自治労），日本教職員組合（日教組），情報産業労働組合連合会（情報労連），日本郵政グループ労働組合（JP労組），全日本鉄道労働組合総連合会（JR総連），農協漁協系労組などである。参議院比例区における組織内議員数は民間労組とほぼ同数であるが（図8-8を参照），民間労組は自民党から便宜供与を受ける企業の一部でもあるため，比例区はまだしも，選挙区[7]では自民党と対決しづらい（企業業績に悪影響がある）。日本の民間労組は欧米と比較すると企業別労組としての性格が強く（樋渡1991；新川1999；久米1998），経営側の視点が入りやすい。実際に自民党はこの弱点を突

6）　民主党県連幹部の実感として，『毎日新聞』2001年7月10日（滋賀版）を参照。また，角田義一元参院議員に話を聞くと，2001年参院選では比例区の各組織内候補が角田の事務所に拠点を置き，県内各労組が角田と二人三脚で比例候補を売り込んだ（労組は角田の知名度が目当て）。その結果，角田にも労組票が以前より多く入ったという。比例区が拘束名簿式である衆院選では，選挙区で労組がここまで活発な動きはしないと話す。

7）　同じ理由から民間労組は地方選挙にも関与しづらく（企業が自治体から報復を受けかねない），参院選で民間労組系の地方議員を通じた集票力も確保しづらい（愛知県トヨタ労組と長年戦ってきた自民党の浅野勝人元参院議員への聞き取りに基づく）。

第 1 節　参議院選挙区　　　277

く形で，2013 年参院選に際し，民間労組が（比例区候補は仕方ないとしても）選
挙区で民主党を積極的に支援しないよう働きかけを行っている[8]。特に 2012
年以降は，自民党が企業業績の回復に貢献し（アベノミクス），かつ労働者寄り
の政策（官製春闘・最低賃金増額・働き方改革など）を打ち出したことで，民間労
組がより一層自民党に接近した[9]。

　また参議院選挙区で官公労が頼りになる，より積極的な理由は以下の通りで
ある。まず，参議院選挙区は衆院選挙区と対照的に，過疎地や島嶼部が必ず含
まれるため，各自治体に遍く存在する自治労・JP 労組・（組織率によるが）日教
組が頼りになる（民間労組は過疎地や島嶼部で発達していない）。角田義一元参院
議員はこの点を筆者に強調した上で，特に全逓（全逓信労働組合，現 JP 労組）が
頼りになったと語る（郵便・保険業務で住民の情報を把握しており，選挙でそのネッ
トワークを使用するという）。また，古賀伸明元連合会長によると，官公労の方
が，選挙結果が職務内容により直結するので（自治労なら誰が首長かで職務内容
が大きく変わる），選挙慣れしていると話す。

　また参院選では，大規模な組織票として，共産党（2016 年参院選のみ）や社
民党，およびその関連労組（例えば自治労は 13 の県本部が社民党支持，参議院比例
区で又市征治・吉田忠智を当選に導く）から衆院選以上に支援を得やすいことも重
要である。支援を得やすい理由としては，衆院選のような「政権選択選挙」で
はないため選挙協力に政権合意（政策協定等）が必要ないこと[10]，参議院は衆
議院のように任期途中で突然解散されることがないため政策協定や選挙協力の
調整を行いやすいこと[11]，全県一区の参院選では選挙区数が多い衆院と比べ

---

8)　『週刊朝日』2013 年 3 月 1 日。

9)　『読売新聞』2013 年 3 月 28 日・2014 年 3 月 2 日（いずれも全国版）。その延長線上に，
　トヨタ自動車労組の古本伸一郎の不出馬や，電機連合の矢田稚子の首相補佐官就任（岸田
　文雄・石破茂首相）がある。

10)　2017 年衆院選で希望の党への合流を決めた前原誠司元民進党代表は「民進党の『左旋
　回』はひどすぎた。日米安全保障条約の廃棄を掲げる共産党と政権選択選挙で協力するこ
　とを，有権者にどう説明するんですか」と振り返っているが（『産経新聞』2018 年 1 月
　20 日，東京本社版），このような政権選択選挙ゆえの葛藤は参院選では起こらない。

11)　リーマンショックによって解散が先延ばしされた 2009 年衆院選では，選挙までに時間
　的余裕ができたことで調整に成功したと思われる事例が確認できる。『朝日新聞』2009 年
　8 月 23 日（宮城版）を参照。

て選挙協力の調整コスト が低くなること[12]が挙げられる。

以上の結果，参院選の候補者選定では，選挙運動を支える労組（特に官公労[13]）が大きな発言力を持つ場合が多い。労組幹部は県連の構成員ではないが，県連幹部との交渉や，代弁者である労組系議員を通じて影響力を行使できる。都道府県によっては，労組ではなく，県内の有力衆院議員（保守色が強い）が影響力を持つ場合もあるが，数はそこまで多くない[14]。また，党執行部（保守色が強い）の関与に関しては，自民党党則における参院選での県連推薦に当たる記述が民主党にはなく[15]，自民党よりも関与しやすいが（労組の集票力は自民党県連に及ばず，政党ラベルへの依存度が高いことも一因），後述する通り衆院選の方が党執行部の関与は強い。2010 年参院選を筆頭に，複数人区で 2 人目の候補を党執行部が押し込む例はあるが，単独擁立で党執行部が党県連・県連合の反対を押し切り，強引に擁立する例はほとんど見られない（小沢一郎代表が非常に強く関与した 2007 年参院選でも県連側と拗れた事例はほぼない）。

但し，参議院選挙区の候補者選定で労組が影響力を持つといっても，自民党以上に，「勝てる候補」を見つけることの優先度が高く，各アクターが協力してリクルーティングや選定に当たることが多い。「勝てる候補」の範囲内で労組寄りの人物が選ばれるというイメージである。

第 2 項　同士討ちがある場合

次に，同士討ちがある場合の選挙過程について考察する。全ての同士討ち選挙の情報を調べた上で，対立の構図を 6 つに分類した（図 8-2 を参照）。最大の集票基盤である連合の支援形態に基づきカテゴライズした。

まず，連合が票割りを強力に指揮する場合（①〜⑤）と，しない（できな

---

12)　民主党と社民党が対決する選挙区が県内の一部にでも存在していると，両党の県組織が反目しあって，県内の他の選挙区でも協調しづらくなることが報告されている（『朝日新聞』2005 年 8 月 26 日，秋田版）。

13)　先述の集票力に加えて，後から民主党入りした旧民社党系よりも早く県連作りに参画していたこと（先行者利益）もその発言力を支えている。

14)　小沢一郎（主濱了）・羽田孜（羽田雄一郎）・原口一博（川崎稔）・前原誠司（北神圭朗）・吉良州司（足立信也）・江田憲司（真山勇一）・細野豪志（藤本祐司）の例がある。

15)　『朝日新聞』2004 年 2 月 26 日（奈良版）。党本部によると，1998 年の（新）民主党結党時に地方では旧党派勢力が強く，それらを牽制するという狙いがあったという。

第1節　参議院選挙区

図 8-2　参議院選挙区における同士討ち選挙の競争形態（民主党・民進党）

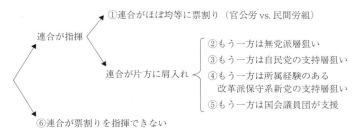

い[16]）場合（⑥）とに分けられる。そして前者は，連合が2人の候補者でほぼ均等に票割りを行う場合（①）と，片方の候補者だけに肩入れする場合（②〜⑤）とに分かれる。均等に票割りを行う①では，官公労（旧総評系）と民間労組（旧同盟系）がそれぞれ候補者を支える形態が一般的である。新党友愛系が民主党に加入した直後の1998年参院選では，両組織が現職を抱えていたり，候補者調整を行う時間がなかったりしたため，この構図が比較的多く見られた（愛知・岐阜・神奈川など）。1998年以降も散見される（2010年神奈川県選挙区など）。

次に，連合が片方の候補に肩入れするケース（②〜⑤）は，連合の支援を受けない側の候補者がどのような集票基盤に依存するかによって4つに分類できる。具体的には，②無党派層狙い（女性候補が多い，党執行部がしばしば擁立[17]），③自民支持層狙い[18]（業界団体を含む），④所属経験のある改革派保守系新党の

---

16)　例えば1998年岡山県選挙区では，旧社会党系の一井淳治参院議員と，社会民主連合出身の江田五月元衆院議員が出馬した。連合岡山は一井への支援一本化を一度決定したものの，県友愛会議は江田と人脈的に近く，双方の支援を表明し，支援先を産別・単組の判断に委ねた（両者で奪い合いになる）。『朝日新聞』1998年5月16日（岡山版）を参照。

17)　2010年参院選で小沢幹事長が複数擁立を強いた選挙区は多くが②である（「小沢ガールズ」）。小沢に反発した連合が2人目の支援をボイコットした例もある（鶴谷2012a）。

18)　例えば，2010年岐阜県選挙区の票割りで，小見山幸治が少なめの4割（山下八洲夫が6割）とされたのは，自民党参議院議員・松田岩夫の秘書を長年務め（この選挙に際して松田も離党），保守層を取り込めることが理由であった（『朝日新聞』2010年7月13日，岐阜版）。また，2人目は自民党の支持団体を切り崩せる属性というパターンもある。例えば，2010年兵庫県選挙区では，連合が全面的に支援する日教組出身の現職・水岡俊一の他に，小沢執行部が厚労官僚の三橋真記を擁立した。県医師会など医療業界は，自民候補に加えて三橋にも「推薦」を与えた（水岡は推薦されず）。『朝日新聞』2010年4月17日・6月17日（いずれも兵庫版）を参照。

支持層狙い[19]（労組と敵対してきた経緯から連合が支援しづらくなる），⑤国会議員団の支援に依存[20]である。②〜⑤は明確な区分ができないことも多い。

以上が六類型の説明だが，政策選好の分析をする際のポイントは，同士討ちがある場合でも②〜⑤のように労組に依存しない戦略が可能であり，①のように一部労組との結びつきが必ず強まるとは限らないことである。この点は自民党でも同様であったが，分析時に注意する。

第3項　衆議院議員の選挙過程

次に，比較対象である衆議院議員，特に選挙区議員の選挙過程について考察する。比例区当選者は多くが選挙区との重複立候補であり（大勝した2009年衆院選を除く），選挙区議員と特性が類似していると考えられる。

まず集票基盤であるが，衆院選は有権者規模の小ささにより，個人後援会，あるいは街頭演説などを通じた個人的接触が有効性を持つ。そして，対戦相手の自民党候補は強固な後援会を築いている場合が多く，自民党に逆風が吹いたり，民主党候補が強力なヒューリスティック（知名度など）を持っていたりしても支持者の離反を防げることから（個人後援会を整備できない参院選との相違），民主党候補の側は，自民党候補の後援会（保守地盤）を切り崩すことが求められる。自民党は中選挙区制期や政界再編期に同士討ちや保守分裂選挙を戦ってきたため，特に選挙制度改革から間もない時期は，民主党側が自民党の保守地盤を切り崩しやすかった（次項の例を参照，時が経つにつれこの戦略の有効性が低下する）。1人区では，中選挙区制期の社会党のように一部の労組票だけでは当選することができず，自民党の保守地盤に食い込むことが必要とされる。

その結果，民主党の衆院議員には，参議院選挙区議員と比較して，自民党や保守系新党（日本新党・新党さきがけ・新生党・新進党など）の出身者など，いわ

---

19) 2007年新潟県選挙区における自由党出身の森裕子（『朝日新聞』2006年11月22日，新潟版），2016年千葉県選挙区におけるみんなの党出身の水野賢一（『朝日新聞』2016年7月11日，千葉版），2016年神奈川県選挙区における日本維新の会出身の真山勇一（『朝日新聞』2016年4月9日・5月14日・7月11日，いずれも神奈川版）の例がある。

20) 例えば，2007年千葉県選挙区では，連合が東京電力労組出身の加賀谷健を，県選出国会議員団が長浜博行前衆議院議員を支援した（『朝日新聞』2007年7月30日，千葉版）。2010年北海道選挙区では，連合が自治労出身の藤川雅司を，国会議員団が元テレビリポーターの徳永エリを支援した（『朝日新聞』2010年7月3・13日，北海道版）。

ゆる「保守人材」が多くなる（定量比較は後で行う）。保守政界でのキャリアや保守的な政策主張ゆえに，連合（特に官公労）から選挙支援を受けられないこともあるが（次項の例を参照，他に連合と対立した人物例としては打越明司・岸本周平・佐藤謙一郎・吉良州司などが挙げられる），一部の左派・リベラル層だけに依存する労組系・旧社会党系候補よりも選挙には強い。

このような民主党候補の「保守性」は衆院選の候補者選定過程が支えている面もある[21]。連合が人選に深く関わる参議院選挙区と対照的に，衆院選では保守系が強い党執行部（自民党や保守系新党の出身者が多い[22]）の意向が通りやすい。公募方式で党中央が集めた人材を地方の各選挙区に送り出す構図が多く見られる（cf. Smith et al. 2013; Shoji 2013）。但し，以上の議員像はあくまで平均的な姿であり，北海道や愛知県のように労組が強力な都道府県では，衆院選の選挙運動・候補者選定でも労組が影響力を持ち，候補者も労組系が多くなる。

第4項　群馬県での両院比較

以上で説明した両院の選挙過程・議員特性の違いが観察できる事例として，群馬県のケースを紹介する（全国レベルでの定量比較は次項で行う）。以下では，参議院議員→衆議院議員の順に説明する（表8-2で登場人物をまとめた）。ページ番号のみが記載されている箇所は，衆院議員団を統率した中島政希（4区）のオーラルヒストリー（関口・津川編 2016）のページ数を示している。また各院勢力の中心人物である角田義一・石関貴史氏に聞き取り調査を行った。

(1) 参議院議員

まず参議院議員（2人）について説明する。1人目が，2001年に2度目の当選を果たした旧社会党系の角田義一（経歴は人権弁護士・県議）である[23]。社会

21）　自民党のように，引退者や個人後援会が影響力を発揮できるケースが稀にあり（参議院よりも相対的に多い），このような場合も，後援会秩序の継承者として，保守人材が選ばれやすくなる（羽田孜の後継である元秘書の寺島義幸など）。

22）　自民党系では，鳩山由紀夫・岡田克也・小沢一郎・羽田孜・渡部恒三・鹿野道彦・藤井裕久・石井一・玄葉光一郎，新党系では前原誠司・野田佳彦・安住淳・細野豪志など。

23）　角田の来歴については，『上毛新聞』「心の譜」（2018年9月・10月の連載）や『参風』184号（2023年）を参照。

第 8 章　民主党における両院国会議員の政策距離

表 8-2　群馬県の民主党国会議員の基本情報（2005 ～ 2009 年）

名前	選挙区	選挙情報	経歴
角田義一	参議院	2001 年当選	元社会党議員・人権弁護士・県議
富岡由紀夫	参議院	2004 年当選	銀行員
宮崎岳志	衆院 1 区	2009 年当選 （2005 年は出馬せず）	新聞記者
石関貴史	衆院 2 区	2005 年当選・2009 年当選	郵政官僚・伊勢崎市議・県議（自民系）
柿沼正明	衆院 3 区	2005 年落選・2009 年当選	銀行員
中島政希	衆院 4 区（2005 年）・比例単独（2009 年）	2005 年落選・2009 年比例単独当選	国会議員（自民党）の秘書
田島国彦	衆院 5 区	2005 年落選 （2009 年は出馬せず）	銀行員

　党で党委員長を務めた田辺誠衆院議員の実質的な後継者であり，2000 年代以降における民主党群馬県連の最高権力者であった。2004 年に参院副議長に就任するまで県連会長を務め，副議長就任後も（あるいは引退後も），群馬県連は実質的に角田の院政であったとされる（p. 302）。県連幹事長には代々自治労系の県議（境野貞夫・黒沢孝行）が就き，事務局長は角田の元秘書（長沼広）が務めるなど，県連の運営は角田や官公労（系地方議員）が掌握していた。弁護士の角田は労組での活動歴を持たないが，主な案件が官公労の弁護だったこともあり，労組と良好な関係にあったという（本人へのインタビュー）。

　2 人目が，角田の参院副議長就任後に県連会長を継いだ富岡由紀夫である。元銀行員だが，中島政希（衆院 4 区支部長）が 2003 年高崎市長選に出馬し，支部長の欠員が生じた際に角田らが送り込んだ経緯があり（p. 301），労組系と近い。2003 年衆院選では落選したが，2004 年参院選で再び角田らに擁立され，当選した。2008 年政治資金報告書には旧社会党系グループに寄付したことが記録されており，実質的に労組系（角田系）である。

　なお，角田・富岡のような旧社会党系・労組系候補が，保守王国の群馬県で当選できたのは，選挙に弱くても 1 議席は確保できる中選挙区（2 人区，民主党候補は 1 人）だからである。但し，福田系・中曽根系の 2 枠独占があり得るため（1998 年参院選など），無風区とまでは言えない。

(2) 衆議院議員

次に衆議院議員（5人）について説明する。2005年衆院選では2区の石関貴史だけが当選したが（復活当選），2009年衆院選では1区から4区（5区は社民候補）で民主党候補が議席を得た。2005年に出馬・落選した4区の中島政希も，2009年は比例区へ転出し（後述する角田との対立が原因），当選している。

経歴から見ると，石関貴史が元郵政官僚→自民系県議，中島政希が自民党代議士（石田博英・田中秀征）の元政策担当秘書で，いずれも保守系である。また柿沼正明・田島国彦は元銀行員，宮崎岳志は元地方紙記者であり，衆議院議員には労組系や革新系が存在しない。

次に，選挙運動形態を見ると，保守的なバックグラウンドを持つことの強みが確認できる。まず2区の石関は，県議時代に自民党の党籍（福田系[24]）を持っていたことで，福田系の長谷川四郎元代議士の関連票など，保守層の取り込みに成功した。対戦相手の笹川堯は，中選挙区制期に田中角栄・中曽根康弘ラインが長谷川四郎に当てた経緯があり（当選後は田中派に加入），笹川に遺恨を持つ長谷川（地盤は1986年に谷津義男が継承，谷津は福田派→亀井派）の関連票が，同じ福田系の石関に流れたという[25]（石関本人に聞くと，谷津系の支援は感じられず長谷川票のみ）。但し，石関によると，小選挙区制導入や2007年参院選の1人区化により，福中対立が緩和され，福田系からの支援も年々弱まったという。とはいえ，2005年時点では福田康夫本人が反石関でも，福田系は個別に支援してくれたと筆者に語る。なお，4区の中島は保守系無所属として県議選に挑戦していた時代，福田系と人脈を築いたため，新4区で中曽根康弘が出馬した場合には福田系からの支援が確約されていた（p. 195）。しかし，結局4区から出馬したのは福田康夫であり，福田系との人脈は集票に活かされなかった。

また，石関は福田系以外の保守層からも支援を受けた。政界再編期に笹川は自民党から新進党に移籍していたため，新進党の笹川と戦った元自民党候補の森日修（元伊勢崎市議）や，笹川と距離のある大沢善隆桐生市長（但し石関によると応援は序盤のみ）からも支援を受けた[26]。また，石関本人に確認すると，

24）関口・津川編（2016: 304）や『読売新聞』2005年3月20日（群馬版）を参照。
25）『朝日新聞』2009年7月18日（群馬版）。
26）『朝日新聞』2005年9月14日（群馬版）。

官僚という経歴は保守層に響きやすいという実感があり，特に元郵政官僚という経歴によって特定郵便局長会から支援を受けやすくなったという。

　他にも1区の宮崎岳志は，父親が前橋赤十字病院長であり，医師会関連の保守票が集まった[27]。また，対戦相手の尾身幸次が清和会だったこともあり，中曽根系からも支援を得られた[28]。例えば，福田系の大沢正明県議に2007年知事選で敗北した小寺弘之前知事（県議会では中曽根系会派が支援，福田系会派とは対立）や，小寺の支持者（高木政夫前橋市長など）が宮崎を応援した。

　また，衆院選の候補者選定では（保守的な）党執行部が影響力を持つため，保守人材が衆院に多くなることが，柿沼正明と田島国彦の事例から確認できる（p. 305）。まず柿沼は，玄葉光一郎・安住淳といった保守系の党本部選対委員長が，群馬県の旧社会党系勢力を忌避していたこともあり，中島に出馬を打診した。最終的に，角田義一元秘書の長沼広や，黒沢孝行県連幹事長が擁立しようとした自治労専従組合員を遮って，柿沼が公認される。また田島国彦は，中島政希がさきがけ群馬の組織を作る際にその秘書となったが，中島が側近を務める鳩山由紀夫幹事長の「秘書」という肩書きを与えてもらい，公認申請を行った。その後労組系の妨害に遭うが，最終的に党本部で公認を得た。

　なお，衆議院議員はこのように保守人材から構成されるため，労組からほとんど支援を受けない。まず2005年衆院選では，4区の中島と5区の田島に対して，連合群馬が推薦を見送った。2区の石関は推薦を受けたものの，脱労組の選挙運動方針を公然と掲げている[29]。なお，石関は2009年衆院選で労組に推薦を求めておらず，労組系地方議員は刺客の女性候補（無所属）を送るほどであった。社民系だけでなく民主系の労組系地方議員も刺客を支援している[30]。また，1区の宮崎と3区の柿沼は連合の推薦を受けたものの，労組は熱心に応援していなかったという。

　以上の通り，同県でも衆参両院で議員特性や選挙過程が大きく異なるが，実際にこの相違は政策選好にも表れている。第3章でも使用した東大朝日調査の

27）　関口・津川編（2016: 358）や『朝日新聞』2009年8月3日（群馬版）を参照。

28）　『上毛新聞』2009年8月20日・『朝日新聞』2009年7月18日・8月3日（いずれも群馬版）。

29）　『朝日新聞』2005年9月14日（群馬版）。

30）　『朝日新聞』2009年8月15日（群馬版）。

第 1 節　参議院選挙区　　　　　　　　　　285

表 8-3　衆参両院の民主党国会議員の政策選好（群馬県連）

	角田 04	富岡 04	宮崎 09	石関 05	柿沼 05	中島 05	田島 05
憲法改正	5	5	1	1	1	1	1
防衛力強化	5	5	1	2	2	3	3
終身雇用	5	4	3	4	3	3	2

［注］（1）名前の右に示したのは調査を実施した年（西暦）の下二桁。（2）数値は 5 点尺度。「終身雇用」は他の争点と同様に値が大きいとき「左派的」となるよう数値を反転した。

データ（本章でも後で使用）を用いて，憲法改正・防衛力強化・終身雇用制度堅持への争点態度（5 点尺度，値が大きい方が左派的）を両院比較すると（表 8-3），参議院議員（角田・富岡）の方が明確に左派的であることが分かる。

（3）県連組織の内部崩壊

　このような両院の性格の違いの結果，県連内で両ブロックの対立が激化し（関口・津川編 2016: 第 12 章），最終的には民進党の地方政党組織が複数存在する事態に至った。ここで留意すべき点は，それが「イデオロギー」の対立というよりも，政治資金をめぐる「利益」の対立だった点である[31]。石関によると，労組はあまりに高額な金銭要求をしてくる上に管理も放埒で，当初から法的に危ないと見ていたという（福中対立に適合した旧社会党時代からの慣行だと語る）。

　県連の分裂に至るまでの一連の経緯を示す。まず，労組の姿勢に痺れを切らした 3 区の柿沼が，2004 年参院選（富岡由紀夫が当選）での不正経理問題を議題に上げ（マスコミにもリーク），選挙を取り仕切った黒沢県連幹事長（自治労系県議）と連合群馬の清村宗一事務局長（情報労連）を追及し始める（責任を押し付けられた県連事務局長は自殺）。中島と石関は事態の沈静化を望むも，「タカ派」の柿沼・宮崎に巻き込まれる形で，労組系との対立の矢面に立った（石関の県連会長就任も労組系が阻止）。参院選・統一地方選が近かったので，角田と中島で協議して幕引きを図るも，それを良しとしない柿沼が今度は角田の闇献金疑

31）　但し，政治資金をめぐる対立という側面を強調する石関（本人へのインタビュー）や中島（関口・津川編 2016: 306-307）と対照的に，角田は右派に対するイデオロギー的な反発も重要な動機であったと筆者に説明する。右派と左派は世代の違いもあり，意思決定に対する保革イデオロギーの影響力が非対称的であったと推測される。

惑（禁止されている外国人，ここでは朝鮮総連系団体からの献金を含む）をマスコミにリークし，角田は参院副議長を辞任する。

それ以降，角田は保守系への報復に専念し，県連大会は7年間も停止された[32]。角田は，同じグループの輿石東参院議員会長（代表代行）を通じて，小沢一郎幹事長に働きかけ，保守系の指導的地位にある中島を比例区に追いやろうとした（p. 362）。中島が側近を務める鳩山代表も小沢を説得することはできず，三宅雪子と交代させられる。角田は引退後も院政を敷き，2016年の民進党結党時には，労組系が主導権を握る民主党県連が石関（維新）の受け入れを拒否して，石関は別の地方政党組織を設立せざるを得なかった（民進党群馬県総支部と民進党群馬県第2区総支部が別組織として併存）。

民主党は全国的に地方政党組織が脆弱だが（上神・堤編2011；建林編2013），このように参議院ファクターが原因で崩壊状態に陥った県連も存在するのである。両院対立が例外的と言えるほどに先鋭化した理由としては，保守政界の分裂性がとりわけ高く（「上州戦争」），民主党衆院議員に保守人材が強く求められたこと（一方で参院は中選挙区なので労組系が当選できること）や，伝統的に民社党よりも社会党が強く（田辺誠や山口鶴男を輩出），県連および参議院議員が左傾化しやすかったことが挙げられる[33]。群馬県ほど両院対立が激化した事例は稀だが，同様の構図は山梨県（輿石東 vs. 小沢鋭仁[34]）などでも確認でき，「逸脱事例」というよりは，「極端事例」（Gerring 2007: chap. 5）に近いと見ている。一般に極端事例では，政治現象の「本質」が露呈しやすいとされるが（モデル化などに役立つ），本事例の場合，参議院が1つの政党では統合しきれないほどの多元的利益を党内に流入させることで，衆議院議員との対立を誘発し，党組織を瓦解させる可能性を示唆している。次章では，この「逆機能」が地方政党組織だけでなく，国政レベルでも生じたことを明らかにする。

また，本事例からは民主党の地方政党組織が脆弱な理由として，他県にも適用できる要因が2つ読み取れる[35]。1つ目が，民主党の衆院議員は保守地盤

32）『朝日新聞』2012年10月21日（群馬版）。

33）『朝日新聞』2009年7月17・18日（郡馬版）を参照。

34）両者の対立関係は『毎日新聞』2000年6月8日（山梨版）に詳しい。2012年衆院選では，日本維新の会に移籍した小沢鋭仁に対し，輿石東党幹事長は社会党出身の斎藤勁を刺客として送っており，群馬県と同じ「民主党左派対維新」の構図が見て取れる。

を切り崩すことに専念するため，「民主党員」主体の選挙体制を基本的に求めていないことである（民主党候補に投票する保守層も民主党員にまではなってくれない）。2つ目が，連合は，保守的・改革的な衆院議員が要職を占める党県連の勢力拡大を基本的には望んでおらず（各種選挙で連合系候補を出せなくなる），党組織の整備に協力的ではないことである。民主党（とその後継政党）の地方政党組織の脆弱性は，自民党との大きな相違点であり，日本が「二大政党が争う政権交代可能な政治」を目指す場合，避けては通れない課題である。

第5項　全国レベルでの属性比較

　次に，全国レベルでも両院の選挙区議員（衆院では比例復活の議員も含める）に議員属性の違いが認められるかを検証する。職歴や性別の他には「旧党派性」（元自民党議員であるか等）に着目する（情報源は『政官要覧』や全国紙のデータベース，議員ホームページなど）。「旧党派性」では，本人がその党の政治家（地方政治家時代を含む）であったかに加えて，落選時代にその党公認で出馬したか，その党の政治家秘書を務めたか，その党の国会議員の世襲か，その党の職員経験があるかも基準に含めた（本章後半で行う回帰分析でも同様の操作化を行う）。また，1人の国会議員が複数の経歴を持つ場合があるため，自民党・社会党・民社党（連合の会・新党みえを含む）・政界再編期の新党（新生党・日本新党・新党さきがけ・新進党）の順に，最初に当てはまる「旧党派性」を割り当てた（旧社会党系と旧民社党系はそれぞれ官公労出身者と民間労組出身者[36]も含める）。以下では，当選者に占める各属性の割合を両院比較した結果を図示する（衆議院に多い経歴→参議院に多い経歴の順）。衆参共に結党まもない時期は他党からの加入者で選挙間に比率が大きく変動するため，最初の2回の選挙は当選者だけでなく，現職議員に占める割合も示した。

　まず，衆議院議員に多い属性から確認する。本章では衆議院議員に自民党の

---

35)　先行研究では，野党であるため（また有権者の政党離れにより）組織整備に必要な「資源」が制約されていること（上神・堤編 2011），国政での政権交代が党の主目的であるため地方政党組織を整備する誘因が乏しいこと（大村・待鳥 2013），（地方議員の少なさに関しては）地方の中選挙区制と二元代表制により党の普遍主義的なプログラムが訴求力を持ちづらいこと（砂原 2017）が指摘されてきた。

36)　連合系政治団体の職員や連合と密接な関係にある愛知県の経団連職員も含めている。

後援会秩序を切り崩せるような「保守人材」が求められるとしたが，具体的な属性としては，自民党系・政界再編期の新党系・官僚出身者・男性議員の4つが挙げられる。まず，図8-3の左部分で自民党系の割合を見ると，一部の選挙年を除いて（2013年参院選は当選者が10人と少なく数値が不安定），衆院の方が自民党系が多いことが分かる。特に結党初期に衆院で3割前後と割合が高いのは，政界再編期に自民党からの離党者が衆院側に集中していたことも関係している（本章の補論でその理由を考察）。次に，図の右部分で新党系の割合を両院比較すると，こちらも衆院の方が安定して高い[37]。さらに，図8-4の左部分で官僚出身者の割合を両院比較すると，衆院の方が官僚出身者はほぼ一貫して多い。官僚OBは出身官庁の関連業界を通じて自民党の保守地盤を崩しやすく，衆院向けの人材である。また，図8-4の右部分が示す通り，衆議院の方が一貫して男性議員が多い。

　一方，参議院では，旧社会党系・官公労系や旧民社党系・民間労組系の議員が多くなる。まず図8-5の左部分で旧社会党系・官公労系議員の割合を見ると，2004年までは安定して参院の方が多い[38]。2007年は小沢系の新人が大量に当選したので割合が急激に低下したが，絶対数は4人→3人とそこまで変わらないため，非改選側の動向も勘案すると，2013年参院選までは参院の方が旧社会党系・官公労系が多いと言える（小沢一郎と輿石東は提携関係にあるため，小沢系の急増は次章で扱う参院の輿石体制を崩すことはない）。次に，図の右部分で旧民社党系・民間労組系の割合を見ると，新党友愛系が合流した後の1998年参院選以降，2010年まで一貫して参院の方が多いことが分かる。以上の通り，参議院選挙区には官公労・旧社会党系や民間労組・旧民社党系議員が（特に結党初期に）多かったが，比例区も含め参院全体で同属性の議員が多いことが，次章表9-1で示す参院執行部の特異な構成（労組系の強さ）を支えている。

37）　新党ブームが起きた1993年衆院選と対照的に，1995年参院選は94年政治改革後であり，新党（新進党）の伸びが小さかったことも一因である。しかも，1995年参院選の新進党当選者は民社党・公明党系が多く，保守人材が参院にあまり提供されなかった。

38）　但し，結党時から参院にこの属性が多かった点には留意する必要がある（1996年と1998年の当選者数を参照）。1996年は結党のタイミングなので，民主党の古参が主導権を握るべく（また党のイメージを刷新するべく），社民・さきがけのベテラン議員を排除した。一方で，その後入党を希望した参議院議員に，民主党執行部が露骨な排除を行った様子は確認できない（『朝日新聞』1997年1月12日，全国版）。

第1節　参議院選挙区

図 8-3　自民党系（左）と新党系（右）の割合の両院比較（民主党・民進党）

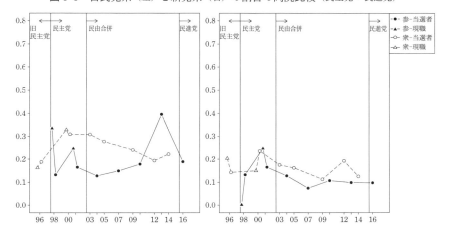

図 8-4　官僚出身議員（左）と女性議員（右）の割合の両院比較（民主党・民進党）

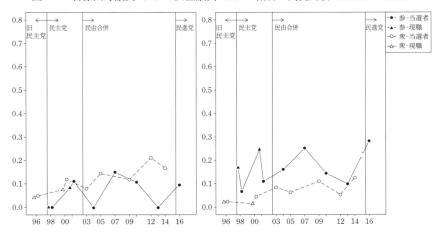

290　第8章　民主党における両院国会議員の政策距離

図 8-5　旧社会党・官公労系議員（左）と旧民社党・民間労組系議員（右）の割合の両院比較（民主党・民進党）

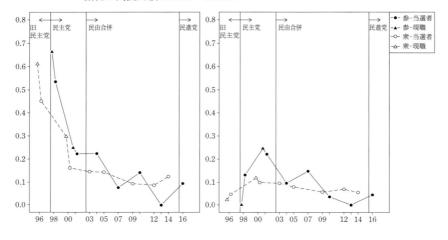

図 8-6　参議院選挙区の競争状況ごとの当選率（民主党・民進党）

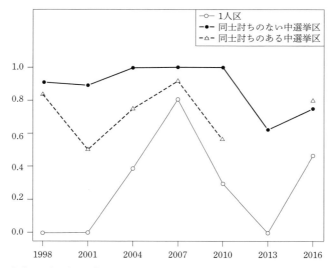

［注］2013 年参院選は「同士討ちのある中選挙区」が存在しなかった。

図 8-7 参議院選挙区の競争状況ごとの議員属性の割合（民主党・民進党当選者）

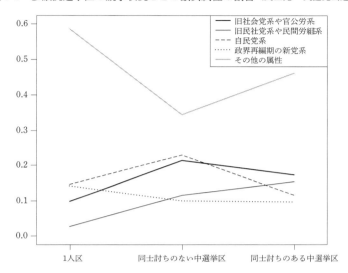

　但し，この 2 属性が参議院選挙区で当選できるのは，主に中選挙区部分である点には留意が必要である（前項の群馬県の事例も参照）。自民党が強い農村部の 1 人区（図 8-6 を参照）では，いわゆる労組系が当選することは困難であり，候補者選定に強い影響力を持つ連合も当選可能性を考慮して無党派受けする候補者を擁立しやすい。図 8-7 で民主党当選者に占める各議員属性の割合を，選挙区の競争状況ごとに示したが（1998 〜 2016 年），1 人区では旧社会党・官公労系や旧民社党・民間労組系が少なく，無党派受けする「その他の属性」や，農村部の保守層にも支持される自民党系および（保守的な）新党系──但しこの二類型の割合は保守人材が求められる衆議院よりも少ない（図 8-3 を参照）──が多い。一方，競争が緩和される中選挙区（労組が提供する組織票の有効性も高まる）になると新党系が減少，自民党系が（同士討ちの有無で異なるが）全体としてはほぼ横ばい，そして旧社会党・官公労系と旧民社党・民間労組系が増加する（同士討ちがあるほど民間労組系が多いのは大企業が多い都市部のため）。

表 8-4　衆参両院の選挙過程のポイント（民主党・民進党）

	参議院			衆議院	
	選挙区	比例区		選挙区	比例区
		議員属性	基盤		
候補者選定主体	労組（特に官公労）（時々）県内衆院議員・党執行部	労組代表・左派系団体の代表地域代表・タレント議員・その他	労組・左派系団体党執行部	党執行部（時々）労組	党執行部
集票基盤（集票源）	政党ラベル労組（特に官公労）（時々）県内衆院議員	労組代表・左派系団体の代表地域代表タレント議員その他	労組・左派系団体後援会知名度歯科医師会など	政党ラベル後援会	政党ラベル

［注］下線部分は経済争点や左右イデオロギー争点で左派寄りに働く要素である。

第 6 項　仮　説

　以上の考察を基に，2000 年代以降，民主党の参議院選挙区議員と衆議院議員の間にどのような政策選好の相違が生じるかを予測する。以下では，自民党と同様に，政策選好の規定要因として，候補者選定主体と集票基盤に着目する。表 8-4 は選挙過程のポイントをまとめたものである。

　まず候補者選定過程をみると，衆議院議員は選挙区・比例区の双方で党執行部の影響が強く働くことから（特に比例区），政策選好は党執行部（自民党系や新党系の議員が多く保守的）に接近しやすくなると予測される。一方で，参議院選挙区の候補者選定は，官公労を中心に連合が大きな発言力を持つため，政策選好は労組（特に官公労）に接近すると考えられる。

　このような政策選好の相違は，集票基盤の違いによっても強化される。まず，衆議院比例区議員は政党ラベルのみが集票源になるので，党の政策方針に影響力を持つ（保守的な）党執行部に選好が近づく。次に，両院の選挙区議員を比較すると，政党ラベルの重要性は同程度だが（堤 2017），固定票の性格が異なる。参議院選挙区では，官公労を中心に労組や労組系地方議員が主力となるのに対して，衆院選では後援会など個人主体の集票活動が有効であり，労組固め以上に保守層の切り崩しを重視して，政策選好が保守的になると予想される。

　以上より，参議院選挙区議員は，官公労を中心に労組[39]へと選好が接近し，衆議院議員は党執行部や自民支持層（いずれも保守的）に選好が接近しやすくな

ると予想される。以下では，労組が強い関心を持つ労働政策（広くは格差是正策）と，官公労が依然明確なポジションを取る左右イデオロギー争点に即して仮説を設定する。まず前者から見ると，参議院選挙区議員の方が，衆議院議員（改革を志向する新党出身者が多い）よりも，労働政策・格差是正策に関して左派的（弱者寄り）になると予想される。次に，安全保障政策や憲法改正，道徳教育などの左右イデオロギー争点に関しては，官公労と選好が近い参議院選挙区議員は，保守的な衆院議員よりも左寄りになると予想される。参院選で社民党・共産党の支援を得やすいことも全般的な左傾化圧力につながるだろう[40]。

仮説 1　参議院選挙区の民主党議員は，同党の衆議院議員よりも，労働政策（格差是正策）や左右イデオロギー争点で左派的になりやすい。

　次に，両院に政策距離が生じるメカニズムについて補助仮説を設定する。両院での旧党派性・経歴・性別といった属性の違いが政策選好に影響を与えるかを検証する。労組系議員の政策位置について仮説を設定する際には，経済争点で旧民社党・民間労組系と旧社会党・官公労系の選好は近接していても，イデオロギー争点では前者が中道〜右寄りになると予想される点に留意する[41]。

補助仮説 1-1　民主党の衆参両院の選挙区議員に関して，旧社会党・官公労系や旧民社党・民間労組系の議員，あるいは女性議員は労働政策（格差是正策）で左派的になりやすい。一方，自民党や新党出身者，官僚出身者は労働者の保護よりも経済競争力の強化を支持しやすい。

---

39)　連合系労組は平均的に，一般有権者や民主党よりも平和主義的であることが，加入者へのサーベイ調査で確認されている（藤村・城戸 2006）。また，労組のリーダー層や執行部は平均的に，他団体のカウンターパートと比較して，はるかに革新的であることも判明している（森 2002: 149; 竹中佳彦 2010: 100; 竹中 2016: 83）。

40)　また，衆院選の場合には，県内選挙区を民主・社民両党で棲み分けることが多く（主に農村部で社民が出馬），その場合，社民が政策協定を要求しないことが一般的なため（候補者を取り下げる参院選では要求する），民主党候補が左傾化圧力を受けづらくなる。

41)　但し，民間労組も（集団的自衛権行使を可能にする）「解釈改憲」や安保法制に関しては，（UA ゼンセンなど一部産別を除き）基本的に反対していた点には留意。

補助仮説 1-2 　民主党の衆参両院の選挙区議員に関して，旧社会党系・官公労系の議員や女性議員は左右イデオロギー争点で左派的になりやすい。一方，旧民社党・民間労組系や自民党・新党出身者，官僚出身者は右派的になりやすい。

　また，参議院選挙区における中選挙区部分の存在が政策選好に与える影響を分析する。中選挙区で候補者が 1 人だけの場合，労組の提供する固定票の重要性が高まり，また無風区になることで労組が「代理人」を出しやすくなると考えられる。一方で，複数候補を擁立する場合には，第 1 節第 2 項で述べた通り，労組に頼らない戦略も可能である。そこで，中選挙区部分の全体的な効果だけでなく，同士討ちの有無で効果が異なるかも確認する。また，一票の較差により，参議院議員の方が選挙区の農村度が平均的に高くなることで[42]，労働政策（格差是正策）や左右イデオロギー争点で左派的になるかも検証する。

補助仮説 1-3 　参議院選挙区の民主党議員は，中選挙区部分で選ばれることで，同党の衆議院議員よりも，労働政策（格差是正策）や左右イデオロギー争点で左派的になりやすくなる。

補助仮説 1-4 　衆議院と参議院の双方で，民主党の選挙区議員は，選挙区の農村度が高いほど，労働政策（格差是正策）や左右イデオロギー争点で左派的になりやすくなる。

第 2 節　参議院比例区

　次に，参議院比例区議員の政策選好について仮説を設定する。まずは参議院比例区議員の議員属性や集票構造について基礎的な考察を行う。

---

42) 　本章の分析期間である 2003 ～ 2014 年の選挙区当選者（民主党）を対象に，両院で選挙区都市度（人口集中地区人口比）の平均値を比較すると，衆議院が約 68.7%，参議院が約 61.0% であった。

図 8-8 参議院比例区における議員属性ごとの当選者数の推移（民主党・民進党）

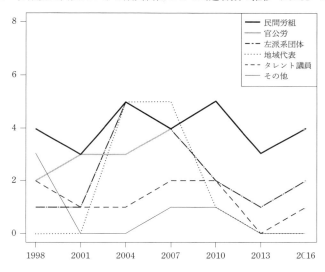

［注］1998年参院選は拘束名簿式比例代表制である。

第1項 議員属性の六類型

　非拘束名簿式が導入された2001年参院選以降の参議院比例区議員を集票基盤で分類すると，①民間労組の代表，②官公労の代表，③左派系団体の代表，④地域代表，⑤タレント議員，⑥その他の6つに分けられる。図8-8で各属性の議員数の推移を示した。以下で個別に補足する。

　第3章第2節第1項で記した通り，非拘束名簿式かつ選挙区範囲の広い参議院比例区では，「大規模な組織票」と「知名度」による集票が有効である。前者の大規模組織としては，民主党の場合，労働組合の全国組織が筆頭に挙げられ，民間労組（旧同盟系）と官公労（旧総評系）に大別できる。組織内候補を抱える民間労組としては，電力総連・電機連合・自動車総連・UAゼンセン・JAM・基幹労連[43]，官公労では自治労・日教組・情報労連・JP労組（元全逓）・JR総連が挙げられる。一貫して数が多いのが①民間労組の代表だが，②官公労の代表も徐々に増加しており，2007年以降は①民間労組と同数である。

また，労組以外の「大規模組織」としては左派的でリベラルな諸団体が挙げられる（③）。具体的には，新日本宗教団体連合会（立正佼成会など）・浄土真宗本願寺派・在日本大韓民国民団・北海道農民連盟・部落解放同盟・女性団体・がん患者団体等がある。2004年参院選では5人も当選したが，2007年以降は減少傾向にある。また，自民党と同様に，全国的な「大規模組織」ではなくても，個人後援会などを活用して，特定の都道府県で集中得票する議員（④地域代表）が存在する（次項で詳述）。2004年と2007年に5人ずつ当選したが，政界再編期に自民党を離れた人物や，2007年参院選時に小沢一郎代表が支援した人物が多いため，時間の経過とともに（特に2012年の小沢離党後に）急減する。2010年代以降に②官公労の代表が増加した背景には，この④地域代表の退場が大きく関係している。

これら以外にも，知名度で全国的に集票できる⑤タレント議員がいるが，自民党と比較すると数は少ない。その内実を見ると，大橋巨泉・谷亮子・横峯良郎などの全国的に知名度のある人物と，喜納昌吉などの地域タレントの2パターンに分けられる。また，以上のいずれの類型にも属さない議員が一部存在しており（⑥その他），2010年参院選で支持政党を自民党から乗り換えた日本歯科医師会の組織内議員（西村正美）などが挙げられる[44]。

第2項　地方票依存議員の五類型

自民党の「地域代表」は参議院の民意反映機能に独自性を与える存在であったが，民主党の場合はどうだろうか。本項では，これまで実態が十分に解明されてこなかった，④地域代表の集票構造の考察を行う。まずは得票分布を基に，地方票に依存する「地方票依存議員」を特定する。「得票の地域的な偏在性」を示す指標は自民党の分析と同様であり，①最も票を得た都道府県での得票が候補者の全得票に占める割合（図8-9の横軸），②その割合をその都道府県の有

43）　正式名称はそれぞれ，全国電力関連産業労働組合総連合，全日本電機・電子・情報関連産業労働組合連合会，全日本自動車産業労働組合総連合会，全国繊維化学食品流通サービス一般労働組合同盟，産業別労働組合ジェイ・エイ・エム，日本基幹産業労働組合連合会である。官公労の各団体の正式名称は第1節第1項を参照。

44）　他にも2007年当選の石井一を⑥に含めた。④地域代表に多い鞍替え議員ではあるが，全国的に幅広く得票しているため，④には含めなかった。

第 2 節　参議院比例区

図 8-9　参議院比例区における得票の地域的な偏在度（民主党・民進党）

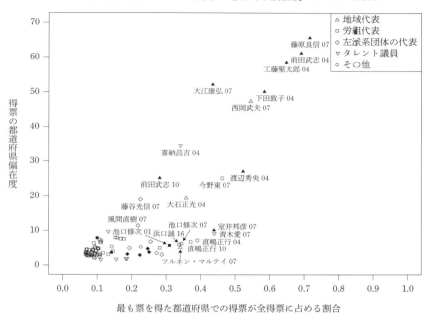

［注］黒塗りの記号は③最も票を得た都道府県での得票がなければ落選している議員である。

権者が全有権者に占める割合で割った値（図 8-9 の縦軸），③最も票を得た都道府県での得票がなければ落選しているか（図 8-9 の黒く塗られた記号）である。①は 0.2 以上，②は 10 以上を地方票依存と判定する目安とした。図 8-9 は，この三指標に基づき各議員の位置と属性をプロットしたものである（2001～2016 年，当選者）。

　民主党の地域票依存議員の類型は，(a) 鞍替え型 (b) 地方議員型 (c) 労組代表型 (d) 左派系団体の代表型 (e) タレント型に大別できる。本章の後半で行う政策選好の分析では，この中でも，衆院議員時代の個人後援会を動員する (a) と，県議時代に関係を深めた有力衆院議員の支援に頼る (b) を④地域代表として扱う。④地域代表の (a) と (b) は図 8-9 の右上に位置しており，地方票への依存度が極めて高い。一方，(c)(d)(e) は中央からその下にかけて位置しており，本章後半の定量分析では，それぞれ労組代表（①②）[45]・左派系団体の代

表（③）[46]・タレント議員（⑤）[47]として操作化する。

　以下では，④地域代表である（a）鞍替え型と（b）地方議員型の集票基盤について個別に論じる。まず（a）鞍替え型は，衆院議員時代の後援会が主な集票源である。大石正光・西岡武夫・前田武志のように親から強力な後援会を引き継ぐ場合もあれば，渡辺秀央のように世襲でなくても鞍替え前の後援会で十分に集票できる場合もある。強力な後援会を持たなくても当選できるケースとしては，地元の小沢一郎衆院議員とその系列県議・知事の支援を受け当選した工藤堅太郎[48]や，兵庫県内の元衆院議員でありながらも小沢系議員団から応援を受けて当選した室井邦彦[49]が挙げられる。以上は自民党出身者だが，広野允士（新生党）のような新党系もおり，衆院議員時代の後援会の重要性が指摘されている[50]。

　次に（b）地方議員型であるが，（a）のように強力な個人後援会を有しておらず，以下2つの集票源を頼りにする。1つ目は地元県の国会議員である。岩手県議出身の藤原良信は小沢一郎が応援し，青森県議出身の下田敦子は田名部匡省が支援している[51]（但し下田が当選できたのはブロック制[52]で東北地方の割り当てを受けたことが大きい）。2つ目の集票源は，県内の他の選挙（知事選など）に挑戦する中で高めた知名度である。和歌山県知事選に出馬した大江康弘や，参

---

45)　①民間労組の代表としては，自動車労連系の池口修次・直嶋正行・浜口誠がトヨタ本社のある愛知県で大量得票している。②官公労の代表としては，JR総連の組織内議員である今野東が，元アナウンサー・衆院議員としての知名度を活かして宮城県で集中得票している。今野は当選後に旧社会党系グループとしての活動が目立っており（2008年政治資金報告書を見ても寄付先は同グループ），②として扱った。

46)　浄土真宗本願寺派の代表・藤谷光信と，立正佼成会など新宗連の代表・風間直樹が挙げられる。それぞれ山口県・新潟県で県議経験があり，地元で多くの票を得ている。

47)　喜納昌吉（沖縄県，歌手）と青木愛（千葉県，テレビタレント・歌手）が，それぞれ沖縄県・千葉県で集中的に得票している。

48)　『朝日新聞』2004年7月13日（岩手版）・『読売新聞』2004年7月13日（岩手版）。

49)　『毎日新聞』2007年7月31日（兵庫版）。

50)　『朝日新聞』2007年7月7日（富山版）。

51)　『毎日新聞』2004年7月2日（青森版）。

52)　2004年参院選でブロック制が導入され，組織票を持たない比例区候補が10個の各地域ブロックを割り当てられたが，この制度は地域代表・労組代表と両立が難しいこともあり，2007年参院選で早くも廃止された。『朝日新聞』2004年3月17日（全国版）・2007年5月30日（北海道版）を参照。

院選・衆院選に度々出馬して落選したツルネン・マルテイが該当する。

　ここで(a)(b)に共通する重要なポイントが，どちらも労組（地元県の連合[53]）や労組系地方議員[54]）から支援を得にくいことである。民主党の地域代表には，自民党出身者や政界再編期の新党出身者が多く，かつて選挙で労組と戦った者もおり，労組との関係が良好でない。また，民主党は地方政党組織が発達しておらず，自民党県連が県内業界に働きかけたように，民主党県連が県内労組に地域代表への支援を強要することはできない（むしろ党県連は県連合の影響下にあることが多い）。地域代表を衆議院の「カーボンコピー」化を促す存在として描くメディアの見方[55]に関しては，自民党の場合は否だが，民主党の場合には正しい。地域代表の選挙運動は衆院議員時代の後援会や，小沢一郎など有力代議士の支援に依存しており，その表出利益は衆院議員と似通っている。

第3項　仮　説

　以上の考察を基に，参議院比例区議員と衆議院議員の政策距離に関する仮説を設定する（選挙過程をまとめた表8-4も参照）。選挙区議員と同様に，候補者選定過程と集票基盤の2つに着目する。

　まず①民間労組 ②官公労 ③左派系団体の代表は，支持団体が候補者選定を主導し，選挙運動でもその組織票に依存するため，党執行部よりも支持母体に政策選好が接近すると予想される。具体的な政策としては，労働政策（格差是正策）で左寄りになり，左右イデオロギー争点では，②官公労と③左派系団体の代表は左派的に，①民間労組の代表は中道右派的な立場を取ると予測される。

　一方，④地域代表は，候補者選定で党執行部（特に自民党出身の小沢一郎）が影響力を持つため，政策選好は保守的になると予想される。集票も，本人の個人後援会（自民党時代に構築されたものが多い）や支援する衆院議員の後援会，あるいは小沢関連票に負っており，保守層が多分に含まれる。労組から支援を受けない議員が大部分であり，政策選好としては，労組が支持する左派的な労働

---

53)　(a)は工藤堅太郎（『読売新聞』2004年6月12日，岩手版・『毎日新聞』2004年7月13日，岩手版），(b)は下田敦子（『毎日新聞』2004年4月8日，青森版）の例を参照。

54)　西岡武夫の選挙運動の例を参照（『毎日新聞』2007年6月6日，長崎版）。

55)　『朝日新聞』2007年5月14日（全国版）・『毎日新聞』2007年7月13日（全国版）。

政策・格差是正策はそこまで支持せず，また左右イデオロギー争点では明確に右寄りになると予想される。最後に，⑤タレント議員に関しては，党執行部が擁立主体だが，無党派層の支持で当選するので，政策選好は中道，あるいはやや右寄りになると推測される。

そして，図8-8で示した通り，労組組合と左派系団体の組織内議員の合計人数は，それ以外の属性の比例区議員よりも多いため，民主党の参議院比例区議員全体の政策位置も，同党の衆議院議員より左寄りになると推測される。

仮説2　参議院比例区の民主党議員は，同党の衆議院議員よりも，労働政策（格差是正策）や左右イデオロギー争点で左派的になりやすい。

補助仮説2-1　参議院比例区の民主党議員の中でも，特に労組と左派系団体の代表は，同党の衆議院議員よりも，労働政策（格差是正策）で左派的になりやすい。一方，地域代表は労働者の保護よりも経済競争力の強化を支持しやすい。

補助仮説2-2　参議院比例区の民主党議員の中でも，特に官公労と左派系団体の代表は，同党の衆議院議員よりも，左右イデオロギー争点で左派的になりやすい。一方，民間労組の代表と地域代表は右派的になりやすい。

これまで論じてきた通り，参議院選挙区（仮説1）と参議院比例区（仮説2）の民主党議員は，いずれも平均的に，同党衆議院議員よりも，労働政策（格差是正策）や左右イデオロギー争点で左派的になりやすいと予想される。したがって，参議院民主党全体で見たときにも，衆議院民主党との間に，これらの争点で政策選好の乖離が生じると予測される。

仮説3　参議院民主党は，衆議院民主党よりも，労働政策（格差是正策）や左右イデオロギー争点で左派的になりやすい。

第3節　データと分析方法

　国会議員の政策選好は，自民党の分析時（第3章）と同様に，「東京大学谷口研究室・朝日新聞社共同調査」への回答を用いて推定する[56]。経済争点では，「経済競争力強化と社会的格差是正のどちらを重視するか」「終身雇用制度の堅持」，左右イデオロギー争点では，「防衛力強化」「憲法改正」「道徳教育」への賛否を尋ねた質問を使用する（5点尺度）。質問文はそれぞれ「Ａ：社会的格差が多少あっても，いまは経済競争力の向上を優先すべきだ　Ｂ：経済競争力を多少犠牲にしても，いまは社会的格差の是正を優先すべきだ」（ＡとＢのどちらに近いか）「日本の企業は終身雇用制度を堅持すべきだ」「日本の防衛力はもっと強化すべきだ」「憲法を改正すべきだ」（年により表現にわずかな違いがある）「道徳教育をもっと充実させるべきだ」である。

　次に分析方法について説明する。仮説1（参議院選挙区議員）・仮説2（参議院比例区議員）・仮説3（参議院議員全体）では，隣り合う選挙年のデータ（現職議員と当選者[57]）を個別に比較する。仮説3の検証ではt検定（5%有意水準）を行い，効果量[58]も確認する。また，当選者と現職議員の各年データをプールした上で回帰分析を行い（紙幅の都合から経済競争力強化・防衛力強化・憲法改正の三争点のみの分析），平均的に差異があると言えるかを検証する（仮説1・2・3）。

　また，補助仮説を検証する際には，各属性・経歴・選挙区特性を独立変数とする同様の回帰分析を行う。また，防衛力強化の分析では，統制変数として，2010年参院選以降であることを示すダミー変数を投入する（普天間基地移設問題・尖閣諸島中国漁船衝突事件により賛成度が高まると予想）。さらに，選挙区定数の分析では選挙区の人口集中地区人口比を，都市度の分析では参議院中選挙区

---

[56]　データは，本調査のウェブサイト（http://www.masaki.j.u-tokyo.ac.jp/utas/utasp.html，最終アクセス2018年3月5日）から入手した。

[57]　非改選議員にも質問している2004・2007・2010年の分析では，現職・当選議員に非改選議員を含め（憲法改正だけは全ての年で非改選議員にも質問），引退者にも質問している2004・2007年の分析では，現職議員に引退者を加えている。

[58]　標準化平均値差（Hedgesのg）にバイアス補正を施した母集団の効果量の不偏推定量を使用する。

ダミーを用意する。

第4節　分析結果

第1項　中心仮説

(1) 選挙年ごとの比較（経済争点）

　図8-10と図8-11で経済争点に関する両院国会議員の政策位置を示した。まず図8-10を見ると，参議院議員の方が基本的に，経済競争力強化よりも社会的格差是正を支持している。さらに，図8-11で終身雇用制度への賛否を見ると，2004年と2003・2005年の間に明確な差異が確認でき，参議院議員の方が維持を志向している。2005年と2007年の間にも仮説通りの大きな乖離があるが，これは「国民の生活が第一」を掲げる小沢一郎への代表交代が影響した面もあるだろう。なお，2007年と2009年の間に有意差が確認できないのは，リーマンショックの影響だと思われる（2009年の方が労働者保護に振れやすい）。

　t検定の結果を見ても，両争点で，両院に有意な（あるいは有意傾向と見做せる）政策選好の差異が確認され，仮説3は支持された。なお，参議院比例区議員の方が参議院選挙区議員よりもやや左派的であり，衆院との違いも大きい。

(2) 選挙年ごとの比較（左右イデオロギー争点）

　次に，左右イデオロギー争点について両院の政策位置を比較する。まず，図8-12で防衛力強化への争点態度を見ると，2000年代以降，隣接する組み合わせの多くで，両院の有意差が確認できる。2012年以降を見ると，尖閣諸島問題などを受けて衆議院議員は若干右傾化したが，参議院では同様のシフトが見られず，2013年と2012・2014年の間に大きな政策距離が生じている（それ以前よりも両院の乖離が拡大している）。2012年と2013年の差は，集団的自衛権の行使容認が2013年参院選で争点化されたことの影響も含まれると考えられるが，2013年と2014年の明確な乖離は，両院に構造的な差異が存在していることを示唆している。なお，2016年と2014年の差はわずかに有意でないが，次章で扱う「希望の党騒動」時の国会議員である2016年当選者と2014年当選

第 4 節　分析結果

図 8-10　経済競争力の強化に対する両院の民主党議員の争点態度

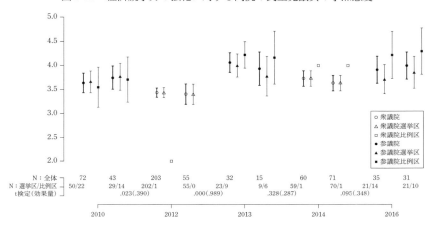

［注］（1）各選挙年について，左側に現職，右側に当選者の政策位置をプロットした。（2）値が小さいほど，その争点に賛成寄りである。（3）点の上下に伸びるバーは，95％ のブートストラップ信頼区間（反復回数は 10000 回）である。（4）以上の（1）〜（3）は 図 8-11 〜 8-14 も同様である。

図 8-11　終身雇用制度に対する両院の民主党議員の争点態度

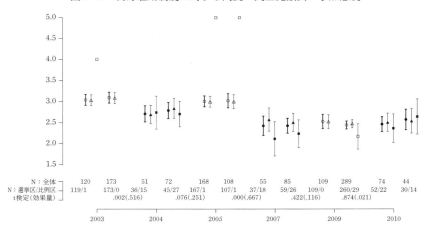

図 8-12 防衛力強化に対する両院の民主党議員の争点態度

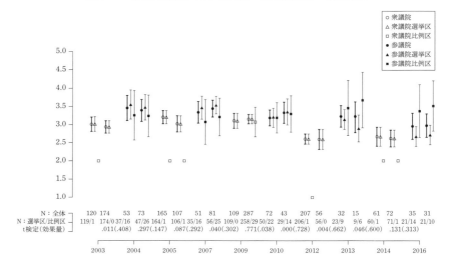

者を比較すると，観察数が少ない中でも（有意差が検出されにくい中でも），その差は有意傾向（10%水準）であった。

次に，希望の党が「踏み絵」として賛成を強いた憲法改正への争点態度を両院比較する。図8-13を見ると，2004年以降ほぼ一貫して両院に有意差が認められる。参議院民主党は選挙の度に左傾化しており，政策位置が安定している衆議院議員との乖離は年々拡大している。2017年に民進党の細野豪志衆院議員は憲法改正私案を発表後，離党したが（希望の党の結党へ），左派的な参院議員の存在は，同党の保守系議員に大きなストレスを与えていたことが窺える。

最後に図8-14で道徳教育への争点態度を確認する。第1次安倍政権以降，教育基本法改正との関連で争点化されたが，参議院民主党の方が同党衆院議員よりも反対姿勢が強いことが読み取れる（関連争点として「伝統教育」でも同様の傾向が見られた）。これらの教育政策は民主党と日本維新の会の対立点であり（国旗・国歌問題等），保守派の松井一郎維新幹事長は民主党と連携ができない理由として，日教組出身の輿石東参院議員会長の存在を挙げる（次章を参照）。

以上の通り，左右イデオロギーと関わる複数の争点で，両院の選好乖離が確認され，仮説3は支持された。特に下野後は，どの争点でも，両院が中立の3

第 4 節　分析結果

図 8-13　憲法改正に対する両院の民主党議員の争点態度

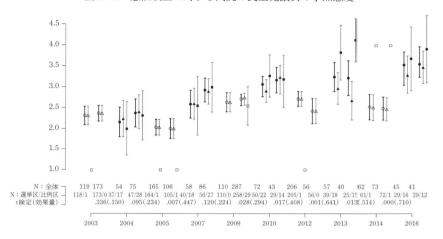

図 8-14　道徳教育に対する両院の民主党議員の争点態度

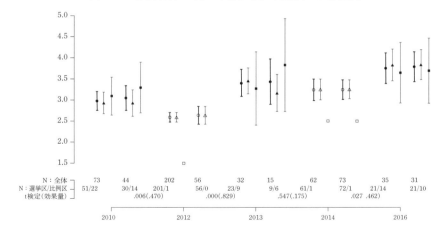

を跨ぐ形で賛否が分かれることが多く，両院対立が先鋭化しやすかったと考えられる。また，参議院の選挙区・比例区の議員を個別に見ると（仮説1・2），基本的にどちらも衆院との間に乖離があるが（後ほど回帰分析でも確認する），防衛力強化と憲法改正に関しては，参議院比例区議員が2010年代から顕著に左傾化し，衆院との政策距離を広げている[59]（憲法改正ではその影響で参院議員全体が明確に左傾化）。同時期の衆院議員は左傾化していないので[60]，現実政治で見られた下野後民主党の「左傾化」（自民・維新との対決路線，次章で詳述）は，元から左派的な参院議員の比率の増加，および憲法改正では参議院議員（厳密には参議院比例区議員）の左傾化がもたらしたものであると推測される。

なお，紙幅の関係で省略したが，関連争点として，「日米安保体制の強化」「集団的自衛権の行使」「他国からの攻撃予想時の先制攻撃」「北朝鮮へは圧力と対話のどちらを優先すべきか」「外交では米国とアジアのどちらを優先すべきか」「治安維持のための私権制約」「外国人地方参政権」への争点態度でも，両院には明確な差異が確認できた。

(3) 回帰分析による両院比較

次に，全ての選挙年を通じて見たときに，両院で平均的に選好乖離があると言えるかを回帰分析で確認する。まず表8-5のモデル1～3を見ると，いずれの争点も参議院ダミーが有意であり，両院の差異が認められた。さらに，モデル4～6で参議院議員を選挙区・比例区に分けた場合も，全争点で衆議院議員との有意な差異が検出された。以上より，仮説1・2・3は支持された。

---

59) 2016年は選挙区議員が共産党から支援を受けたため（野党共闘），左傾化しやすくなるはずだが，比例区議員の方が衆院との乖離が大きいのは興味深い。

60) 谷口（2020: 第3・10章）は項目反応理論で推定したイデオロギー値を基に，下野後の民主党衆院議員が左傾化したことを示した上で，その理由を考察した。しかし，個別争点の分析結果を見ると（同書の第4章），この左傾化は憲法問題や（狭義の）安保政策ではなく，「原発」と「治安維持のための私権制約」での左傾化が主因であると分かる。ここで，「原発」の左傾化は，政権期の方が現実路線にならざるを得ないことが背景にあり（大原原発の再稼働など），もう一方の「私権制約」は，下野後に争点化されたこと（特定秘密保護法・共謀罪）が影響していると推測される。憲法問題や安保政策における下野後民主党の左傾化（「反安倍路線」）は，衆院議員の左傾化というより，左派的な参院議員の影響力増大（憲法問題では参院議員の一層の左傾化も）に起因すると筆者は考えている。

表 8-5　民主党における両院国会議員の政策距離（参議院議員は選挙区・比例区ごと，選挙年ごと）

				全議員					
	経済競争力強化	防衛力強化	憲法改正	経済競争力強化	防衛力強化	憲法改正	経済競争力強化	防衛力強化	憲法改正
	(1)	(2)	(3)	(4)	(5)	(6)	(7)	(8)	(9)
参議院	0.438*** (0.119)	0.395*** (0.094)	0.358*** (0.095)						
参議院選挙区				0.390** (0.132)	0.407*** (0.097)	0.301*** (0.096)			
参議院選挙区 2004								0.347⁺ (0.182)	−0.149 (0.182)
参議院選挙区 2007								0.466*** (0.121)	0.346** (0.128)
参議院選挙区 2010							0.261 (0.172)	0.546*** (0.141)	0.307** (0.107)
参議院選挙区 2013							0.606** (0.196)	0.488*** (0.142)	0.400** (0.151)
参議院選挙区 2016							0.471* (0.219)	0.141 (0.134)	0.712*** (0.158)
参議院比例区				0.536** (0.200)	0.372* (0.176)	0.478** (0.185)			
参議院比例区 2004								0.156 (0.273)	−0.257 (0.271)
参議院比例区 2007								0.041 (0.255)	0.235 (0.261)
参議院比例区 2010							0.193 (0.265)	0.681*** (0.199)	0.826** (0.196)
参議院比例区 2013							0.852*** (0.247)	0.724* (0.320)	1.089*** (0.282)
参議院比例区 2016							0.930* (0.372)	0.594⁺ (0.335)	0.937*** (0.329)
選挙年 2010 年以降		−0.394*** (0.058)			−0.394*** (0.058)			−0.453*** (0.068)	
N	445	1266	1310	445	1266	1310	445	1266	1310
擬似決定係数	0.016	0.016	0.007	0.017	0.016	0.008	0.024	0.019	0.018
対数尤度	−509.437	−1838.838	−2031.876	−509.113	−1838.797	−2030.733	−505.365	−1833.597	−2009.607

［注］(1) $^{+}p<0.1$; $^{*}p<0.05$; $^{**}p<0.01$; $^{***}p<0.001$ (2) 括弧内は議員単位でクラスター処理を施した頑健標準誤差である。(3) 係数は正のとき左派的であることを意味している。

ここで興味深いのは，モデル 7 〜 9 を見ると，図 8-12・8-13 でも確認した通り，防衛力強化と憲法改正で，参議院比例区議員が徐々に（特に 2010 年代）左傾化していることである（その要因は補助仮説 2-2 の分析で考察する）。

第 2 項　補助仮説

(1) 補助仮説 1-1・1-2（選挙区議員の旧党派性）

　次に，両院で政策選好の乖離が生じるメカニズムを回帰分析で検証する。まず表 8-6 で旧党派性の効果を確認する。経済競争力強化の分析結果から見ると，モデル 1 の衆議院選挙区議員は，旧社会党系・官公労系および旧民社党系・民間労組系が参議院議員との間に有意差を持たないのに対し，自民党系と新党系は経済競争力強化をより強く支持していて（有意），予想通りの結果が得られた。なお，特定の旧党派性を持たない「その他の属性の衆議院選挙区議員」も経済競争力強化を強く志向している。

　次にモデル 4 で参議院選挙区議員の分析結果を見ると，旧社会党系・官公労系は衆議院議員との間に大きな差異があり，旧民社党系・民間労組系にも有意差が確認された。一方，自民党系と新党系は予測に反して共に格差是正を支持する方向に有意差が現れた。以上より，一部で予想と異なる結果は見られたものの，概ね仮説通りの結果が得られ，補助仮説 1-1（経済競争力強化／社会的格差是正）の旧党派性部分は基本的に支持された。

　続いて，防衛力強化と憲法改正の分析結果を見ると，衆議院選挙区では旧社会党系・官公労系が参院議員以上に左派的であり，それ以外の三属性も予想通り右派的であった。また「その他の属性」も参議院議員との間に明確な有意差が確認できる。次に参議院選挙区の分析結果を見ると，旧社会党系・官公労系の効果は予測通りの方向に有意であり，それ以外の三属性も（防衛力強化での自民党系の効果は予測と逆だが）概ね予想通りの結果が得られた。また，「その他の属性」も衆院より左派的であることが確認された。以上より，補助仮説 1-2（左右イデオロギー争点）の旧党派性部分は大部分が支持され，補助仮説 1-1 の結果と合わせて，両院における「旧党派」の議員数の違いが選好乖離を生んでいることが示唆される。

　また，ここまでの分析結果で興味深かったのが，多くの争点で特定の旧党派

第4節　分析結果　　309

表 8-6　民主党国会議員の属性（主に旧党派性）と政策選好の関係

	衆議院選挙区議員と参議院議員			全議員		
	経済競争力強化 (1)	防衛力強化 (2)	憲法改正 (3)	経済競争力強化 (4)	防衛力強化 (5)	憲法改正 (6)
旧社会党系や官公労系の 衆議院選挙区議員	0.050 (0.220)	0.561** (0.189)	0.452* (0.219)			
旧民社党系や民間労組系の 衆議院選挙区議員	−0.472 (0.291)	−0.761*** (0.220)	−0.571** (0.206)			
自民党系の 衆議院選挙区議員	−0.368* (0.155)	−0.450*** (0.117)	−0.560*** (0.129)			
新党系の 衆議院選挙区議員	−0.443* (0.204)	−0.543*** (0.146)	−0.560*** (0.144)			
その他の属性の 衆議院選挙区議員	−0.572*** (0.144)	−0.532*** (0.117)	−0.364*** (0.109)			
旧社会党系や官公労系の 参議院選挙区議員				1.090*** (0.297)	1.350*** (0.213)	1.083*** (0.232)
旧民社党系や民間労組系の 参議院選挙区議員				0.754* (0.318)	−0.059 (0.270)	−0.095 (0.241)
自民党系の 参議院選挙区議員				0.564* (0.284)	0.368* (0.185)	0.109 (0.196)
新党系の 参議院選挙区議員				0.573+ (0.310)	0.176 (0.153)	0.214 (0.186)
その他の属性の 参議院選挙区議員				0.115 (0.176)	0.321** (0.123)	0.233+ (0.135)
官公労代表の 参議院比例区議員				1.741*** (0.257)	1.590*** (0.261)	1.526*** (0.307)
民間労組代表の 参議院比例区議員				0.170 (0.220)	−0.536*** (0.153)	−0.565** (0.202)
左派系団体代表の 参議院比例区議員				−0.435 (0.345)	0.902** (0.291)	1.428** (0.439)
地域代表の 参議院比例区議員				−0.168 (0.486)	−0.379 (0.311)	−0.477+ (0.261)
タレント政治家の 参議院比例区議員				1.960*** (0.396)	6.007*** (0.183)	1.166+ (0.633)
その他の属性の 参議院比例区議員				0.768 (0.746)	−0.182 (0.676)	0.253 (0.244)
選挙年 2010 年以降		−0.399*** (0.059)			−0.438*** (0.057)	
N	443	1233	1277	445	1266	1310
擬似決定係数	0.024	0.043	0.026	0.058	0.048	0.036
対数尤度	−501.72	−1740.87	−1945.572	−487.813	−1779.218	−1973.004

［注］（1）$^+p<0.1$；$^*p<0.05$；$^{**}p<0.01$；$^{***}p<0.001$（2）括弧内は議員単位でクラスター処理を施した頑健標準誤差である。（3）係数は正のときに左派的であることを意味している。

性を持たない「その他の属性」の議員が両院の政策距離拡大に寄与していたことである。時間が経つにつれて，民主党以外の党歴を持たない議員が増加するが，群馬県の富岡由紀夫の例で示した通り，外部からは観察しづらい両院の表出利益の差異が確かに存在している。

(2) 補助仮説 2-1・2-2（参議院比例区議員の属性）

表 8-6 のモデル 4 〜 6 で参議院比例区議員における各属性の効果を示した。まず，経済競争力強化（モデル 4）については，官公労代表（格差是正志向が強い）と地域代表（衆院議員並みに経済競争力強化を支持）で予測通りの効果が確認された。民間労組代表は予想に反して衆院議員並みに経済競争力強化を志向していたが，これは企業別労組の性格が強い日本の民間労組が，経営側の視点を取り入れたためだと推察される（衆参の選挙区議員も旧社会党系・官公労系より旧民社党系・民間労組系の方が競争力強化に傾いている）。以上より補助仮説 2-1（経済競争力強化／社会的格差是正）は部分的に支持された。

次に，防衛力強化と憲法改正の分析結果を見ると，いずれも予想通り，官公労と左派系団体の代表が有意に左派的であり，民間労組は有意に右派的であった。地域代表も係数が負（憲法改正は 10% 水準で有意）であり，民間労組代表ほどではないにしても，衆院議員と同程度に保守的である。以上より，補助仮説 2-2（左右イデオロギー争点）は概ね支持された。なお，防衛力強化や憲法改正で 2010 年参院選以降に参議院比例区議員が左傾化したことを前項で指摘したが，以上の分析結果は，参議院比例区で地域代表が減少し，同時期に官公労代表が増加したことが左傾化の一因であることを示している。

(3) 補助仮説 1-1・1-2（官僚出身議員・女性議員）

次に，表 8-7 で官僚出身議員の政策選好を見ると，経済競争力強化では両院共に有意な効果が見られない一方，防衛力強化は参議院でのみ 10% 水準で有意，憲法改正では参議院で 5% 水準，衆議院で 10% 水準の有意な効果が確認された。次に表 8-8 で女性議員の政策選好を見ると，衆議院はいずれの争点でも明確に有意な効果があり，参議院でも防衛力強化に関しては 5% 水準で有意な効果が確認された。以上より，補助仮説 1-1・1-2 は，官僚出身者・女性議員について一部争点で支持された。

(4) 補助仮説 1-3・1-4（選挙区定数・都市度）

最後に，表 8-9 で選挙区定数・都市度と政策選好の関係を確認する。まず，参議院選挙区の中選挙区ダミーは，同士討ちの有無に関わらず，効果が有意で

第 4 節　分析結果　　311

表 8-7　民主党国会議員の官僚経験と政策選好の関係

	衆議院選挙区議員			参議院選挙区議員		
	経済競争力強化 (1)	防衛力強化 (2)	憲法改正 (3)	経済競争力強化 (4)	防衛力強化 (5)	憲法改正 (6)
官僚出身議員	0.380	− 0.143	− 0.262[+]	− 0.213	− 0.650[+]	− 0.657*
	(0.239)	(0.142)	(0.147)	(0.458)	(0.376)	(0.288)
選挙年 2010 年以降		− 0.441***			− 0.492***	
		(0.068)			(0.128)	
N	280	906	906	109	218	246
擬似決定係数	0.007	0.014	0.002	0.002	0.031	0.009
対数尤度	− 305.057	− 1316.882	− 1384.001	− 125.07	− 290.584	− 381

［注］(1) [+]$p<0.1$; *$p<0.05$; **$p<0.01$; ***$p<0.001$ (2) 括弧内は議員単位でクラスター処理を施した頑健標準誤差である。(3) 係数は正のときに左派的であることを意味している。

表 8-8　民主党国会議員の性別と政策選好の関係

	衆議院選挙区議員			参議院選挙区議員		
	経済競争力強化 (1)	防衛力強化 (2)	憲法改正 (3)	経済競争力強化 (4)	防衛力強化 (5)	憲法改正 (6)
女性議員	0.564**	0.632***	0.478**	0.333	0.455*	0.199
	(0.182)	(0.171)	(0.155)	(0.322)	(0.203)	(0.248)
選挙年 2010 年以降		− 0.467***			− 0.501***	
		(0.068)			(0.129)	
N	280	906	906	109	218	246
擬似決定係数	0.011	0.024	0.006	0.006	0.03	0.002
対数尤度	− 303.574	− 1303.277	− 1378.208	− 124.476	− 290.809	− 383.927

［注］(1) [+]$p<0.1$; *$p<0.05$; **$p<0.01$; ***$p<0.001$ (2) 括弧内は議員単位でクラスター処理を施した頑健標準誤差である。(3) 係数は正のときに左派的であることを意味している。

はなかった（補助仮説 1-3）。同士討ちの効果が見られなかった理由は，労組に依存しない戦略が可能であることが一因だと考えられるが，中選挙区部分での単独擁立も含め，都市度と選挙区定数の間には軽度の多重共線性が生じている可能性もあり，以上の結果から中選挙区の効果に関して確定的な結論を下すことはできない。群馬県の例で示した通り，中選挙区の存在が労組系議員の当選に寄与し，両院の政策距離を広げている側面は否定できない（図 8-7 も参照）。

　また，補助仮説 1-4 で予測した都市度の効果は，両院ともに確認されなかった（モデル 1 〜 6）。参議院に関しては，選挙区定数との間で軽度の多重共線性が生じた可能性もあるが，第 3 章で行った参議院自民党の分析では効果が見られたため，（衆議院で効果が確認されなかったことと併せ）民主党では両院の選好乖離の要因ではないと解釈して差し支えないだろう。

表 8-9　選挙区の都市度・定数と民主党国会議員の政策選好の関係

	衆議院選挙区議員			参議院選挙区議員					
	経済競争力強化 (1)	防衛力強化 (2)	憲法改正 (3)	経済競争力強化 (4)	防衛力強化 (5)	憲法改正 (6)	経済競争力強化 (7)	防衛力強化 (8)	憲法改正 (9)
人口集中地区人口比	0.001 (0.003)	−0.002 (0.002)	−0.002 (0.002)	−0.005 (0.007)	−0.001 (0.005)	0.001 (0.005)	−0.005 (0.007)	−0.002 (0.005)	0.0001 (0.005)
参議院中選挙区				−0.034 (0.317)	0.261 (0.225)	−0.155 (0.211)			
同士討ちのある参議院中選挙区							−0.095 (0.360)	0.342 (0.234)	−0.076 (0.226)
同士討ちのない参議院中選挙区							0.036 (0.327)	0.230 (0.237)	−0.180 (0.224)
選挙年 2010 年以降		−0.453*** (0.069)			−0.468*** (0.130)			−0.476*** (0.131)	
N	280	906	906	109	218	246	109	218	246
擬似決定係数	0.000	0.014	0.001	0.006	0.024	0.001	0.006	0.024	0.002
対数尤度	−306.964	−1316.377	−1385.017	−124.57	−292.588	−384.167	−124.465	−292.428	−383.999

[注] (1) $†p<0.1$; $*p<0.05$; $**p<0.01$; $***p<0.001$ (2) 括弧内は議員単位でクラスター処理を施した頑健標準誤差である。(3) 係数は正のときに左派的であることを意味している。

第5節　小　括

　本章では，政治家アンケートの分析を通じて，両院の民主党国会議員の政策選好を定量的に比較した。結論としては，参議院選挙区の広さと中選挙区部分の存在，そして比例区の非拘束名簿式の働きによって，参議院民主党は同党衆院議員よりも労組（特に官公労）の利益を表出しやすくなり，経済争点（社会的格差是正・終身雇用制度堅持）や左右イデオロギー争点（防衛力強化・憲法改正・道徳教育）において左派的になる。また，次章で着目する下野後民主党の左傾化に関しては，参議院比例区から保守的な地域代表が退場し，官公労代表に置き換わったことが要因として重要である。

　本章は，次章との兼ね合いから，分析する項目は左右イデオロギー争点が多かったが，参議院の特性を捉える上では，経済争点の分析結果も重要である。第3章では，参議院自民党が同党衆院議員よりも公共事業・国内産業保護・郵政事業保護を支持していることを示したが，参議院民主党が維持を志向する終身雇用制度を含め，これらの諸政策は日本特有の「福祉レジーム」として注目されてきたものである（宮本 2008; 井手編 2011; 渡辺 2007; Estévez-Abe 2008）。1980年代以降，先進諸国では規制緩和・民営化の潮流が主流となり，特に日本では，バブル崩壊後の財政難に加え，衆議院の選挙制度改革により新自由主義的な経済政策を採用しやすい条件が揃っている（第4章第11節も参照）。近年，欧米諸国ではグローバル化や脱工業化・技術革新を背景に，経済格差の拡大やポピュリズムが問題化しているが（第10章第2節第2項を参照），このような時代状況を踏まえると，参議院の「福祉」提供機能は（日本の国際競争力を削ぐと批判することも可能だが）肯定的に評価することもできるだろう。

　より日本固有の文脈に即して，経済格差と参議院の関係について論じたい。日本は高齢化の影響を差し引けば，ジニ係数の上昇を相当抑えられているという見方もある一方（e.g. 大竹 2005），相対的貧困率は国際的にも高く，「格差社会論」が依然根強い（e.g. 橘木 2016）。経済格差の原因としては，非正規労働者やひとり親世帯の増加がよく挙げられるが，この非正規の増加は，正規の減少ではなく，自営業・家族労働者の減少に起因するという（神林 2017; 小熊 2019）。

ここで自営業・家族労働者は，第3章で見た「55年体制型経済システム」で保護されてきた地方の農林漁業・土木建設業・商工業従事者と大部分が重なっている。したがって，「55年体制型経済システム」の維持を志向する参議院（自民党）は非正規の増加を抑止し，経済格差の是正に貢献していると評価できる[61]。また本章で見た通り，終身雇用制度の維持を志向する点でも，参議院（民主党）は非正規雇用および経済格差の拡大を抑止していると言える。加えて，日本では非正規やひとり親世帯の経済的・社会的苦境が「女性」に集中していることから（大沢2014），女性議員が多い参議院の機能に期待する向きもあるだろう（cf. 辻 2023）。以上の通り，参議院は様々な経路で経済格差の縮小に寄与しうる。

補　論　なぜ政界再編期に自民党は参議院議員の離党者を抑えられたのか

　本章第1節第5項では，両院の民主党議員の間に政策選好の乖離が生じた歴史的要因として，政界再編期に自民党からの離党者が衆議院に集中し，参議院民主党に自民党出身の「保守人材」が供給されにくかったことを指摘した[62]。では，なぜ政界再編期に自民党は参議院議員の離党者を抑えられたのか（補表8-1）。このパズルは，合理的選択新制度論に基づく参議院議員研究をリードしてきた待鳥（2002）が既に検討しているが，この補論では別の角度からの説明を試みる。

　待鳥（2002）の主旨は，当時の参議院自民党の議員行動（離党者の少なさ）が，「再選」よりも「昇進」の動機に裏付けられていたというものである。具体的には，1989年参院選で竹下派の所属議員数が顕著に減少し，竹下派（その後分

61）　本書が示した参議院の民意反映機能（「地方の府」）は地方の過疎化を抑制する方向に働くが，（出生率が高い）地方の過疎化（cf. 増田 2014）と（出生率が低い）非正規の増加は日本の少子化原因とされており，参議院は少子化の進行を抑止している面もある。

62）　元自民党の民主党議員の割合は時間の経過と共に減少するので，長期的には（特に本書が注目する下野後は）この点が乖離の要因として重要性を低下させるように一見思える。しかし実際には，結党初期〜中期に党主流派を保守系（元自民党では鳩山・羽田・小沢グループ）が押さえたことで，新たに提供される新人の衆院議員も保守的になりやすいことから，長期的にも両院の政策距離に影響を与えるのである。

補　論　なぜ政界再編期に自民党は参議院議員の離党者を抑えられたのか　　　315

補表 8-1　参議院自民党からの離党者一覧（政界再編期）

名前	派閥	選挙区	当選回数	新会派	離党日
松尾官平	羽田派	青森県	4	新生党	1993/6/22
北澤俊美	羽田派	長野県	1	新生党	1993/6/22
河本英典	羽田派	滋賀県	1	新生党	1993/6/22
平野貞夫	羽田派	高知県	1	新生党	1993/6/22
釘宮磐	羽田派	大分県	1	新生党	1993/6/22
永野茂門	羽田派	比例区	2	新生党	1993/6/22
田村秀昭	羽田派	比例区	1	新生党	1993/6/22
泉信也	羽田派	比例区	1	新生党	1993/6/22
扇千景	安倍派	比例区	3	新生党	1994/3/31
木暮山人	加藤六月グループ	比例区	1	新生党	1994/1/24
平井卓志	渡辺派	香川県	5	新進党	1995/1/23
野末陳平	渡辺派	東京都	4	新生党	1994/2/1
星野朋市	渡辺派	比例区	1	新生党	1994/1/21
石井一二	河本派	兵庫県	2	新生党	1994/1/31
椎名素夫	無派閥	岩手県	1	無所属	1993/6/23

［注］（1）待鳥（2002: 71）が作成した一覧表に扇千景（1993 年衆院選時に繰り上げ当選）と平井卓志（95 年 1 月
離党）を加えた。（2）離党日は離党届提出日（全国紙で確認）。（3）野末は 1993 年 9 月に渡辺派を離脱している。

離した羽田派を含む）以外の参院議員が「昇進」ポストを獲得しやすくなったた
め，参議院自民党からの離党者が抑えられたと論じる。主なアプローチは定量
分析であり，① 1989 年参院選後に渡辺派・河本派といった小派閥への閣僚ポ
スト配分が増加したこと，②入閣適齢期である当選回数 2・3 回かつ未入閣の
参院議員ほど党に残留しやすいこと，③衆院議員の離党行動に影響力を持つと
される「再選」動機関連の変数（都市化度や最多得票落選者の惜敗率）が参院議員
に対して有意な効果を持たないこと，などが示されている。

　これらの論点について個別に検討すると，まず①は羽田派（小沢と近い椎名素
夫を含む）以外での離党者にはむしろ渡辺派・河本派といった小派閥の議員が
多く（補表 8-1 を参照），予想される結果と逆である。次に②は，全派閥ではな
く竹下派系以外で入閣適齢期の効果が強く見られるかを検証する分析モデルが
望ましい。最後に③は，個々の人物事例を見ると，都市度や惜敗率といった
「再選」動機関連の変数で差がつかないほど参院議員全体が離党しにくくなる
要因が確認できる。以下ではこの 3 点目について詳述する。便宜上，都市部と
農村部に分けて考察を行う。

　まず都市部の事例として，神奈川県選出・斎藤文夫のケースを紹介する。斎
藤は，派閥領袖の渡辺美智雄が新生党の小沢一郎に首相候補として担がれた際，

離党圧力（渡辺は小沢側から多くの「同調者」を集めることを求められていた）[63]を受けるも，「参院議員の場合，代議士と違って，県内の党組織全体の支援をもらっている」ので「慎重に行動しないといけない」と述べ，残留した[64]。ここでいう「党組織」とは，神奈川県連および横浜・川崎両市連（市支部連合会）が想定されていると考えられるが，それぞれの主な運営者である県議（斎藤は県議出身，川崎市川崎区選出）や横浜・川崎市議など地方議員団が「政局」に走る渡辺を強く糾弾する以上[65]，斎藤に離党の選択肢はなかった。ある県議によると，神奈川のような都市部では地域振興を国からの公共事業に頼る必要がないため，県議や市議が，政局で動く国会議員——県内 8 人中 6 人が渡辺派であり離党を検討した——から自立的になりやすいという[66]。結局，渡辺派からは全国で衆院議員 6 人が離党したが（神奈川県内では米田建三），参院では 1 人も離党者がおらず，渡辺本人も離党を断念した。

　一方，農村部には，多くの系列県議を配下に置き，地元参院議員の生殺与奪（再選）を握るような有力衆院議員も相当数存在していた。実際にそのような地元代議士の意向に沿って離党したと見られる（あるいはその要素が否定できない）参院議員も存在する（小沢一郎と椎名素夫[67]，羽田孜と北澤俊美[68]）。しかし，離党した衆院議員には，党刷新を求める若手議員や都市部の代議士が多く[69]，衆院議員の離党行動は地方政界（県議の離党者の少なさは辻 2008 や Milazzo and Scheiner 2011 を参照）や参議院には波及しづらかった。

---

63)　当時の政局については，『読売新聞』1994 年 4 月 20 日（全国版）に詳しい。

64)　『朝日新聞』1994 年 4 月 16 日（神奈川版）。

65)　『毎日新聞』1994 年 4 月 19 日（神奈川版）。

66)　『神奈川新聞』1994 年 4 月 17・18 日。当時の神奈川県は，渡辺派所属で県政最大の実力者であった小此木彦三郎衆院議員（斎藤が参院選出馬時の県連会長）が急死した直後であり，一層地方議員が自立的になりやすい条件が揃っていたと考えられる。

67)　第 7 章第 2 節第 3 項で論じた通り，1992 年参院選で小沢に擁立された。その後，椎名の選対組織は小沢の組織と一体化したという（『朝日新聞』1993 年 7 月 13 日，全国版）。

68)　北澤に関しては，椎名と比べると地元代議士（羽田孜）との人間関係の影響も大きい（『朝日新聞』2017 年 8 月 29 日，全国版）。本人にインタビューをしたが，羽田との人間関係，そして羽田の政治改革に対する思いに共感したことを離党理由に挙げる。

69)　離党した衆院議員の議員特性に関しては膨大な研究蓄積があるが，待鳥（2002: 69-70）は「都市部選出の若手で，まだ選挙地盤が固まっていないために世論の動向に敏感に反応し」た議員とまとめており，筆者も同じ見方である。

補　論　なぜ政界再編期に自民党は参議院議員の離党者を抑えられたのか　317

　また，第6・7章で示した通り，農村部には，県内衆院議員や県議団ではなく農協に集票を依存する参院議員が存在しており（1990年代前半は元農協系県議の議員が多い），彼らは，農協が少なくとも短期的には自民党への支持を崩さない以上，離党に踏み切ることは難しかった。例えば，羽田派所属の43人の国会議員の内，唯一離党しなかった佐賀県選出の大塚清次郎参院議員（県農協中央会会長，県議出身）は，県中央会幹部から「会長の新党参加は農協内に混乱を起こす」と説得を受け[70]，「農業団体の責任者」[71]として残留を決めた。同県の元参院議員の話では，大塚が竹下派抗争で羽田・小沢側を選んだのは，同県の同じ農林族の羽田孜と密接な関係があったからだというが[72]，羽田新党は米の市場開放問題など農政の最重要課題に明確な立場を示していなかったため，大塚は自民党とのパイプを優先して党に留まった[73]。県内では同派・同郷の愛野興一郎衆院議員（当選7回）が離党したが，大塚は農協との関係を選んだ。こうした大塚の判断は，「再選」（あるいは「政策実現」）の動機に根ざしたものと解釈できよう。

　以上をまとめると，参議院選挙区議員は，県議団や政令指定都市の市議団，あるいは農協などの業界団体に集票を依存しており，これらの集団が自民党への支持を短期的には崩さない以上，本人の選挙の強さや選挙区の都市度——待鳥（2002）の分析で有意な効果が確認されなかった変数——に関わらず，全体として離党しづらかったのだと推測される。また，参議院比例区議員（拘束名簿式）も利益団体の組織内議員（全国組織の最高幹部や所管官庁の幹部出身者[74]）の割合が高く，同様の理由から離党者が抑えられたのだと予想される（扇千景のように団体支援に依存しない場合には離党も可能である[75]）。

　他にも，再選動機関連で参議院議員が離党しにくくなる要因が存在する。本補論ではここまで，離党圧力がかかっても参院議員が離党できない理由を論じ

---

70)　『読売新聞』1993年6月23日（西部版）。
71)　『読売新聞』1993年6月23日（全国版）。
72)　陣内孝雄元参院議員（当時は同県選出議員）と，大塚の後継である岩永浩美元参院議員（当時は県議）にご教示いただいた（共に元秘書が臨席する中でのインタビュー）。
73)　『佐賀新聞』1993年6月22日・『読売新聞』1993年7月9日（西部版）。
74)　比例区に多い自治省出身議員は，首長（自民党への支持は短期的には揺るがない）との結びつきが強いため，離党しにくくなると考えられる。1980年参院選（全国区）では，自治省出身の松浦功が，首長や役所の幹部を介して集票をした（広瀬1993: 第3章）。

てきたが，そもそも参院議員の方が再選戦略上，離党しなくてよかった（する
必要性が小さかった）面もある。当時参院議員を務めていた狩野安氏に話を聞く
と，衆院議員と比較して参院議員は落選の心配が少なかったという。狩野によ
れば，衆院選挙制度改革は第一義的に衆院議員の問題であり，改革が失敗して
もその誇りはまず衆院議員が受けるため（これが衆院に離党者が多い理由だと狩野
は見ている），参院議員は支持率急落をそこまで警戒してはいなかった。参議院
議員の警戒感が弱かった理由としては，次期参院選まで時間があったこと（離
党の判断を先送りできたこと）も関係しているだろう。待鳥（2002）は，1989 年
に大敗を経験し，自民党公認での選挙により大きな恐怖心を抱くはずの参院議
員に離党者が少ないことから，その残留判断は「再選」以外の動機に基づくと
推論しているが，本補論とは前提を異にする。

　また，同論文は 1989 年参院選で参議院竹下派の人数が急減したため，他派
にポスト配分のチャンスが生まれたと論じるが，直近の 1992 年参院選で竹下
派は大きく復調した（第 7 章の図 7-2 を参照）。さらに，竹下派抗争時には，参
院人事を押さえる斎藤十朗参院議員会長や，竹下の代理人として発言力を持っ
た青木幹雄，参院竹下派に多い建設省 OB のまとめ役・井上孝らが参院側を小
渕支持で固め，参院内での竹下派の地位は維持された（田崎 2000；鈴木 1994）[76]。
そして実際に，参議院で竹下派が権力を保持できたからこそ，小派閥の参院議
員が「昇進」目的で離党したという反例さえ見つかる。香川県選出の平井卓志
参院議員（渡辺派，当選 5 回）は，政治改革関連法成立後の 1995 年 2 月に，県
連会長でありながら突如として離党した。報道では次期衆院選に新香川 1 区で
長男・卓也が新進党から出馬すること（自民党から出馬できる枠はなかった）への
配慮とされているものの[77]，当時の実情に詳しい真鍋賢二元参院議員（当時は

75）　新党グループは当時，高い政党支持率をちらつかせながら，名簿上位での処遇を条件
　　に，比例区議員に移籍を持ちかけていた（『朝日新聞』1994 年 1 月 21 日，全国版）。扇は
　　1989 年参院選で落選した際に，名簿順位への不満を漏らしており（『読売新聞』1989 年 7
　　月 25 日，全国版），移籍の背景には再選への不安があったと見られる。なお，1995 年参
　　院選で扇は新進党から名簿 2 位で出馬し，当選している。
76）　当時の参院内における竹下派の権力状況に関しては，同派の吉村剛太郎氏・陣内孝雄氏，
　　亀井派の狩野安氏，渡辺派の村上正邦氏に肌感覚をご教示いただいた。
77）　『朝日新聞』1995 年 1 月 23 日（全国版）。なお，『四国新聞』（平井一族が経営）で同時
　　期の記事を見ても，本件を掘り下げた記事は見つからなかった。

補　論　なぜ政界再編期に自民党は参議院議員の離党者を抑えられたのか　　319

同県選出参院議員）と山内俊夫元参院議員（当時は香川県議）に別々に実情を聞いたところ，どちらも新進党の小沢一郎が平井に参院議長ポストを示唆したことが主たる理由であると話す（2人とも互いの回答を知らない）。実際に1995年から斎藤十朗は5年間以上に亘って参院議長ポストを保持しており，小派閥の平井が自民党所属のまま議長になれる見通しは暗かった（渡辺派の村上正邦が参院内で台頭するのは平井の離党後である）。

　以上はあくまで少数事例からの推論に過ぎないが，結論としては，政界再編期に参議院自民党議員は「再選」戦略上，離党が難しかった（あるいはする必要がなかった）というのが筆者の見立てである[78]。では，どうして一定数の離党者がそれでも現れたのか。結論としては，「再選」「昇進」「政策実現」とは別に，離党した衆院議員との「人間関係」（師弟関係や親戚関係など）を優先したケースが大半を占める（以下の説明により本補論では参議院自民党の全離党者の離党理由に言及したことになる）[79]。まず，県内衆院議員との関係から離党した例としては，石井一二（兄の石井一が離党[80]）と北澤俊美（羽田孜が離党，詳細は先述）が挙げられる。他県選出の有力代議士との関係から離党したケースとしては，羽田孜関係では釘宮磐（前章第3節第6項を参照）と河本英典[81]（弟は羽田の秘書），

---

78)　離党者が少なかった理由の代替仮説として，参議院の選挙制度は「政党投票」の度合いが強いため（比例区が拘束名簿式，選挙区も多くが小選挙区），党の規律に服しやすかったから，という仮説が考えられる。この代替仮説は，第7章第5節第1項で論じた通り，第2期には党執行部というより派閥の規律が強く働いたので，基本的には正しくない。派閥領袖の離党者は少なく，また仮に離党をする場合でも，斎藤文夫や大塚清次郎の事例で示した通り，同派参院議員は支持基盤との関係から領袖と共に離党することが難しかったので，全体として離党者が抑えられたのである。但し，政党ラベルで当選する比例区議員は政党間移動が道義的に問題視されており，それで離党しにくかった面はあるだろう。

79)　野末陳平と星野朋市の2人はどちらも改革志向が強い税金党出身であり，政治改革（「政策実現」）のために離党をした数少ないケースだと考えられる。野末の政治改革に対する考え方については，『朝日新聞』1993年10月21日（全国版）を参照。また，政策実現動機との関連では，参院議員全体が衆院選挙制度改革に賛成しづらくなる要素があった。それは衆議院が小選挙区比例代表並立制に変更されると，参議院の選挙制度と似通ってしまうことへの懸念である。改革論議の中でも参院側ではこの点への不満が述べられている（『朝日新聞』1993年11月27日，全国版・『読売新聞』1993年11月19日，全国版）。但し，これを主な理由として離党を踏みとどまった参院議員は確認できない。

80)　後に石井一は回顧録で，一二が同調して離党せざるを得ない状況を作り出したこと，入閣機会を奪ったことを詫びている（石井2019: 178, 221）。一二は県内の最有力代議士・河本敏夫派の所属であったが，河本（党に残留）ではなく，兄を選んだ。

小沢一郎関連では平野貞夫（前章第3節第2項を参照）と松尾官平[82]（青森県選挙区，岩手県と接する三八地域出身）の名が挙がる。参議院比例区で同様の個人的関係から離党したケースとしては，二階俊博が政界入りを支えた泉信也[83]（運輸業界代表）や，加藤六月側近の木暮山人（歯科医師会代表），金丸信から防衛利権を継いだ小沢一郎（秋山2008：第6・7章）と近い田村秀昭・永野茂門（自衛隊OB代表）が挙げられる[84]。なお，彼らの離党は人間関係のみが理由なのではなく，羽田の改革理念への共感（北澤など）や小沢の「普通の国」路線への期待（田村・永野）といった「政策実現」や，新党の成功に賭けた「昇進」の動機も多分に含まれていただろう。実際の議員行動は，様々な「合理性」の複雑な混合物として見るべきである。

　最後に，政界再編期における参議院自民党の安定性は，政治改革の行方にも影響を与えた。政治改革関連法は連立与党の当初案が参議院で否決されたが，可決された修正案では，小選挙区部分が増加し，比例区も範囲が狭くなるなど，多数主義的な色彩が強まった。もし参議院自民党から，より多くの離党者が新党に流れていれば，本法案は参議院で否決されなかったかもしれない。いずれにしてもこの事例は，参議院議員が，多くの離党者を伴うような政局（政界再編）に加担しにくいこと（連合に依存する参議院民主党も同様だろう），言い換えれば，政治改革期のように政界が「熱病」に覆われたときにも，ある種の「落ち着き」を政治に与えてくれることを示唆している。このような保守性は，半数改選や解散のない長い任期を課された参議院議員に期待される役割とみることができ，肯定的に評価できるだろう（第10章のポピュリズム論も参照）。

---

81)　『朝日新聞』1992年7月11日（全国版）・『毎日新聞』1996年2月21日（滋賀版）を参照。北澤俊美氏に話を聞くと，河本英典は父の河本嘉久蔵元参院議員によって羽田に預けられたのだという。

82)　竹下派抗争の際に，松尾が小沢との繋がりから羽田派を選択したことについては，『読売新聞』1992年10月24日（全国版）を参照。小沢は松尾など青森の政治家が求める東北新幹線延伸や青森核燃施設建設に尽力してきた。『日本経済新聞』1990年12月24日（全国版）や『朝日新聞』2015年7月29日（青森版）を参照。

83)　『朝日新聞』1993年9月10日（全国版）。

84)　田村は，竹下派抗争時に小沢を支持した理由として，小沢が息子を自衛隊に入れたいと話したことへの信頼感（後に海上自衛隊に入る）を挙げる。『朝日新聞』1994年6月21日（全国版）を参照。この記事は小沢と防衛業界との繋がりについても詳しい。

第 9 章　下野後民主党の左傾化と野党の分裂

「排除されないということはございません。排除いたします。」

　　　　小池百合子希望の党代表（東京都知事）2017 年 9 月 29 日党代表会見

「組織の上部を占める指導者は一枚岩のグループではない。むしろ，このグループの個々人は自分自身が中枢の競争的ゲームの独立したプレイヤーなのである。」

　　　　アリソン／ゼリコウ『決定の本質』第 2 版 II（原著 1999 年／訳 2016 年，131 頁）

　本章では，前章で示した衆参民主党の選好乖離の帰結について論じる。下野後の民主党（2016 年 3 月以降は民進党）で参議院議員の発言力が増大した結果，党の政策路線が過度に「左傾化」[1]し，野党陣営が 1 つの政党にまとまれなくなったことを論証する。本章がとりわけ注目するのは，希望の党が民進党の左派を厳格に「排除」した理由である。その大胆な決定の裏には，左派に抑圧されて離党した元民主党議員の怨念や，希望の党幹部間の駆け引きがあったことを明らかにする。

　なお，2012 年以降における野党の分裂状態に関しては，既に様々な原因が指摘されている。具体的には，① 2012 年以降に対立軸が再イデオロギー化し，野党がまとまりづらくなったこと（境家 2023；Kubo et al. 2022；Maeda 2023），② 地方分権改革によって，強力な地域政党（日本維新の会）が第三勢力として生

---

1)　本書では「左傾化」という表現を使用したが，様々な批判が考えうる。例えば，民主党は自民党の右傾化（谷口 2020：第 3 章；淺野 2024：第 1 章）に反発しただけで，以前よりも左傾化したわけではないという反論がありうる。これについては前章でも示した通り，憲法改正への賛成度を衆参の平均値で比較すると実際に左傾化している。他にも，連合元会長の古賀伸明氏からは，共産党と組むまでは「左傾化」と呼ばないでほしいと要望された。また北澤俊美氏からは，自民党と癒着する興石東は「左派」とは言えないため，彼が絶大な権限を握った下野後を「左傾化」と呼ぶべきではないと指摘された。

まれたこと（砂原 2015: 第 8 章），③衆議院の重複立候補制度が，中規模の第三党に選挙区挑戦のインセンティブを与えること（大塚・稗田 2017），④衆院選で比例票を掘り起こすために中小政党が選挙区に候補者を積極擁立し，選挙区で争う野党間の関係が悪化すること（森 2018），⑤得票の議席変換率が比例的な参議院と衆院比例区で，中小政党が当選できること（建林 2017: 第 1 章），⑥新勢力が有権者に根付いていない状態でも，政党助成金制度によって新党を設立しやすいこと（久保谷 2016），⑦日本の政党システムが，欧州で見られるような「社会的亀裂」（国家／教会，資本／労働など）に基づいておらず安定しないこと（大井 2023: 52）が原因として挙げられてきた。一方で，2012 年以降の野党政局を観察すると，より直接的な原因として，参議院民主党というファクターが浮かび上がってくる。

第 1 節　海江田万里代表期

第 1 項　党内政局

　まず，海江田代表期（2012 年 12 月〜2014 年 12 月）から説明する。下野直後の 2012 年 12 月に実施された党代表選では，輿石東参院議員会長（党幹事長）が旧民社党系の参院議員と連携し，海江田万里を担ぎ上げるのに中心的な役割を担った[2]。脱小沢を進めた菅内閣以降の主流派グループは，政権運営の失敗から表立った活動をできなかったとされる。海江田は旧社会党系・旧民社党系・大畠章宏・細野豪志のグループから支援を受けたが，輿石が参院議員の支持固めを行い，参院の多数を押さえたことが勝利の決め手となった（この代表選は国会議員票のみ）。また，輿石は立候補待望論のあった細野豪志政調会長を温存するよう根回しをし，海江田の勝利に向けて舞台を整えたとされる（細野は代表選後に幹事長に就任）。代表選後の人事では輿石系が優遇されたが（前原誠司や岡田克也は役員を外れ，党政調会長には参院議員の桜井充が就く）[3]，仙谷由人元

---

2)　代表選の情報は，『朝日新聞』2012 年 12 月 25・26 日（全国版）や『読売新聞』2012 年 12 月 25・26 日，2013 年 1 月 20 日（いずれも全国版）を参照。

3) 『読売新聞』2012 年 12 月 27 日（全国版）。

第1節　海江田万里代表期

図 9-1　衆参両院の国会議員数の推移（民主党・民進党）

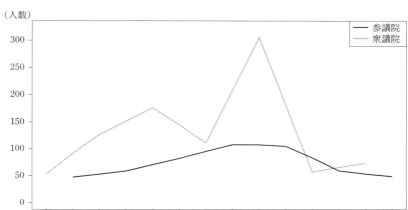

［注］(1) 各選挙での当選者数を示した。選挙間の政党移動による変動は反映されていない。(2) 参院側は非改選者も含めた全体の議員数を示した。

官房長官はこの時期の民主党を「輿石東参院議員会長らが党を動かしているが、社会党的な『何でも反対』という姿勢を取るなら将来は明るくない」と評している[4]。

図 9-1 で衆参両院の議員数の推移を示したが、下野直後は参院議員の人数が衆院議員の 1.5 倍以上あり（88 対 57）、参院票が代表選の帰趨に大きな影響を及ぼした。参院の選挙制度は衆院よりも得票の議席変換率が比例的であり、党が下降局面にあるときには参院議員の比率が高くなりやすい。そして、輿石が属する労組系グループには参院議員が多いため、平時には規模が小さくても、衆院選大敗後の代表選では存在感を強める。特に下野後は、前章でも指摘した通り、参議院比例区の地域代表が退場して、官公労代表が増加しており、一層労組系が重みを増した。図 9-2 で、民主党大敗後の代表選（2006・2012 年）における各グループの人数および参院議員比率を示したが、いずれも労組系（左 2 列の横路／川端グループ）が高い割合を示している（どちらの代表選も労組系が勝利した）。

また、表 9-1 で示した通り、参院執行部は労組系（特に参院議員会長を押さえ

---

4)　『読売新聞』2013 年 1 月 19 日（全国版）。

図 9-2 民主党大敗後の代表選における各グループの規模と参議院議員の割合

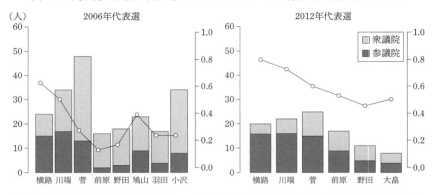

［注］（1）左の縦軸は議員数，右の縦軸は各グループ内での参議院議員の割合を示している。（2）濱本（2011, 2015）が収集したデータ（一部修正）を選挙情報と突合して筆者が作成した。

表 9-1 民主党・民進党の参院議員会長・参院幹事長の一覧

参院議員会長	就任年	グループ	選挙区情報	参院幹事長	グループ	選挙区情報
菅野久光	1997	横路G	北海道（2）	足立良平	川端G	比例区
本岡昭次	1998	横路G	兵庫（2）	角田義一	横路G	群馬（2）
久保亘	2000	横路G	鹿児島（2）	北澤俊美	羽田G	長野（2）
角田義一	2001	横路G	群馬（2）	直嶋正行	川端G	比例区
藁科満治	2003	横路G	比例区	山本孝史	無所属	比例区
江田五月	2004	菅G	岡山（1）	輿石東	横路G	山梨（1）
輿石東	2006	横路G	山梨（1）	今泉昭	川端G	千葉（2）
−	−	−	−	小川敏夫	菅G	東京（4）
−	−	−	−	平田健二	川端G	岐阜（2）
−	−	−	−	高嶋良充	横路G	比例区
−	−	−	−	柳田稔	川端G	広島（2）
−	−	−	−	平田健二	川端G	岐阜（2）
−	−	−	−	一川保夫	小沢G	石川（1）
郡司彰	2013	横路G	茨城（2）	羽田雄一郎	羽田G	長野（2）
−	−	−	−	小川敏夫	菅G	東京（5）
小川敏夫	2016	菅G	東京（6）	小川勝也	前原G	北海道（2）

［注］（1）選挙区情報の括弧内に示したのは選挙区定数である（最後に当選した時の数値を示した）。（2）グループ（G）の名前が変更された場合も元の名称で統一した。（3）全国紙を基に筆者が作成。

第1節　海江田万里代表期

る官公労系）が主流派であり（前章で指摘した労組の影響力が主因），参院人事全般
（参院執行部[5]や参議院議長・副議長[6]・委員会委員長[7]など）を握る輿石東参院議
員会長は，労組系以外の参院議員からも支持を集めることができた[8]。民主党
のグループは自民党の派閥よりも規律が弱く（複数加入も可能），他派を説得し
やすい。また，輿石はシンパの労組系議員を通じて選挙で労組を幅広く動かせ
るため[9]，下野後の無党派層が離反した状況下では，労組系以外の参院議員へ
の影響力が一層強まった。加えて，下野直後はねじれ国会期であり，与党との
交渉の最前線に立つ参院執行部の求心力が高まりやすいという事情もあった。

　輿石の党内権力に関しては，これらの構造的要因に加えて，その属人的要素
も重要である。イデオロギーの薄さ（あるいは労組色の無さ）[10]や，面倒見の良
さ（聞き取りをした細野豪志氏の表現では「国会議員たちの先生」）が特徴であり，
労組系以外とも親しく付き合えた。輿石氏本人に聞くと，参院執行部の部下に
はできるだけ異なるバックグラウンドの政治家を置いていたとのことであり，
意識的に労組系以外との関係を構築していた。また，青木幹雄を始め，参議院
自民党と太いパイプを有しており，特に自民党との交渉力が必要なねじれ国会
期には，余人をもって代え難い存在となっていた。本人に「日教組らしさ」が
ないからこそ，官公労系が権力を保持できたという逆説がここでは指摘でき
る[11]。

　その後，民主党が 2013 年参院選で敗北すると細野豪志幹事長などから代表

---

5)　『読売新聞』2007 年 2 月 7 日（全国版）。

6)　『朝日新聞』2011 年 11 月 12 日（全国版）。

7)　『朝日新聞』2010 年 9 月 30 日（全国版）。

8)　参議院民主党は参院側の立法事務費を握っており，参院執行部はその配分権によって
　も影響力を強めることができた。『読売新聞』2004 年 4 月 22 日・2007 年 2 月 7 日（いず
　れも全国版）を参照。角田義一元参院議員会長にインタビューした際にも，参院執行部の
　権力資源として，立法事務費の重要性を強調された。

9)　『読売新聞』2014 年 7 月 20 日（全国版）。

10)　本人も同じ日教組出身の菅野久光・本岡昭次・久保亘元参院議員会長とは異質だと認
　める。このような特質の背景には，保守分裂を繰り返す山梨県知事選で自民党と協力して
　きた「右派」の山教組出身という事情がある（1991 年知事選では金丸信とも共闘）。

11)　古賀伸明連合元会長も，輿石が日教組や官公労，あるいは労組の代表という見方は誤
　りであり（細野豪志氏も筆者にこの点を強調），一人の「力のある大政治家」として捉え
　るべきだと筆者に語る。

交代論が出たが，輿石は「代表選をやるというのは海江田辞めろってことだろう。細野はもう終わった」と細野に海江田降ろしのレッテルを貼り付けた[12]。結局細野のみが敗戦の責任をとって辞任したが，細野は参院選投票中に日本維新の会・みんなの党の幹部（松野頼久・江田憲司）[13]と野党再編の協議をしたことが判明しており，事実上の更迭であると党幹部は語る。後任の幹事長には労組との関係改善のため，日立労組出身の大畠章宏（旧社会党系）が選ばれた[14]。

また，参院選敗北を受けて輿石にも交代論が生じ，12年ぶりに参議院議員会長選挙が実施された[15]。保守系参院議員は輿石体制のままだと民主党が「労働組合のための政党」と見られ，政界再編の足枷になるという問題意識を持っており，自民党出身の北澤俊美を擁立した[16]。当時，北澤は「今までの執行部に欠けていた野党連携を進めたい」とメディアに語っている（輿石と北澤の対立点は政策やイデオロギーではない点に注意[17]）。最終的には，輿石が支える農協系労組出身（旧社会党系）の郡司彰が北澤俊美を下した（33対24）。この選挙では保守系議員も郡司に票を入れており，その1人が語るところでは，党の規模が縮小傾向にある中で，自分の選挙のことを考えると労組との関係を重視せざるを得ないのだという[18]。北澤に聞き取りをすると，当時の日記を読み上げながら，「労組の脅し作戦」（郡司を支持しないと次の参院選で労組が支援を引き揚げるという脅し）が奏功した結果だと筆者に説明する。「羽田票」を持つ北澤

---

12) 『朝日新聞』2013年7月27日（全国版）。

13) 『AERA』2015年8月19日。

14) 『読売新聞』2013年9月1日（全国版）。

15) この選挙に関しては『読売新聞』2013年8月3・6日・9月1日（いずれも全国版）を参照。

16) 北澤氏に話を聞くと，前史として，菅内閣で元々党幹事長を依頼されることになっていたが，輿石に阻止されたという（北澤は依頼が来ても断るつもりであり，官房長官を希望していた）。後に党安全保障総合調査会長に就任する際も，輿石に妨害されたと話す（こちらは輿石に忖度する海江田代表を押し切った）。輿石は自民党と裏で手を握るタイプであり，羽田譲りの二大政党論者であった北澤は，タイプが異なるとして敬遠していたという。なお，人脈的に北澤は菅直人と近く，輿石は小沢一郎と近かった（菅と小沢は敵対関係にある）。

17) 北澤と輿石はともにこの点を筆者に強調する。戦争世代の北澤は平和主義的であり，その点は輿石と変わらないという。あくまで争点は野党再編の是非にある。

18) 『読売新聞』2013年8月7日（全国版）。

は労組への依存度が低く（後継の杉尾秀哉と対照的に，自治労・県教組から個別の推薦は受けていなかったという），労組系にも強く出られたと話す（参議院選挙区議員は擁立の段階から労組が絡むため，北澤のような例は例外的だという）。その後の参院執行部人事でも輿石系が優遇され（参院幹事長に羽田雄一郎[19]，参院国対委員長に榛葉賀津也），保守派からは「『輿石院政』の布陣」と批判が出ている[20]。

　さらに，2014 年 6 月に改選期を迎えた郡司に対して，反執行部系は対抗馬を立てようとしたが，参議院副議長に就いた輿石がこの動きを抑え，郡司が無投票再選を果たした[21]。また，同じ 2014 年半ばには政界再編を目指す保守派（前原誠司を中心に長島昭久・玄葉光一郎・安住淳など）が代表選の前倒しなど，再び海江田降ろしを画策した。前原は日本維新の会から次世代の党系が分離したタイミングで，維新やみんなの党の野党再編が加速すると予測し，再編に慎重な海江田が党首では党が埋没するという危機感を持っていた。しかし，この動きも輿石東副議長が中心となって鎮圧したことが報じられている[22]。なお，輿石氏本人に参院副議長という役職・肩書きが権力行使を難しくさせた面があるかを尋ねたところ，全く不便はなかったという（重宗雄三参院議長の前例もある）。

第 2 項　政策と野党間関係

　下野後の民主党は安倍自民党の保守路線と全面対決の構えを取ったが，このような方針（憲法改正・特定秘密保護法・集団的自衛権の解釈改憲への反対など）の背景にも，人数で勝る参院民主への配慮・忖度があったことが指摘されている[23]。例えば，解釈改憲に関する民主党の見解として，北澤俊美安全保障総合調査会長は，集団的自衛権の行使自体の是非には踏み込まず手続きへの反対

---

19)　元々輿石側は羽田を後継の参院議員会長に担ぐ算段であったが，北澤の出馬表明を受け，羽田は出馬できなくなる（『読売新聞』2013 年 8 月 7 日，全国版）。北澤によれば，同県選出で，北澤と関係の深い羽田雄一郎（父・孜は北澤の政治の師）の擁立は，北澤の出馬を牽制する狙いがあったという（筆者によるインタビュー）。また，もし羽田がそのまま出馬・当選していれば，輿石の院政になるか，自分の院政になるか面白かったのに，と悔しそうに語る。実際には，郡司の勝利によって，完全に輿石の院政になったという。

20)　『読売新聞』2013 年 8 月 16 日（全国版）。

21)　『読売新聞』2014 年 7 月 20 日・12 月 31 日（いずれも全国版）。

22)　『読売新聞』2014 年 5 月 30 日・7 月 20 日・8 月 9 日（いずれも全国版）。

のみを示したが，長島昭久衆院議員は「北澤さんは中立的立場だが，左派系の意向が強い参院を気にしている」と発言している[24]。

また，他の野党（日本維新の会・みんなの党）と協力関係を築く上でも参院民主の存在が障壁となった。両党の幹事長，松井一郎と江田憲司は公務員制度改革への立場が協力の壁になっていると話すが（特に維新は大阪府の公務員制度改革を一丁目一番地としてきた），共に興石東の存在が念頭にあるという[25]。また維新は憲法改正・集団的自衛権といったイデオロギー争点でも，興石ら労組系の強い参議院民主党と対立した[26]。さらに維新は教育政策への関心も強く，松井は「興石さんが我々の教育改革をよしとしてくれるなら協議もできると思うが，絶対無理だ」と述べている[27]。結果的に 2013 年参院選では，民主党が野党共闘に向け対策を打てず，民主党の参院中堅も選挙後に「維新と連携するなら，労組依存の象徴の興石氏は参院会長を降りるしかない」と吐露している[28]。

その後も民主党は野党再編に消極的な姿勢をとり続けたが，再編論者の橋下徹共同代表が労組排除の意向であり，興石の方針に合わないことが背景にあったという[29]。維新の党で野党の大結集に向け民主党と水面下での接触をしていた浅田均党政調会長代理も，公務員制度改革を党として掲げている以上（結党の経緯からして特別な争点だと筆者に語る），民主党の官公労系とは組めないと話す（塩田 2021:110）。興石氏にも当時の対維新関係を確認したが，（金正恩やプ

---

23) 『読売新聞』2014 年 3 月 1 日・8 月 9 日（いずれも全国版）・『朝日新聞』2014 年 6 月 25 日（全国版）。

24) この点について北澤氏に確認すると，元々戦争世代で平和主義的なので本来の自身の立場と違わないという。一方，長島氏にも聞くと，そのことを十分把握した上で（2 人は鳩山由紀夫内閣で防衛大臣と政務官の関係），北澤に「リップサービス」をしたのだという（過度な左派は評判が悪いため，北澤に配慮をした）。なお，調査会の見解も含め，党の安保政策全般に参議院民主党が左傾化圧力をもたらしていることは紛れも無い事実だと長島は語る。

25) 『朝日新聞』2013 年 1 月 9 日（全国版）。なお，同じ統治機構改革でも，維新の一院制導入の主張が興石らの強い反発を招いた形跡は確認できない。

26) 『朝日新聞』2014 年 6 月 25 日（全国版）。

27) 『読売新聞』2013 年 1 月 8・22 日（全国版）。

28) 『朝日新聞』2013 年 1 月 11 日（全国版）。

29) 『朝日新聞』2014 年 6 月 25 日（全国版）・『読売新聞』2014 年 7 月 20 日（全国版）。

ーチンとも対話する必要があると語る一方で）維新は「協力の対象外」だと筆者に
苦々しく話す（向こうからシャットアウトされているのだと嘆く）。また，浅田氏に
も話を聞くと，府内では同和行政改革をしており，民主党が部落解放同盟（参
院比例で組織代表が当選，旧社会党系の横路グループに所属）と近い関係にあるこ
とも問題視していたという。

第2節　岡田克也代表期

第1項　党内政局

　次に岡田代表期（2015年1月〜2016年9月，3月から民進党）について説明する。
海江田代表が衆院選で落選した後の代表選（2015年1月）では，輿石東参院副
議長が再編論者の細野豪志に圧力をかけ，政界再編を代表選の争点から外し
た[30]。細野は，出馬を検討していた前原誠司に再編実現を約束して降りても
らった経緯があったが[31]，代表選本番の討論では政界再編を否定した。細野
陣営は，参院側（輿石など）から再編論を抑えるよう釘を刺されたからだと打
ち明ける[32]。細野は輿石東参院副議長の元へ出馬の挨拶に訪れた際，輿石か
ら「維新（の党）と組むとか，労組をどうだ，と言ったら，俺はただちに，お
まえを切る」と伝えられたという[33]。なお，細野が輿石と面会した狙いとし
て指摘されているのが，党員・サポーターに多い労組票（輿石が強い影響力）に
支持を広げることである[34]。代表選は，任期満了時でなくても地方議員や党
員・サポーターが投票できる仕組みとなっていたが，下野してかつての支持者
が離反している状況下では[35]，非国会議員票でも労組からの支持が大きな意

---

30)　代表選の情報は，『朝日新聞』2015年1月8・9・15・19日（全国版），『読売新聞』
　　2015年1月8・11・19日（全国版），『毎日新聞』2015年1月19日（全国版）を参照。

31)　『読売新聞』2015年2月19日（全国版）。

32)　『読売新聞』2014年12月31日（全国版）。

33)　細野氏に確認してもこの圧力の存在は否定しなかった。輿石氏本人に聞くと，恫喝行
　　為の存在は否定したが，細野氏に「忖度」させる圧力が働いていたことは認めた。

34)　『読売新聞』2014年12月26日（全国版）。

35)　党員・サポーター数は，政権期の35万人から，2013年には22万人まで落ち込んでい
　　る（『読売新聞』2014年8月9日，全国版）。

味を持っていた。

　細野が接近した赤松グループは長妻昭を擁立するも，1回目投票で3位に終わった。しかし，20人を動かせる党内最大勢力（輿石ら参院議員が主力）として決選投票のキャスティングボートを握り，最終的には，野党再編に距離を置く自主再建派の岡田を逆転勝利に導いた（1回目1位の細野は敗れる）。長妻本人は決選投票に進めなかったが，ある旧社会党系議員は，長妻支持勢力がキャスティングボードを握り，労組を敵視する維新の党との再編の動きを打ち消したと，長妻の出馬を高く評価している。この展開に関して，維新の党の橋下徹最高顧問は「野党再編についてどう考えているのか，はっきり打ち出した上で代表選をやってもらいたかった」と苦言を呈した[36]。同時期には橋下が民主党の分裂を前提とした野党再編を主張していたが，代表選で岡田はこれを強く批判している[37]。この分裂とは岡田によると「労組系抜き」という意味だという。

第2項　政策と野党間関係

　岡田は決選投票直前の演説で安保法制や（安倍政権下での）憲法改正に反対する意向を示したが，事前に赤松広隆から政策要求を受けていた[38]。ある労組系参院議員は「岡田氏は相当，労組系やリベラル系に気をつかったな」と満足げに語る。その後，岡田民主党は公約通り安倍自民党の保守路線に抵抗した。例えば，憲法改正に関しては，憲法審査会開催に慎重な姿勢を崩さなかった。また，民進党結党時の党綱領で，憲法改正に前向きな維新の党と合流したのに立ち位置が不明瞭になったのは，旧社会党系の圧力が原因だという指摘もある[39]。そして安保法制に関しては，共産党と共同戦線を張り，2016年参院選での共闘に結実した。民主党系の官公労は共産党系労組（全労連系）と長年敵対してきたが，輿石[40]（2016年に引退）と赤松[41]は共に共闘を評価し，受容する構えを見せる。参院の左傾化圧力が民共共闘の一因だという本書の見解に関

36）『朝日新聞』2015年1月8日（大阪版）。
37）『読売新聞』2014年12月16日（全国版）・『毎日新聞』2015年1月19日（全国版）。
38）『朝日新聞』・『読売新聞』2015年1月19・20日（全国版）。
39）『読売新聞』2016年8月17日（全国版）。
40）『毎日新聞』2017年8月28日（全国版）。
41）『読売新聞』2016年8月3日（全国版）。

第2節 岡田克也代表期

しては，民主党が選挙対策で共闘を行っただけで，参院ファクターは重要でないという批判もあり得る。しかし，2015年代表選で細野が勝利していれば大々的な共闘には至らなかった可能性が高く，その点で一因と見ることができる。

また，野党間関係に関しても，維新・みんな系とは，反官公労色の強い大阪系の維新を含まない形での合流となり（石原慎太郎系も既に離脱），民進党の結党は「再編」と呼べるような代物ではなかった（離党者の出戻りに留まる）。野党再編に関して，松井一郎府知事（維新顧問）は松野頼久代表に「基本政策が一致し，官公労のバックアップなしにやれるメンバーが集まるならいい」と話していたが[42]，結局大阪系は離脱した。離脱理由としては他にも，都構想・大阪万博・IRを実現するため自公政権に接近しており，安保法制等で「抵抗野党」の性格を強める民主党と距離を置こうとした面もある。また，維新の浅田均氏に実情を聞くと，みんなの党の江田憲司元代表が松井一郎氏のことを「地方上がり」だとして高圧的な態度で接しており，松井と関係が悪化したことも重要だと語る。維新が今後「全国政党」として拡大していくためには，このような中央対地方（あるいは官僚派対党人派）の対立を克服していくことが課題であると言える。

なお，この頃には民間労組も大阪都構想[43]や労働者派遣法改正（日本維新の会は解雇規制の緩和を主張）をめぐって維新と対立しており，参議院民主党の民間労組系（組織内議員など）の存在も，民主・維新が接近する障壁となっていた（前章の終身雇用制度・経済競争力強化の分析結果も参照）。また，浅田均氏によると，民間労組と維新は政策的に近いものの，「育ち方」が違うので相容れることはなく，「労組を抜けて市民化してもらいたい」と筆者に語る。また，連合という傘の下で官公労と仲良くしていることも悪印象につながるという。

42）『産経WEST』2015年5月25日（最終アクセス2024年1月14日）https://www.sankei.com/article/20150525-6KNCNWOWC5OLZNFGPGDRIPYPFM/

43）大阪都構想をめぐって大阪府の民間労組が維新と対立し（『朝日新聞』2015年5月2日，全国版），その関係が全国に波及した。古賀伸明元連合会長に聞くと，連合大阪は全国2番目の規模であり，全国への影響が大きいという。

第3節　蓮舫代表期

　次に蓮舫代表期（2016年9月〜2017年9月）について説明する。岡田の任期満了退任後の代表選（2016年9月）では，赤松グループがいち早く蓮舫支持を表明した[44]。グループ規模は赤松グループと旧維新グループがそれぞれ約20人で最大だが[45]，旧維新系は支援先を一本化できず，今回も旧社会党系（依然主力は参院議員）が存在感を発揮した。蓮舫は岡田の民共共闘路線を継承する方針を示し，憲法改正に関しても9条は守るとして保守派の前原誠司と対峙した。結果は蓮舫の勝利であり，旧社会党系は代表選で三連勝を果たす。

　しかし，代表選後の幹事長人事で，蓮舫は赤松グループの要望に背き，野田佳彦を指名したため，赤松は「代表にしたのは［我々］組合系だ。分かっているのか」と不満を述べ，非主流派に回った[46]。但し，その後の党運営で蓮舫は同グループに配慮をしており，改憲論議に慎重姿勢を示したのも，赤松グループなど護憲派のプレッシャーが働いたためだとされている[47]。

　蓮舫代表期には，その後の政局のキーマンとなる保守系議員の離党が相次いだ。既に松本剛明衆院議員が，岡田民主党の安保法制への対応や民共共闘を批判して離党していたが，蓮舫代表期には，同じ保守派の長島昭久が離党した。長島氏に当時の裏話を聞くと，保守系の榛葉賀津也参院議員から，民間労組系の参院議員を引き連れて離党するので単独での離党は待ってほしいと懇願されたというが，結局榛葉氏の策動は成功しなかった。このエピソードからは，民間労組も，民共共闘を修正しない蓮舫執行部に，早い段階から不満を蓄積させていたことが分かる。さらに長島に続く形で離党したのが，代表代行の細野豪志である。憲法問題に強い拘りを持つ細野は，蓮舫執行部が改憲に消極的であることを批判した上で，憲法改正私案を発表し，党を離れた。

44）　代表選の情報は，『朝日新聞』2016年9月2・3・5・16日（全国版）・『読売新聞』2016年8月31日（全国版）・『毎日新聞』2016年8月24日（全国版）を参照。

45）　『朝日新聞』2016年8月2日（全国版）。

46）　『読売新聞』2016年9月22日（全国版）や『週刊朝日』2017年5月26日を参照。

47）　『読売新聞』2017年6月30日（全国版）。

第4節　前原誠司代表期

本節ではまず，希望の党騒動に関して事実関係を確認し，その後，「排除」に至る政治過程を理論的に整理する。次に，下野後民主党の分裂を，郵政国会期における自民党の分裂および政権期民主党の分裂と比較する。異なる政党の分裂や，同じ政党でも異なる時期の分裂と比べることで，民進党の分裂という政治現象の特質が浮かび上がる。

第1項　希望の党騒動

(1) 事実関係

前原代表期（2017年9月～10月）の政局について事実関係を確認する。保守系議員の離党者が続出したことで党の危機感が高まった結果，2017年9月の代表選では，前原誠司が枝野幸男に勝利し，党代表に就いた（民共共闘に反発する民間労組系グループも前原を支持）[48]。その後，衆議院が解散されると，前原代表は，小池百合子都知事や離党組の細野豪志・長島昭久らが設立した希望の党への合流方針を決める[49]。連合（神津里季生会長）も，民進党と締結していた政策協定書（神津 2018: 17-22）を希望の党が踏襲することを条件として，合流を支持した（9月26日夜）。当初，前原代表から民進党および連合には，党全体で希望に合流する旨が伝えられていた（9月28日の民進党両院議員総会など）。

しかし，希望の党側から安保法制・憲法改正等を「踏み絵」（政策協定書への署名要求）とする左派の「排除」方針が示された。連合と民進党が以前締結した政策協定書には，安保・憲法に関する規程はないため，約束違反ではなかった。その後，反発する枝野ら「左派」は，前原の「無所属で出れば対抗馬は立てない」という説得（青山 2018: 25）を振り切って立憲民主党を結党し，連合は支援先が股裂き状態となる（官公労は基本的に立憲を支持）。選挙結果は，世間

---

48)　代表選の情報は『読売新聞』2017年9月2日（全国版）を参照。

49)　この政局に関する実証研究としては，Asano and Patterson（2022）や Kubo et al.（2022）がある。また事実関係は，青山（2018），神津（2018），『朝日新聞』2017年11月19・20・21日（全国版）に詳しい。

の同情を集めた枝野ら立憲が，希望を獲得議席で上回り，勝利する（55 対 50）。

ここでの注目点は，前原代表が希望の党による「排除」方針を知りながら，9 月 28 日の両院議員総会で「全員合流」を約束したのか（嘘をついたのか）である（前原本人は「力不足」で全員合流に至らなかったと釈明している，10 月 24 日会見）。政治記者の青山和弘氏も全員合流を否定する小池代表（9 月 29 日）との矛盾を指して「前原の詰めが甘いのか，騙されているのか，確信犯なのかそれはわからなかった」と記している（青山 2018: 21）。長島昭久氏に当時の実情を聞くと，希望の党への合流直前期に前原氏と電話をし，「官公労系が合流できないことについて［前原氏から］『よく分かっている』と返答があった」とのことであり，左派の「排除」は前原氏も折り込み済み（確信犯）であったと推定される。また，状況証拠としては，9 月 28 日の両院議員総会（全員合流の確約）の時点で，前原は希望側が独自にリクルートした候補者を抱えていることを既に知っていたし，維新との棲み分けについても前原は聞いていたので，全員合流が不可能なことは本人も把握していたはずである[50]。前原が小池側の策略にはまったとの同情論も聞かれるが，実情は共産党と組むリベラル派と袂を分かつための奇策（「排除」に対する実質的支持）であった可能性が高い。なお，当時話題となった「排除リスト」は実在したと長島は話しており（30 ～ 40 人はいたという，政界に出回った約 15 人の「怪文書」よりも多い），作成には結党メンバーの「誰か」が関わったという（実名は墓場まで持っていくと筆者に語る）。

また，政策協定書の原案作りは細野・長島が主導したが[51]，安保・憲法については小池サイドとの擦り合わせの結果，内容が穏健化したと細野は話しており（9 月 29 日「排除」発言よりも前）[52]，細野・長島は小池側よりもさらに保守的な構想を持っていた。こうして「原案」（10 月 1 日版）が作成されたが，最終的な政策協定書は，前原代表の要請でさらに穏健化した（②安保法制は憲法に

---

50) 小池代表から「排除」発言を引き出した横田一氏の考察を参照（『週刊金曜日』2017 年 11 月 10 日号）。また同様の見解として，読売新聞論説主幹・小田尚氏の執筆記事も参照（『読売新聞』2017 年 10 月 21 日，全国版）。

51) 長島によると，希望の党騒動の後に細野だけが野党陣営から嫌われたのは，立憲への対立候補擁立も含め，希望の候補者選定を主導したからだという（選挙の恨みは深いという）。選挙に弱い長島はその役回りをする余裕がなく，細野に任せたのだと筆者に語る。

52) 小池側との調整に臨んだ細野氏が当時の経緯を「創発チャンネル」で語っている。https://www.youtube.com/watch?v=u1VRjoSLfrY（最終アクセス 2024 年 6 月 9 日）

則り適切に運用。不断の見直しを行い現実的な安保政策を支持，④憲法改正支持）。前原の要求で追加されたのは，②「憲法に則り」「不断の見直しを行い」の部分であり，以前よりもリベラル派が入りやすくなった。前原は，安保法制の出来が悪すぎるので，より質の高いものに見直したいという意図があったと話しており[53]，本人にとって必ずしも不本意な変更ではなかったようである。

　希望の党騒動は，解散総選挙を目前に控えた衆院レベルでの政局であり（「排除」対象も衆院議員），希望側にとっては衆院選後に参院議員（民進党）をどう引き入れるかが問題となる。細野氏に話を聞くと，官公労と民間労組を繋ぎ止める「かすがい」のような存在の輿石東氏が2016年に引退してくれたおかげで，民間労組系の参院議員だけを希望に引き入れる展望が開けたという。北澤俊美氏も輿石氏の強みとして，旧民社党系を懐柔していた点を挙げており，役職（車付きなど）を与えるとすぐなびく旧民社党系に対して，輿石氏はポストを使って露骨に籠絡していたと筆者に語る。つまり，輿石氏の引退が，希望の党という起死回生の一手の成功確率を高め，野党再編への挑戦を促した面がある（この見解について輿石氏本人に確認したところ強く同意していえ）。その後，希望の党は失速したが，労組の分断工作そのものは成功し，現在の股裂き状態（官公労→立憲民主党，民間労組→国民民主党）に至る。なお，細野氏に話を聞くと，当時，参院側で労組系の分離工作に動いていたのは榛葉賀津也氏（細野の地元である静岡選出，自誓会所属）であったとのことであり，その後の立憲民主党に対する（国民民主党幹事長としての）敵対姿勢を先取りするものとなっている。

　「排除」の禍根は尾を引き，現在に至るまで，旧民主党系の分裂状況（立憲・国民）は解消されていない。一度分離すると選挙で直接対決することもあり（2019年静岡県選挙区での榛葉賀津也 vs. 徳川家広など），感情的な亀裂は修復が容易でない。また，下野後の野党間関係を見ると，依然として参議院議員が野党結集の阻害要因となっている。例えば，2020年の立憲民主党と国民民主党の合流交渉（1月と8月）では，原発（新綱領の「原発ゼロ」に民間労組が反発）や憲法改正・消費減税（いずれも玉木代表が政策一致を主張）で折り合えず，完全合流には至らなかった。背景には，基本政策で国民側に譲歩しないよう枝野代表に求めていた赤松広隆ら官公労系（「サンクチュアリ」，枝野体制での三流派）の圧力

53)　『産経新聞』2018年1月20日（全国版）。

があったが（1月交渉では枝野が原発政策での譲歩を一時模索するも党内の反発で断念）[54]，このグループの主力は参議院議員である。自公が過半数割れをした2024年衆院選後も，国民民主党は原発・安全保障・憲法などの基本政策が一致していないことを理由に立憲民主党との連携を拒んでいる。一方，民主党が取り込めなかった日本維新の会の大阪系はその後勢力を回復し，立憲と野党第一党を争うが，先述の「サンクチュアリ」が立憲民主党内の最大勢力として依然，維新を牽制している。なお，分析結果は割愛するが，前章で指摘した衆参民主党の左右イデオロギー争点での選好乖離は立憲民主党でも確認できる。

(2)「排除」の合理的説明

　ここまで見てきた希望の党による「排除」の意思決定に関して，理論的な整理を行う。希望の党の「排除の論理」は，少なくとも事後的には非合理に映る。安保法制への反対運動から間もない時期に，その賛成を強いることは，議席最大化の目的からすると，やや稚拙に映る（排除された側が世間の同情を集めることは想像に難くない）。「排除の論理」は元々，他でもない民主党が結党時に振りかざしたものであり（希望の党の創設メンバーも先例として参考にした[55]），当時は党の刷新感を打ち出すのに成功したが（村山富市・武村正義らが排除），今回は排除対象のスケールが異なる。さらに，小池代表が会見で「排除されないということはございません。排除いたします」と居丈高にコメントしたことは，（元キャスターとしてメディア対応に長けていることを考えると）いくらか唐突に思える。

　キューバ危機におけるアメリカ政府の政策決定過程を独自の理論枠組みで分析し，後続の政策過程研究に絶大な影響を与えたのが，本章冒頭で紹介した『決定の本質』（Allison and Zelikow 1999=2016）である。彼らの枠組みに即して言えば，小池代表の「排除」という「決定」は，本人の利得計算だけを視野に入れた「合理的アクター・モデル」では十分に説明しきれず，「政府内政治モデル」（幹部同士の駆け引き）が有効である。

　まず，民主党・民進党の過度な左傾化に反発して離党した保守派（細野・長

54）『読売新聞』2020年1月22日・7月17日（いずれも全国版）。
55）『朝日新聞』2017年11月19日（全国版）。

島ら）にとり，共産党と共闘する左派の民進党衆院議員（参議院民進党と結託）
と組むという選択肢はなく（組みたくないから離党した），厳格すぎるほどの排除
方針は十分に「合理的」——Weber（1922=1972: 第2節）のいう「価値合理的」
に近い——な対応であった（怨恨に基づく「感情的行為」の要素も含まれる）。小池
サイドとしては，民進党を離党した保守派と手を組むにあたって，その政策要
求をある程度呑まざるを得ず，「排除」発言はこの「既定路線」に合わせたも
のとも言える。また，細野や長島と通じていた前原誠司民進党代表にとっても
民共共闘のリセットは宿願であり，左派の「脱落」を伴うと分かっていながら
も，希望の党への合流を断行せざるを得なかった。小池代表は前原から「排
除」に事後承諾を与えてもらえると予測できていたからこそ，件の「失言」が
引き出された面はあるだろう。

　政党組織論の分野では，政党一般が持つ主要な目標として，「得票（議席）」
「公職（連立入りによる閣僚ポストの獲得など）」「政策実現」の3つが挙げられて
おり，これらは相互にトレードオフの関係にあるとされる（Müller and Strøm
eds. 1999）。希望政局に即して言えば，長島・細野が重視したのは3つ目の「政
策実現」であった。長島氏が元々望んでいたのは，より厳格な「排除」を行い，
（希望の党が減速しなかったという想定で）政策的に「正しい」精鋭，約50人の当
選者からスタートすることであったという（本人へのインタビュー）[56]。一方，
小池側は「政策実現」よりも，「得票（議席）」を重視していた。前原との合流
交渉では，「60や70議席を取って意味があるの？」「私はもう65よ」と話し
ており，一発勝負の政権奪取にかけていたことが窺える（青山 2018: 37）。一方，
前原は民進党代表としてできるだけ多くの現職議員の当選を願いながらも（希
望への合流はそもそも小池人気にあやかろうとしたことが最大の目的），共産党と近い
左派の脱落はやむを得ないと考えていたと思われ，長島・細野サイドと小池サ
イドの中間に位置づけられる。そして，同床異夢の各陣営が擦り合わせを行っ
た結果，最終的に中途半端な「排除」基準（政策協定書）となり，結局誰の「希
望」にも沿わない結果となった（「リベラル」を含んでの当選者50人に）。その後，
細野は，希望の党の中では本丸の憲法9条改正の議論に踏み込めないとして

56）　希望政局の直前に出版された著書でも，第三極として，「できれば20〜30人規模の改
　　革保守勢力を結集したい」と記している（長島 2017: 205）。

（細野は党憲法調査会長），後継政党である国民民主党には加わらず，無所属の道を選んだ[57]。そして，盟友の長島と共に，自民党へ加入した。

　ここまで野党の分裂状態の要因として，参議院ファクターに注目してきたが，最後に連合の問題についても触れておきたい。希望の党による「排除」を予期できなかったことや 2020 年合流交渉時における調整力不足など，神津里季生会長の政治手腕を疑う向きもあるが[58]，ここで着目するのは，より組織的な課題である。具体的には，連合が組織として憲法・安全保障問題に明確な立場を示そうとせず，官公労・民間労組間の擦り合わせを怠ってきたからこそ，保守派の「踏み絵」が最大限に分断効果を発揮してしまった面がある。もし，連合が官公労と調整し，未来志向の憲法改正案——公明党の「加憲」のようにリベラルな改憲を想定——を提示していれば，官公労系の国会議員がある程度現実主義化し，保守派の反乱には至らなかった可能性がある（踏み絵を強いた細野の「改憲私案」も 9 条には踏み込まず内容はリベラルである）。憲法 9 条の改正に反対しながらも，憲法改正自体には賛成であるような公明党（創価学会）の「平和のリアリズム」から，連合は学ぶところが大きいように思われる。

　連合内での議論状況に関して，古賀伸明元連合会長（在任 2009 ～ 2015 年）に実情を尋ねると，会長時代に話し合って立場を出そうとしたが，2011 年の東日本大震災でそれどころではなくなったという（9 条以外であれば自治労・日教組からも改正に賛同を得られるはずだと語る）。神津氏本人にもこの点をただすと，連合は支持政党の分裂に翻弄される被害者側だと反駁されたが[59]，後に出版された著作（神津 2018: 76-77）では，連合の政策集で憲法・安保争点を「棚上げ」してきたことの問題性を認めており，憲法議論に関しては，自民党安倍総裁の発言やそれに対する民進党の動向を踏まえ，連合三役会での勉強会を始め

57）『産経新聞』2018 年 5 月 8 日（東京本社版）。

58）『産経新聞』2018 年 5 月 17 日（大阪本社版）・2020 年 9 月 7 日（東京本社版）。

59）　東京大学法学部「政治とマスメディア演習」（朝日新聞寄附講座）で神津連合会長に質問をした（2017 年 12 月 11 日）。ゼミはオフレコだが，質疑応答の内容が神津（2018: 66）に掲載されているため，ここで触れる。神津会長は，民進党と連合の政策協定書が希望の党でも踏襲されることを条件に合流支援を約束したが，この協定書には「踏み絵」で使われた安全保障・憲法に関する記載がなかった。そこで神津会長に対して，「連合がこれらの争点を棚上げしているせいで，希望の党にその弱点を突かれたのではないか」と質問をした。

たところだったという。境家（2023: 292）は，2012 年以降の自民一強・野党多弱体制（「ネオ 55 年体制」）[60] の根本原因として，憲法問題を「軍国主義か民主主義か」というイデオロギーで捉える枠組みが日本人の間に根強く残っていること（政策対立軸が再イデオロギー化されると野党が互いに反目し分裂すること）を指摘しているが，今後は連合内での憲法・安保論議にも注目していく必要があるだろう。

第 2 項　郵政国会期の自民党との比較

　次に，民進党の分裂をそれ以外の分裂した事例（郵政国会期の自民党・政権期の民主党）と比較する。まず本項では，自民党が郵政国会で解党的な分裂には至らなかった一方（造反者の復党も早期に実現），民進党だけが全面的かつ長期的な分裂に至った理由（あるいは維新も含め野党全体が分裂状態にある理由）について考察する。第 2 章第 3 節で紹介した政党の一体性に関する各種理論に基づいて論じる（次項も同様）。

　まず民進党が分裂したのは，自民党の郵政造反と同様に，政策選好の一致度（凝集性）が低下したからである。ここで注目すべき点は，数値に表れる党全体での「分散」値や，両院の政策距離ではなく，政策対立の「質」，具体的には政策選好の「強度」である。自民党内で見られる「利益」の対立と比べて，民進党で生じた「イデオロギー」の対立は，世界観の衝突という要素を含むため，妥協や調整を行いづらかったと予想される。以下では各党について補足する。

　まず自民党から見ると，郵政民営化などの「小さな政府」（新自由主義）をめぐる争点は，欧米と異なり，「イデオロギー」と呼べるほどの強固な信念体系を形成していない（谷口 2020: 第 5 章）。造反者は，特定郵便局長会の「利益」を代弁する郵政族や，地方政界の「利益」を表出する県議出身参院議員，派閥の「利益」を追求した亀井派・（衆院では）旧橋本派議員が多かった。一方，法

---

60)　本書では 2012 年以降の野党の分裂状況に関して，「ネオ 55 年体制」という用語は使用しなかった。この概念の問題点としては，①新勢力である日本維新の会が議論に組み込まれていないこと，②現在の立憲・国民の分裂状態は憲法・防衛争点以外にも「原発」という新争点（2020 年に再合流できなかった主因）が大きな意味を持つこと（現に保守性が弱まった菅・岸田・石破政権期も合流には至っていない）が挙げられる。本書は，日本維新の会の動向にも注目するため，「野党多弱」「野党分裂」という用語を主に使用した。

案賛成派も小さな政府への賛同というより、党の方針だから、自己「利益」のために賛成したという層が相当数に及ぶものと推定される。改革派の旗頭である小泉首相が構造改革を掲げたのも、新自由主義イデオロギーというより、反平成研という政局的動機が大きかったとされる（cf. 中北 2017: 275-276）。

　一方、民主党などの野党勢力に関しては、時代の変遷で（特に冷戦後に）弱体化しているはずの左右（保革）イデオロギーが、なぜ 2012 年以降に顕在化したのかが問題となる。まず、「革新」に当たる官公労のイデオロギー性[61]は、第 2 次安倍政権が与野党の対立軸を再イデオロギー化したことで惹起された（境家 2023）。一方、「保守」の側（長島昭久・前原誠司・細野豪志など）は、高い政策専門性に裏付けられた信念体系——Converse（1964）らミシガン学派が注目した政治的洗練性としての「イデオロギー」——が、安全保障環境の悪化（中国・北朝鮮・ロシアなど）や安倍政権による争点化により、前面に出たと解釈できる。また、日本維新の会は、地方色の強い大阪系と対照的に、太陽の党系が安全保障政策に確固たる立場を取る「極右」であった（石原慎太郎・平沼赳夫・中山成彬／恭子夫妻など）。また、大阪系でも松井一郎は保守的な教育思想を有しており[62]、日教組出身の輿石東参院議員会長を明確に敵視していた。

　日本維新の会に関して敷衍すると、教育改革を含め、公務員制度改革が党のレゾンデートルと関わる争点であり（大阪維新結党の本義）、同じ改革争点でも、自民党にとっての郵政民営化とは重みが異なる（みんなの党も公務員制度改革は結党の本義に関わる）。若い世代の有権者は維新を「革新」政党と認識しているという研究結果があるが（遠藤・ジョウ 2019: 第 2 章）、維新の指導部は、公務員の既得権益を破壊して政治を「革新」する、新自由主義的な信念体系を有していると考えられる（大井 2021: 第 6 章）。その結果、自治労・日教組・部落解放同盟が主流を占める下野後の民主党と、世界観をめぐる対立が生じた。

　さらに、民主党・民進党・国民民主党を支える民間労組（および民間労組が主

---

61)　古賀伸明元連合会長によると、労組はかつてほど大きな国家政策（憲法改正・安全保障政策など）に関心を持たなくなってきているという。また、NTT・郵便局など民営化した部門の労組は、発想が企業的になっており、イデオロギー性が弱まったと筆者に語る。

62)　松井は安倍晋三首相とも気脈を通じていたが、その最初の接点は、2012 年 2 月 26 日の「教育再生民間タウンミーティング in 大阪」（主催：日本教育再生機構、八木秀次理事長）である（塩田 2021: 87）。

流派の連合）は，2010年代後半に民共共闘が実行されたことで，共産党との歴史的なイデオロギー対立が再燃した。また，2020年に国民民主党と立憲民主党の合流が失敗したのは立憲の新綱領に書かれた「原発ゼロ」が主因だが，国民民主党・民間労組にとっての「原発」は，（同じ「利益」的争点でも）自民党にとっての「郵政」より重要性が高い。原発関連産業では，電力総連・電機連合・基幹労連がそれぞれ参議院比例区に組織内議員を抱えており，国民民主党全体の規模に照らすと，その組織票は非常に重みがある。この点も，旧民主党系の分裂が容易に解消されない一因と言えるだろう。

　また，政党の「規律」に着目すると，野党である民主党・民進党は，政府ポスト配分や中央官庁を介した利益誘導，あるいは解散権による脅しによって，「一体性」を生み出せなかったことも，党解体の要因として重要である。加えて指摘できるのが，郵政国会時の自民党には「青木幹雄」がいた一方，希望の党騒動時の民進党には「輿石東」がいなかったことである。青木は参議院自民党の一体性保持（党執行部による造反者への処分の牽制など）や，離党した衆院議員の復党（参院選対策）に大きく貢献したが，そのカウンターパートに当たる輿石は希望の党騒動の時点で既に引退していた。歴史にifは禁物だが，もし輿石があと6年間参院議員を務めていれば，2017年衆院選後における労組系参院議員の散逸を阻止できたか，一度割れても一定期間で合流できた可能性があるように思われる。引退後の輿石は「連合組織内前議員有志の会」顧問として，合流に向けた説得活動を主導しているが，現役議員ではないこともあり，成果は上がっていない。

第3項　政権期の民主党との比較

　次に政権期民主党の分裂と比較する。本書が立脚する「規律」の理論（第2章第3節）に基づいて，その分析を行った貴重な先行研究が前田・堤編（2015）である（とりわけ第8章）。以下ではまず，この研究が指摘した政権期民主党の分裂理由について確認する（本項との関係で特に重要な箇所を抜粋）。

　まず，民主党は結党以来，様々な党派を糾合する過程で「凝集性」が低下した。前田・堤編（2015: 22）の「凝集性」の定義は，本書の定義（「政策選好の一致度」）よりも意味合いが広く，「イデオロギー上の密接さ，選挙上の目標にお

ける共通の利益，共通の地理的結びつき，制度に対する共有された態度によってもたらされる議員間の一致」である（以下では〈凝集性〉と表記する）。同書は民主党が，所属議員の政策選好の不一致に加え，政策決定方式に関する共有された態度が党内で形成されておらず，〈凝集性〉が低い状態であったと指摘する。そして，〈凝集性〉が低い状態で無理に「規律」を強化した結果，分裂に至ったと論じる（cf. Heller and Mershon 2005, 2008）。政権期の民主党で規律が強まった理由としては，①自民党の事前審査制や族議員を批判して，英国型（トップダウン型）の政策決定方式を目指したこと，②党内不和があったとしても，与党なので最後には政策をまとめる必要があったことが挙げられている。このような状況下で党の分裂を回避するためには，何らかの「調整」（政権入りができなかった陣傘議員に対する政策関与の機会付与など）が求められるが，党執行部は十分な対応をせず，党の解体に至ったという（政府の役職経験がない議員ほど離党しやすいという傾向が見られた）。

　この知見に基づくと，下野後の民主党は野党なので，政策決定のために「規律」を無理に強化する必要がなく，分裂しにくいはずである。それでも党が解体した理由としては，第一に，野党だと，人事ポストや利益誘導による「反乱分子」の懐柔ができないことが挙げられるだろう。但し，ここで注目すべきは，この「反乱分子」が下野後の民主党で生じた理由である。なぜなら，政権期にグループ単位での「反乱」を首謀した小沢一郎のような人物が下野後には存在せず，その点では〈凝集性〉が上昇したと考えられるからである。また，一般論として，政党の規模が小さくなると（下野直後は 57 人），派閥の数が減り，〈凝集性〉は上がるはずである。

　筆者の見解としては，政権期と比べて狭義の「凝集性」が一層低下したことが，下野後の分裂理由として重要だと見ている。つまり，2012 年衆院選に大敗して，参院議員を中心に左派の重みが増したことで，右派と左派が拮抗し，党全体の「政策選好の一致度」（狭義の「凝集性」）が低下した。実際に，（国際情勢などの外的要因で政策選好が変わりにくい）憲法改正への争点態度を分析すると（第 8 章で使用した東大朝日調査），下野後の方が党全体の政策選好の「分散」は増大している。政策選好の「標準偏差」を，政権期（2007・2009・2010 年当選者全体）と下野後（2013・2014・2016 年当選者全体）で比較すると（参院選は改

選当選者のみが対象），前者が約 1.21，後者が約 1.32 であった。

　また，下野後は安倍自民党による対立軸の再イデオロギー化（境家 2023）により，政権期よりも，党内のイデオロギー対立が激化しやすかった。さらに，民共共闘後は，民主党（民進党）が共産党に引きずられる形で脱原発の姿勢を鮮明にし，保守派だけでなく，民間労組系も野党再編を希望した。政権期民主党の分裂は，消費増税への反発を口実とした小沢グループの集団離党のように，「政局」が「政策」に先行していたが（読売新聞政治部 2012; 日本再建イニシアティブ 2013: 第 6 章），下野後は逆に「政策」が「政局」に先行した。

　ここで 1 つの問いが，下野後の民主党は政権期の分裂から何かを学んだか，である。組織運営に関して言えば，教訓を生かした事例は確認できる。例えば，党安全保障総合調査会では，安保法制に対する党見解を最終決定するまでに長い時間をかけ議論を重ねた（「調整」）。初会合は 2013 年 10 月 18 日で，年内を目処に取りまとめる予定だったが，最終決定は 2015 年 4 月 28 日であった。調査会の役員会では，保守派の長島昭久衆院議員と官公労系の石橋通宏参院議員（情報労連）が議論を戦わせる様子が報じられているが[63]，調査会長の北澤俊美氏に話を聞くと，会長一任と言われてもそれを拒否し，徹底的に討論させたという。岡田代表も「長い時間を費やし，多くの人の意見を聞いて，合意に至ったことは画期的だ」と評している。但し，このような「調整」の模範例は一部であり，憲法論議は党内で自由闊達に行うことはできず，細野豪志氏は改憲私案を発表後に離党した。また，先述の安保法制に関する党見解も，左右両派の妥協の結果，玉虫色の表現となった。調査会で保守派としての意見を述べた長島昭久・細野豪志・松本剛明氏はみな党を離れている。

　また，見方によっては，希望の党が民進党左派を「排除」して党が分裂したのは，民主党政権期の教訓を正しく引き継いだからだという解釈もできる。つまり，民主党が「寄り合い所帯」であったために政権運営に失敗して分裂したのであり，最初から政策選好の近い「仲間」だけで政党を結成すべきだという学びである。日本維新の会・みんなの党が民主党と協調しづらかったのも，両党が民主党政権の失敗を踏まえ，「純化路線」を掲げたことが一因だと指摘さ

63）　本調査会に関する情報は，『読売新聞』2013 年 10 月 19 日・2015 年 4 月 29 日（いずれも全国版）を参照。

れている（塩田 2021: 106）。民主党政権の経験からは，「調整」と「凝集性」の重要性を共に引き出すことができるが，どちらを重視するかによって，対応は正反対になり得るのである。

第5節　小　括

本章では，前章で指摘した衆参民主党の選好乖離の帰結として，2012年以降に野党の分裂状態が生じたことを明らかにした。具体的には，下野後に党内で重みを増した参院議員が党運営に影響力を持ち，民主党全体が左傾化した結果，右派的かつ反官公労の維新と協調できなくなった（合流時にも大阪系は加わらず）。また，保守派の民主党議員が離党し，小池都知事と希望の党を結党して，民進党との合流時には左派を「排除」した。以上の結果，現在，日本の主要野党は分裂状態（立憲民主党・国民民主党・日本維新の会）に陥っている。

以上を図式的に整理し直すと次のようになる。まず，2012年以降の野党勢力は，「改革保守」（維新・民主党右派・希望・国民民主）と「リベラル（旧革新）」（民主党左派・立憲民主・共産）の間で主導権争いが続いている。国会が，構造改革を企図して導入された小選挙区（比例代表並立）制の衆議院だけであれば，改革保守が優位になり，保守二大政党制に接近すると予想されるが（大井 2023: 第2章），「社会党的なるもの」を引き継ぐ参議院の存在によってリベラルが強化され，改革保守との抗争に至った。このような参議院民主党の影響力は，輿石東の特異なリーダーシップなしには語れないが，前章で指摘した「土台部分」（一般参院議員の政策選好）がその権力基盤を支えている面があり，現状の野党の分裂状態はより構造的な現象だと言える。なお，小政党でも議席を得られる参議院は，共産党の勢力拡大にも寄与しており（中北 2022: 431 の付録①②を参照），参議院はこのルート（共産党が民主党・民進党・立憲民主党を左に引っ張り，保守派と対立）でも野党の分裂を促している。

今後，旧民主党系が政権交代を実現するためには，維新との連携も含め，一定の改革的要素を取り入れることが必要だと思われる（cf. 大井 2023: 73-74）。ここで，刷新感を出すために改革派の新党という形をとる場合，秦（2023）のヴィネット実験によると，旧民主党系の色を極力薄める戦略が有効であるとい

第 5 節 小 括　　　　　　　345

う。これらの点を踏まえると，希望の党という試みは存外筋が良かったと評価
できる。もし今後，野党勢力が希望の党と類似した戦略を採用するならば，
2017 年衆院選時と同じ「ジレンマ」——政権期民主党のような烏合の衆か，
「排除」による純化路線か——に再び直面することとなるだろう。希望の党騒
動という事例は今後の野党のあり方に示唆を与える「歴史の教訓」となりうる。
　なお，参議院が引き起こした下野後民主党の左傾化は，野党分裂との関連だ
けでなく，それ自体が日本社会にとって重要な意味を持つ。希望の党のチャー
ターメンバーである長島昭久は，元々二大政党制の一翼を担うために民主党か
ら出馬したが，政治家としての原点である外交・安全保障で自公・民共が二極
分化したことを受け，改革保守の第三極を結集することを志したという（長島
2017: 204）。長島に限らず，国民の生命・財産に関わる安全保障では，与野党
のイデオロギー対立を極力抑えるべきとの意見が少なくない。戦前二大政党制
の崩壊過程を振り返っても（e.g. 井上 2012; 筒井 2012），安全保障政策における
与野党の分極化はその一因となった。例えば，政友会による極端な「積極外
交」路線は陸軍の大陸における野心を煽ったし，党利党略に基づく統帥権干犯
問題の追及（鳩山一郎代議士など）は濱口雄幸首相の銃撃事件を誘発した（政党
政治への不信につながり軍部の台頭へ）。また，外交は相手方がいる行為のため，
政権交代の度に外交方針を大転換することには批判も多い（鳩山由紀夫政権期の
米軍基地移設問題など外交トラブルが生じうる）。現代日本における与野党のイデ
オロギー的分極化は，実証理論（中位投票者定理，Downs 1957）上のパズルとし
てだけでなく，規範的にも重要な問題であり，その解消を狙った長島・細野・
前原の挑戦は，ある面で肯定的に捉えることができる。本書は第 4 章で「事件
の政治学」という考え方を紹介したが，希望政局は，郵政政局と並び，日本政
治のサブスタンス（野党分裂・イデオロギー的分極化）を理解する上で有用な「事
件」だと言えるだろう。
　なお，このような「事件」では，動態的な「政治らしい政治」が観察されや
すく（飯尾 1993: 6），「政治」の本性を問う，原論的にも興味深い題材が見つか
る。本章と第 4 章（郵政国会）が炙り出す「政治の本性」は以下の 2 点である。
1 つ目は，希望の党執行部や小泉純一郎首相が行ったような，「味方」と「敵」
の厳格な区別——排除による「同質性」の追求——である。これは「政治的な

もの」としてシュミットが指摘した「政治」，あるいは「民主主義」の本性であり，極限状況でこそ観察されやすい政治の本質と言えるだろう。2つ目が，マキャヴェリが『君主論』で説いたような，難局を切り抜けるための「演技」「嘘」の重要性である（cf. 岡［1974］2024；苅部 2012：第4章）。希望政局での前原誠司や，郵政政局での狩野安がその例だが，「名優」とされる小池百合子・小泉純一郎に対峙する側も「必死の嘘」（五百旗頭 2020）に頼っていたことは興味深い。演技や嘘は「ポリサイ」の興隆の中で扱われづらくなった論点だが，近年はポピュリズムの勃興を背景に（演技力のあるリーダー，フェイクニュースや陰謀論との結びつき），注目度を高めている面がある（cf. 秦 2022）。

　次章で制度改革について論じる前に，本章の内容とも絡めて，「制度工学」の是非について立場を示しておきたい（cf. 上神 2013：終章）。近年の日本政治研究では，衆院選挙制度改革が期待通りの結果を生まない理由を衆院以外の制度に求める「マルチレベル」の研究が活況を呈しており（e.g. 上神 2013；砂原 2017；建林 2017；小川 2020；待鳥 2020），本章もその系譜に連なる。国際的には，下院の政党システムが他の政治制度の影響を受けること，具体的には大統領（Cox 1997: chap. 11; Golder 2006; Hicken and Stoll 2013），知事（Jones 1997; Samuels 2000），地方議会（Park 2003），そして第二院（Hicken 2009）の影響を受けることが知られており，その点では，本章が示した参議院の野党分断作用は理論通りの結果と言える。

　しかし，参議院の政党システムに対する影響が仮に「理論通り」だとしても，政治改革を主導した当事者がここまでの逆機能を予測することは困難である（仮に予想できても参議院改革を行うまでの余力はなかっただろう）。まさに複雑系としての政治システムを前に，提言行為の限界性が浮き彫りとなった形だが，本書は制度工学を諦めるべきとの極端な立場は取らない。第7章第5節第4項で，これらの工学的発想に批判的な福元（2007：第2章）の非シニア論を否定したことの含意もここにある。次章では改革提言にも踏み込んでいきたい。

第 10 章 日本社会における参議院の意義

　本書ではここまで，参議院の民意反映機能の新たな側面を明らかにしてきた。本章では，まず第1節第1項で全体の要約をした後に，第2項で参議院の機能に関する規範的な評価を示す。続く第2節では，本書の知見が持つ政策的な含意（合区問題）と理論的な含意（ポピュリズムとの関係）について述べる。

第1節　知見のまとめ

第1項　要　約

　戦後日本が経験した統治機構改革は，議院内閣制の「英国化」であったと総括できる。まず新憲法下で内閣と議会（多数派）の一体性が確保され（責任内閣制），平成の政治改革では小選挙区（比例代表並立）制の導入や内閣機能の強化が図られた。この一貫した流れの中で明らかに異質な存在が，英国にはない公選の「強い上院」，参議院である。本書は，政治改革の対象とならなかった参議院が，衆議院と異なる独自の民意反映機能を持つことで，政治改革のもたらす構造変化を「補正」ないし「阻害」していることを明らかにした。

　本書が示した参院独自の民意反映機能とは，一言でまとめれば，政治改革後に衆院議員との結びつきが弱まった地方政治家・業界団体・労働組合の利益を掬い取るというものである。実際に自民党・民主党国会議員へのアンケート調査を分析すると，参院議員は衆院議員と比べて，これらの集団に政策選好が接近することが判明した。一方，その政治的帰結を見ると，ポジティブな面ばかりではなく，ネガティブな側面，いわば「光と影」が存在することが分かった。

　まず自民党に関しては，郵政民営化法案の参院否決や，農協改革の方針撤回など，政治改革により可能となった（性急という向きもある）小泉首相の構造改革路線を参院が抑止したことを指摘した。また，衆院選挙制度改革後に新たに

生じた陳情処理・公共事業獲得の需要に参議院選挙区議員が応え，活発に地元貢献に取り組んでいる実態も明らかにした。参議院選挙区では，1970年代後半以降の地方政党組織の整備と90年代の政治改革により，県議団が候補者選定への発言力を段階的に強めたが，その過程で形成された「県議枠」が，上で挙げた参院独自の民意反映機能を主に支えている。県議だけでなく，業界団体の利益も県連の職域支部を介して参議院選挙区で強く表出される。

　一方，民主党（民進党）に関しては，参議院議員があまりに多元的な利益を党内に流入させた結果，2012年以降，野党が1つにまとまれない状況に陥っていることを指摘した。具体的には，官公労系が主流派の参議院民主党が党内で重みを増し，公務員制度改革を掲げる日本維新の会と協調できなくなった（合流時にも大阪系は加わらず）。また，参院議員の影響で党全体が過度に左傾化し，保守派議員が離党して希望の党を結党した。そして，民進党との合流時に左派を「排除」し，旧民主党系が「左右」に割れた（立憲民主党と国民民主党へ）。

　参院議員による党内での影響力行使は，一般論として，ねじれ国会下での野党の影響力と比較したとき，抑制のとれた抑制機能という点で評価できよう。しかし下野後の民主党では，その機能が「補正」の域を超え，政治改革の中核的理念——「二大政党が争う政権交代可能な政治」——を毀損する事態に至った。政治改革による首相の権限強化は，失策に対する政権交代という懲罰を前提としていたが，現状は「下野」という罰を免れた状態であり，政治システムとして欠陥がある。2023年末には自民党が派閥の裏金問題で内閣・政党支持率を大きく落としたものの，党内での「疑似政権交代」により，2024年衆院選では野党転落を回避できた。確かに，少数与党となったことで，自公連立政権は野党から政策的譲歩という「懲罰」を受けているが，元々政治改革は「強い首相」を理念に掲げていたはずであり，現状は当時の理想からかけ離れている。仮に立憲・国民・維新が連立政権を組めたとしても，政策対立から安定政権とならない可能性が高く，野党が分裂している限り，政治改革の理想を実現することは困難であるように思われる。

　ここまで政治改革後における参議院の機能とその評価をまとめたが，改革前についても，本書は先行研究の見解と異なり，人材の「シニア」性（各業界・各分野の専門家・功労者という意味）において参院が衆院に優越していることを

論証した（参院には世襲議員や秘書出身議員が少ないため，定義次第では改革後も「シニア」である）。参議院は，民主化を求める GHQ に日本側の内閣任命議員の要望が拒否されたため，議院内閣制国では珍しい「完全直接公選」となった経緯があるが（cf. 田中 2004；大西 2017: 第 2 章；内藤 2008: 第 6 章）[1]，その結果として，国際的に見ても，下院との間で議員属性の差異が生じづらい制度環境となっている。政治制度の国際比較で著名な Lijphart（2012=2014: xi）も，衆参両院の選挙制度・議員構成の類似性を指摘した上で，参議院の存在意義に疑問を呈するほどである。それに対して本書は，これらの見解とは異なり，「表出利益」（1990 年代以降）あるいは「シニア」性（1990 年代以前）において，「参院議員独自の性格」と呼びうるものが戦後一貫して存在していることを明らかにした。これらの知見は，日本の二院制観，ひいては日本の代議制民主政治のイメージを補正するものである。

第 2 項　規範的考察

　では，このような参議院の機能は規範的にどのように評価できるだろうか。本項では，以上の知見を規範理論を用いて捉え直す。まず，本書が示した参院独自の民意反映機能は，利益団体の役割に注目しているため，Dahl（1971=2014）の多元主義理論（利益団体の自由な競争が公益につながるという規範理論）による基礎付けが可能である。ここで注目したいのが Lowi（1969=1981）の「利益集団自由主義」であり，ロウィはダールの議論に対して，一部の利益団体が官庁や政治家と癒着し，特権的地位を築いて腐敗する危険性を指摘した。55 年体制期のいわゆる「日本型多元主義」（利益団体や自治体は族議員を介して中央政府に影響力を及ぼせるので日本は「官僚支配」ではないという主張）はこの「利益集団自由主義」と重なる部分が大きいが（cf. 村松 2006: 327），政治改革後は第二院だけが利益団体・地方政界の強力な代弁者であり，政治システム全体として深刻な汚職・金権腐敗に陥りづらい（「日本型多元主義」と参議院との関係は第 7 章第 5 節第 3 項も参照）。地方の過疎化や経済格差の拡大が危惧される現代日本社会にお

---

1)　二院制の議院内閣制国で上院が完全な直接公選の国は 33 カ国中 5 つだけ（2011 年 10 月時点）であり（Russell 2013: 51），このように明確な議員属性の差異が存在することは国際比較の観点からも興味深い。

いては本書が示した参議院による地方・業界・労組の利益表出も一定の評価ができるのではないだろうか。

また，ダールの理論に対しては，多元主義の不足を訴える「闘技民主主義」からの批判もあり，本書にも大きな示唆を与える。例えば，コノリーは，ダールの「伝統的な多元主義」では，黒人や貧困層，組合に属さない労働者など，組織化されていない層が構造的に排除されてしまう点を批判した（Connolly 1969）。本書が明らかにした参議院の民意反映機能も，地方政界・業界団体・労働組合など，55年体制期を特徴付ける「組織化層」の利益表出であり，ある種の「エスタブリッシュメント」（弱者の中の強者）であった。社会的弱者は資源不足や社会的偏見（フーコーが剔抉した抑圧のメカニズム）から組織的活動を行いにくいが，日本で言えば，非正規労働者・母子家庭・心身障害者・LGBTQ+・少数民族（アイヌ等）などは，参議院に実数に応じた代表者を送り出すことが難しい。また，女性・若者のように規模は大きくても，それゆえに内部に多様な階層を含み，抑圧構造を集団として意識しづらい場合にも，大規模な動員は困難である[2]。本書は第8章第5節で，参議院が経済的弱者に「福祉」を提供する機能を持つと論じたが，その保護から零れ落ちる層が令和の時代にあって大きすぎるという限界がある（言い換えると，令和期に「55年体制的なるもの」の代表を謳うのは時代遅れの感がある）。但し，少数者の参入が極めて難しい小選挙区制主体の衆議院と比べれば，代表の回路が残されている分だけ，参議院に望みを託すことができるとも考えている。

一方，現状の野党の分裂状態は，ダールやコノリーが掲げた「多元主義」の理念が反転し，デメリットが前面に出た状況と言える。この点を理解するのに有用な概念が，多元主義としばしば対置される「政治的統合」（異なる意見の人々をまとめて意思決定すること）である。まず前提を確認しておくと，参議院が体現するような政治的多元性と，政治本来の役割とされる政治的統合の間には鋭い緊張関係がある（cf. 早川 2001）。ここで，平成の政治改革は，党首が有

2）参議院の方が女性議員が多いのは，男性優位の自民党後援会秩序に切り込む必要性が小さいことや，広域な選挙区で女性というヒューリスティックが有効なことが理由であり，「組織化」の成果ではない（実際にはより多くの女性議員が参議院に存在していてもおかしくはない）。なお，「若者」（シルバー・デモクラシーの問題を想定）の代表については，参議院に「シニア」が求められる以上，制度の趣旨に合わない面もある。

第 1 節　知見のまとめ

権者からのマニフェストを介した政策的負託を果断に遂行できる体制——政党の「集権性」や「規律」——を企図している点で「統合」強化の試みであると理解できる（佐々木 1987: 第 5 章 ; 2009: 終章）。現状の野党分裂は，プラトン・マキャヴェリ・ホッブズ・ルソー・ヘーゲル・ウェーバー・シュミット，あるいは政治改革に参画した佐々木毅など，どちらかと言えば「統合」（あるいはリーダーシップ・決断・秩序）に重きを置く政治理論家たちが危惧してきた多元主義の弊害が，参議院の民意反映機能を介して現出したものと解釈できよう。日本は現在，古くて新しい「政治」の難題（アポリア）に直面している。

　なお，参議院のような「制度的多元性」への対処法として，日本政治研究の文脈で注目されてきたのが，「政党」の統合機能である。戦前では明治憲法体制の割拠性（三谷 1977, 1995），戦後では地方の二元代表制（首長 vs. 地方議会）や都道府県－市区町村の対立関係（善教 2018; 砂原 2022），そして参議院に関しては自民党による緑風会の取り込み（待鳥 2000）など，様々な局面で「政党統合」の有効性に期待が寄せられてきた。平成の政治改革も，マニフェストを介して政党本位の強力なリーダーシップ（首相権力）を確立し，官庁の縦割りを乗り越えようとする点で広義の政党統合と解釈できる（佐々木 2009: 終章）。

　一方，本書の知見はこのような政党統合の陥穽を示唆するものである。過度の多元性を抱え込んだ政党が統合に失敗した場合，本来なら起き得なかったレベルの政治的混乱や停滞（本書の例で言えば，野党の分裂による「政権交代できない政治」）が起こりうる[3]。民主政治を政党主体で運営することの数少ないデメリットとして，政党が強い団結力を誇るために敵対勢力と妥協しにくくなる点が挙げられるが（cf. 山口 2020: 104），もし多元性を抱え込んだ政党が分裂した場合，過去の遺恨から旧勢力の関係改善や再結集は難しく，以前の安定した政党システムを復元するのには時間がかかる。

　筆者の立場としては，参議院という割拠性への対処法として，政党に過度な期待を向けるのではなく，官庁の縦割りを内閣機能の強化（橋本行革）で解消

---

3)　戦前日本の貴族院も同様の政党統合を受けたが（原敬による「貴衆縦断」），本書で注目した希望政局と同じく，政治混乱が生じた。院内会派「研究会」は原敬政友会内閣と連携し閣僚を送り込んだものの，後続の高橋是清内閣では，貴族院との提携が政友会の内紛と連動し，倒閣の一因になった（西尾 2005: 第 6 章）。この点については，日本近代史研究者の原口大輔先生（九州大学）と塚目孝紀先生（東京都立大学）にご教示いただいた。

したように，制度改革で対応するのが正攻法だと考えている。但しこれは理想論であり，参議院改革の場合，参院の権限を弱める法改正に当事者（参議院議員）が同意する見込みは薄い。しかも抜本改革のために必要な「法改正」とは憲法改正のことを指し，極めてハードルが高い（次節第1項(2)も参照）。もし改正発議に必要な参議院の3分の2を確保しようとするならば，結局，「政党」による参議院議員の統制（「政党統合」）に頼るしか手札がないのである。

第2節　含　意

第1項　合区問題

(1) 「合区」をどう捉えるか

参議院選挙区の「合区」に関しては，対象選挙区で投票率（特に候補者と関わりが薄い方の県）が大幅に低下すること（塩沢 2017；松林 2021：第8章；Fujimura 2020）や，合区地域の救済のため比例区に「特定枠」（拘束名簿式）が新設され，選挙制度が一層複雑化したこと（拘束名簿式比例代表制の衆議院と選挙制度の類似性が高まる点も問題）など批判が少なくない[4]。2018年に特定枠が新設された際，国民的議論がないままに，合区回避のため議員定数が6人拡充された点も問題である。さらに，次の合区候補地は，福井・石川，長野・山梨など，合区の必要がない県を巻き込む形となり，新たな障害が生じうる。異なる規模の県同士の合区だと，人口の少ない方の県の利益が蔑ろにされる懸念もある。

加えて，本書独自の視点としては，合区が実施されると，参議院に独自性を与える存在として注目してきた県議が出馬・当選しにくくなる点が問題となる。県議が頻繁に擁立された理由としては，「県代表」たる県議が，都道府県単位の選挙区では候補者として適任だと認められやすかったことが挙げられるため，合区選挙区では県議が出馬しにくくなる。また，仮に出馬しても，2023年の

---

4) 他の問題点として，鳥取・島根と異なり，徳島・高知のように必ずしも経済的・文化的に近くない都道府県同士を1つにまとめることの弊害も挙げられる。この論点については，北岡秀二元参院議員（徳島県選出）から貴重な示唆を得た。徳島は高知よりも香川と経済的関係が近いので，高知と合区されることに強い違和感があるという。

徳島・高知補選のように（県議出身の自民党候補が落選），片方の県のインナーとしての性格が強い県議は，合区選挙で不利になると予想される。現状，参議院比例区の特定枠は1人を除き，県議出身者で占められ（2019～22年参院選），「県議枠」喪失の補填は一定程度なされているが，今後合区地域が増加したときに全対象地を補償することは困難である。なお，参議院改革案では，選挙区を「都道府県代表」や「地方代表」と位置付けるべきとの提言がしばしば出されるが（第1章注2を参照），現状としてその側面が強いこと（そして合区がこの側面を弱めること）は，前提条件として押さえておくべきだと考えている[5]。

　また，本書の知見は，「合区」を引き出した2012年10月17日の最高裁大法廷判決（違憲状態判決）[6]に対しても含意を持つ。判決文を確認すると，（参議院選挙区の選挙制度に関する）国会裁量の「合理性」を評価するにあたっては，「参議院の選挙制度が設けられてからの60年余り，当裁判所大法廷において前記3の基本的な判断枠組み[7]が最初に示されてからでも30年近くにわたる，制度と社会の状況の変化を考慮することが必要である」とする。そして，この「変化」として挙げられる要素の1つが，両院の選挙制度が「政党」に重きを置く制度に変更され（参院への比例代表制，衆院への小選挙区比例代表並立制の導入），かつ両院とも選挙区と（より広域な）比例代表制の組み合わせとなり，選挙制度が「同質的」なものに近づいたことである。このように両院の選挙制度が同質的になると民意反映機能に違いが生まれづらくなるため，現状の参議院の選挙制度が「二院制に係る憲法の趣旨」を反映したものとは言い難く，憲法的要請である投票価値の較差解消との比較衡量で後者が優先されるという論理である（千葉勝美裁判官の補足説明も参照）。さらに，「ねじれ国会」など参議院の役割が増大していることや，衆議院で投票価値の平等基準が厳格化されていることを踏まえると（2011年最高裁判決での「1人別枠方式」廃止要求），参議院に

---

5)　参議院改革協議会の2022年報告書では地方代表の方向性が提言として示されていながら（pp. 94-95，第1章注2のURLを参照），県議枠としての実情に関する議論があった形跡はない。直近の同協議会では中北浩爾参考人から打診があり，本書の議論をご紹介いただいた。https://www.sangiin.go.jp/japanese/kon_kokkaijyoho/sankaikyou/r4/pdf/r4senkyo_houkoku.pdf（報告書のpp. 39-40，最終アクセス2024年12月20日）。

6)　最大判平成24・10・17民集66巻10号3357頁（cf. 只野2013; 岡田2014; 新井2018）。その後の較差訴訟でも，最高裁は本判決の立場を基本的に変えていない。

7)　1983年の大法廷判決。最大判昭和58・4・27民集37巻3号345頁。

もより厳格な基準が求められると結論付ける。

　本書の知見と関わるのは，最初に挙げた「両院の選挙制度の同質性」である。まず，判決文では両院の選挙区の「広狭の差」が軽視されているが，本研究は，参院を特徴付ける都道府県単位の選挙区が，衆院との間に民意反映機能や議員属性の違いを生む重要な条件であることを論証した。55年体制期の参院には，衆院に少ない稀少人材，具体的には「都道府県の実情に精通した県勢発展の功労者」（県議会議長や知事）が数多く在籍していることを指摘したが（第7章第5節第4項），その要因としては，広域な選挙区で県連支援や知名度が有効なことに加え，県単位の選挙区で彼らが候補者の要件を満たしやすいことが重要である。そして，1990年代以降には，都道府県単位の選挙区で県代表として擁立される県議出身議員が，郵政民営化法案の否決や農協改革の抑止，公共事業の獲得等で独自の役割を果たしていることを立証した。また，経歴に関わらず，参議院選挙区議員は，県の要望する事業の獲得に取り組みやすいことも論証した。これらの「都道府県代表」性は，1983年大法廷判決で示された参議院選挙区議員に期待される特性でもあり，このような議員選出機能は尊重されて然るべきだろう（但し，以上の議論は自民党議員に限定される点には留意）。

　また判決文が，両院の選挙制度の「同質性」を高めると論じた衆院選挙制度改革は，むしろ両院国会議員の政策選好や政党規律の「異質性」を高める契機であったと筆者は見ている[8]（こちらは自民党だけでなく民主党も射程に含まれる）。確かに衆院は選挙制度改革で政党投票の度合いが参院並みに強まったが（第2章の図2-1），選挙過程を見ると，選挙制度改革で衆院議員に対する党執行部の影響力が強まった結果，地方政界・業界・労組に依存する参議院（特に県議団の影響力は改革後に一層増大）との間で，政策選好や規律の差異が拡大した。第3・8章で着目した政策選好（およびその政策的帰結）を重視するか，あるいは政党投票の度合いや選挙区・比例区の組み合わせという側面を重視するかで結論は分かれるが，少なくとも前者の基準も考慮する必要があると考えている。

---

8) 憲法学界でも，政治改革後に両院で選挙制度の類似性が高まり（1人区を中心とする選挙区と比例区の組み合わせ），民意反映機能や議員属性に違いが生じづらくなったという見方が広く共有されている（e.g. 高見2008: 第4章; 只野2001; 大石2014: 134-135; 毛利ほか2017: 208; 大山2011: 155）。

なお，このような「地方の府」としての第二院の機能は，今時の日本社会に
求められている側面が強い。日本では長期的課題として，深刻な地方の過疎化
（「地方消滅」）が危惧されているが（増田 2014），政治的代表の内実は，概ね地方
に不利な方向で変化している。まず，衆議院に適用される「一票の較差」基準
は年々厳格化され，地方の実情に通じる農村部の代議士が減少傾向にある。さ
らに，農村部の衆院議員も政治改革後に政党ラベルへの集票依存が強まり，加
えて系列関係があった地方議員との紐帯が弱まったことで，中央（東京）での
活動を重視する人物が増加している。さらに，農村部に多い世襲の自民党議員
には東京生まれ・東京育ちの都会人が少なくなく，彼らが農村選挙区の利益を
適切に代表しているかには疑問も残る[9]。このような状況下で，各県から最低
でも 1 人の参議院議員を選出し，地方の実情に精通した土着型議員（典型が県
議出身者）を国政に送り出すことは，（衆院の現行選挙制度を所与とした場合）第二
院のあり方として有意義であるように思われる[10]。日本の都道府県は 1888 年
（明治 21 年）から約 140 年近く基本的な区域が変更されておらず，また一連の
地方分権改革で知事の権限も強まっており，共同体としての「実質」（例えば県
民意識など）は相当強まっていると考えられる。連邦制国家との相違はまだ大
きいが，都道府県代表を輩出する方向での改革は概ね妥当だろう。

(2) 改革案

以上の理由から，本書は参議院選挙区の合区解消を提唱する。また併せて

---

9) 東京しか知らない世襲議員が増えているという問題は，非世襲の県議出身代議士・竹下
登が，非世襲の野中広務京都府副知事を国政に誘う際に言及している（御厨・牧原編
2012: 36）。第 4 章で扱った中川義雄参院議員（道議出身）も，過疎地選出の中川昭一衆
院議員（義雄の甥）が郵政民営化法案に賛成したのは結局都会育ちだからであると筆者に
語る。

10) 地方議会の選挙制度改革への含意もある。学界では，衆議院の選挙制度との兼ね合い
（選挙制度不均一）から，地方でも政党の役割を強めるために，小選挙区制や比例代表制
を導入する案がよく提示される（cf. 辻 2019: 第 5 章）。ここで本書が示唆するのは，もし
地方で政党の役割を強めた場合，県議と衆院議員の政策選好が接近し，参議院の民意反映
機能の独自性が弱まる可能性である。地方議会の選挙制度を論じる際には，衆議院に加え
て，参議院への影響も考慮することが好ましい。但し留意点として，改革は地方本位であ
るべきなので，国政のために地方の制度を変更するという発想には陥らないようにすべき
である。

「地方の府」としての役割を明確化する改革（地方関連法案の参議院先議の義務化など）を実施するのが好ましい。既に参議院選挙区議員は「都道府県代表」としての特質を相当程度持つことから，当事者もこれらの改革は受け入れやすいだろう[11]。ここまで記したのは参議院選挙区を対象とした改革案であり，比例区は特定枠を廃止して，非拘束名簿式に一本化すべきである。

さらに，このように参議院選挙区の独自性を強める改革を行う場合，同時に参議院の権限をある程度縮小（再議決要件の緩和や60日ルールの短期間化など）することが求められる。これは最高裁による投票価値較差の判定基準を緩めるという意図（権限が弱ければ較差が許容されやすくなる）に加えて，ねじれ国会対策や，二大政党間での競争回復（第9章）という狙いもある。国際的に見て，日本の上院は立法権限が相当強い部類に入るので（Lijphart 2012=2014: 第11章；Russell 2012），多少権限を弱めても，現状の抑止機能を喪失するには至らないだろう。因みに上院の役割は，かつて，階級代表的な機能（「貴族院」）が一般的だったのに対し，現在ではサブナショナルな地方の利益（米国上院による各州の利益表出が一例）を代表する機能が主流となっている（Levmore 1992; Russell 2013: chap. 3）[12]。権限の弱体化とセットで「地方の府」としての役割を明確化することは，参議院を「世界標準」に近づけることを意味する。

以上の選挙制度に関する改革案は，基本的に「合区前に戻す」という趣旨であり（本書は参議院が元々「地方の府」としての機能を持つことを示してきた），改革内容としては比較的穏当である。一方で，権限の縮小に関しては，最終的に憲法に触れざるを得ず，実現可能性に難がある（参院がこれまで大改革を受けてこなかった主な要因だろう）。国会法の改正で足りる改革としては，両院協議会の衆院議員の比率増（現行は衆参同数）があるが，改革内容としては表面的である。もし憲法改正を行う場合，国民投票で合区解消派（人口の少ない農村県が中心）

---

11) 但し，連邦制的な改革案は，（合区対象地を除く）参議院議員たちが反発する可能性がある。それは彼らが「全国民の代表」（憲法43条1項）であることを望むためである。この点に関しては，自民党の憲法改正草案作成に関わった衆院事務局職員・橘（2014）の体験談が参考になる。

12) 地方政党組織の利益が上院で表出されやすいことを示唆する事例もある。連邦制国ではドイツ（Bäck et al. 2016），非連邦制国ではノルウェー（Heller 2007）の例が挙げられる。参議院選挙区の特性は日本特有のものではない可能性がある。

が過半数を獲得することは，過大な「一票の格差」を都市部に強いる点で支持を集めづらい（いわゆる「多数者の専制」の問題が生じる）。また，参議院の権限縮小を当の参院議員が了承する見込みは薄く，改正の発議さえできない可能性が高い。

日本国憲法は国際的にも統治機構に関する記述が薄く（マッケルウェイン2022: 第3章），平成の政治改革では憲法改正を行わずとも大規模な制度変更が可能であった。この改革を待鳥（2020: 48）は「実質的意味での憲法改正」と評するが，次なる政治改革では「形式的意味での憲法改正」が議題に上がっても不思議ではない。平成期の政治改革は「平成デモクラシー」とも呼ばれ（佐々木・21世紀臨調編 2013; 清水 2018），経済界・労働界・学識者・自治体・ジャーナリスト・法曹など幅広い社会的基盤を得たが，「参加民主主義」の観点からは「国民投票」を経験することも意義あることだろう。平成の政治改革では「普通の国」という言葉がスローガンとなったが（cf. 小沢 1993），当時の政治エリートたちが手段としては避けざるを得なかった憲法改正を改革手続きとして選択できてこそ「普通の国」なのかもしれない。

但し，ここで注意すべきは，参議院が本来，「大衆との適切な距離」が要請される統治機構であり（次項で詳述），その命運が「デモス（民衆）」に委ねられている構造自体が矛盾を孕んでいる点である。実際の改革過程ではこの矛盾を直視し，制度改革の内容が「ポピュリズム」に流されていないかを精査する必要がある。

第2項　ポピュリズムへの防波堤

本書の最後に，「ポピュリズム」が台頭する現代民主主義社会で上院が果たし得る役割について理論的含意を記す[13]。「ポピュリズム」は多義的な概念だが，本書での定義は，Mudde and Kaltwasser（2017=2018: 14）や水島（2016: 7-8）に準拠し，「政治変革を目指す勢力が，既成の権力構造を批判し，一般の人々に訴えてその主張の実現を目指す運動」とする。

---

13) 本書における「理論」の位置付けは，基本的に「現実理解をサポートする道具」（cf. 久米 2013: 52-53; 飯尾 1993: 序章）であり，理論構築や理論検証は研究の目的ではなかった。一方で本項の目的は理論の構築にある。

(1) 第二院の歴史的経験

　2024 年 11 月の米国大統領選挙で，共和党のドナルド・トランプ前大統領が返り咲きを決めた。欧州でも，ファラージ（イギリス），ルペン（フランス），ドイツのための選択肢（ドイツ），五つ星運動やメローニ（イタリア），オルバーン（ハンガリー），ウィルダース（オランダ）など，ポピュリストとされる政治家・政党が伸長している（Przeworski 2019; Boix 2019; Norris And Inglehart 2019; 水島 2016）。また，南米（ブラジルのボルソナロやアルゼンチンのミレイ）や東南アジア（フィリピンのドゥテルテ）では，「ミニ・トランプ」と呼ばれる強権政治家が台頭しており，モディ（インド）やエルドアン（トルコ），ネタニヤフ（イスラエル）なども含め，ポピュリズムの波は現在，世界を覆っている。

　このような時代状況の中で，英国貴族院研究者の Russell（2019）は，多様な選択肢を提供する二院制がポピュリズムへの対抗上，重要性を高めていると論じる。歴史的に見ると，二院制の制度思想は，古代ギリシアの「衆愚政治」を教訓とした混合政体論（君主制・貴族制・民主制を適切に組み合わせた政体を理想視する考え方）が源流にあり（Tsebelis and Money 1997: chap. 1; Russell 2013: chap. 3），「貴族」ないし「元老」的なるものを代表する第二院は，ある種の「衆愚」の暴走を抑止する上で有効だと考えられる。実証分析では Ezrow et al.（2024）が，ベルギー上院の権限縮小（1993 年の憲法改正）を用いた合成コントロール法により，上院権限が強まると政策の世論に対する応答性が低下することを示したが，この結果は，第二院が移ろいやすい大衆世論への防波堤となりうることを示唆している。

　また歴史的事例としては，フランス革命期における第二院の廃止とその顛末が示唆に富む。1792 年にシェイエスのものとされる警句（「第二院が第一院と一致するなら無用，反対するなら有害」）に沿う形で，二院制から一院制（国民公会）に移行したが，恐怖政治に歯止めがかからなくなると，約 3 年で二院制に戻された。ポピュリストはルソーの「一般意志」を代弁しているように見えるという指摘があるが（Mudde and Kaltwasser 2017=2018: 29-33），ロベスピエールを筆頭に当時の革命家はルソーに傾倒していた。実証的・数理的にも上院が政策に安定性をもたらすことは広く確認されているが（cf. Heller 2007），フランス革命期の経験は，上院がバークに代表される良質な「保守主義」を政治にもたらす

可能性を示唆している。

同じく歴史的事例としては，ピューリタン革命期の共和政イギリス（1649～1660年）も参考になる。君主制と同時に上院も廃止されたが，下院に基盤を置く革命指導者のクロムウェルは1653年に護国卿に就任し，独裁化した。この激動期のイングランドを目撃し（また翻弄され），クロムウェルに謹呈される形で執筆されたのが，ハリントンの『オセアナ共和国』である。共和政の暴走を抑止する方策として，共和政ローマの混合政体を基に，元老院（Senate）と民会（People）の二院制を提唱した（cf. 福田2002）。この共和政論はアメリカ建国の父たちに引き継がれ，統治機構にも影響を与える（cf. Pocock 1975=2008；宇野2013: 第5章）。大統領と上下両院の組み合わせはローマの混合政体と似ており，上院の名称も元老院（Senatus）にちなんでSenateとなった。上院とポピュリズム（あるいは下院の暴走）の関係を考察する際には，以上の歴史的経験が参考になる。

(2) 日本の事例

翻って日本のケースである。近年の参院選（特に小政党が議席を確保しやすい比例区）では，ポピュリスト政党の新規参入が目を引くものの（れいわ新選組・NHKから国民を守る党・参政党など），現時点で政権構成など政治の大勢にまで影響を与えているわけではない。一方，本書が示したのは，参議院がポピュリストと呼びうる，より強力な政治アクターを牽制する実態であった。具体的には，郵政民営化を目指す小泉純一郎首相と，橋下徹が創設した日本維新の会である[14]。また，小池百合子代表の希望の党も，維新との連携を狙う民主党・民進党の保守派が参院の抑圧に反発する形で結党した経緯があるため，（失敗はしたものの）参議院がポピュリスト抑止を試みた事例として位置付けられる。

そして，参議院がこのような牽制効果を発揮した理由は，まさに制度が体現する「多元主義」にあった[15]。ポピュリストは無党派層を基盤とするのに対

---

14) 小泉純一郎・橋下徹・小池百合子が「ポピュリスト」であるかを判定するために，ポピュリズムを好む有権者が彼らを支持しているかを検証した研究群があり（善教2018；松谷2022；Hieda et al. 2021），様々な結果が提示されている。いずれにしても，彼（女）らの「政治戦略」（本書の定義）はポピュリスティックなものであると評価できる。

して，参院議員は組織票（県議団・郵便局・官公労など）に立脚するため，表出利益の違いから両者は相反関係にある。政治哲学者のMüller（2017=2017）はポピュリズムの本質を「反多元主義」に求めるが，政治に複数性をもたらす第二院は，単一性を訴えるポピュリストと構造的に対峙しやすい（現に日本維新の会と希望の党は一院制導入を主張する）。なお，今日の日本では「組織票」（あるいは中間団体）がややネガティブなニュアンスを持つが，歴史的には，原子化した大衆を煽動・動員する全体主義への対抗上，その役割に期待が寄せられてきた存在である（ダールの多元主義理論もその1つ）[16]。ファシズムと（右派）ポピュリズムはしばしば類似性が指摘されており（e.g. Müller 2017=2017: 115），社会関係資本が弱体化している現在では，組織票にも意義を見出すことができるだろう（社会関係資本とポピュリズムの関係はGivliano and Wacziarg 2020を参照）。

　ここで，日本の参議院を含めた上院一般とポピュリズムの関係を考察するにあたって留意すべき点が，日本と海外でポピュリズム台頭の背景が異なることである。欧米では，新自由主義的なグローバル化（移民の増加も含む）や脱工業化・技術革新（特にIT）に伴う経済格差の拡大（後進地域を中心とする不安感の広がり）が主因とされる一方（Przeworski 2019; Boix 2019; Colantone and Stanig 2018; Muis and Immerzeel 2017），日本では，農村や労組など，グローバル化や新自由主義の受難者がポピュリストの批判対象となっており，対蹠的である（関連して日本ではいわゆる「エリート」があまり批判対象とはならない）。このように両地域で相違はあるが，弱体化した政党・団体組織を既得権層と批判し，メディアを活用して無党派層の支持を集める戦略（「中抜き政治」）は共通している（水島2016, 2020）。1990・2000年代には，メディア技術の発達やグローバル化を背景に，「民主政治の大統領制化」（Poguntke and Webb eds. 2005）が起きたが，近時のポピュリズムはその延長線上にある。

15）　他の理由としては，一過性の勢いに頼りがちなポピュリスト戦略では下院に加えて上院の攻略までは難しいことや，ポピュリストの首相は衆院のように参院を解散して「風」を作る戦略に頼れないことが挙げられる。実際に，小泉・橋下・小池が「最大瞬間風速」を計測したのはいずれも衆院選である（それぞれ2005・2012・2017年）。

16）　これはArendt（1951=2017）や丸山（[1952] 2014）に代表される伝統的な全体主義観だが，実証的には，中間団体や結社の活動が盛んであった地域ほどファシズムが勢力を拡大したという分析結果も提示されている（Berman 1997; Riley 2010; Satyanath et al. 2017）。

第2節 含 意

　この点を踏まえると，日本の事例は「（無党派層と距離を置く[17]）上院がポピュリズムを抑止する」という理論を（欧米に限られない形で）裏付ける1つの論拠となり得る。上院は一般市民や世論から適切な「距離」を保つことが本義だと考えられ，その点は制度思想の源流に当たる混合政体論も同様である[18]。なお，上院にも様々な類型があり（cf. 芦部 2011: 290; 野中ほか 2012: 83-85），日本の事例は，参議院が該当する「民主的第二次院型」（貴族院型・連邦制型以外の残余カテゴリー）の意義を打ち出すものである。この類型は，歴史的遺制である貴族院型や，存在根拠が明白な連邦制型と比べ正当性を示しづらかったが，ポピュリズムの時代が到来した今，新たな価値を見出すことができるだろう。

　ここで留意点として，ポピュリストは旧来の多元主義構造では救済されない層を解放する「ラディカル」な多元主義者という顔も併せ持っており（cf. Mouffe 2018=2019），その役割を十把一絡げに否定することは，民主主義を不断にアップデートする目的からしても妥当ではない。ある種の「劇薬」として許容されるべき類のリーダーシップもそこには含まれうる。上院議員に期待されるのは，ポピュリストを無条件に拒絶する頑迷さではなく，多様な価値基準——反知性主義やポスト真実の度合い，人権・法治への姿勢など——に照らしてその危険性を精査し，時には受容する柔軟さだと思われる。本書の分析でも，長期的視野からポピュリストとの提携を選んだ事例が複数確認できるが（陣内孝雄や北澤俊美[19]），彼らが体現したような是々非々主義，あるいは精神的貴族主義が，第二院の「制度の精神」として，いくらかでも参議院に引き継がれていることを期待したい。

　最後に，政治改革のロードマップとなった小沢一郎の『日本改造計画』には，

---

17) 第3・8章では，郵政民営化への賛否を除き，有権者の位置を示さなかったが，国会議員との政策距離を両院で比較すると（平均値），参議院議員の方が衆議院議員よりも有権者の政策位置から離れている。

18) 近年，参議院改革案として，抽選制の導入というアイデアが登場しているが（岡崎 2024; 山口 2020），元々上院に世論との適切な距離が要請されていることを踏まえると，仮に市民が熟議を重ねたとしても，彼らに決定を委ねる構造は「制度の精神」に反する面がある。

19) 陣内は，参院郵政民営化特別委員会委員長への就任と引き換えに，小泉首相から附帯決議を引き出した。北澤は，民主党の参院議員会長選挙で，政権交代のために日本維新の会との連携を主張した。

参議院に関する具体的な改革案は記されていない（cf. 小沢 1993: 76-77）。衆議院の制度改革が最優先事項であった以上，仕方のない面はあるが，他にも理由としては，政治的リーダーシップの確立や経済的規制の緩和が課題とされた時代に，「多元的民意の反映」を標榜し，改革のブレーキとなりうる参議院は扱いづらいテーマだったことも関係しているだろう（当時，改革論者が批判した日本政治の構造は「日本型多元主義」と呼ばれた）。しかし，1994 年の政治改革着手から 30 年以上が経過し，政治状況や社会情勢は一変した。現在では，解散権や内閣人事局を濫用する「強すぎる首相」の問題が議論を呼び（ポピュリストが就任した場合のリスクは大きい），さらには世界的な経済格差の拡大，ポピュリズムの台頭，気候変動などを背景に，新自由主義やグローバル化の行き過ぎを見直す論調が強まっている。今後はこのような時代状況を見極めつつ，参議院も含めた，体系的な改革ビジョンを新たに考案することが望ましいが，その際には，いかなる思想信条や政治的立場に則るとしても，実証分析に基づく正確な現状認識が不可欠である。本書がその一助となれば幸いである。

参考文献

（日本語）

相沢英之，2021，『回顧 100 年——相沢英之オーラルヒストリー』かまくら春秋社.

青山和弘，2018，『恩讐と迷走の日本政治——記者だけが知る永田町の肉声ドキュメント』文藝春秋.

秋山直紀，2008，『防衛疑獄』講談社.

浅野一弘，2011，「政党のリクルートメント機能不全——北海道選挙区」白鳥浩編『衆参ねじれ選挙の政治学——政権交代下の 2010 年参院選』ミネルヴァ書房.

淺野良成，2024，『賛同・許容・傍観された自民党政治』有斐閣.

浅野正彦，2006，『市民社会における制度改革——選挙制度と候補者リクルート』慶應義塾大学出版会.

朝日新聞青森支局，1983，『風雪の人脈　第 1 部　政界編』青森県コロニー協会出版部.

芦部信喜（高橋和之補訂），2011，『憲法　第 5 版』岩波書店.

新井誠，2018，「議会上院の選挙制度構想——参議院議員選挙区選挙の合区解消に向けた一考察」『法学研究』91(1): 285-309.

飯尾潤，1993，『民営化の政治過程——臨調型改革の成果と限界』東京大学出版会.

飯尾潤，2007，『日本の統治構造——官僚内閣制から議院内閣制へ』中央公論新社.

飯田健・上田路子・松林哲也，2011，「世襲議員の実証分析」『選挙研究』26(2): 139-153.

五百旗頭薫，2020，『〈嘘〉の政治史——生真面目な社会の不真面目な政治』中央公論新社.

諫早湾地域振興基金編，1993，『諫早湾干拓のあゆみ』諫早湾地域振興基金.

石井一，2019，『つくられた最長政権』産経新聞出版.

石川真澄・広瀬道貞，1989，『自民党——長期支配の構造』岩波書店.

石破二朗回想録刊行会編，1982，『石破二朗——回想録　追想篇』石破二朗回想録刊行会.

石原慎太郎，1999，『国家なる幻影——わが政治への反回想』文藝春秋.

石間英雄，2018，「政党内政策組織と強い上院——日豪の事前審査に関する比較研究」『選挙研究』34(2): 47-57.

石間英雄・建林正彦，2020，「二院制と政党組織——参議院議員の政策活動」『選挙研究』36(1): 35-48.

井芹浩文，1988，『派閥再編成——自民党政治の表と裏』中央公論新社.

井手英策編，2011，『雇用連帯社会——脱土建国家の公共事業』岩波書店.

井手英策，2012，『財政赤字の淵源——寛容な社会の条件を考える』有斐閣.

伊藤光利，1998，「大企業労使連合再訪——その持続と変容」『レヴァイアサン』1998年冬臨時増刊号：73-94.

伊藤光利，2006，「官邸主導型政策決定と自民党——コア・エグゼクティヴの集権化」『レヴァイアサン』38：7-40.

井上晶人，2002，「日本における公共投資政策と景気浮揚の選挙景気循環論的考察——LA-VAR モデルを用いて」『公共選択の研究』39：34-41.

井上和輝，2004，「知事経験者の戦い」東大法・第5期蒲島郁夫ゼミ編『参議院の研究　第1巻　選挙編』木鐸社.

井上義比古，1992，「国会議員と地方議員の相互依存力学——代議士系列の実証研究」『レヴァイアサン』10：133-155.

井上孝，1999，『国土とともに——井上孝回顧録』日刊建設通信新聞社.

井上寿一，2012，『政友会と民政党——戦前の二大政党制に何を学ぶか』中央公論新社.

井上裕，1984，『大蔵政務次官日記』裕和会出版局.

猪口孝・岩井奉信，1987，『「族議員」の研究』日本経済新聞社.

井堀利宏，2001，『公共事業の正しい考え方——財政赤字の病理』中央公論新社.

今井亮佑，2018，『選挙サイクルと投票行動——「中間選挙」としての参議院の意義』木鐸社.

今井亮佑・日野愛郎，2012，「『二次的選挙』としての参院選」『選挙研究』27(2)：5-19.

居安正，1996，「自民党の派閥」西川知一・河田潤一編『政党派閥——比較政治学的研究』ミネルヴァ書房.

岩井泰信，1990，『「政治資金」の研究——利益誘導の日本的政治風土』日本経済新聞社.

岩崎純三，1994，『信頼の時計——真摯な男の全軌跡』弘文出版.

岩野美代治，2017，『三木武夫秘書回顧録——三角大福中時代を語る』吉田書店.

上神貴佳，2013，『政党政治と不均一な選挙制度——国政・地方政治・党首選出過程』東京大学出版会.

上神貴佳・堤英敬編，2011，『民主党の組織と政策』東洋経済新報社.

上ノ原秀晃・大川千寿・谷口将紀，2007，「2007 年参議院選挙　東大・朝日共同調査分析——安倍政権の死角，新政権の課題」『論座』150：50-61.

内田健三，1989，『現代日本の保守政治』岩波書店.

内田龍之介，2015，「TPP 交渉と農政改革——政権復帰後における農林族議員の行動変化」『政策創造研究』9：231-257.

内田龍之介，2018，「農協改革と EPA 対策——農業成長産業化の政治過程」『政策創造研究』12：127-159.

宇野重規，2013，『西洋政治思想史』有斐閣.

海野謙二編，2002，『野中広務——素顔と軌跡』思文閣出版.

枝野幸男・山本一太・福山哲郎・水野賢一，2002，「全公開　私の資金・秘書・陳情処理——新しい政治文化をつくりたい」『論座』87：54-61.

遠藤政夫，1995，『50 年の回想』労働基準調査会.

遠藤晶久，ウィリー・ジョウ，2019，『イデオロギーと日本政治——世代で異なる「保守」と「革新」』新泉社.

大井赤亥，2021，『現代日本政治史——「改革の政治」とオルタナティブ』筑摩書房.

大井赤亥，2023，『政治と政治学のあいだ——政治学者，衆議院選挙をかく闘えり』青土社.

大石和彦，2005，「『都道府県代表としての参議院議員』再考」中村陸男・大石眞編『立法の実務と理論——上田章先生喜寿記念論文集』信山社.

大石眞，2014，『憲法講義 I　第 3 版』有斐閣.

大沢真理，2014，『生活保障のガバナンス——ジェンダーとお金の流れで読み解く』岩波書店.

大下英治，2003，『笑顔の泥んこ人生——人間・杉山憲夫』しょういん.

大下英治，2016，『荒井広幸——福島の田中正造』歴史春秋社.

大嶽秀夫，1997，「都市圏における個人後援会の変容と再編」大嶽秀夫編『政界再編の研究——新選挙制度による総選挙』有斐閣.

大嶽秀夫編，1997，『政界再編の研究——新選挙制度による総選挙』有斐閣.

大竹文雄，2005，『日本の不平等——格差社会の幻想と未来』日本経済新聞出版社.

大塚成美・稗田健志，2017，「重複立候補制度は二大政党制を阻害するのか」『法学雑誌』63（4）：59-77.

大西祥世，2017，『参議院と議院内閣制』信山社.

大仁田厚，2008，『国会デスマッチ。——裏ネタ暴露 100 連発！』双葉社.

大東善治ほか編，1982，『追憶大森久司』奈良商工会議所内大森久司先生追悼録編集室.

大村華子・待鳥聡史，2013，「民主党地方組織の歴史的基盤——北海道と愛知県の事例から」建林正彦編『政党組織の政治学』東洋経済新報社.

大山礼子，2011，『日本の国会——審議する立法府へ』岩波書店.

岡義達，［1974］2024，「政治」永淑誠一編『岡義達著作集』吉田書店.

岡崎晴輝，2024，『新しい政治改革へ——国会を市民の手に取り戻す』法政大学出版局.

岡田信弘，2014，「二院制研究の課題——まえがきに代えて」岡田信弘編『二院制の比較研究——英・仏・独・伊と日本の二院制』日本評論社.

岡田浩，2016，「大物現職はなぜ大敗したか——石川県選挙区」白鳥浩編『2013 年参院選 アベノミクス選挙——『衆参ねじれ』はいかに解消されたか』ミネルヴァ書房.

岡部俊夫，1968，『知事選福島夏の陣——佐藤・斎藤の決戦』渡部恒三政治経済研究所.

小川寛貴，2020，「マルチレベルの政治アリーナと有権者——政党の重要性の分析」『選

挙研究』36(1): 7-22.

荻野明己，1990，「河野参院議長擁立へ，打首覚悟の造反」一七会「三木武夫とその時代」刊行委員会編『三木武夫とその時代——政治記者の記録』一七会「三木武夫とその時代」刊行委員会.

奥健太郎，2006，「第2回参議院議員選挙と自由党——参議院政党化の一分析」『年報政治学』57(2): 226-259.

奥野誠亮，2002，『派に頼らず，義を忘れず——奥野誠亮回顧録』PHP 研究所.

小熊英二，2019，『日本社会のしくみ——雇用・教育・福祉の歴史社会学』講談社.

小沢一郎，1993，『日本改造計画』講談社.

角間隆，1989，『矢田富雄伝——鳴動譚』矢田富雄伝刊行委員会.

鹿熊安正，2006，「鹿熊安正」北日本新聞社編集局編『我が半生の記——越中人の系譜 第1巻』北日本新聞社.

鹿島修太，2006，『埼玉の政界秘話 PART 1——その時，改革の狼煙はあがった！』人物新報社.

片岡正昭，1994，『知事職をめぐる官僚と政治家——自民党内の候補者選考政治』木鐸社.

片山虎之助，2010，『片山虎之助　オーラルヒストリー』政策研究大学院大学.

カーティス，ジェラルド・L., 石川真澄，1983，『土建国家ニッポン——「世界の優等生」の強みと弱み』光文社.

金子厚男，1987，『金子岩三伝——炎のごとく生きて』金子岩三奨学財団.

蒲島郁夫，2004，『戦後政治の軌跡——自民党システムの形成と変容』岩波書店.

蒲島郁夫・竹中佳彦，2012，『現代政治学叢書8 イデオロギー』東京大学出版会.

樺島秀吉，2001，『知事の仕事——票が地域と政治を変える』朝日新聞社.

苅部直，2012，『ヒューマニティーズ　政治学』岩波書店.

河北明，1984，「勢力交代はどう行われるか——徳島全県区」白鳥令・岩見隆夫編『乱 連立の時代』芦書房.

川人貞史，1996，「シニオリティ・ルールと派閥——自民党における人事配分の変化」『レヴァイアサン』1996年冬臨時増刊号: 111-145.

川人貞史，2008，「衆参ねじれ国会における立法的帰結」『法學』72(4): 505-536.

川人貞史，2015，『シリーズ日本の政治1　議院内閣制』東京大学出版会.

「川野辺静先生と婦人活動」顕彰集委員会編，1985，『愛にそえて——川野辺先生と婦人活動」「川野辺静先生と婦人活動」顕彰集委員会.

神林龍，2017，『正規の世界・非正規の世界——現代日本労働経済学の基本問題』慶應義塾大学出版会.

菊池信輝，2005，『財界とは何か』平凡社.

菊池久，1985，『後藤田正晴——日本で最も恐れられる政治家』山手書房.

北岡伸一，1985，「自由民主党──包括政党の合理化」神島二郎編『現代日本の政治構造』法律文化社.

北原鉄也，1991，『保守王国の政治──愛媛政治批評』創風社出版.

北原鉄也，1993，「白石県政と愛媛『保守王国』体制」星島一夫編『白石春樹の研究──ある地方保守政治家の軌跡』啓文社.

木下健，2015，『二院制論──行政府監視機能と民主主義』信山社.

岐阜新聞・岐阜放送，1993，『わっちの半生──古田好の素顔を追って』岐阜新聞社.

君塚直隆，2023，『貴族とは何か──ノブレス・オブリージュの光と影』新潮社.

木村守江，1990，『春風秋雨90年』福島ペンクラブ五月会.

木村良一，1998，『青森県参議院議員選挙』北方新社.

清原芳治，2001，『秘録大分県の戦後政治3　1965-1974』大分合同新聞社.

清原芳治，2003，『秘録大分県の戦後政治4　1975-1984』大分合同新聞社.

金東煥，2014，「候補者指名方法における開放と自民党地方組織／自民党滋賀県連の事例」『政策科学』21(2): 81-98.

久慈力・横田一，1996，『政治が歪める公共事業──小沢一郎ゼネコン政治の構造』緑風出版.

沓掛哲男，2007，『愛郷一途』北國新聞社出版局.

工藤万砂美事務所，1984，『手作りの政治家　工藤万砂美のあゆみ』工藤万砂美.

功刀俊洋，2005，『戦後型地方政治の成立──労農提携型知事選挙の展開』敬文堂.

久保谷政義，2016，『「一強多弱」政党制の分析──得票の動き方からみる過去・現在』三和書籍.

熊谷太三郎，1980，『私の春秋──熊谷太三郎自伝』日刊福井.

久米郁男，1998，『日本型労使関係の成功──戦後和解の政治経済学』有斐閣.

久米郁男，2013，『原因を推論する──政治分析方法論のすゝめ』有斐閣.

倉田寛之，1989，『倉田寛之の素顔──21世紀への挑戦part2』21世紀を考える会.

グリーン，ドナルド・P.，イアン・シャピロ，1996，「政治学における合理的選択理論──理解進化を妨げる病理」『レヴァイアサン』19: 33-62.

黒澤良，2022，「郵政民営化法案──何が異例であったのか」奥健太郎・黒澤良編『官邸主導と自民党政治──小泉政権の史的検証』吉田書店.

桑原幹根，1979，『桑原幹根回顧録──知事二十五年』毎日新聞社.

小池聖一，1998，「『保守王国』の変容か?──第18回参議院広島選挙区分析」『広島大学総合科学部紀要. II, 社会文化研究』24: 113-135.

神津里季生，2018，『神津式労働問題のレッスン』毎日新聞出版.

河野謙三，1978，『議長一代──河野謙三回想録』朝日新聞社.

後藤謙次，2014，『ドキュメント　平成政治史1　崩壊する55年体制』岩波書店.

後藤田正晴（御厨貴監修），2006，『情と理──カミソリ後藤田回顧録　上』講談社.

小林良彰, 1997, 『現代日本の政治過程――日本型民主主義の計量分析』東京大学出版会.

小林良彰, 2008, 『制度改革以降の日本型民主主義――選挙行動における連続と変化』木鐸社.

小林良彰, 2012, 「議員定数不均衡による民主主義の機能不全――民意負託, 国会審議, 政策形成の歪み」『選挙研究』28(2): 15-25.

斎藤十朗, 2004, 『斎藤十朗　オーラル・ヒストリー』政策研究大学院大学.

斉藤淳, 2009, 「選挙と分配政策」山田真裕・飯田健編『投票行動のフロンティア』おうふう.

斉藤淳, 2010, 『自民党長期政権の政治経済学――利益誘導政治の自己矛盾』勁草書房.

齋藤宙治・田中亘, 2023, 「参議院議員定数不均衡と交付金配分――草野耕一裁判官の『条件付き合憲論』を踏まえた統計分析の試み」『社会科学研究』74: 63-89.

斎藤芳弘, 1986, 『戦後四十年・国盗り合戦――山梨の政治史』テレビ山梨.

堺正一朗, 1989, 『政界徳島・阿波の天の声――阿波戦争とは何であったか』東四国新聞社.

境家史郎, 2012, 「2010 年参院選における政策的対立軸」『選挙研究』27(2): 20-31.

境家史郎, 2014, 「フォーマル・モデリング」加藤淳子・境家史郎・山本健太郎編『政治学の方法』有斐閣.

境家史郎, 2023, 『戦後日本政治史――占領期から「ネオ 55 年体制」まで』中央公論新社.

境家史郎・谷澤厚志, 2005, 「自民党参院派閥」東大法・第 5 期蒲島郁夫ゼミ編『参議院の研究　第 2 巻　議員・国会編』木鐸社.

坂田大, 1964, 『園木登評伝』坂田情報社.

坂田大, 1981, 『河津寅雄伝』蘇麓社.

佐方康之, 1986, 『怒涛の如く――気骨の人　小材学』創志社.

佐久間彊編, 1960, 『戦後自治史 III　参議院議員選挙法の制定』自治大学校.

佐々木毅, 1987, 『いま政治に何が可能か――政治的意味空間の再生のために』中央公論新社.

佐々木毅, 2009, 『政治の精神』岩波書店.

佐々木毅・21 世紀臨調編, 2013, 『平成デモクラシー――政治改革 25 年の歴史』講談社.

笹部真理子, 2017, 『「自民党型政治」の形成・確立・展開――分権的組織と県連の多様性』木鐸社.

佐多宗二, 1994, 『海より大きなくじら――ある男の一生』佐多宗二の出版を支える会.

佐藤栄作, 1997, 『佐藤栄作日記　第 4 巻』朝日新聞社.

佐藤誠三郎・松崎哲久, 1986, 『自民党政権』中央公論社.

佐藤達夫, 1964, 『日本国憲法成立史　第 2 巻』有斐閣.

山陰中央新報社編，1981，『田部長右衛門（朋之）先生追悼録』山陰中央新報社．

塩沢健一，2017，「選挙区域の拡大が投票率に及ぼす影響──鳥取・島根両県における
　『合区選挙』実施を踏まえて」『選挙研究』33(2): 5-20.

塩田潮，2021，『解剖　日本維新の会──大阪発「新型政党」の軌跡』平凡社．

四方洋，1986，『土着権力』講談社．

静岡新聞社編，2007，『熱き思い──元防衛庁長官・労相栗原祐幸』静岡新聞社．

品田裕，2006，「国会議員の社会的支持基盤とのつながり」村松岐夫・久米郁夫編『日
　本政治 変動の30年──政治家・官僚・団体調査に見る構造変容』東洋経済新報社．

柴田岳夫，1995，『戦後県政の総決算──検証・静岡県戦後県政史』静岡新聞社．

清水真人，2018，『平成デモクラシー史』筑摩書房．

下条正雄，1994，『茨城県議会あれこれ──地方政治うらおもて』近代文芸社．

衆議院・参議院編，1990a，『議会制度百年史　衆議院議員名鑑』衆議院．

衆議院・参議院編，1990b，『議会制度百年史　貴族院・参議院議員名鑑』衆議院．

自由民主党編，2006，『自由民主党五十年史』自由民主党．

自由民主党静岡県支部連合会編，1980，『自由民主党静岡県連二十五年史』自由民主党
　静岡県支部連合会．

白鳥浩編，2011，『衆参ねじれ選挙の政治学──政権交代下の2010年参院選』ミネル
　ヴァ書房．

白鳥浩編，2016，『2013年参院選　アベノミクス選挙──「衆参ねじれ」はいかに解消
　されたか』ミネルヴァ書房．

新川敏光，1999，『戦後日本政治と社会民主主義──社会党・総評ブロックの興亡』法
　律文化社．

陣内孝雄，1995，『夢の歴史回廊を未来へつなぐ──ふるさとの色はレンゲ色』陣内孝
　雄事務所．

季武嘉也，2010，「選挙区制度と期待された代議士像──戦前期日本の場合」『選挙研
　究』25(2): 55-66.

菅野儀作先生遺徳顕彰会編，1983，『菅野儀作先生を偲ぶ』毎日新聞社．

鈴木一司，1974，『郷土と県政──鈴木一司氏に聞く（議会史内部資料；第25号）』茨
　城県議会史編さん委員会．

鈴木棟一，1994，『永田町大乱──政権の簒奪』講談社．

砂原庸介，2011，『地方政府の民主主義──財政資源の制約と地方政府の政策選択』有
　斐閣．

砂原庸介，2015，『民主主義の条件』東洋経済新報社．

砂原庸介，2017，『分裂と統合の日本政治──統治機構改革と政党システムの変容』千
　倉書房．

砂原庸介，2022，『領域を超えない民主主義──地方政治における競争と民意』東京大

学出版会.

鷲見英司，2000，「補助金の地域配分における政治・官僚要因の検証」『三田学会雑誌』93(1): 33-50.

政界往来社編，1985，『宮城の顔 101 人——1985』政界往来社.

関口秀紀・津川悟編，2016，『戦いなければ哲学なし——中島政希回想録』政党政治研究所.

善教将大，2018，『維新支持の分析——ポピュリズムか，有権者の合理性か』有斐閣.

曽我謙悟・待鳥聡史，2007，『日本の地方政治——二元代表制政府の政策選択』名古屋大学出版会.

空井護，2000，「自民党支配体制下の農民政党結成運動」北岡伸一・御厨貴編『戦争・復興・発展』東京大学出版会.

田浦直，2010，『ただもくもくと——議員が歩いた五三次』長崎新聞社.

田浦直，2016，『ルブルム先生奮戦記』長崎文献社.

高橋衛伝記出版の会編，1990，『高橋衛伝』高橋衛伝記出版の会.

高畠通敏，2013，『地方の王国』講談社.

高見勝利，2008，『現代日本の議会政と憲法』岩波書店.

高見勝利，2012，『政治の混迷と憲法——政権交代を読む』岩波書店.

高安健将，2018，『議院内閣制——変貌する英国モデル』中央公論新社.

竹内桂，2016，「『阿波戦争』に関する一考察——第 10 回参議院選挙徳島地方区における保守系候補の対立を中心に」『選挙研究』32(1): 35-46.

竹内藤男伝刊行会，2002，『竹内藤男伝——元茨城県知事』竹内藤男伝刊行会.

竹中治堅，2006，『首相支配——日本政治の変貌』中央公論新社.

竹中治堅，2010，『参議院とは何か　1947 〜 2010』中央公論新社.

竹中治堅，2012，「2010 年参院選挙後の政治過程——参議院の影響力は予算にも及ぶのか」『選挙研究』27(2): 45-59.

竹中治堅，2023，「二大政党競争期の『日本型分割政府』と参議院の役割——政策停滞と内閣短命化」『年報政治学』2023-I: 33-70.

竹中佳彦，2010，「団体リーダーのイデオロギーと利益の組織化」辻中豊・森裕城編『現代社会集団の政治機能——利益団体と市民社会』木鐸社.

竹中佳彦，2016，「圧力団体リーダーのイデオロギー」辻中豊編『政治変動期の圧力団体』有斐閣.

竹安栄子，2016，「地方の女性議員たち」三浦まり編『日本の女性議員——どうすれば増えるのか』朝日新聞出版.

竹山祐太郎，1976，『自立——竹山祐太郎自伝』竹山祐太郎自伝刊行会.

田崎史郎，2000，『竹下派死闘の七十日』文藝春秋.

只野雅人，2001，「参議院の独自性と選挙制度——多元的民意の反映と『政党本位』」

『ジュリスト』1213: 32-40.

只野雅人，2013,「両院制と選挙制度」『論究ジュリスト』5: 66-74.

立花隆，1984,『農協』朝日新聞社.

橘幸信，2014,「参議院は『第二院』か——衆議院の立場から」岡田信弘編『二院制の比較研究——英・仏・独・伊と日本の二院制』日本評論社.

橘木俊詔，2016,『21世紀日本の格差』岩波書店.

建林正彦，2004,『議員行動の政治経済学——自民党支配の制度分析』有斐閣.

建林正彦編，2013,『政党組織の政治学』東洋経済新報社.

建林正彦，2017,『政党政治の制度分析——マルチレベルの政治競争における政党組織』千倉書房.

建林正彦・曽我謙悟・待鳥聡史，2008,『比較政治制度論』有斐閣.

田中嘉彦，2004,「日本国憲法制定過程における二院制諸案」『レファレンス』647: 25-48.

田中嘉彦，2015,『英国の貴族院改革——ウェストミンスター・モデルと第二院』成文堂.

谷口将紀，2004,『現代日本の選挙政治——選挙制度改革を検証する』東京大学出版会.

谷口将紀，2006,「衆議院議員の政策位置」『日本政治研究』3(1): 90-108.

谷口将紀，2020,『現代日本の代表制民主政治——有権者と政治家』東京大学出版会.

中国新聞「決別　金権政治」取材班，2024,『ばらまき　選挙と裏金』集英社.

中日新聞本社岐阜総局編，1992,『ふるさと岐阜に生きて——古田好名誉県民が語る半生記』中日新聞本社.

辻陽，2008,「政界再編と地方議会会派——「系列」は生きているのか」『選挙研究』24(1): 16-31.

辻陽，2019,『日本の地方議会——都市のジレンマ，消滅危機の町村』中央公論新社.

辻一彦，2002,『ある国会議員の政治軌跡——草の根代議士の生涯』緑樹会.

辻清明，1969,『新版　日本官僚制の研究』東京大学出版会.

辻俊一，1977,『その男 西田信一』グリーン書房.

辻由希，2023,「女性の政治代表と政策過程における参議院——仕切られた多元主義との相剋」『年報政治学』2023-I: 71-94.

辻中豊編，2002,『現代日本の市民社会・利益団体』木鐸社.

辻中豊・濱本真輔・和嶋克洋，2013,「誰が参議院議員になるのか？」『都市問題』104(5): 50-58.

辻中豊・森裕城編，2010,『現代社会集団の政治機能——利益団体と市民社会』木鐸社.

土谷栄一，1981,『我が経し蹄のあと——回顧録』土谷栄一.

土屋義彦，1998,『運は天にあり——私の履歴書』日本経済新聞社.

筒井清忠，2012,『昭和戦前期の政党政治——二大政党制はなぜ挫折したのか』筑摩書

房.

堤英教，2012，「候補者選定過程の開放と政党組織」『選挙研究』28(1): 5-20.

堤英敬，2017，「1955 年体制期の参議院選挙における『政党』の役割——市区町村レベルの集計データを用いた分析」『香川法学』36(3): 235-264.

堤英敬，2018，「合区の下での参院選——徳島県・高知県選挙区を事例として」『香川法学』37(3・4): 241-267.

恒さんとえひめの農民運動史を紡ぐ会編，2003，『恒さんと農民運動——南予の土と人間の絆』恒さんとえひめの農民運動史を紡ぐ会.

鶴谷将彦，2012a，「候補者選定過程における政党執行部の影響力——2010 年参議院選挙の民主党を事例に」『選挙研究』27(2): 32-44.

鶴谷将彦，2012b，「政権交代後の自民党地方県連における選挙過程——自民党滋賀県支部連合会を事例に」『政策科学』20(1): 55-69.

寺本広作，1976，『ある官僚の生涯』制作センター.

土居丈朗，1998，「日本の財政金融政策——景気循環と選挙」『東京大学経済学研究』40: 29-46.

東京新聞取材班，2002，『破綻国家の内幕——公共事業，票とカネ，天下り利権の構造』角川書店.

東大法・第 5 期蒲島郁夫ゼミ編，2004，『参議院の研究　第 1 巻　選挙編』木鐸社.

東大法・第 5 期蒲島郁夫ゼミ編，2005，『参議院の研究　第 2 巻　議員・国会編』木鐸社.

内藤一成，2008，『貴族院』同成社.

仲川幸男，2004，『激動の昭和を綴る』愛媛新聞社.

中北浩爾，2014，『自民党政治の変容』NHK 出版.

中北浩爾，2017，『自民党——「一強」の実像』中央公論新社.

中北浩爾，2019，『自公政権とは何か——「連立」に見る強さの正体』筑摩書房.

中北浩爾，2022，『日本共産党——「革命」を夢見た 100 年』中央公論新社.

長島昭久，2017，『覚悟——さらば民進党，真の保守を目指して』ワニブックス.

永久寿夫，1995，『ゲーム理論の政治経済学——選挙制度と防衛政策』PHP 研究所.

永久寿夫，1996，「選挙制度と選挙戦略——ゲームによるモデル化と自民党衆参国会議員の比較」『公共選択の研究』27: 40-54.

長峯純一，2001，「公共投資の地域間配分」長峯純一・片山泰輔編『公共投資と道路政策』勁草書房.

中山太郎，2012，『人生はわからないからおもしろい』中央公論新社.

名取良太，2002，「選挙制度改革と利益誘導政治」『選挙研究』17: 128-141.

成田憲彦，2001，「日本の連立政権形成における国会の論理と選挙制度の論理」『選挙研究』16: 18-27.

西尾林太郎，2005，『大正デモクラシーの時代と貴族院』成文堂.

西川伸一，2005，「会計検査院の独立性をいかに強化するか──鴻池『決算革命』の動向にかかわらせて」『政経論叢』74(1・2): 125-160.

西川美砂，2003，「2001 年参院選における政党システムへの選挙制度の影響」『選挙研究』18: 12-25.

日経ビジネス，2003，『藤井治芳伝──道路膨張の戦後史』日経 BP 社.

日本経済新聞政治部，1994，『ドキュメント族議員』社会思想社.

日本再建イニシアティブ，2013，『民主党政権　失敗の検証──日本政治は何を活かすか』中央公論新社.

丹羽功，1997，「自民党地方組織の活動──富山県を事例として」大嶽秀夫編『政界再編の研究──新選挙制度による総選挙』有斐閣.

丹羽功，2016，「地方政治家の国政への挑戦──比例代表区」白鳥浩編『2013 年参院選アベノミクス選挙──「衆参ねじれ」はいかに解消されたか』ミネルヴァ書房.

「温水三郎」刊行会編，1987，『温水三郎』「温水三郎」刊行会.

野中俊彦・中村睦男・高橋和之・高見勝利，2012，『憲法 II　第 5 版』有斐閣.

芦合大祐，2018，「選挙区定数と議員の再選戦略──日本の都道府県議会議員に着目して」『年報政治学』2018-I: 293-315.

朴喆熙，2000，『代議士のつくられ方──小選挙区の選挙戦略』文藝春秋.

橋詰徹，1984，『亀井光の 16 年』ライオンズマガジン社.

秦正樹，2022，『陰謀論──民主主義を揺るがすメカニズム』中央公論新社.

秦正樹，2023，「世論は野党に何を求めているのか？──2021 年総選挙を事例としたヴィネット実験による検証」『選挙研究』28: 20-33.

初村滝一郎，1990，「河野議長誕生の秘話」一七会「三木武夫とその時代」刊行委員会編『三木武夫とその時代──政治記者の記録』一七会「三木武夫とその時代」刊行委員会.

濱本真輔，2011，「民主党における役職配分の制度化」上神貴佳・堤英敬編『民主党の組織と政策』東洋経済新報社.

濱本真輔，2013，「県議自律型県連の形成と運営──自民党茨城県連の事例から」建林正彦編『政党組織の政治学』東洋経済新報社.

濱本真輔，2015，「民主党政権下の政府人事──政治主導と人事」前圧幸男・堤英敬編『統治の条件──民主党に見る政権運営と党内統治』千倉書房.

濱本真輔，2018，『現代日本の政党政治──選挙制度改革は何をもたらしたのか』有斐閣.

濱本真輔，2022，『日本の国会議員──政治改革後の限界と可能性』中央公論新社.

ハミルトン，A., J. ジェイ，J. マディソン（斎藤眞・中野勝郎訳），1999，『ザ・フェデラリスト』岩波書店.

早川誠，2001，『政治の隘路——多元主義論の20世紀』創文社.

林立雄，1983，『戦後広島保守王国史　1945〜1983』渓水社.

原文兵衛，1995，『以友輔仁——続折り折りの記』原文兵衛.

坂東弘平，1983，『後藤田正晴・全人像』行政問題研究所出版局.

東四国新聞社編，1983，『徳島の昭和二百人』東四国新聞社.

「桧山袖四郎」刊行委員会，1981，『桧山袖四郎——広島県政に賭けた生と死』平和広告.

平野貞夫，2012，『平野貞夫オーラルヒストリー　下巻』赤坂幸一.

広瀬道貞，1993，『補助金と政権党』朝日新聞社.

樋渡展洋，1991，『戦後日本の市場と政治』東京大学出版会.

「風雪と栄光の70年高橋雄之助」刊行委員会編，1980，『風雪と栄光の70年高橋雄之助』「風雪と栄光の70年高橋雄之助」刊行委員会.

福田有広，2002，「共和主義」福田有広・谷口将紀編『デモクラシーの政治学』東京大学出版会.

福元健太郎，2004，「国会議員の入場と退場　1947〜1990」『選挙研究』19: 101-110.

福元健太郎，2007，『立法の制度と過程』木鐸社.

福元健太郎・中川馨，2013，「得票の継承に対する世襲の効果——政党投票・候補者投票との比較」『選挙研究』29(2): 118-128.

伏見周祐，2004，「『タレント議員』の分析」東大法・第5期蒲島郁夫ゼミ編『参議院の研究　第1巻　選挙編』木鐸社.

藤村直史・城戸英樹，2006，「労働組合の政治参加と政策的立場——民主党支持の構造」『選挙学会紀要』6: 127-146.

二神勇雄，1990，『わが道をゆく——一法曹の回想録』二神勇雄.

二木謙吾伝編纂委員会編，1984，『二木謙吾伝』宇部学園.

星島一夫編，1993，『白石春樹の研究——ある地方保守政治家の軌跡』啓文社.

細谷典男，2020，『いばらき自民党研究』NextPublishing Authors Press.

北國新聞社編，1974，『戦後政治への証言——益谷秀次とその周辺』北國新聞社.

堀内光雄，2006，『自民党は殺された！』ワック.

堀内勇作・斉藤淳，2003，「選挙制度改革に伴う議員定数配分格差の是正と補助金配分格差の是正」『レヴァイアサン』32: 29-49.

毎日新聞千葉支局編，1988，『ちば人国記II　芸術　政治編』毎日新聞社.

前田繁一，2005，「地方政治における保守王国形成の政治過程」『松山大学論集』17(1): 45-84.

前田幸男・堤英敬編，2015，『統治の条件——民主党に見る政権運営と党内統治』千倉書房.

増田寛也，2014，『地方消滅——東京一極集中が招く人口急減』中央公論新社.

増山幹高，2004，「参議院は無用か？」『公共選択の研究』43: 68-71.

待鳥聡史，2000，「緑風会の消滅過程——合理的選択制度論からの考察」水口憲人・北原鉄也・久米郁男編『変化をどう説明するか　政治篇』木鐸社.

待鳥聡史，2001，「参議院自民党における閣僚ポスト配分ルールの形成」『選挙研究』16: 67-77.

待鳥聡史，2002，「参議院自民党と政党再編」『レヴァイアサン』30: 67-89.

待鳥聡史，2008，「『多数主義』時代の二院制を再考する——日本政治は参議院とどう向き合うか」『論座』152: 26-32.

待鳥聡史，2012，『首相政治の制度分析——現代日本政治の権力基盤形成』千倉書房.

待鳥聡史，2020，『政治改革再考——変貌を遂げた国家の軌跡』新潮社.

待鳥聡史・平野貞夫・建林正彦，2012，「分科会Ｊ（書評セッション）竹中治堅著『参議院とは何か』」『選挙研究』28(2): 110-123.

松浦淳介，2017，『分裂議会の政治学——参議院に対する閣法提出者の予測的対応』木鐸社.

マッケルウェイン，ケネス・盛，2022，『日本国憲法の普遍と特異——その軌跡と定量的考察』千倉書房.

松谷満，2022，『ポピュリズムの政治社会学——有権者の支持と投票行動』東京大学出版会.

松林哲也，2021，『政治学と因果推論——比較から見える政治と社会』岩波書店.

松林哲也・上田路子，2012「市町村議会における女性の参入」『選挙研究』28(2): 94-109.

真渕勝，2004，「官僚制の変容——萎縮する官僚」『レヴァイアサン』34: 20-38.

真渕勝，2012，『行政学 補訂』有斐閣.

真渕勝，2016，「会計検査と参議院」『会計検査研究』53: 5-11.

丸山眞男，［1948］2006，「人間と政治」丸山眞男『新装版 現代政治の思想と行動』未来社.

丸山眞男，［1952］2014，「政治の世界」丸山眞男著（松本礼二編注）『政治の世界』岩波書店.

馬渡剛，2010，『戦後日本の地方議会　1955-2008』ミネルヴァ書房.

三浦まり，2016，「女性が議員になるということ」三浦まり編『日本の女性議員——どうすれば増えるのか』朝日新聞出版.

御厨貴・牧原出編，2012，『聞き書　野中広務回顧録』岩波書店.

水崎節文・森裕城，1998，「得票データからみた並立制のメカニズム」『選挙研究』13: 50-59.

水崎節文・森裕城，2007，『総選挙の得票分析　1958～2005』木鐸社.

水島治郎，2016，『ポピュリズムとは何か——民主主義の敵か，改革の希望か』中央公論新社.

水島治郎, 2020,「中間団体の衰退とメディアの変容——『中抜き』時代のポピュリズム」水島治郎編『ポピュリズムという挑戦——岐路に立つ現代デモクラシー』岩波書店.

三谷太一郎, 1977,「政党内閣期の条件」中村隆英・伊藤隆『近代日本研究入門』東京大学出版会.

三谷太一郎, 1995,『増補 日本政党政治の形成——原敬の政治指導の展開』東京大学出版会.

南良平, 1996,『戦後熊本の県政史——記者の証言をまじえて』南良平.

箕川恒男, 2004,『天衣無縫を生きて——県政の影武者鈴木通夫氏の証言』那珂書房.

宮本太郎, 2008,『福祉政治——日本の生活保障とデモクラシー』有斐閣.

村上正邦・平野貞夫・筆坂秀世, 2007,『参議院なんかいらない』幻冬舎.

村松岐夫, 1981,『戦後日本の官僚制』東洋経済新報社.

村松岐夫, 1988,『現代政治学叢書 15 地方自治』東京大学出版会.

村松岐夫, 2006,「規範・制度・インセンティブ構造の変容」村松岐夫・久米郁夫編『日本政治 変動の 30 年——政治家・官僚・団体調査に見る構造変容』東洋経済新報社.

村松岐夫, 2010,『政官スクラム型リーダーシップの崩壊』東洋経済新報社.

村松岐夫・伊藤光利・辻中豊, 1986,『戦後日本の圧力団体』東洋経済新報社.

村松岐夫・久米郁夫編, 2006,『日本政治 変動の 30 年——政治家・官僚・団体調査に見る構造変容』東洋経済新報社.

毛利透・小泉良幸・淺野博宣・松本哲治, 2017,『憲法 I 総論・統治』有斐閣.

持田信樹, 2009,『財政学』東京大学出版会.

森裕城, 2002,「団体—政党関係——選挙過程を中心に」辻中豊編『現代日本の市民社会・利益団体』木鐸社.

森裕城, 2018,「小選挙区比例代表並立制と政党競合の展開」『選挙研究』34(2): 18-32.

山口晃人, 2020,「議会政党の存在意義——政治哲学の観点から」『年報政治学』71(2): 100-124.

山口朝雄, 1997,『深谷隆司・全人像』行研出版局.

山口二郎, 2007,『内閣制度』東京大学出版会.

山田真裕, 1997,「農村型選挙区における政界再編および選挙制度改革の影響——茨城新二区 額賀福志郎を例として」大嶽秀夫編『政界再編の研究——新選挙制度による総選挙』有斐閣.

山田真裕, 2007,「保守支配と議員間関係——町内 2 派対立の事例研究」『社会科学研究』58(5): 49-66.

山田真裕, 2011,「知事選挙における敗北と県連体制の刷新——2009 年茨城県知事選挙と自民党県連」『年報政治学』62(2): 52-69.

山田真裕・飯田健，2009「有権者の情報処理」山田真裕・飯田健編『投票行動のフロンティア』おうふう．

山本利寿，1974，『飛雲悠々──母への報告書』サンケイ新聞社出版局．

湯浅博，1981，『五千万円念書の深層──ドキュメント千葉県政変300日』千葉サンケイ新聞社．

湯之上英雄，2005，「特別交付税における官僚の影響に関する分析」『公共選択の研究』45: 24-44.

横田一，2003，『暴走を続ける公共事業』緑風出版．

吉田慎一，1984，『木村王国の崩壊──ドキュメント福島県政汚職』朝日新聞社．

吉村剛太郎，2008，『天下一人を以って興る──2006-2008』海鳥社．

読売新聞政治部編，1971，『日本権力地図──地方政治の総点検と解剖』サイマル出版会．

読売新聞政治部，2012，『民主瓦解──政界大混迷への300日』新潮社．

リード，スティーブン，2003，「並立制における小選挙区候補者の比例代表得票率への影響」『選挙研究』18: 5-11.

『歴代国会議員名鑑』編纂委員会編，1995，『歴代国会議員名鑑　中巻』議会制度研究会．

渡辺治，2007，「日本の新自由主義──ハーヴェイ『新自由主義』に寄せて」デヴィット，ハーヴェイ（渡辺治監訳）『新自由主義──その歴史的展開と現在』作品社．

渡部亮次郎，1984，『さらば実力者』行政問題研究所出版局．

綿貫民輔，2010，『わが半生の記──綿貫民輔編』北日本新聞社．

〔外国語〕

Achen, C. H., 1978, "Measuring Representation." *American Journal of Political Science*, 22(3): 475-510.

Albouy, D., 2011, "Do Voters Affect or Elect Policies? A New Perspective, with Evidence from the US Senate." *Electoral Studies*, 30(1): 162-173.

Allison, G., and Zelikow, P., 1999, *Essence of Decision: Explaining the Cuban Missile Crisis*, 2d ed., New York: Longman.（漆嶋稔訳，2016，『決定の本質──キューバ・ミサイル危機の分析　第2版』I・II，日経BP社）

Ames, B., 1995, "Electoral Strategy under Open-list Proportional Representation." *American Journal of Political Science*, 39(2): 406-433.

André, A., and Depauw, S., 2014, "District Magnitude and the Personal Vote." *Electoral Studies*, 35: 102-114.

Ansolabehere, S., Gerber, A., and Snyder, J., 2002, "Equal Votes, Equal Money: Court-Ordered Redistricting and Public Expenditures in the American States." *American Political Science Review*, 96(4): 767-777.

Ansolabehere, S., and Snyder, J. M., 2008, *The End of Inequality: One Person, One Vote and the Transformation of American Politics*, New York: WW Norton & Company.

Ansolabehere, S., Snyder Jr., J. M., and Stewart III, C., 2001, "Candidate Positioning in US House Elections." *American Journal of Political Science*, 45(1): 136-159.

Anzia, S. F., 2011, "Election Timing and the Electoral Influence of Interest Groups." *The Journal of Politics*, 73(2), 412-427.

Ardanaz, M., and Scartascini, C., 2013, "Inequality and Personal Income Taxation: The Origins and Effects of Legislative Malapportionment." *Comparative Political Studies*, 46(12): 1636-1663.

Arendt, H., 1951, *The Origins of Totalitarianism*, New York: Schocken. (大久保和郎・大島かおり訳, 2017『新版　全体主義の起源』第1～3巻, みすず書房)

Asano, M., and Patterson, D., 2022, "Risk, Institutions, and Policy in Decisions to Join a Start-Up Party: Evidence from the 2017 Snap Election in Japan." *Japanese Journal of Political Science*, 23(1): 34-54.

Bachrach, P., and Baratz, M. S., 1962, "Two Face of Power." *American Political Science Review*, 56(4): 947-952.

Bäck, H., Debus, M., and Klüver, H., 2016, "Bicameralism, Intra-Party Bargaining, and the Formation of Party Policy Positions: Evidence from the German Federal System." *Party Politics*, 22(3): 405-417.

Bailey, M., and Brady, D. W., 1998, "Heterogeneity and Representation: The Senate and Free Trade." *American Journal of Political Science*, 42(2): 524-544.

Benedetto, G., and Hix, S., 2007, "The Rejected, the Ejected, and the Dejected: Explaining Government Rebels in the 2001-2005 British House of Commons." *Comparative Political Studies*, 40(7): 755-781.

Berman, S., 1997, "Civil Society and the Collapse of the Weimar Republic." *World Politics*, 49(3): 401-429.

Boix, C., 2019, *Democratic Capitalism at the Crossroads: Technological Change and the Future of Politics*, Princeton, N. J.: Princeton University Press.

Boone, C., and Wahman, M., 2015, "Rural Bias in African Electoral Systems: Legacies of Unequal Representation in African Democracies." *Electoral Studies*, 40: 335-346.

Bowler, S., Farrell, D. M., and Katz, R. S., 1999, "Party Cohesion, Party Discipline, and Parliaments." In *Party Discipline and Parliamentary Government*, ed. Bowler, S., Farrell, D. M., and Katz, R. S., Columbus, Ohio: Ohio State University Press.

Burden, B. C., 2004, "Candidate Positioning in US Congressional Elections." *British Journal of Political Science*, 34(2): 211-227.

Cann, D. M., and Sidman, A. H., 2011, "Exchange Theory, Political Parties, and the Allocation of Federal Distributive Benefits in the House of Representatives." *The Journal of Politics*, 73(4): 1128–1141.

Carey, J. M., 2007, "Competing Principals, Political Institutions, and Party Unity in Legislative Voting." *American Journal of Political Science*, 51(1): 92–107.

Carey, J. M., and Shugart, M. S., 1995, "Incentives to Cultivate a Personal Vote: A Rank Ordering of Electoral Formulas." *Electoral Studies*, 14(4): 417–439.

Carroll, R., and Kim, H. A., 2010, "Party Government and the 'Cohesive Power of Public Plunder'." *American Journal of Political Science*, 54(1): 34–44.

Catalinac, A., 2016, *Electoral Reform and National Security in Japan: From Pork to Foreign Policy*, Cambridge: Cambridge University Press.

Catalinac, A., Bueno de Mesquita, B., and Smith, A., 2020, "A Tournament Theory of Pork Barrel Politics: The Case of Japan." *Comparative Political Studies*, 53(10–11): 1619–1655.

Chen, J., 2010, "The Effect of Electoral Geography on Pork Barreling in Bicameral Legislatures." *American Journal of Political Science*, 54(2): 301–322.

Colantone, I., and Stanig, P., 2018, "Global Competition and Brexit." *American Political Science Review*, 112(2): 201–218.

Connolly, W. E., 1969, "The Challenge to Pluralist Theory." in *The Bias of Pluralism*, ed. Connolly, W. E., New York: Atherton Press.

Converse, P. E., 1964, "The Nature of Belief Systems in Mass Publics." In *Ideology and Discontent*, ed. Apter, D. E., New York: Free Press. (堀江湛訳, 1968, 「国民大衆における信条体系の性格」慶應義塾大学地域研究グループ訳『イデオロギーと現代政治』慶應通信)

Cox, G. W., 1987, *The Efficient Secret: The Cabinet and the Development of Political Parties in Victorian England*, Cambridge: Cambridge University Press.

Cox, G. W., 1997, *Making Votes Count: Strategic Coordination in the World's Electoral Systems*, Cambridge: Cambridge University Press.

Cox, G. W., Rosenbluth, F. M., and Thies, M. F., 2000, "Electoral Rules, Career Ambitions, and Party Structure: Comparing Factions in Japan's Upper and Lower Houses." *American Journal of Political Science*, 44(1): 115–122.

Crespin, M. H., and Finocchiaro, C. J., 2008, "Distributive and Partisan Politics in the US Senate: An Exploration of Earmarks." In *Why Not Parties? Party Effects in the United States Senate*, ed. Nathan W. Monroe, Jason M. Roberts, and David W. Rohde, Chicago, Ill.: University of Chicago Press.

Crespin, M. H., Madonna, A., Sievert, J., and Ament-Stone, N., 2015, "The Establishment of Party Policy Committees in the US Senate: Coordination, Not Coercion." *Social Science Quarterly*, 96(1): 34–48.

Curtis, G. L., 1971, *Election Campaigning, Japanese Style*, New York: Columbia University Press.（山岡清二・大野一訳，2009，『代議士の誕生——日本保守党の選挙運動』日経BPクラシックス）

Dahl, R. A., 1971, *Polyarchy: Participation and Opposition*, New Haven, Conn.: Yale University Press.（高畠通敏・前田脩訳，2014，『ポリアーキー』岩波書店）

Dahl, R. A., 1998, *On Democracy*, New Haven, Conn.: Yale University Press.（中村孝文訳，2009，『デモクラシーとは何か』岩波書店）

Dahl, R. A., and Tufte, E. R., 1973, *Size and Democracy*, Stanford, Calif.: Stanford University Press.（内山秀夫訳，1979，『規模とデモクラシー』慶應通信）

Denters, B., Goldsmith, M., Ladner, A., Mouritzen, P. E., and Rose, L. E., 2014, *Size and Local Democracy*, Cheltenham: Edward Elgar Publishing.

Depauw, S., and Martin, S., 2009, "Legislative Party Discipline and Cohesion in Comparative Perspective," In *Intra-Party Politics Coalition Governments*, ed. Giannetti, D. and Benoit, K. London: Routledge.

Downs, A., 1957, *An Economic Theory of Democracy*, New York: Harper.（古田精司監訳，1980，『民主主義の経済理論』成文堂）

Eggers, A. C., and Spirling, A., 2016, "Party Cohesion in Westminster Systems: Inducements, Replacement and Discipline in the House of Commons, 1836–1910." *British Journal of Political Science*, 46(3): 567–589.

Estévez-Abe, M., 2008, *Welfare and Capitalism in Postwar Japan: Party, Bureaucracy, and Business*, Cambridge: Cambridge University Press.

Evans, D., 2004, *Greasing the Wheels: Using Pork Barrel Projects to Build Majority Coalitions in Congress*, Cambridge: Cambridge University Press.

Ezrow, L., Fenzl, M., and Hellwig, T., 2024, "Bicameralism and Policy Responsiveness to Public Opinion." *American Journal of Political Science*, 68(3): 1089–1105.

Fenno, R. F., 1973, *Congressmen in Committees*, Boston: Little, Brown.

Fenno, R. F., 1978, *Home Style: House Members in Their Districts*, New York: Harper Collins.

Fenno, R. F., 1982, *The United States Senate: A Bicameral Perspective*, Washington D.C.: Aei Press.

Ferrara, F., Herron, E., and Nishikawa, M., 2005, *Mixed Electoral Systems: Contamination and Its Consequences*, Berlin: Springer.

Fujimura, N., 2007, "The Power Relationship between the Prime Minister and Ruling Party Legislators: The Postal Service Privatization Act of 2005 in Japan." *Japanese Journal of Political Science*, 8(2): 233–261.

Fujimura, N., 2020, "Effect of Malapportionment on Voter Turnout: Evidence from Japan's Upper House Elections." *Election Law Journal: Rules, Politics, and Policy*, 19(4): 542–551.

参考文献　　　381

Fukumoto, K., and Matsuo, A., 2015, "The Effects of Election Proximity on Participatory Shirking: The Staggered-Term Chamber as a Laboratory." *Legislative Studies Quarterly*, 40(4): 599–625.

Funashima, Y., 2012, "Is Public Investment Counter-cyclical? Evidence from Japan." *Public Choice Studies*, 58: 18–44.

Gerber, E. R., and Lewis, J. B., 2004, "Beyond the Median: Voter Preferences, District Heterogeneity, and Political Representation." *Journal of Political Economy*, 112(6): 1364–1383.

Gerring, J., 2007, *Case Study Research: Principles and Practices*, Cambridge: Cambridge University Press.

Gerring, J., Palmer, M., Teorell, J., and Zarecki, D., 2015, "Demography and Democracy: A Global, District-Level Analysis of Electoral Contestation." *American Political Science Review*, 109(3): 574–591.

Gibson, E. L., Calvo, E. F., and Falleti, T. G., 2004, "Reallocative Federalism: Legislative Overrepresentation and Public Spending in the Western Hemisphere," In *Federalism and Democracy in Latin America*, ed. Gibson, E. L., Baltimore: Johns Hopkins University Press.

Giuliano, P., and Wacziarg, R., 2020, "Who Voted for Trump? Populism and Social Capital." *National Bureau of Economic Research* (No. w27651).

Goff, B. L., and Grier, K. B., 1993, "On the (Mis)measurement of Legislator Ideology and Shirking." *Public Choice*, 76(1–2): 5–20.

Golden, M., and Min, B., 2013, "Distributive Politics around the World." *Annual Review of Political Science*, 16.

Golder, M., 2006, "Presidential Coattails and Legislative Fragmentation." *American Journal of Political Science*, 50(1): 34–48.

Green, D., and Shapiro, I., 1994, *Pathologies of Rational Choice Theory: A Critique of Applications in Political Science*, New Haven, Conn.: Yale University Press.

Hanssen, G. S., 2008, "E-Communication: Strengthening the Ties between Councillors and Citizens in Norwegian Local Government?" *Scandinavian Political Studies*, 31(3): 333–361.

Hazan, R. Y., 2006, "Does Cohesion Equal Discipline? Toward a Conceptual Delineation." In *Cohesion and Discipline in Legislatures: Political Parties, Party Leadership, Parliamentary Committees and Governance*, ed. Hazan, R. Y., London: Routledge.

Hazan, R. Y., and Rahat, G., 2010, *Democracy within Parties: Candidate Selection Methods and Their Political Consequences*, Oxford: Oxford University Press.

Heller, W. B., 1997, "Bicameralism and Budget Deficits: The Effect of Parliamentary Structure on Government Spending." *Legislative Studies Quarterly*, 22(4): 485–516.

Heller, W. B., 2007, "Divided Politics: Bicameralism, Parties, and Policy in Democratic Legislatures." *Annual Review of Political Science*, 10: 245–269.

Heller, W. B., and Mershon, C., 2005, "Party Switching in the Italian Chamber of Deputies, 1996–2001." *The Journal of Politics*, 67(2): 536–559.

Heller, W. B., and Mershon, C., 2008, "Dealing in Discipline: Party Switching and Legislative Voting in the Italian Chamber of Deputies, 1988–2000." *American Journal of Political Science*, 52(4): 910–925.

Herron, E. S., and Nishikawa, M., 2001, "Contamination Effects and the Number of Parties in Mixed-Superposition Electoral Systems." *Electoral Studies*, 20(1): 63–86.

Hicken, A., 2009, *Building Party Systems in Developing Democracies*, Cambridge: Cambridge University Press.

Hicken, A., and Stoll, H., 2013, "Are All Presidents Created Equal? Presidential Powers and the Shadow of Presidential Elections." *Comparative Political Studies*, 46(3): 291–319.

Hieda, T., Zenkyo, M., and Nishikawa, M., 2021, "Do Populists Support Populism? An Examination through an Online Survey Following the 2017 Tokyo Metropolitan Assembly Election." *Party Politics*, 27(2): 317–328.

Hirano, S., 2011, "Do Individual Representatives Influence Government Transfers? Evidence from Japan." *The Journal of Politics*, 73(4): 1081–1094.

Hix, S., 2004, "Electoral Institutions and Legislative Behavior: Explaining Voting Defection in the European Parliament." *World Politics*, 56(2): 194–223.

Ho, D. E., and Imai, K., 2008, "Estimating Causal Effects of Ballot Order from a Randomized Natural Experiment: The California Alphabet Lottery, 1978–2002." *Public Opinion Quarterly*, 72(2): 216–240.

Horiuchi, Y., 2005, *Institutions, Incentives and Electoral Participation in Japan: Cross-Level and Cross-National Perspectives*, London: Routledge.

Horiuchi, Y., and Saito, J., 2003, "Reapportionment and Redistribution: Consequences of Electoral Reform in Japan." *American Journal of Political Science*, 47(4): 669–682.

Hug, S., and Martin, D., 2012, "How Electoral Systems Affect MPs' Positions." *Electoral Studies*, 31(1): 192–200.

Imai, M., 2009, "Ideologies, Vested Interest Groups, and Postal Saving Privatization in Japan." *Public Choice*, 138(1): 137–160.

Jenkins, J. A., and Monroe, N. W., 2012, "Buying Negative Agenda Control in the US House." *American Journal of Political Science*, 56(4): 897–912.

Johnson, C., 1982, *MITI and The Japanese Miracle: The Growth of Industrial Policy, 1925–1975*, Stanford, Calif.: Stanford University Press. (佐々田博教訳，2018，『通産省と日本の奇跡』勁草書房)

Jones, M. P., 1997, "Federalism and the Number of Parties in Argentine Congressional Elections." *The Journal of Politics*, 59(2): 538–549.

参考文献　　383

Kalt, J. P., and Zupan, M. A., 1990, "The Apparent Ideological Behavior of Legislators: Testing for Principal-Agent Slack in Political Institutions." *The Journal of Law and Economics*, 33(1): 103-131.

Kam, C. J., 2009, *Party Discipline and Parliamentary Politics*, Cambridge: Cambridge University Press.

Kam, C., Bianco, W. T., Sened, I., and Smyth, R., 2010, "Ministerial Selection and Intraparty Organization in the Contemporary British Parliament." *American Political Science Review*, 104(2): 289-306.

King, G., Tomz, M., and Wittenberg, J., 2000, "Making the Most of Statistical Analyses: Improving Interpretation and Presentation." *American Journal of Political Science*, 44(2): 347-361.

Köllner, P., 2002, "Upper House Elections in Japan and the Power of the 'Organized Vote'." *Japanese Journal of Political Science*, 3(1): 113-137.

Kondoh, H., 2008, "Political Economy of Public Capital Formation in Japan." *Public Policy Review*, 4(1): 77-110.

Krauss, E., Nemoto, K., and Pekkanen, R., 2012, "Reverse Contamination: Burning and Building Bridges in Mixed-Member Systems." *Comparative Political Studies*, 45(6): 747-773.

Krauss, E. S., and Pekkanen, R. J., 2011, *The Rise and Fall of Japan's LDP*, Ithaca, N. Y.: Cornell University Press.

Krehbiel, K., 1993, "Where's the Party?" *British Journal of Political Science*, 23(2): 235-266.

Kubo, H., 2019, "The Logic of Delegation and Institutional Contexts: Ministerial Selection under Mixed-Member Systems in Japan." *Asian Journal of Comparative Politics*, 4(4): 303-329.

Kubo, H., Matsumoto, T., and Yamamoto, K., 2022, "Party Switching and Policy Disagreement: Scaling Analysis of Experts' Judgment." *Japanese Journal of Political Science*, 23(3): 254-269.

Lazarus, J., and Steigerwalt, A., 2009, "Different Houses: The Distribution of Earmarks in the US House and Senate." *Legislative Studies Quarterly*, 34(3): 347-373.

Lee, D. S., Moretti, E., and Butler, M. J., 2004, "Do Voters Affect or Elect Policies? Evidence from the US House." *The Quarterly Journal of Economics*, 119(3): 807-859.

Lee, F. E., 1998, "Representation and Public Policy: The Consequences of Senate Apportionment for the Geographic Distribution of Federal Funds." *The Journal of Politics*, 60(1): 34-62.

Lee, F. E., 2000, "Senate Representation and Coalition Building in Distributive Politics." *American Political Science Review*, 59-72.

Lee, F. E., 2004, "Bicameralism and Geographic Politics: Allocating Funds in the House and

Senate." *Legislative Studies Quarterly*, 29(2): 185–213.

Lee, F. E., and Oppenheimer, B. I., 1999, *Sizing Up the Senate: The Unequal Consequences of Equal Representation*, Chicago, Ill.: University of Chicago Press.

Levmore, S., 1992, "Bicameralism: When Are Two Decisions Better than One?" *International Review of Law and Economics*, 12(2): 145–162.

Lijphart, A., 2012, *Patterns of Democracy: Government Forms and Performance in Thirty-Six Countries*, 2nd ed., New Haven, Conn.: Yale University Press. (粕谷祐子訳, 2014, 『民主主義対民主主義──多数決型とコンセンサス型の 36 カ国比較研究　原著第 2 版』勁草書房)

Lowi, T. J., 1969, *The End of Liberalism: Ideology, Polity, and the Crisis of Public Authority*, New York: W. W. Norton. (村松岐夫監訳, 1981, 『自由主義の終焉──現代政府の問題性』木鐸社)

Maeda, K., 2023, "Wedge Issue Politics in Japan: Why Not Revising the Constitution is Helping the Pro-Revision Ruling Party." *Journal of East Asian Studies*, 23(2): 317–331.

Matsubayashi, T., Ueda, M., and Uekami, T., 2015, "District Population Size and Candidates' Vote-Seeking Strategies: Evidence from Japan." *Journal of Elections, Public Opinion & Parties*, 25(2): 159–177.

McDonnell, J., 2020, "Municipality Size, Political Efficacy and Political Participation: A Systematic Review." *Local Government Studies*, 46(3): 331–350.

Milazzo, C., and Scheiner, E., 2011, "When Do You Follow the (National) Leader? Party Switching by Subnational Legislators in Japan." *Electoral Studies*, 30(1): 148–161.

Moon, W., 2004, "Party Activists, Campaign Resources and Candidate Position Taking: Theory, Tests and Applications." *British Journal of Political Science*, 34(4): 611–633.

Mouffe, C., 2018, *For a Left Polulism*, London/New York: Verso. (山本圭・塩田潤訳, 2019, 『左派ポピュリズムのために』明石書店)

Mudde, C., and Kaltwasser, C. R., 2017, *Populism: A Very Short Introduction*, Oxford: Oxford University Press. (永井大輔・高山裕二訳, 2018, 『ポピュリズム──デモクラシーの友と敵』白水社)

Muis, J., and Immerzeel, T., 2017, "Causes and Consequences of the Rise of Populist Radical Right Parties and Movements in Europe." *Current Sociology*, 65(6): 909–930.

Müller, J. W., 2017, *What Is Populism?* London: Penguin UK. (板橋拓己訳, 2017, 『ポピュリズムとは何か』岩波書店)

Müller, W. C., and Strøm, K. eds., 1999, *Policy, Office, or Votes?: How Political Parties in Western Europe Make Hard Decisions*, Cambridge: Cambridge University Press.

Myerson, R. B., 1993, "Incentives to Cultivate Favored Minorities under Alternative Electoral Systems." *American Political Science Review*, 87(4): 856–869.

Nemoto, K., Krauss, E., and Pekkanen, R., 2008, "Policy Dissension and Party Discipline: The July 2005 Vote on Postal Privatization in Japan," *British Journal of Political Science*, 38(3): 499–525.

Nemoto, K., and Shugart, M. S., 2013, "Localism and Coordination under Three Different Electoral Systems: The National District of the Japanese House of Councillors." *Electoral Studies*, 32(1): 1–12.

Norris, P., and Inglehart, R., 2019, *Cultural Backlash: Trump, Brexit, and Authoritarian Populism*, Cambridge: Cambridge University Press.

Norris, P., and Reif, K., 1997, "Second-Order Elections." *European Journal of Political Research*, 31(1): 109–124.

O'brien, D. Z., and Shomer, Y., 2013, "A Cross-National Analysis of Party Switching." *Legislative Studies Quarterly*, 38(1): 111–141.

Oliver, J. E., 2000, "City Size and Civic Involvement in Metropolitan America." *American Political Science Review*, 94(2): 361–373.

Oliver, J. E., Ha, S. E., and Callen, Z., 2012, *Local Elections and the Politics of Small-Scale Democracy*, Princeton, N.J.: Princeton University Press.

Park, M., 2003, "Sub-National Sources of Multipartism in Parliamentary Elections: Evidence from Korea." *Party Politics*, 9(4): 503–522.

Pekkanen, R., Nyblade, B., and Krauss, E. S., 2006, "Electoral Incentives in Mixed-Member Systems: Party, Posts, and Zombie Politicians in Japan." *American Political Science Review*, 100(2): 183–193.

Pocock, J. G. A., 1975, *The Machieavellian Moment: Florentine Political Thought and the Atlantic Republican Tradition*, Princeton, N. J.: Princeton University Press.（田中秀夫・奥田敬・森岡邦泰訳，2008，『マキャヴェリアン・モーメント――フィレンツェの政治思想と大西洋圏の共和主義の伝統』名古屋大学出版会）

Poguntke, T., and Webb, P. eds., 2005, *The Presidentialization of Politics: A Comparative Study of Modern Democracies*, Oxford: Oxford University Press.（岩崎正洋訳，2014，『民主政治はなぜ「大統領制化」するのか――現代民主主義国家の比較研究』ミネルヴァ書房）

Powell, L. W., 1982, "Issue Representation in Congress." *The Journal of Politics*, 44(3): 658–678.

Przeworski, A., 2019, *Crises of Democracy*, Cambridge: Cambridge University Press.（吉田徹・伊﨑直志訳，2023，『民主主義の危機――比較分析が示す変容』白水社）

Reed, S. R., and Smith, D. M., 2016, *The Reed-Smith Japanese House of Representatives Elections Data Set*, Version: May 15, 2016.

Reif, K., and Schmitt, H., 1980, "Nine Second-Order National Elections: A Conceptual Framework for the Analysis of European Election Results." *European Journal of Political Research*,

8(1): 3-44.

Riley, D., 2010, *The Civic Foundations of Fascism in Europe: Italy, Spain,and Romania, 1870–1945*, Baltimore: Johns Hopkins University Press.

Rosenbluth, F. M., and Thies, M. F., 2010, *Japan Transformed: Political Change and Economic Restructuring*, Princeton, N.J.: Princeton University Press. （徳川家広訳，2012，『日本政治の大転換──「鉄とコメの同盟」から日本型自由主義へ』勁草書房）

Russell, M., 2012, "Elected Second Chambers and Their Powers: An International Survey." *The Political Quarterly*, 83(1): 117-129.

Russell, M., 2013, *The Contemporary House of Lords: Westminster Bicameralism Revisited*, Oxford: Oxford University Press.

Russell, M., 2019, "Foreword: Bicameralism in an Age of Populism." In *Constitutional Reform of National Legislature*, ed. Albert, R., Baraggia, A., and Fasone, C., Cheltenham: Edward Elgar.

Ryšavý, D., and Bernard, J., 2013, "Size and Local Democracy: The Case of Czech Municipal Representatives." *Local Government Studies*, 39(6): 833-852.

Saglie, J., and Vabo, S. I., 2009, "Size and E-Democracy: Online Participation in Norwegian Local Politics." *Scandinavian Political Studies*, 32(4): 382-401.

Samuels, D. J., 2000, "The Gubernatorial Coattails Effect: Federalism and Congressional Elections in Brazil." *Journal of Politics*, 62(1): 240-253.

Satyanath, S., Voigtländer, N., and Voth, H. J., 2017, "Bowling for Fascism: Social Capital and the Rise of the Nazi Party." *Journal of Political Economy*, 125(2): 478-526.

Shepsle, K. A., Van Houweling, R. P., Abrams, S. J., and Hanson, P. C., 2009, "The Senate Electoral Cycle and Bicameral Appropriations Politics." *American Journal of Political Science*, 53(2): 343-359.

Shoji, K., 2013, "DPJ Kobo on the Ground: Opening Candidate Nominations without Democratization." *Gakushuin Review of Law and Politics*, 49(1): 181-210.

Shugart, M., and Wattenberg, M. P. eds., 2001, *Mixed-Member Electoral Systems: The Best of Both Worlds?* Oxford: Oxford University Press.

Sieberer, U., 2006, "Party Unity in Parliamentary Democracies: A Comparative Analysis." *The Journal of Legislative Studies*, 12(2): 150-178.

Sikk, A., and Taagepera, R., 2014, "How Population Size Affects Party Systems and Cabinet Duration." *Party Politics*, 20(4): 591-603.

Simon, H. A, 1957, *Models of Man: Social and Rational*, New York: John Wiley. （宮沢光一監訳，1970，『人間行動のモデル』同文舘）

Smith, D., 2018, *Dynasty and Democracy: The Inherited Incumbency Advantage in Japan*, Stanford, Calif.: Stanford University Press.

Smith, D. M., Pekkanen, R. J., and Krauss, E. S., 2013, "Building a Party: Candidate Recruitment in the Democratic Party of Japan, 1996–2012." In *Japan under the LPJ: The Politics of Transition and Governance*, ed. Kushida, K. E., and Lipscy, P. Y., Stanford, Calif: The Walter H. Shorenstein Asia-Pacific Research Center.

Snyder, R., and Samuels, D., 2004, "Legislative Malapportionment in Latin America: Historical and Comparative Perspectives." In *Federalism and Democracy in Latin America*, ed. Gibson, E. L., Baltimore: Johns Hopkins University Press.

Stokes, S. C., 2005, "Perverse Accountability: A Formal Model of Machine Politics with Evidence from Argentina." *American Political Science Review*, (3): 315–325.

Stone, W. J., and Simas, E. N., 2010, "Candidate Valence and Ideological Positions in US House Elections." *American Journal of Political Science*, 54(2): 371–388.

Thies, M. F., and Yanai, Y., 2014, "Bicameralism vs. Parliamentarism: Lessons from Japan's Twisted Diet." *Senkyo Kenkyu*, 30(2): 60–74.

Tsebelis, G., and Money, J., 1997, *Bicameralism*, Cambridge: Cambridge University Press.

Van der Eijk, C., and Franklin, M. N., 1996, *Choosing Europe? The European Electorate and National Politics in the Face of Union*, Ann Arbor, Mich.: University of Michigan Press.

Van Vonno, C. M., Malka, R. I., Depauw, S., Hazan, R., and Andeweg, R., 2014, "Agreement, Loyalty, and Discipline: A Sequential Approach to Party Unity." In *Representing the People: A Survey among Members of Statewide and Substate Parliaments*, ed. Deschouwer, K., and Depauw, S., Oxford: Oxford University Press.

Vatter, A., 2005, "Bicameralism and Policy Performance: The Effects of Cameral Structure in Comparative Perspective." *The Journal of Legislative Studies*, 11(2): 194–215.

Weber, M., 1922, *Soziologische Grundbergriffe* (清水幾太郎訳，1972,『社会学の根本概念』岩波書店)

Weldon, S., 2006, "Downsize My Polity? The Impact of Size on Party Membership and Member Activism." *Party Politics*, 12(4): 467–481.

インタビューリスト

　以下のリストは，インタビュー対象者の人名（取材時の肩書き），取材日を記載したものである（順番は取材日に基づく，37人）。実施方法は中川義雄氏と狩野安氏（2回目）のみが電話方式で，後は対面方式である。匿名の取材対象者については割愛した。ご協力いただいた皆さまに，深く御礼申し上げます。

田浦直（元参院議員），2018年7月31日
木村仁（元参院議員），2018年8月1日
三浦一水（元参院議員），2018年8月4日
荒井広幸（元参院議員），2018年9月5日・2018年9月28日
亀井静香（元衆院議員），2018年10月16日
綿貫民輔（元衆院議員），2018年10月17日
高橋志郎（元亀井静香秘書），2018年10月25日
浅野勝人（元参院議員），2018年11月6日
山内俊夫（元参院議員），2018年11月12日
陣内孝雄（元参院議員），2018年11月16日
田中詔子（元陣内孝雄秘書），2018年11月16日
田村公平（元参院議員），2018年11月18日
北岡秀二（元参院議員），2018年11月20日
真鍋賢二（元参院議員），2018年11月21日
関谷勝嗣（元参院議員），2018年11月22日
岩永浩美（元参院議員），2018年12月4日
田澤千春（元岩永浩美秘書），2018年12月4日
吉村剛太郎（元参院議員），2018年12月5日
後藤博子（元参院議員），2018年12月6日
後藤克幸（元後藤博子秘書），2018年12月6日
浦田勝（元参院議員），2018年12月7日
魚住汎英（元参院議員），2018年12月12日
村上正邦（元参院議員），2019年1月24日
南丘喜八郎（『月刊日本』主幹），2019年1月24日
狩野安（元参院議員），2019年5月8日・2021年10月5日
柏村武昭（元参院議員），2019年5月13日

中川義雄（元参院議員），2019 年 5 月 23 日
小川淳也（衆院議員），2023 年 5 月 25 日
坂本広明（小川淳也秘書），2023 年 5 月 25 日
浅田均（参院議員），2023 年 9 月 15 日
細野豪志（衆院議員），2023 年 9 月 21 日
古賀伸明（元連合会長），2023 年 10 月 4 日
角田義一（元参院議員），2023 年 10 月 6 日
石関貴史（元衆院議員），2023 年 10 月 25 日
北澤俊美（元参院議員），2023 年 11 月 10 日
輿石東（元参院議員），2023 年 12 月 7 日
長島昭久（衆院議員），2023 年 12 月 19 日

あとがき

　本書は，2022年12月に東京大学大学院法学政治学研究科に提出した博士論文「参議院議員の研究——政治改革後における多元的民意の反映とその帰結」に一部加筆・修正を加えたものである。参議院議員の研究は学部4年次（2014年度）に取り組み始めたので，刊行まで約10年を費やしたことになる。このあとがきでは，本書成立までの経緯を記すと共に，これまでお世話になった多くの方々への感謝の言葉を述べたい。

　筆者が大学に進学したのは，東日本大震災があった2011年春である。将来は漠然と人助けになる仕事をしたいと，パブリックなイメージがある文科一類に進学したが，駒場時代にはっきりとした進路を決めきることはできなかった。そこでまずは座学で社会を知ろうと，新書や文庫の乱読を始めた。この頃に熱中したのが哲学や倫理学，社会学であり，際限なく読書ができる研究職に惹かれ始めたが，職業として専攻を選ぶなら，より手応えのある（福沢諭吉的な意味で）「実学的」な分野が良いと感じていた。

　ちょうどこの頃にタイミング良く受講したのが，加藤淳子先生（法学部）の駒場出張講義（「政治学」）である。データや国際比較を通じて実証的に政治を分析する「手応え」のあるアプローチに可能性を感じた。また，理想の政策は経済学など他分野の知見から導き出せても，それが実現されない政治過程にこそ問題の本質があると考え，政治過程論というジャンルに惹かれ始めた。当時は政権交代や原発事故，尖閣諸島問題などが世間を騒がせており，政治に関心を持たざるを得ない季節だった面もある。その後，本郷で川人貞史先生のゼミに参加し，初めて読んだ本格的な統計分析の論文（『レヴァイアサン』51・52号）に感動して，大学院進学を決めた。よく「ひよこは最初に見たものを親と思う」と言うが，本書が合理的選択新制度論を採用し，議院内閣制のあり方をテーマに据えたのは，加藤先生や川人先生の講義・ゼミを通じて政治学の世界に足を踏み入れたことが背景にある。

一方で，筆者が大学院（以下では「法研」と呼ぶ）での指導を受けることになったのは谷口将紀先生である。学部4年次に谷口先生のゼミに初めて参加したが，同じ実証政治学でも，他のゼミとは異なる独特の〈熱〉を感じた。それは，学問の現実社会に対する貢献が強く意識され，「政治学」よりも「政治」に関心があるというものだった。また，政治現象の固有性・個別性が重視され，理論やモデルによる過度の一般化・単純化を警戒する禁欲的姿勢が際立っていた。さらに，研究能力以前に，まずは人としてちゃんとしなさいという教育方針であるように思われ（失言癖などから度々叱られた），これらが心の深いところに響いて，谷口先生にご指導いただきたいと考えるに至った。

そして，このゼミで学期末に提出した論文が，本書の第3章の「種」となる。筆者の青年期はほぼ「ねじれ国会」期に当たり，川人先生の議院内閣制に関する講義を受けたこともあって，参議院の「異常性」を強く意識していた。ちょうどこの頃に竹中治堅（2010）を読み，同書を合理的選択制度論によって書き換えれば，制度改革への含意も取り出せて有益だと思った。また，その後も参議院研究に没頭できたのは，谷口先生を介して，佐々木毅先生や（「日本アカデメイア」の学生組織で）故・牛尾治朗氏，曽根泰教先生などと関わる機会があり，政治改革や臨調の歴史を意識したことも挙げられる。いずれ参議院を改革することになる日が来るだろうから，そのときまでに実証研究を用意しなければと思わされた。他にも，政治に少数者の視点を付与する第二院という存在は，自分の価値観に合う面もあった。特に学部4年〜修士2年の頃には，家計の問題で大学院を継続できなくなる危機があり，参議院の弱者を保護する機能に惹かれた。

谷口先生にご教示いただいた政治学の精神は，恐らく学部に古くから通底するものであり，他の先生からも大きな影響を受けた。まず苅部直先生からは，政治や人間の本質に迫る思想史研究の醍醐味を教わり，Political Science（以下では「ポリサイ」と呼ぶ）を相対化する目を得た。また，前田健太郎先生からは学際性溢れる自由な行政学を教わり，理想社会を胸に秘めつつ研究する態度や，欧米からの輸入学問性を退ける姿勢，古典や歴史に立ち返る原理的思考や，法則よりも問題発見を重視するスタイルなど，その独特なポリサイから多大な影響を受けた。何より筆者にとって，学部4年次に手に取った『市民を雇わない

国家』（東京大学出版会）の衝撃は凄まじく，同じように現代日本のマクロな政体を論じる研究に取り組みたいと思った。他にも，学部・大学院時代には，藤原帰一先生を質問攻めにしたゼミ合宿の夜や，五百旗頭薫先生の妖艶な近代史講義，飯田敬輔先生と楽しんだ愉快なゼミ合宿や，久保文明先生のアメリカ政治白熱教室などが印象に残っている。

　学部の底流に流れる政治学の精神を教わったのは，何も正規の先生ばかりではない。まず，方法論的に決定的な影響を受けたのが，かつて日本政治史研究者を志したことのある朝日新聞社の曽我豪先生（寄附講座「政治とマスメディア」客員教授）である（三谷太一郎著『近代と現代の間』東大出版会 p. 183 にも登場する）。その時々の政局を彩るゲストとのオフレコ対話や，合宿で体感した県議の大ボス（自民党県連会長）の「風圧」，そして毎週終電まで続く先生の「補講」などを経て，政治家は理論や制度の想定を越えてくる取扱注意の存在だという印象を持った。それまで自分は定量分析がメインであったが，数字や変数の裏には生身の「人間」がいるというごく当たり前の事実に気付き，当事者へのインタビューによってリアルに迫りたいと考えるようになった。また，通説的な見解をデータで裏付けるような研究ではなく，新たな事実を提示するような発見的研究を志すようになった。

　次に，研究を進めるにあたって物心両面で多大なるご支援を賜ったのが，千葉大学の水島治郎先生である。非常勤で担当された本郷での比較政治講義に参加したのが初対面であったが，博論に時間がかかり経済的に困窮していた筆者に救いの手を差し伸べてくださった（科研費で雇用していただいた）。昨今の就活事情を考えると，博論一本勝負というのはリスキーだったが，それでも初志を貫徹できたのは水島先生のご支援のおかげである。また，先生と関わる中で，社会課題を自分事として捉える，その利他精神に触れ，自分も学者としてそうありたいと強く思わされた。さらに科研研究会では，中北浩爾・西山隆行・野田昌吾・古賀光生・今井貴子・作内由子・伊藤武・上谷直克・中山洋平・日下渉の諸先生と知己を得ることができ，ポリサイではなく，地域研究として日本政治という対象にどっぷり浸かる意識が醸成された。加えて，同専攻の中北先生からは，2024 年の参議院改革協議会で自分の博論を紹介したいというオファーをいただき，図らずも参議院改革の現場に触れることとなった。多方面に

配慮しつつも，最終的な結果を追求しなくてはならない提言行為の難しさを目の当たりにした。その経験は第 10 章にも一部で生かされている。

　これらの諸流派（東大内の「レヴァイアサン」や，戦後政治学・アカデミックジャーナリズム的なるもの）に加え，法研のもう 1 つの（当時の院生レベルでは最大勢力の）潮流が，高度な統計解析手法を駆使して英語論文を執筆する，いわば「国際ジャーナル派」あるいは「因果推論学派」である。2010 年代の法研は三輪洋文さん・勝又裕斗さん・武居寛史さん・山内創一朗さん・鳥飼将雅さん・佐々木智也さん・小椋郁馬さん・江島舟星さんを筆頭に，メソドロジーレベルが非常に高く，日常的交流の中で大きな影響を受けた。また，学部〜修士時代は，経済学部の授業を受けに行くのがマイブームであり，特に久保川達也先生・加藤賢悟先生・神取道宏先生の講義が印象に残っている。

　そして法研に「黒船来航」の衝撃を与えたのが，プリンストン大学（当時）の今井耕介先生の赴任（クロス・アポイントメント）である。中高時代の運動部合宿を思い起こさせるハードな夏の日々であったが，日本にいながら北米最高峰のコースワークを 2 年間も受講できたことは一生の財産となった（TA セッションでは江上尚輝さん・白糸裕輝さんにもお世話になった）。さらに，粕谷祐子先生（慶應義塾大学）の恩情により，三田キャンパスで山本鉄平先生（当時は MIT）の短縮版コースワークにも参加できた。同時期にはマッケルウェイン先生も社会科学研究所に赴任され，サシ飲みに連れて行ってもらうなど良くしていただいている。日本における政治学の国際化に多大な貢献をされてきた先生方から教育を受けられたにもかかわらず，このように成果物が日本語書籍となってしまった点は心苦しいが，当時教わった因果推論の手法やその精神は本書にも生かされているはずである。第 5 章の自然実験という分かりやすい形だけでなく，本書がインタビュー調査を徹底したのも，それが極めて有効な因果推論手法であると筆者が信じているからである。

　以上の通り，2010 年代の法研は政治学の多様な文化が交わる「十字路」であり，自分なりのスタイルを模索する日々を過ごした。文化は時に排外的な様相を呈するが，筆者としてはその「いいとこ取り」を目指してきた。今振り返ると，このようなある種の「折衷主義」は，指導教員である谷口先生の教えそのものでもあった。その時々の重大な社会課題に取り組むことが最重要であり，

そのためには分野や手法に拘泥せず，有益なものを全て取り入れろ，というのが先生の教えであった。近年では，戦争・紛争や疫病などこれまでの価値観を塗り替えるような事件が頻発し，国内的にも平成の政治改革が問われるような事態が生じている。政治学がどこまで世のためになるかは定かでないが，その時代の重要な政治課題と向き合うような「科学としての政治学」を今後も追求していきたい。

＊

　ここまで筆者の方法論に大きな影響を与えてきた先生方への謝辞を述べてきたが，他にも御礼を言わなければならない方々が数多く存在する。まず法研関係者では，博論審査を引き受けていただいた境家史郎先生・中山洋平先生・増井良啓先生・加藤淳子先生・谷口将紀先生に，長大な原稿を読んでいただいたことを深く感謝申し上げます。特に境家先生には本書の刊行を東大出版会に推薦していただいただけでなく，出版までの要改善事項（「合理性」の定義の甘さなど）をご教示いただいた。また，先生の師匠である蒲島郁夫前熊本県知事にも，曽我ゼミ合宿や東大朝日調査関連のイベントなどで大変良くしていただき，「外れ値」を研究する意義など貴重なアドバイスを頂戴した。

　他にも法研関係者では，叙勲式などの場で，学統的な「祖父」に当たる佐々木毅先生の謦咳に接する機会があり，政治改革というテーマの思い入れや，政治思想的アプローチへの親しみが形成された。また，「叔父」に当たる福元健太郎先生には，本書の「シニア」論を聞いていただくチャンスがあり，（内容が内容なのに）その実証方法をご教示いただくなど，大変衝撃を受けた。さらに，同じ「叔父」の上神貴佳先生からは，民主党政権への失望から下野後までは民主党の研究をしなかったというお話を伺い，参議院議員が主役に躍り出る下野後民主党の研究は自分が引き継がなければと思わされた。また，「伯父」の川崎修先生にも昔から各所でお世話になっており，ポリサイを主軸とした本書が，先生のいう「政治的なるもの」に多少なりとも触れることができたか，いつかお聞きしてみたい気持ちである。

　続いて，研究室と東大朝日調査関係者の皆様に心から御礼を言いたい。まず，研究者駆け出しの時期に三輪洋文さんから統計分析の手解きを受けられたことは僥倖であり，筆者は常々自らを「三輪チルドレン」だと公言している。次に，

同期の金子智樹さんは院生時代に最も多くの時間を共にした同志であり，本書が地方紙を多用したのは彼の異常なまでの新聞愛に感化された面がある。また，学振 PD として研究室に来られた築山宏樹さんは，地方政治研究者が少ない法研において最新の研究動向を教えていただける心強い先導者であった。さらに，淺野良成さんは頻繁に書評を言い合った議論仲間であり，東大朝日調査ではその機動力・分析力にいつも驚嘆させられている。他にも，法研の殺伐とした空気の中で，川口航史さんには「癒し」を，大森翔子さんには「笑い」を与えていただき，楽しい院生生活を送ることができた。また，研究室の先輩である逢坂巌・孫斉庸・上ノ原秀晃・朴志善・梅田道生・大川千寿の諸先生，後輩の原文聖さん・眞栁駿人さん・張睿軒さん・曽我部沙也加さん・佐々木大さん，センターの和田啓子助手・川上美智子助教，そして朝日新聞者の歴代担当者の方々，回答をお寄せくださった候補者・有権者の皆様にも心より御礼申し上げます。朝日新聞社との関わりは，調査やゼミだけでなく，インタビュー対象者の紹介など多岐に渡っており，曽我豪先生以外にも，池田伸壱記者・鶴岡正寛記者・佐藤武嗣記者など，関係者の皆様に対し，これまでのご支援・ご指導に深く感謝申し上げます。

　他にも法研時代には沢山の先輩・後輩に恵まれた。まず同期の向山直佑さん・宮野紗由美さん・小野弾さん・黄喜佳さん・劉迪さんとは，修士の頃に Annual Review of Political Science 論文を紹介し合う自主ゼミを開いたのが懐かしい。さらに，佐藤信さん・吉用光汰さん・中澤柊子さん・松本洵さん・村木和鷹さん・依田浩実さん・渥美芹香さん・齋藤崇治さん・塚目孝紀さん・張独さん・菅宮恵美里さん・角奈都子さん・李スミンさん・高橋知子さん・小原健人さんからは異分野の事情を教えていただいた。本書の折衷主義は，この学際性あふれる研究環境に支えられた面がある。

　本書は全面書き下ろしだが，ほぼ全ての章が日本政治学会・日本選挙学会・各種研究会での報告を経たものであり，討論者を務めてくださった建林正彦・濱本真輔・藤村直史・河野勝・稗田健志・中井遼・小林良彰・谷口尚子・前田幸男・境家史郎の諸先生に，貴重なコメントをいただき，心より御礼申し上げます。また学会では，参議院研究者の竹中治堅先生・松浦淳介先生や，吐合大祐さん・上條諒貴さん・石間英雄さん・井関竜也さん・重村壮平さん・中越み

ずきさん・芦谷圭祐さん・秦正樹さん・安田泉穂さん・草薙志帆さんなど同世代の若手研究者とも知り合うことができ，毎年新鮮な刺激を受けている。さらに，国際的な研究交流としては，本書でも度々引用した英国貴族院研究者のMeg Russell 先生に本書の中核部分を報告する機会に恵まれた。Russell 先生，そしてチャンスをくださった野中尚人先生・高安健将先生・大西祥世先生・田中嘉彦先生に心より御礼申し上げます。

　また，本年度から勤務している拓殖大学関係者の皆様，特に政経学部の服部哲也学部長，細井優子・佐藤一磨両学科長，同専攻の岡田陽介先生・浅野正彦先生・丹羽文生先生に深く御礼申し上げます。実質的な論文業績がなく，大部の博論を郵送してもただ先方の負担になるだけではないかと，公募戦線は内心諦めムードであったが，審査委員会の先生方には博論を隅々までお目通しいただき，過分な評価を賜った。いち早く教育や学務で学部の戦力となれるよう，今後より一層努力していきたい。矢部貞治や新渡戸稲造が関わり，学問と政治の複雑な関係を考えさせられる，重厚な歴史を持つこの大学で仕事ができることを光栄に思う。

＊

　ここまでお世話になった大学の先生方や記者の方々への謝辞を述べてきたが，何といっても御礼を言わなければならないのが，聞き取り調査に応じてくださった 40 名近くにも及ぶ調査対象者の方々，またアポの取り継ぎをしてくださった関係者の皆様である。筆者のこれまでの研究人生の中で最も大きな思い出が，このインタビュー調査で経験した出来事の数々である。一件一件がまさに取材対象者の人生の機微に触れるものであり，濃密な時間を過ごした。例えば，後藤博子元参院議員は，結婚記念日に元秘書の旦那様（後藤克幸さん）とお時間をとってくださり，「それだけ私たちにとって大事な事件だったのよ」と涙ながらに郵政造反の内幕を教えてくださった。故・村上正邦先生・角田義一先生からは，体調が芳しくない中，絞り出すような魂の証言をいただいた。調査では毎回，自らの先入観の誤りや了見の狭さに気付かされたが，その過程では，研究者というより，一人の人間として学ばせていただくことが多かった。インタビュー対象者の中には既に鬼籍に入られた方もおり，生前に献本できなかった自分の仕事の遅さを恥じるばかりである。

本書は研究助成として，日本学術振興会科学研究費補助金（特別研究員奨励費：17J05103，研究活動スタート支援：23K18756，基盤研究A：21H04386），矢野恒太記念会・岡野奨学金，日本科学協会笹川科学研究助成（研究番号2020-1002），サントリー文化財団「2020年度若手研究者のためのチャレンジ研究助成」（No.306）の援助を受けた。本書完成までの10年間の内，約3年はコロナ禍と重なるが，サントリー文化財団には期間延長に応じていただくなど，臨機応変なご対応に心より感謝申し上げます。中間報告会では，故・五百旗頭真先生と大西裕先生からコメントをいただいたが，五百旗頭先生の「ではあなたの最終的な参議院改革案は何ですか」という問いかけには納得のいく回答ができず，以来その点を意識するようになった。本書の第10章は最終章にしては分量が多いが，五百旗頭先生へのリベンジという意味合いが込められている。

本書は出版に際して，東京大学大学院法学政治学研究科先端ビジネスロー寄付金（朝日新聞社）の図書刊行助成を受けた。そして書籍化作業では，東京大学出版会の奥田修一さんから懇切丁寧なご指導をいただいた。本書は専門書だが，政治学者だけでなく，ジャーナリストや議会関係者，一票の較差訴訟に関わる法律家の方々など，幅広い層に手に取っていただけたら心より嬉しく思う。この本がもし政治学者以外にも読みやすいものに仕上がっているとすれば，それは奥田さんを始め，出版会の方々の緻密な作業と献身に支えられている。出版会の皆様に伏して御礼申し上げます。

本書は，両親（秀司・幸子）と天国の祖父母に捧げられる。経済的余力がない中でも教育費に傾斜配分をしてくれたおかげで，ここまでやってこられた。30歳を過ぎても不安定な身分の筆者を文句一つ言わず見守ってくれたことには感謝の言葉もない。これから時間をかけて恩返しをしていければと思う。まずはその第一弾として本書を両親と祖父母に捧げたい。

2025年1月　政局を大きく左右しうる参院選の年に

高宮　秀典

人名索引

ア 行

相沢英之　193, 194
愛知揆一　212, 227
青井政美　171, 179, 181, 186, 258, 259
青木幹雄　61-64, 66, 75, 83, 88-90, 98, 111, 133, 134, 189, 192, 236, 239, 240, 318, 325, 341
赤松広隆　330, 332, 335
浅田均　328, 331
浅野勝人　96, 276
麻生太郎　240, 241
安倍晋三　39, 40, 49, 71, 235, 340
安倍晋太郎　222, 227, 262
阿部正俊　27, 63, 235
荒井正吾　64, 70, 84
荒井広幸　36, 38, 61, 67, 68, 71, 95, 96
荒木豊雄　183, 197-200
池田勇人　169, 171, 174, 175, 178, 183, 184, 200, 240
石井一二　215, 319
石井一　215, 281, 296, 319
石関貴史　281, 283-286
石破茂　108, 112, 116, 277, 339
石破二朗　193-195
石原慎太郎　173, 248, 331, 340
市川房枝　247, 254
井上孝　318
井上裕　85, 111, 112, 141-143, 186, 189
岩男頴一　190, 195-197
岩上二郎　170, 182, 215
岩永浩美　82-84, 91, 93, 160, 184, 208, 250, 317
ウェーバー　11, 351
植木光教　104, 211, 260-262
上杉光弘　189, 221, 240
上田稔　177, 251
上原正吉　179, 180, 189, 191, 240
魚住汎英　36, 38, 61, 65, 66, 95
浦田勝　28, 210, 230, 234
江田憲司　278, 326, 328, 331

枝野幸男　333
衛藤晟一　36, 40, 42, 98
遠藤要　212
大石武一　104, 145, 212, 227
太田房江　36, 42
大塚清次郎　82, 210, 317
大野つや子　65, 69
大野伴睦　12, 178, 181, 185, 207, 231, 241
大畠章宏　322, 326
大平正芳　99, 187, 204, 209, 232, 233
大森久司　179, 183
岡田克也　281, 322, 329
沖外夫　223
奥野誠亮　176, 177, 240
小沢一郎　89, 186, 190, 213-215, 221, 223, 227, 239, 241, 274, 278, 279, 281, 286, 288, 296, 298, 299, 302, 315, 316, 319, 320, 326, 342, 361
小沢鋭仁　286
尾辻秀久　36, 41, 95
小野清子　42, 176
小幡治和　189
小渕恵三　227, 239, 267, 318

カ 行

海江田万里　322, 326
海部俊樹　215
鹿熊安正　208, 240
柏村武昭　67, 69, 70, 76, 79, 96
梶山静六　215
片山さつき　33
片山虎之助　60, 63, 64, 66, 69, 99, 186
加藤紘一　70, 190, 235
加藤六月　85, 320
金子岩三　221, 263, 264, 266
金丸信　84, 89, 117, 174, 178, 181, 201-204, 213, 215, 221, 230, 232, 320, 325
亀井郁夫　67, 148-150

亀井静香　37-39, 62, 65, 67, 71, 79, 96, 108, 119, 148, 149

亀井光　178, 180

萱野茂　248, 254

狩野安　65, 68, 69, 103, 104, 137, 318, 346

河井案里　28

河合常則　82

河口陽一　173, 252

川島正次郎　174, 182, 201, 240

河津寅雄　185, 198, 240

川野辺静　177, 178, 203, 204

河本英典　319

河本嘉久蔵　163, 320

岸宏一　25, 94, 95, 190, 240

岸信介　42, 222

岸田文雄　148, 277, 339

北岡秀二　41, 66, 88, 89, 115, 153, 186, 235, 352

北澤俊美　229, 316, 319-321, 326-328, 335, 343, 361

北村経夫　36, 41

喜納昌吉　296, 298

木村篤太郎　183, 252

木村仁　26, 28, 103, 108, 110, 120

木村睦男　163, 178

木村守江　181, 210, 240

木村義雄　36, 39, 87

久間章生　99, 150, 264-266

釘宮磐　97, 230, 319

沓掛哲男　63, 107, 110, 137, 145, 146, 148

工藤堅太郎　298, 299

国井正幸　27, 63, 93

久保勘一　179, 264

熊谷太三郎　27, 163, 189, 240

倉田寛之　61, 67, 84-87, 141, 182, 189

黒沢孝行　282, 284, 285

クロムウェル　359

郡司彰　326

玄葉光一郎　39, 281, 284, 327

小池正勝　88, 186

小池百合子　321, 333, 337, 344, 346, 359

小泉純一郎　9, 49, 59, 60, 63, 66, 67, 70, 72, 75,

79, 93, 94, 101, 145, 152, 235, 236, 345, 346, 359

神津里季生　333, 338

河野一郎　93, 169, 174, 200, 241

河野謙三　164, 166, 172, 192, 238

鴻池祥肇　64, 66, 98

河本三郎　215

河本敏夫　213, 214, 265, 319

古賀伸明　276, 277, 321, 325, 331, 338, 340

古賀誠　70, 98, 150, 235, 241

小坂憲次　36, 39, 40

輿石東　286, 288, 304, 321-323, 325, 327-329, 335, 340, 341, 344

小斉平敏文　60, 93, 94, 189

後藤博子　11, 12, 61, 64, 65, 97, 235

後藤田正晴　88, 89, 175, 217, 219, 222, 229, 235, 241, 268-272

コノリー　350

小原嘉登次　83, 184, 187, 191, 241

サ　行

斎藤十朗　318, 319

斎藤文夫　315, 316

坂野重信　108, 112, 116, 126

桜井三郎　170, 186, 197, 198, 200, 210

桜井新　36, 37, 65, 95, 96

迫水久常　246

佐々木毅　100, 351

佐多宗二　191

佐藤栄作　42, 172, 174, 176, 178, 201, 233, 240

佐藤文生　195, 196, 226

椎名素夫　186, 214, 315, 316

シェイエス　358

塩見俊二　246, 251

重富吉之助　89, 112, 117, 227

重宗雄三　172, 173, 177, 192, 238, 239, 246, 327

幣原喜重郎　250

篠原一　209

下田敦子　298, 299

首藤健次　97, 195-197

シュミット　11, 346, 351

白石春樹　171, 181, 210, 216, 230, 231, 233, 240, 241, 257-259

人名索引　　　　　　　　　　401

陣内孝雄　27, 60, 83, 107, 110, 116, 137, 223, 249, 317, 318, 361
榛葉賀津也　327, 332, 335
杉山憲夫　178, 203
杉山令肇　207, 230
菅野儀作　85, 141, 182, 186, 189, 240
鈴木一司　182
鈴木善幸　190, 214, 227, 241
関口昌一　27, 93
関根則之　140, 141, 143, 144
関谷勝嗣　63
世耕弘成　2, 21
仙谷由人　322
曽祢益　163
園木登　169, 171, 172, 183, 197, 198, 200, 251, 252
園田清充　183, 198-200
園田修光　36, 40, 43

　タ　行
ダール　349, 350, 360
田浦直　65, 88, 93, 222, 263-267
高木正明　82, 219
高橋清孝　210
高橋是清　351
高橋衛　189, 251
高橋雄之助　169, 171-173, 179, 252
竹内藤男　186
竹内黎一　106, 216, 241
竹下登　89, 111, 112, 133, 134, 194, 209, 221, 223, 229, 231, 232, 235, 239, 241, 261, 262, 265, 270, 271, 355
竹中平蔵　33, 60
田沢吉郎　106, 216, 241
立川談志　249
田中角栄　135, 172, 174, 177, 178, 185, 194, 195, 201-204, 212, 217, 219, 221, 223, 224, 229-234, 241, 259, 260, 265, 271, 283
田中耕太郎　248
田中寿美子　247, 254
田中恒利　258
田中直紀　79
田中眞紀子　76, 79, 135, 136

田辺国男　171, 174, 181, 187, 201, 202, 240
棚辺四郎　179, 181
田部長右衛門　180, 182, 240
田辺哲夫　176, 230-232
田辺誠　282, 286
谷川寛三　223
田村公平　66, 83, 153
塚田十一郎　174, 176
土谷栄一　193, 194
土屋義彦　4, 179, 180, 189, 191, 240
角田義一　252, 276, 277, 281-286, 325
坪井一宇　153
ツルネン・マルテイ　299
寺下岩蔵　27, 179
寺本広作　183, 186, 197-200, 210
東海由紀子　28, 176
任田新治　174, 186
富岡由紀夫　282, 285, 309
友納武人　141, 182
トランプ　358
鳥畑徳次郎　179, 189

　ナ　行
内藤健　217, 230, 232, 268, 269, 271
内藤茂右衛門　231, 268, 270, 271
直嶋正行　298
中川昭一　82, 355
仲川幸男　181, 210, 230, 259
中川義雄　61, 81, 91, 93, 355
長島昭久　327, 328, 332-334, 336-338, 340, 343, 345
中島政希　281-286
中曽根弘文　67-69, 79
中曽根康弘　67, 68, 213, 227, 233, 241, 271, 283
中津井真　184
長妻昭　330
中西哲　42
永野茂門　320
永野護　201, 251
中村太郎　181, 201
中村禎二　171-173, 263, 264, 266
中村博彦　40, 43
中山太郎　186, 188

鍋島直紹　162, 170
二階俊博　65, 150, 320
二階堂進　213, 222-226, 241, 265-267
西岡武夫　264-267, 298, 299
西川甚五郎　174, 175
西田信一　179, 180
西田吉宏　260-262
西村英一　177, 195, 196, 226, 241
二之湯智　54, 84, 87, 190
温水三郎　169, 171-173, 240, 251
野上進　179, 198-200
野田佳彦　281, 332
野中広務　86, 87, 223, 235, 236, 261, 262, 355
野間赳　210, 259
野村哲郎　27, 93, 95

ハ　行
バーク　358
橋本繁蔵　183
橋本聖子　42
橋下徹　328, 330, 359
橋本龍太郎　89
長谷川岳　28, 57
長谷川憲正　71, 84
羽田孜　229, 230, 278, 281, 316, 317, 319
羽田雄一郎　278, 327
初村滝一郎　173, 222, 223, 263-267
鳩山一郎　345
鳩山由紀夫　281, 284, 345
濱口雄幸　345
浜口誠　298
林屋亀次郎　189, 192, 240
原敬　351
原文兵衛　176
ハリントン　359
檜垣徳太郎　251, 259
檜山袖四郎　184, 240
平井卓志　87, 318
平沼赳夫　82, 89, 340
平野貞夫　186, 221, 223, 320
広瀬久忠　180, 251
フーコー　350
福岡日出麿　184, 187, 191

福田赳夫　85, 172, 213, 241, 271
福田康夫　283
藤井治芳　111, 149
藤井丙午　185, 207, 233, 251
藤井基之　44, 74
藤山愛一郎　165, 241
二木謙吾　179, 180, 188, 191
船田元　218, 241
プラトン　351
古田好　185, 207, 230, 231, 233, 241
降矢敬雄　179
ヘーゲル　351
保坂三蔵　176, 232
星長治　212, 227
星野重次　171, 179, 186, 187, 240
細川護煕　162, 209, 234
細野豪志　278, 281, 304, 322, 325, 326, 329, 332-338, 340, 343, 345
ホッブズ　11, 351
保利茂　172, 184
堀内恒夫　42
堀内俊夫　190
堀内光雄　70, 98, 99

マ　行
前尾繁三郎　87, 174, 175, 177, 192, 261
前原誠司　277, 278, 281, 322, 327, 329, 332-335, 340, 346
マキャヴェリ　11, 346, 351
真島一男　26, 37
町村金五　171, 246, 250
松井一郎　304, 328, 331, 340
松浦孝治　217, 271
松尾官平　320
松岡正二　163-166, 187
松岡満寿男　222
松下圭一　209
松田岩夫　64, 279
松平勇雄　162, 181
松谷蒼一郎　222, 267
松野鶴平　192, 198, 200
松野幸泰　180, 181, 185, 240
松野頼久　326, 331

人名索引　　　　　　　　　　　　403

松村祥史　36, 40
松本治一郎　247, 254
松本烝治　250
松本剛明　332, 343
松山政司　70, 235
マディソン　249
真鍋賢二　64, 70, 98, 187, 318
丸川珠代　28, 176
三浦一水　21, 22, 93, 94, 170
三木武夫　170, 172, 173, 217, 219, 238, 241, 248,
　　269, 270
水岡俊一　279
水落敏栄　41, 70
溝手顕正　148, 235
三塚博　223, 227, 235
皆川圭一郎　141-143
宮内義彦　93, 94
宮澤喜一　149, 213, 227, 235
宮澤弘　149
宮島滉　222, 263-266
宮本顕治　247
宮本周司　40
村上勇　195, 196, 226, 241
村上正邦　67, 85, 318, 319
室崎勝造　182, 188
森喜朗　67, 112, 117, 145, 150, 227, 235, 240

ヤ　行

安田隆明　186, 192
矢田稚子　277
山内俊夫　71, 84, 86, 242, 319
山口武平　186, 215, 241
山崎拓　86, 89, 241
山崎竜男　211, 216, 221
山崎正昭　117, 150, 152, 189
山本一太　21
山本敬三郎　178, 203, 260
山本有三　248
横山ノック　153, 249
吉田博美　63
吉田実　170, 223
吉村剛太郎　89, 117, 224, 227, 318

ラ　行

ルソー　351, 358
蓮舫　332
ロウィ　349
ロベスピエール　358

ワ　行

脇川利勝　106, 216
渡辺美智雄　217, 218, 241, 315, 319
綿貫民輔　62, 65, 71, 82, 113, 207, 223, 236, 240,
　　251

事項索引

ア 行

相乗り　187, 209, 234
アベノミクス　49, 277
安保法制　293, 330-336, 343
医師会　27, 166, 180, 191, 196, 197, 204, 224, 245, 254, 266, 267, 279, 284
一院制　328, 358, 360
一代貴族　254
逸脱事例　97, 215, 286
一般意志　358
一票の較差　8, 16, 17, 22, 57, 249, 294, 355
イデオロギー的分極化　345
因果メカニズム　81
ウェストミンスター・モデル　1
裏金　222, 348
依怙贔屓　44, 65, 103, 107, 108
大阪都構想　331
大阪万博　331
小沢ガールズ　279
汚職　111, 137, 206, 349

カ 行

カーボンコピー　3, 7, 299
回帰不連続デザイン　57
解雇規制　331
解散権　19, 30, 32, 60, 341, 362
解釈改憲　293, 327
開発主義国家　160
会派分裂　237
格差社会論　313
加憲　338
過疎　60, 61, 76, 81-85, 89-91, 94, 95, 97, 277, 314, 349, 355
価値合理的　11, 337
関西経済連合会　117, 153
完全直接公選　254, 349
干拓　132, 133, 221, 264
官房副長官　76, 150, 152, 183, 271

官僚支配　241, 349
官僚派　160, 172, 175, 195, 331
議院内閣制　1, 5, 17, 254, 347, 349
企業別労組　276, 310
疑似政権交代　348
貴衆縦断　351
技術革新　313, 360
規制緩和　23, 31, 57, 89, 237, 313
貴族院　1, 244, 246, 248, 251, 254, 351, 356, 358, 361
逆説明責任　117, 119, 150, 154
逆連動効果　17, 18, 44, 276
教育改革　328, 340
共産党　153, 163, 247, 252, 277, 293, 306, 321, 330, 334, 336, 337, 341, 343, 344
凝集性　18, 19, 339, 341, 342, 344
協同組合主義　172
共和制（共和政）　249, 359
極端事例　286
ギリシア　13, 358
規律　8, 18, 19, 74, 238, 239, 319, 325, 341, 342, 351, 354
空港　107, 117, 132, 134, 154
鞍替え　3, 7, 36, 40, 86, 246, 297, 298
グローバル化　313, 360, 362
経済界（財界）　33, 89, 100, 153-155, 157, 160, 179, 191, 192, 201, 214, 226, 243, 246, 250, 251, 357
経団連（日本経済団体連合会）　33, 179, 287
経路依存性　31, 256
決算　4, 98, 99
欠落変数バイアス　102, 120
県議枠　2, 7, 9, 12, 22, 156, 205, 213, 255, 256, 259, 264, 348, 353
献金　207, 234, 285, 286
建設（国土交通）官僚　26, 27, 48, 54, 110, 146, 177, 208, 222, 243, 267
県庁農政部長　170, 226

事項索引　405

限定合理性　11
原発　306, 335, 336, 339, 341, 343
憲法 9 条　337, 338
元老院　359
合区　2, 3, 42, 46, 178, 352, 353, 355, 356
合成コントロール法　358
合成の誤謬　138
高速道路　107, 116, 132–136, 145
高度経済成長　159, 169, 175, 208, 209, 245, 250
公募　23, 236, 281
公務員制度改革　328, 340, 348
公明党　2, 20, 36, 40, 41, 63, 122, 141, 153, 161, 236, 237, 246, 288, 338
項目反応理論　31, 306
合理的選択新制度論　6, 11, 12, 238, 256, 314
国士型(官僚)　110, 137, 146
国民協同党　172
国民新党　65
国民投票　356
国民民主党　2, 335, 336, 338, 340, 341, 344, 348
個人投票　15, 74
五全総　108, 153
国会同意人事　3
国庫支出金　122, 123, 138
固定効果モデル　121, 122, 124, 135
固定任期　116, 121, 137, 221, 244, 245
コロナ　86, 122
混合政体　358, 359, 361

　サ　行
最高裁判所(最高裁)　2, 249, 353
財政赤字　31, 137, 138
財政投融資　208
差異法　83
財務省(大蔵省)　109, 113, 115, 142, 152
桜会　172, 173, 192
三位一体改革　100, 234
参加民主主義　357
参議院改革協議会　2, 353
参議院議長(参院議長)　4, 19, 68, 111, 143, 172, 192, 238, 246, 319, 325, 327
参議院副議長(参院副議長)　282, 286, 325, 327, 329

サンクチュアリ　335, 336
参政党　359
自衛隊　33, 246, 320
歯科医師(会)　27, 39, 41, 180, 296, 320
事件の政治学　100, 345
次世代の党　327
自然再生推進法　145
自然実験　102, 121, 124, 136
事前審査　4, 19, 111, 342
自治(総務)官僚　26, 27, 33, 48, 54, 95, 110, 120, 253
市長会　190, 196
市町村合併　14, 23, 237
自治労　276, 277, 280, 282, 284, 285, 295, 327, 338, 340
シニア　3, 9, 10, 178, 244, 245, 249, 250, 252–254, 256, 346, 348–350
シニオリティ・ルール　253
ジニ係数　313
シミュレーション　79, 126, 127
事務次官　85, 110, 116, 144, 174, 176, 178, 193, 198, 201, 246, 251, 259, 270
社会関係資本　360
社会的亀裂　322
社民党　97, 141, 277, 278, 288, 293
衆愚政治　358
終身雇用制度　285, 301, 302, 313, 314, 331
集団的自衛権　293, 302, 306, 327, 328
純化路線　343, 345
商工会　27, 38, 41, 96, 191
商工会議所　33, 189, 191
少子化　314
昇進　12, 63, 83, 97, 98, 111, 136, 173, 189, 231, 249, 314, 315, 318–320
消費減税　335
消費税　221, 262
消費増税　343
情報労連　276, 285, 295, 343
職域支部　8, 21, 24, 32, 157, 163, 164, 166, 171, 206, 210, 211, 214, 235, 241, 348
職能代表　33–36, 40, 43–45, 48, 54, 55, 58, 74, 113, 117, 250, 254
食糧管理法(食管法)　169, 210

女性　7, 14, 23, 97, 204, 252, 254, 274, 279, 293, 294, 296, 310, 314, 350
所得倍増計画　169
シルバー・デモクラシー　350
市連（市支部連合会）　190, 316
新幹線　107, 112, 117, 132-135, 150-152, 212, 320
人口集中地区人口比　17, 22, 48, 55, 74, 75-77, 79, 83, 124, 139, 294, 301
新産業都市　181
新自由主義　1, 89, 90, 100, 101, 313, 339, 340, 360, 362
新全国総合開発計画　160
神道政治連盟　33
新日本宗教団体連合会（新宗連）　246, 296, 298
請願　71, 85, 94, 95
政策協定書（政策協定）　277, 293, 333, 334, 337, 338
政策審議会　63, 76, 111
政策割り　29, 243
政治資金パーティー　206
政治的統合　350
政治的なもの　345
政党システム　13, 322, 346, 351
政党助成金　236, 322
政党投票　15, 319, 354
政党ラベル　13, 14, 31, 44, 76, 96, 235, 274, 276, 278, 292, 319, 355
制度工学　245, 346
制度の精神　361
清風クラブ　177, 192, 204
政府内政治モデル　336
政務調査会　4, 19, 109
政友会　345, 351
政令指定都市　25, 32, 87, 91, 95, 124, 139, 157, 190, 240, 253, 262, 317
責任内閣制　347
石油危機　156, 205, 210, 256
世襲　20, 22, 30, 39, 135, 189, 212, 229, 235, 253, 287, 298, 349, 355
選挙区民の不均質性　16, 17, 55, 57, 61
選挙制度不均一　355
全国総合開発計画　160

全国農業協同組合中央会　93
全農　95
創価学会　246, 338
総裁予備選　157, 206, 218, 229, 232
操作変数法　121
総主流派　239
創政会　221, 232, 271
相対的貧困率　313
総務会（党中央）　19, 98-100, 203
総務会（県連）　171, 193, 195, 211, 216, 222, 265-269
総務会長　70, 76, 99, 140, 267
族議員　8, 44, 71, 93, 110, 111, 135, 234, 241-243, 253, 342, 349

タ　行

第1次地方分権改革　234
大企業労使連合　8, 241
代議士系列　28, 137, 162, 168, 214, 216, 217, 232, 234, 235, 268
大規模小売店舗法　43
太平洋ベルト　160, 208
多元主義　241, 349-351, 359-361
多重共線性　55, 57, 311
多数者の専制　357
多選　185, 193, 245
脱工業化　313, 360
ダム　132
タレント　3, 14, 23, 33-36, 42, 44, 48, 55, 74, 153, 248, 253, 295-298, 300
地域支部　21, 30, 157, 163-165, 206, 211, 235, 240
地域政党　321
地域代表（ご当地候補）　7, 33-36, 38-40, 42, 44, 45, 48, 55, 58, 74, 75, 77, 79, 80, 95, 96, 113, 246, 250, 295-300, 310, 323
地域割り　27, 29, 142
地方行政部会　244
地方政府・政策受益団体連合　8, 241, 242
地方の時代　209, 261
地方分権　1, 22, 100, 174, 209, 236, 237, 321, 355
知名度　14, 15, 25, 28, 33, 36, 42, 48, 149, 161, 162, 165, 194, 204, 233, 238, 247, 253, 274,

事項索引　　　407

280, 295, 296, 298, 354
中位投票者定理　345
抽選制　361
調整　19, 342-344
調整弁　185, 187
町村会　25, 190, 196, 198, 268
重複立候補　31, 280, 322
強い上院　1, 138, 347
田園都市構想　209
統一教会　41
党議拘束　5, 19, 60
闘技民主主義　350
同日選　211, 219
党人派　160, 164, 172, 195, 208, 331
統帥権干犯問題　345
道徳教育　293, 301, 304, 313
投票率　17, 18, 22, 276, 352
道路公団民営化　70, 111
道路族　111, 134
特定秘密保護法　306, 327
特定郵便局長会　32, 38, 71-73, 81, 86, 87, 90,
　　242, 284, 339
特定枠　3, 15, 46, 352, 353, 356
特別交付税　26, 110, 123, 127, 138
土建国家　31
土地改良事業団体　43, 226
共倒れ　20, 105, 176, 237

　　ナ　行
内閣人事局　362
二元代表制　7, 235, 244, 287, 351
二次的選挙　5, 17, 18, 22
二大政党制（二大政党）　1, 2, 287, 345, 348, 356
日米貿易摩擦　209
日教組　276, 277, 279, 295, 304, 325, 338, 340
日本維新の会　2, 31, 280, 286, 304, 321, 326-328,
　　331, 336, 339, 340, 343, 344, 348, 359-361
日本遺族会　33, 41, 95, 246
日本型多元主義　241, 349, 362
ネオ 55 年体制　339
ねじれ国会　1, 3-5, 113, 325, 348, 353, 356
農協改革　9, 31, 46, 59, 81, 90, 91, 93-95, 100,
　　138, 347, 354

農水官僚　27, 48, 54, 174
農村部の過剰代表　16, 32, 58, 74, 76, 77
農民協同党　172
農林族　9, 36, 59, 90, 91, 93, 94, 100, 166, 210,
　　317

　　ハ　行
買収　222, 224, 239, 265, 267
排除の論理　336
橋本行革　234, 236, 351
羽田派　96, 235, 236, 315, 317
バブル崩壊　137, 236, 313
東日本大震災　47, 49, 122, 338
非決定権力　101
非正規労働者　313, 350
被選挙権　244
ヒューリスティック　14, 274, 280, 350
ピューリタン革命　359
ファシズム　360
部会　86, 89, 109, 111, 113, 242, 243, 254
福祉レジーム　313
副知事　26, 186, 192, 355
婦人解放運動　247, 252
附帯決議　59, 60, 83, 361
普通の国　320, 357
部落解放同盟（部落解放運動）　247, 252, 296,
　　329, 340
フランス革命　358
ふるさと創生　209, 261
平成デモクラシー　357
弁護士会　245, 252
貿易自由化　31, 209, 218, 236
保革伯仲　158, 205, 255, 255
保守回帰　161
保守主義　358
保守人材　281, 284, 286, 283, 291, 314
保守二大政党制　344
保守分裂　27, 175, 176, 181, 185, 196, 207, 217,
　　221, 223, 280, 325
ポスト真実　361
補正予算　117, 122
ポピュリズム（ポピュリスト）　313, 346, 357-
　　362

マ　行

マニフェスト　351
マルチレベル　346
ミシガン学派　340
ミニ・トランプ　358
民共共闘（野党共闘）　306, 328, 330, 332, 333, 337, 341, 343
民主政治の大統領制化　360
民主的第二次院　361
みんなの党　28, 280, 326-328, 331, 340, 343
無風区　16, 24, 57, 58, 236, 237, 255, 261, 276, 282, 294
明治憲法体制　351
問責決議　3

ヤ　行

野党多弱　23, 237, 255, 339
郵政公社　49, 66, 83, 86, 87
郵政事業懇話会　65, 71, 72, 87
郵政族　63, 67, 71, 86, 87, 90, 96, 242, 339
四全総　133, 208

ラ　行

リーマンショック　47, 49, 122, 277, 302
利益集団自由主義　349

リクルート事件　1, 218, 221, 228, 262
立憲民主党　2, 333, 335, 336, 341, 344, 348
立正佼成会　296, 298
立法事務費　325
離島　64, 76, 88, 94, 97
リベラル　281, 296, 330, 334, 335, 337, 338, 344
緑風会　60, 246, 248, 250, 351
れいわ新選組　359
歴史的新制度論　12, 256
連合国軍最高司令官総司令部（GHQ）　250, 251, 349
連邦制　355, 356, 361
連立　4, 5, 20, 141, 161
ローマ　359
ロッキード事件　205

ワ　行

賄略　222

JP 労組（全逓）　276, 277, 295
NHK から国民を守る党　359
TK 指数　160, 205, 236
TPP　27, 31, 47, 49
UA ゼンセン　247, 293, 295

著者略歴
1992 年　東京都葛飾区に生まれる.
2015 年　東京大学法学部卒業.
2023 年　東京大学大学院法学政治学研究科博士課程修了.
　　　　博士（法学）.
現　在　拓殖大学政経学部助教.

参議院による多元的民意の反映
政治改革の補正と阻害

2025 年 2 月 20 日　初　版

［検印廃止］

著　者　高宮　秀典

発行所　一般財団法人　東京大学出版会

　　　　代表者　中島隆博
　　　　153-0041 東京都目黒区駒場4-5-29
　　　　https://www.utp.or.jp/
　　　　電話 03-6407-1069　Fax 03-6407-1991
　　　　振替 00160-6-59964

組　版　有限会社プログレス
印刷所　株式会社ヒライ
製本所　牧製本印刷株式会社

©2025　Shusuke Takamiya
ISBN 978-4-13-036294-8　Printed in Japan

[JCOPY]〈出版者著作権管理機構 委託出版物〉
本書の無断複写は著作権法上での例外を除き禁じられています. 複写され
る場合は, そのつど事前に, 出版者著作権管理機構（電話 03-5244-5088,
FAX 03-5244-5089, e-mail: info@jcopy.or.jp）の許諾を得てください.

川人　貞史著	議　院　内　閣　制 シリーズ日本の政治1	四六・2800 円
蒲島　郁夫著 竹中　佳彦	イ　デ　オ　ロ　ギ　ー 現代政治学叢書8	四六・3000 円
蒲島　郁夫著 境家　史郎	政　治　参　加　論	A 5・2900 円
川出　良枝編 谷口　将紀	政　　　治　　　学［第2版］	A 5・2200 円
谷口　将紀著	現代日本の代表制民主政治 有権者と政治家	A 5・5800 円
上神　貴佳著	政党政治と不均一な選挙制度 国政・地方政治・党首選出過程	A 5・7400 円
金子　智樹著	現代日本の新聞と政治 地方紙・全国紙と有権者・政治家	A 5・5700 円
松谷　満著	ポピュリズムの政治社会学 有権者の支持と投票行動	A 5・4000 円

ここに表示された価格は本体価格です．ご購入の
際には消費税が加算されますのでご了承ください．